非标业务
常见风险及应对

银行·信托·证券·资管

Non-standard Business of Common
Risks and Countermeasures

主编：严 骄 李红成
副主编：魏若晨 王 珊 熊小芳 梁一秋

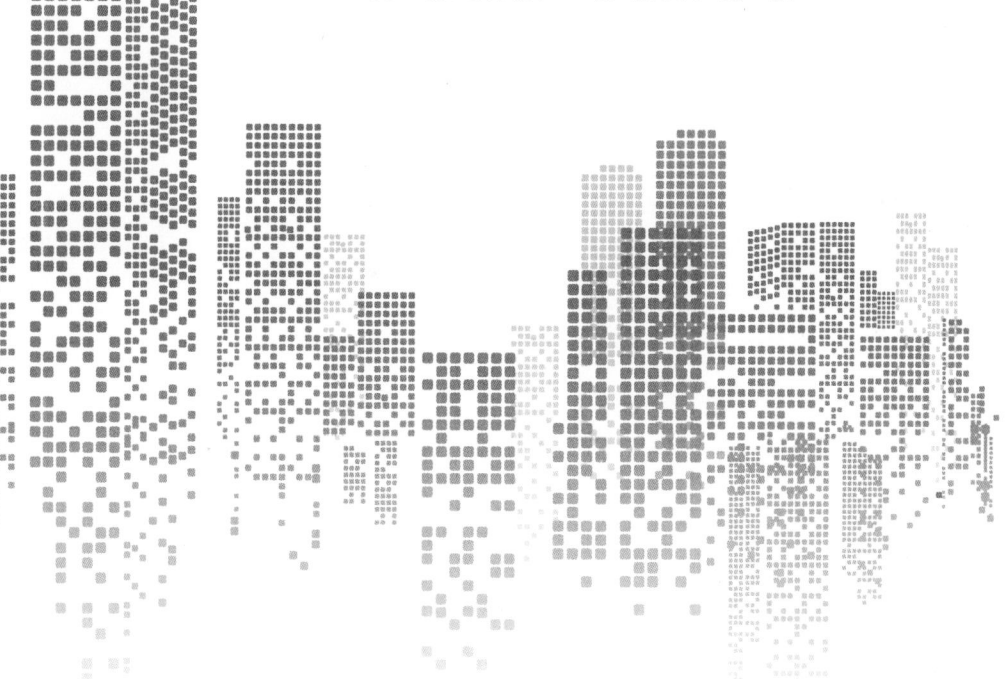

中国法制出版社
CHINA LEGAL PUBLISHING HOUSE

序

随着金融行业的不断发展和业务创新,"非标准化债权资产"和"非标业务"的内涵及外延也随之不断更新、突破,以致于当前尚难以对"非标业务"进行准确且完整的定义。简单地说,"非标业务"是指投资于非标准化债权资产的业务。根据2013年3月25日银监会发布的《中国银监会关于规范商业银行理财业务投资运作有关问题的通知》(银监发〔2013〕8号),"非标准化债权资产"是指未在银行间市场及证券交易所市场交易的债权性资产,包括但不限于信贷资产、信托贷款、委托债权、承兑汇票、信用证、应收账款、各类受(收)益权、带回购条款的股权性融资等。

从市场角度看,非标业务的存在有其合理性和必然性。一方面,标准化债权融资满足不了众多企业的融资需求。标准化债权融资(如交易所债券或银行间市场融资工具等)对融资主体及相关资产的要求一般较高,在融资规模、到款周期、结构设计等方面又不够灵活,以致于难以满足很大一部分企业的实际融资需求。另一方面,不少企业无法获得标准化债权融资。随着监管机构对金融行业的不断调整,许多企业被直接排除在标准化债权融资之外(如发行公司债的负面清单等),这些企业只能寻求以非标准化债权的形式融资。再者,投资非标准化债权资产往往能获得更高的投资回报,银行、信托、券商等金融机构也乐于开展此类业务。企业的融资需求是刚性的,在此背景下,非标业务的存在是合理的和必然的,其将会持续存在和发展。

近年来,伴随金融行业的蓬勃发展,金融行业的许多问题也逐渐显现出来,风险个案时有发生。在2017年7月召开的全国金融工作会议上,习近平总书记提出了"防止发生系统性金融风险是金融工作的永恒主题"的命题,并就相关工作提出了具体要求,将防范金融风险提升到了更加重要的位置。

金融机构开展的非标业务属于金融业务的组成部分,非标业务的风险防范也是整个金融风险防范的重要一环。本书从非标业务的含义及主要模式讲起,以业务主体、融资项目、投资方式、增信措施以及项目文本为专题,就非标业务中常见的风险进行了逐一分析,在附上详尽的案例及相关规范性文件的同时,还就相关风险点做了重点提示,给出了风险防范的建议。

由于非标业务所涉及的主体类型众多、资产类别广泛,且非标业务的项目结构相对灵活,以致于很难就非标业务形成一套完整的风险防控标准。我过去曾试图对非标业务的风险防控进行归纳总结,并形成了"资管风控三十六计"的文章,但不够系统。而本书以专题的形式,从不同角度对非标业务的常见风险进行了阐述,从整体上勾勒出了非标业务风险的轮廓,具有一定的创新价值。

本书非常适合金融机构(如银行、信托、券商、基金等)及场外交易场所(如大宗商品交易场所、金融资产交易场所等)中从事非标业务的项目团队及风险审核部门等人员作为实务类教材予以参考学习;同时也适合为非标业务提供法律服务的律师以及其他对非标业务感兴趣的朋友们参考。

是为序。

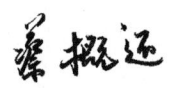

目 录

第一章 非标业务概述 ·································· 001
一、非标业务的概念 ································· 002
（一）"标"与"非标"的划分 ··························· 002
（二）非标业务的出现 ······························· 004
（三）非标资产概念 ································· 005

二、非标业务的主要模式 ····························· 007
（一）"银信"模式 ··································· 008
（二）"银证"模式 ··································· 012
（三）产业基金模式 ································· 013
（四）"证信"模式 ··································· 014

三、"证信"模式分析 ································ 014
（一）"证信"模式介绍 ······························· 014
（二）"证信"模式应注意的问题 ······················· 035

第二章 非标业务融资、担保主体的常见风险及应对 ········ 053
一、非标业务中与上市公司相关的问题 ················· 054
（一）概述 ··· 054
（二）上市公司作为融资人需关注的问题 ··············· 055
（三）上市公司作为担保人需关注的问题 ··············· 068

（四）上市公司信息披露需关注的问题 ·· 100

二、非标业务中与"新三板"公司相关的问题 ··· 117
 （一）概述 ·· 117
 （二）"新三板"公司作为融资人需关注的问题 ··································· 120
 （三）"新三板"公司作为担保人需关注的问题 ··································· 121
 （四）"新三板"公司信息披露需关注的问题 ······································· 127
 （五）其他应关注的问题 ·· 129

三、非标业务中与国有独资公司相关的问题 ··· 142
 （一）国有独资公司作为融资人需关注的问题 ··································· 145
 （二）国有独资公司作为担保人需关注的问题 ··································· 149
 （三）其他应关注的问题 ·· 156

四、非标业务中与有限合伙相关的问题 ··· 159
 （一）有限合伙作为融资主体需关注的问题 ······································· 160
 （二）有限合伙作为担保主体需关注的问题 ······································· 161

五、非标业务中与境外企业相关的问题 ··· 167

六、非标业务中与融资担保公司相关的问题 ··· 184
 （一）概述 ·· 184
 （二）融资担保需关注的问题 ·· 184
 （三）融资再担保需关注的问题 ·· 187

第三章　非标业务融资项目的常见风险及应对 ······································ 193

一、与"两高一剩"融资相关的问题 ··· 194
 （一）概述 ·· 194
 （二）"两高一剩"融资需关注的问题 ··· 196

二、与房地产融资相关的问题 ·· 198
 （一）概述 ·· 198
 （二）房地产非标融资模式 ·· 198

三、与土地储备融资相关的问题 ·· 201

第四章　非标业务融资方式的常见风险及应对 ·············· 205

一、流动资金贷款 ·· 206

（一）概念 ·· 206

（二）流动资金贷款需关注的问题 ······································ 206

二、固定资产贷款 ·· 214

（一）概念 ·· 214

（二）固定资产贷款需关注的问题 ······································ 215

三、资产收益权转让与回购 ··· 228

（一）资产收益权的含义 ·· 228

（二）资产收益权的分类 ·· 229

（三）资产收益权转让与回购业务模式 ································ 235

（四）收益权转让及回购业务需关注的问题 ·························· 238

四、"明股实债" ·· 254

（一）"明股实债"的含义 ·· 254

（二）"明股实债"的交易结构 ·· 255

（三）"明股实债"需关注的问题 ······································· 257

第五章　非标业务增信措施的常见风险及应对 ·············· 267

一、与担保增信相关的问题 ··· 268

（一）保证 ·· 268

（二）抵押 ·· 285

（三）质押 ·· 313

二、与保险增信相关的问题 ··· 349

（一）信用保证保险的含义 ··· 349

（二）保证保险的法律性质 ··· 351

（三）债权受让人的索赔问题……………………………………356

（四）赔款受让人的索赔问题……………………………………361

（五）保证保险中反担保的效力问题……………………………366

三、与票据增信相关的问题……………………………………………367

（一）票据质权的设立条件………………………………………367

（二）票据的持有人………………………………………………371

（三）票据的质权人………………………………………………372

（四）票据质权的实现……………………………………………374

（五）票据纠纷的管辖……………………………………………380

四、与政府信用相关的问题……………………………………………385

五、与结构化分层相关的问题…………………………………………390

六、与债权转让相关的问题……………………………………………395

七、与收益权转让相关的问题…………………………………………401

八、与差额补足相关的问题……………………………………………401

九、与让与担保相关的问题……………………………………………406

十、溢价回购……………………………………………………………413

第六章　非标业务项目文本需关注的问题……………………………423

一、项目文本清单………………………………………………………424

（一）文件编号……………………………………………………424

（二）文件名称……………………………………………………425

（三）签署主体……………………………………………………425

（四）主要内容……………………………………………………425

（五）签署节点……………………………………………………426

（六）备注信息……………………………………………………426

二、项目文本的类型和特点……………………………………………426

三、决议类文本需关注的问题…………………………………………427

（一）决议主体方面 427
　　（二）决议程序方面 429
　　（三）决议内容方面 432
　　（四）决议签署方面 436
四、协议类文本需关注的问题 442
　　（一）协议合规性方面 442
　　（二）协议内容方面 442
　　（三）协议形式方面 451
　　（四）协议签署方面 452
五、预留类文本需关注的问题 452

第一章

非标业务概述

一、非标业务的概念

（一）"标"与"非标"的划分

从业务类型上来说，"非标业务"作为"标准业务"的共生概念，并不具备明确内涵和外延，只是债权投融资活动中，对某类业务的习惯性称呼。"标准业务"和"非标业务"以及对应的"标准产品"与"非标产品"，常被笼统称为"标"与"非标"。"标"与"非标"在业内被广泛提及和使用，但是关于"标"与"非标"的划分标准却未形成共识。

有观点认为，"标"与"非标"的划分标准在于产品流动性。流动性强的产品为"标准产品"，如在证券交易所和银行间市场交易的产品；流动性弱的产品为"非标产品"，如在场外市场交易的产品。但该观点并未对流动性达到何种程度才算"标"进行量化。随着场外交易场所（如地方交易场所）和互联网金融的兴起，一些场外交易产品的流动性并不弱于证券交易所和银行间市场交易的产品。因此，以流动性标准来划分"标"与"非标"，缺乏客观性和可操作性。

也有观点认为，"标"与"非标"的主要区别在于产品是否具有严格的准入条件和标准化的交易流程。具有严格的准入条件和标准化的交易流程的产品为"标准产品"，如在证券交易所和银行间市场交易的产品；反之则为"非标产品"，如场外交易场所交易的产品。但该观点同样存在划分标准无法具体化的问题。随着"非标"转"标"案例的陆续出现，在准入条件和交易流程基本不变的情况下，产品属性却发生了根本转变，也说明不能仅以准入条件和交易流程作为区分"标"与"非标"的依据。

另外，还有人提出以信息披露要求、以金融机构投资具体产品时的监管指标要求（如"计提资本"）等为标准对"标"与"非标"进行划分。

本书认为，银行业信贷资产登记流转中心童彦对"非标"之论述清晰完整，值得学习和借鉴，故对其观点全文摘录如下：

首先，"非标"并不等同于非法或违规。"非标资产"的出现，或者说商业银行开展"非标"业务，有其客观规律和市场需求。在以间接融资为主的市场体系中，"非标"业务客观上丰富了银行金融服务的方式和内容，是银行支持实体经济的探索和创新，只是因为其中存在一定的风险隐患，因此需要加以规范完善。《关于规范商业银行理财业务投资运作有关问题的通知》并未禁止"非标"投资，而是对其投资规模作了一定限制；目前人民银行牵头起草的《关于规范金融机构资产管理业务的指导意见（征求意见稿）》中，对于"非标"投资也采用的是限制规模的思路。因此，对于"非标"的监管应"疏堵结合"，现在尤其应考虑"疏"的问题，引导"非标"业务通过监管认可的方式开展，实现规范化运作。

其次，在交易的语境中才有"标"与"非标"的概念。换句话说，"标"和"非标"并不是某一类金融资产自身的一种属性，只有当其成为交易标的时才有所谓的"标"与"非标"的问题。一样是信贷资产，机构间私下交易属于"非标"，但通过银登中心进行公开透明的交易，具备了标准化的可交易属性，就应属于"标准化"资产；同样，对于资产证券化业务，通过银行间或交易所市场公开规范交易的自然就是"标"，机构私下开展的私募证券化业务则属于"非标"。这也是8号文的精神，离开了"交易"就无所谓"标"与"非标"了，但目前市场上对此有误解，认为8号文中列举的信贷资产、信托贷款等资产无论是否交易、如何交易都应当属于"非标"，有必要在解释"非标"定义时对其进行说明和澄清。

最后，并非在监管认可的场所交易的所有产品都是"标"。在当前，无论银行间市场还是交易所市场都在开展各类金融产品的创新,有些并不满足"标准化"的要求,因此在"标准化"的认定方面,更多地还是要看资产的具体交易属性是否符合要求。一般而言,各方认可的"标准化"交易标的需要满足的条件包括:一是产品准入有标准,二是资产登记有标准;三是账务体系有标准;四是信息披露有标准;五是交易流程有标准;六是监管监测有标准。因此,对于在银行间、交易所市场乃至银登中心交易的金融产品,也需要参照上述标准来确定其是否属于"标准化"资产。

为了消除目前市场上存在的各种杂音,避免出现不利于监管工作开展的法律上的风险,有必要在适当的文件里把"非标"的认定问题解释清楚,例如,可考虑将"非标"的定义修改完善如下:

非标准化债权资产,是下列资产之外的债权性资产作为交易标的时的称谓:(一)在银行间市场及证券交易所市场交易的国债、地方政府债券、中央银行票据、政府机构债券、金融债券、公司信用类债券、资产支持证券、同业存单;(二)在监管认定的平台上流转的信贷资产债权及其对应的受(收)益权;(三)监管认定的其他具有标准化债权属性的资产。

总之,以列举正面清单的方式,可明确何种交易标的属于"标准化"资产,不在此范围内的即为"非标",从而防止通过产品创新"打擦边球"。另外,可在正面清单中加入兜底条款,为未来根据市场形势的变化调整"标准化"资产的范围预留空间。[①]

(二)非标业务的出现

"非标业务"始于商业银行。一直以来,房地产行业和部分产能过剩行业是中国银行业非标业务的主要融资方。2009年,中国实行大规模刺激的宏观经济政策对抗全球金融危机,引发了通货膨胀和资产价格泡沫等后遗症,中

[①] 童彦:《如何认知"非标资产"?(之二)》,2017年6月7日,http://www.yindeng.com.cn/Home/yjfx/cn/20170607/400407.shtml,最后访问时间:2017年12月7日。

央不得不对表内信贷加紧约束,从而导致上述部门不得不通过非标业务进行融资。在资产端高收益的驱使下,金融机构尤其是商业银行也欲通过非标等影子银行业务绕过监管,为上述部门提供信贷支持。因此,在这一背景下,中国银行业非标业务发展比较迅速,非标资产扩张也比较明显。[①]

(三)非标资产概念

1. 非标资产的含义

"非标业务"即投资非标资产的业务。"非标资产"全称为"非标准化债权资产"。2013年3月25日银监会印发了《关于规范商业银行理财业务投资运作有关问题的通知》(银监发〔2013〕8号),即俗称的"8号文",该文将非标准化债权资产定义为:"未在银行间市场和证券交易所交易的债权性资产,包括但不限于信贷资产、信托贷款、委托债权、承兑汇票、信用证、应收账款、各类受(收)益权、带回购条款的股权性融资等。"

2. 非标资产外延的突破

"8号文"将标准化资产限定于银行间市场与证券交易所,似乎是将"标准化资产"的认定权交予银行间市场与证券交易所,但就银行间市场和证券交易所发行的私募债、开展的股票质押式回购交易等是否属于"标准化资产",尚未达成共识。2014年8月,银行业信贷资产登记流转中心(简称"银登中心")成立,银登中心在银监会指导下开展信贷资产流转及收益权转让业务试点,为"非标资产"阳光化交易创造了条件,"8号文"界定的"非标资产"范围也随之被突破。

2016年4月27日,中国银监会办公厅印发了《关于规范银行业金融机构信贷资产收益权转让业务的通知》,通知规定:"符合上述规定的合格投资者认购的银行理财产品投资信贷资产收益权,按本通知要求在银登中心完成转让和集中登记的,相关资产不计入非标准化债权资产统计,在全国银行业

[①] 陶长高:《利率市场化与中国银行业非标业务的发展》,载《国际融资》2014年第10期,第24-25页。

理财信息登记系统中单独列示。""非标资产"被赋予了新的内涵。另一方面，券商、基金公司、区域性交易场所等银监体系外机构，也在越来越多地使用"非标资产"和"非标业务"概念，并就其外延在各自领域达成了一定程度的共识。

当前，"非标资产"和"非标业务"的内涵与外延仍显模糊。

【规范性文件】

《中国银监会关于规范商业银行理财业务投资运作有关问题的通知》（2013年3月25日，银监发〔2013〕8号）

一、非标准化债权资产是指未在银行间市场及证券交易所市场交易的债权性资产，包括但不限于信贷资产、信托贷款、委托债权、承兑汇票、信用证、应收账款、各类受（收）益权、带回购条款的股权性融资等。

《中国银监会办公厅关于规范银行业金融机构信贷资产收益权转让业务的通知》（2016年4月27日，银监办发〔2016〕82号）

二、信贷资产收益权转让应当依法合规开展，有效防范风险

（一）出让方银行应当根据《商业银行资本管理办法（试行）》，在信贷资产收益权转让后按照原信贷资产全额计提资本。

（二）出让方银行应当按照《企业会计准则》对信贷资产收益权转让业务进行会计核算和账务处理。开展不良资产收益权转让的，在继续涉入情形下，计算不良贷款余额、不良贷款比例和拨备覆盖率等指标时，出让方银行应当将继续涉入部分计入不良贷款统计口径。

（三）出让方银行应当根据《商业银行贷款损失准备管理办法》、《银行贷款损失准备计提指引》和《金融企业准备金计提管理办法》等相关规定，按照会计处理和风险实际承担情况计提拨备。

（四）出让方银行不得通过本行理财资金直接或间接投资本行信贷资产收益权，不得以任何方式承担显性或者隐性回购义务。

（五）信贷资产收益权的投资者应当持续满足监管部门关于合格投资者的

相关要求。不良资产收益权的投资者限于合格机构投资者，个人投资者参与认购的银行理财产品、信托计划和资产管理计划不得投资；对机构投资者资金来源应当实行穿透原则，不得通过嵌套等方式直接或变相引入个人投资者资金。

（六）出让方银行和其他相关交易主体应当审慎评估信贷资产质量和风险，按照市场化原则合理定价，必要时委托会计师事务所、律师事务所、评级机构、估值机构等独立第三方机构，对相关业务环节出具专业意见。

（七）出让方银行和其他相关交易主体应当按照有关要求，向投资者及时、准确、完整披露拟转让收益权的信贷资产相关情况，并及时披露对投资者权益或投资收益等产生重大影响的突发事件。

（八）符合上述规定的合格投资者认购的银行理财产品投资信贷资产收益权，按本通知要求在银登中心完成转让和集中登记的，相关资产不计入非标准化债权资产统计，在全国银行业理财信息登记系统中单独列示。

二、非标业务的主要模式

法律、法规、部门规章等对非标业务模式无成文规定，实践中形成了"银信"模式、"银证"模式、"证信"模式等相对固定的模式，此外还存在大量以大宗商品交易场所、金融交易场所等为依托的业务模式和借鉴场内"资产证券化"的业务模式等。随着国家政策和监管规则的不断调整，非标业务模式也在不断变换。

本书所列举的非标业务模式，均为一定时期实际存在过的非标业务模式，但随着一系列新的监管政策的出台，大多数模式已经不再适用。本书仍将其列举出来，是为了通过对这些业务模式的描述，形成对非标业务模式的感性认识，从而有助于在监管政策允许的框架内，创设出新的业务模式。

在实际业务活动中，如何创设和运用非标模式，应根据当时的监管规则及其他具体情况确定。

（一）"银信"模式

本书所述"银信"模式系指"银信"理财合作，不包括其他形式的合作。根据 2008 年 12 月 4 日银监会《银行与信托公司业务合作指引》规定，银信理财合作是指银行将理财计划项下的资金交付信托，由信托公司担任受托人并按照信托文件的约定进行管理、运用和处分的行为。"银信"模式根据信托端投资方式不同分为以下 3 种类型：

1. 信托贷款模式

该模式的交易结构为，银行将理财资金委托给信托公司成立单一资金信托计划，信托公司向融资人发放信托贷款。信托公司作为债权人，对融资人享有直接债权利益。贷款到期后，信托公司根据信托贷款债权实现情况向委托银行分配收益。

信托贷款模式下成立的单一资金信托计划属于融资性资金信托，根据《信托业保障基金管理办法》规定，融资人应按照信托新发行金额的 1% 缴纳信托业保障基金。保障基金收入扣除日常支出后，净收益率高于国家 1 年期存款基准利率的，按照国家 1 年期存款基准利率向认购人分配收益，剩余部分计入基金余额。收益率低于国家 1 年期存款基准利率时，由保障基金公司提出收益分配方案并报基金理事会审议。到期后信托贷款若无违约，保障基金及收益返还给认购人。在实务中保障基金可以由信托公司代缴。

信托贷款模式是最简单的非标模式，但信托贷款投向受到监管限制，该模式不适用于土地储备融资、房地产企业土地出让款融资、房地产企业流动资金贷款等。此外，该模式需缴纳信托保障基金，成本较高，且信托贷款信息将被录入中国人民银行征信系统。

【规范性文件】

《银行与信托公司业务合作指引》（2008 年 12 月 4 日，银监发〔2008〕83 号）

第六条　本指引所称银信理财合作，是指银行将理财计划项下的资金交付信托，由信托公司担任受托人并按照信托文件的约定进行管理、运用和处分的行为。

《信托业保障基金管理办法》（2014年12月10日，银监发〔2014〕50号）

第十四条　保障基金现行认购执行下列统一标准，条件成熟后再依据信托公司风险状况实行差别认购标准：

（一）信托公司按净资产余额的1%认购，每年4月底前以上年度末的净资产余额为基数动态调整；

（二）资金信托按新发行金额的1%认购，其中：属于购买标准化产品的投资性资金信托的，由信托公司认购；属于融资性资金信托的，由融资者认购。在每个资金信托产品发行结束时，缴入信托公司基金专户，由信托公司按季向保障基金公司集中划缴；

（三）新设立的财产信托按信托公司收取报酬的5%计算，由信托公司认购。

《财政部、国土资源部、中国人民银行、银监会关于规范土地储备和资金管理等相关问题的通知》（2016年2月2日，财综〔2016〕4号）

五、调整土地储备筹资方式

土地储备机构新增土地储备项目所需资金，应当严格按照规定纳入政府性基金预算，从国有土地收益基金、土地出让收入和其他财政资金中统筹安排，不足部分在国家核定的债务限额内通过省级政府代发地方政府债券筹集资金解决。自2016年1月1日起，各地不得再向银行业金融机构举借土地储备贷款。地方政府应在核定的债务限额内，根据本地区土地储备相关政府性基金收入、地方政府性债务风险等因素，合理安排年度用于土地储备的债券发行规模和期限。

《中国银监会办公厅关于加强信托公司房地产、证券业务监管有关问题的通知》（2008年10月28日，银监办发〔2008〕265号）

一、信托公司要严格按照《中国银行业监督管理委员会关于进一步加强房地产信贷管理的通知》（银监发〔2006〕54号）等有关法规从事房地产业务。

……

（二）严禁向房地产开发企业发放流动资金贷款，严禁以购买房地产开发企业资产附回购承诺等方式变相发放流动资金贷款，不得向房地产开发企业发放用于缴交土地出让价款的贷款。要严格防范对建筑施工企业、集团公司等的流动资金贷款用于房地产开发。

……

2. 收益权转让及回购模式

该模式适合拥有较长期限优质债权资产的融资人，其交易结构为银行将理财资金委托予信托公司设立信托计划，信托计划向融资人购买融资人持有的债权收益权，并约定由融资人在信托计划到期时以特定价款回购该债权收益权。信托公司在收到融资人支付的回购款项后向银行分配信托收益。标的债权收益权可以是融资人持有的优质应收账款、租金收益权、保理资金收益权等。银行的合作对象不限于信托公司，还可以选择证券公司、基金子公司等。

此类模式在房地产等业务中也受到限制，如前述《中国银监会办公厅关于加强信托公司房地产、证券业务监管有关问题的通知》规定，严禁以购买房地产开发企业资产附回购承诺等方式变相发放流动资金贷款。此外，以受让债权收益权名义向融资人融出资金属于表外业务，融资信息不录入中国人民银行征信系统。

3. 明股实债模式

该模式的交易结构为，银行将理财资金委托予信托公司设立信托计划，信托计划以部分资金对融资人实施增资扩股，或受让融资人部分股权，而后信托公司以股东借款名义将信托计划剩余资金借与融资人。信托计划到期后，融资人归还股东借款，义务人回购信托计划持有的融资人股权，信托公司向银行分配信托收益。

明股实债模式下，信托公司可通过股东借款规避常规信托贷款的部分监管限制。如《中国银监会办公厅关于信托公司房地产信托业务风险提示的通知》规定，信托公司发放贷款的房地产开发项目应满足"四证"齐全、开发商或其控股股东具备二级资质、项目资本金比例达到国家最低要求等条件，明股实债模式可以不受该限制，房地产开发商在拿地环节经常通过明股实债的产品结构设计规避监管，取得配套融资。

但根据银监会办公厅于2017年5月印发的《2017年信托公司现场检查要点》，违规开展房地产信托业务被列入2017年信托公司现场检查要点，检查内容包括是否通过股债结合、合伙制企业投资、应收账款收益权等模式变相向房地产开发企业融资规避监管要求，或协助其他机构违规开展房地产信托业务；"股+债"项目中是否存在不真实的股权或债权，是否存在房地产企业以股东借款充当劣后受益人的情况，是否以归还股东借款名义变相发放流动资金贷款。这表明，明股实债的融资通道被收紧了。

【规范性文件】

《中国银监会办公厅关于加强信托公司房地产信托业务监管有关问题的通知》（2010年2月11日，银监办发〔2010〕54号）

三、停止执行《中国银监会关于支持信托公司创新发展有关问题的通知》（银监发〔2009〕25号）第十条中对监管评级2C级（含）以上、经营稳健、风险管理水平良好的信托公司发放房地产开发项目贷款的例外规定，信托公司发放贷款的房地产开发项目必须满足"四证"齐全、开发商或其控股股东具备二级资质、项目资本金比例达到国家最低要求等条件。

《中国银监会办公厅关于信托公司房地产信托业务风险提示的通知》（2010年11月12日，银监办发〔2010〕343号）

一、各信托公司应立即对房地产信托业务进行合规性风险自查。逐笔分析业务合规性和风险状况，包括信托公司发放贷款的房地产开发项目是否满足"四证"齐全、开发商或其控股股东具备二级资质、项目资本金比例达到国家最低要求等条件；第一还款来源充足性、可靠性评价；抵质押等担保措施情况及评价；项目到期偿付能力评价及风险处置预案等内容。

（二）"银证"模式

"银证"模式的交易结构为，银行运用理财资金投资于证券公司发起设立的资产管理计划，资产管理计划委托银行发放委托贷款给融资人。该模式结构简单，但对理财产品管理人银行和受托银行有一定的要求。

根据2014年2月12日《中国证券业协会关于进一步规范证券公司资产管理业务有关事项的补充通知》规定，银行与证券公司签订银证合作定向合同的，合作银行最近一年年末资产规模不低于500亿元。受托发放委托贷款的银行不得承担贷款信用风险，与理财产品管理人银行不得为同一银行。2018年1月5日银监会《商业银行委托贷款管理办法》对委托贷款的资金来源和贷款用途进行了限制，要求银行不得接受受托管理的他人资金、银行的授信资金、具有特定用途的各类专项基金、其他债务性资金等发放委托贷款，委托贷款不得投向生产、经营或投资国家禁止的领域和用途，作为注册资本金注册验资，用于股本权益性投资或增资扩股等违反监管规定的用途。

委托贷款属于表外业务，相当一部分委托贷款直接投向"两高一剩"行业，特别是房地产领域。2016年以前，委托贷款投向房地产开发项目无须"四证齐全"，但随着监管口径的收紧，委托贷款与表内信贷要求逐渐趋近。

【规范性文件】

《中国证券业协会关于进一步规范证券公司资产管理业务有关事项的补充通知》（2014年2月12日，中证协发〔2014〕33号）

一、中国证券业协会发布的《关于规范证券公司与银行合作开展定向资产管理业务有关事项的通知》（中证协发〔2013〕124号文，以下简称《银证合作通知》）对证券公司开展银证合作定向资产管理业务进行了规范。为进一步防范银证合作业务中合作银行选择不慎的风险，现将《银证合作通知》中合作银行的范围进行明确，对合作银行资产规模要求进行调整：

（一）合作银行是指中华人民共和国境内依法设立的商业银行、农村合作银行、城市信用合作社、农村信用合作社、邮政储蓄银行等吸收公众存款的金融机构以及政策性银行。

（二）证券公司与合作银行签订银证合作定向合同的，合作银行最近一年年末资产规模不低于500亿元。

《商业银行委托贷款管理办法》（2018年1月5日，银监发〔2018〕2号）

第十条　商业银行不得接受委托人下述资金发放委托贷款：

（一）受托管理的他人资金。

（二）银行的授信资金。

（三）具有特定用途的各类专项基金（国务院有关部门另有规定的除外）。

（四）其他债务性资金（国务院有关部门另有规定的除外）。

（五）无法证明来源的资金。

企业集团发行债券筹集并用于集团内部的资金，不受本条规定限制。

第十一条　商业银行受托发放的贷款应有明确用途，资金用途应符合法律法规、国家宏观调控和产业政策。资金用途不得为以下方面：

（一）生产、经营或投资国家禁止的领域和用途。

（二）从事债券、期货、金融衍生品、资产管理产品等投资。

（三）作为注册资本金、注册验资。

（四）用于股本权益性投资或增资扩股（监管部门另有规定的除外）。

（五）其他违反监管规定的用途。

（三）产业基金模式

该模式的常见交易结构为，银行资金投资于信托公司的信托计划、证券公司的资产管理计划或基金子公司的资产管理计划，由信托计划、资产管理计划作为优先级有限合伙人（优先级LP），融资人出资作为劣后级有限合人（劣后级 LP），连同作为普通合伙人（GP）的相关企业，联合成立有限合伙形式的产业基金，产业基金将资金投入具体项目。到期后，融资人收购优先级 LP 份额，银行实现资金回流。

产业基金模式适合于国企、平台企业等融资人，该模式将融资行为转换为投资行为，有利于优化融资人资产负债表，常见于股权投资、基础设施建设等较长期限的项目。

（四）"证信"模式

该模式的常见交易结构为，证券公司发起设立集合资产管理计划，募集社会资金投向信托公司设立的集合资金信托计划，信托公司利用信托计划灵活的投资方式和投资范围，通过发放信托贷款、受让收益权并约定回购、明股实债等方式向融资人提供资金。本书将在下文对"证信"模式进行详细论述。

三、"证信"模式分析

各类非标业务模式均有其适用前提及所循规则，本书以作者日常介入最多的"证信"模式为例进行分析。

在传统金融领域，贷款业务的经营主体限于银行、信托公司、小额贷款公司等，证券公司则主要从事自营业务，证券经纪、投资咨询、保荐与承销等中介业务，以及融资融券、股票质押式回购等类贷款业务。由于证券公司依托于其营业网点，能够募集到大量资金，受"银证信"模式的启发，证券公司开始直接与信托公司合作，以"证信"模式开展非标业务。

（一）"证信"模式介绍

1. 概述

"证信"模式业务结构中包括资管端和信托端，参与方包括证券公司、托管银行、销售机构、信托公司、融资人、担保人等。

在资管端，由证券公司发起设立主动管理型资产管理计划，委托资金托管银行，并安排营业网点或委托销售机构向合格投资者销售资管计划，募集社会资金。在信托端，证券公司作为资管计划管理人，将资管计划财产委托给信托公司设立信托计划，信托公司使用信托计划资金向融资人发放信托贷款。具体如下图：

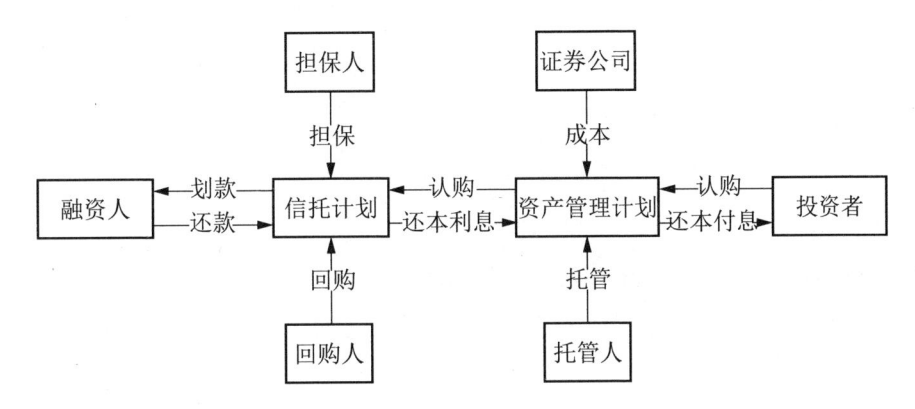

在"证信"模式交易结构中，担保人所提供的增信措施既可以设置在信托端也可以设置在资管端。本书第五章将对增信措施进行详细介绍。

2."证信"模式产生的背景

（1）"银信"模式存在的问题

从 2007 年的银信合作"打新股"产品，到 2008 年中国股市暴跌之后兴起的融资类银信合作业务，信托业务规模急剧膨胀，到 2010 年 7 月，银信合作规模一度达到 2.08 万亿元，占当时信托总资产的 7 成左右，其中融资类银信合作规模高达 1.4 万亿元[①]。为控制融资类银信合作风险，遏制信托通道业务规模，银监会陆续出台了一系列监管措施。

①禁止通道类业务

2008 年 12 月 4 日，银监会印发的《银行与信托公司业务合作指引》规

---

① 刘伟：《银信合作规模骤降曝信托业短板》，http://finance.ifeng.com/roll/20120812/6907081.shtml，最后访问时间：2017 年 8 月 15 日。

定,银信理财合作中信托公司应当勤勉尽责独立处理信托事务,银行不得干预信托公司的管理行为,信托公司应当自己履行管理职责。2009年12月14日,银监会印发的《中国银监会关于进一步规范银信合作有关事项的通知》要求,信托公司在银信合作中应坚持自主管理原则,在信托资产管理中拥有主导地位,承担产品设计、项目筛选、投资决策及实施等实质管理和决策职责。因此,"银信"合作模式下的信托产品必须由信托公司主动发起并进行自主管理,不得将产品设计、尽职调查、投资决策等职责委以银行。与之对应,信托合同中不得约定由银行负责尽职调查并承担尽职调查风险、信托公司按照银行指令进行投资等内容。2010年8月5日,银监会印发的《中国银监会关于规范银信理财合作业务有关事项的通知》规定,信托公司在开展银信理财合作业务过程中,应坚持自主管理原则,严格履行项目选择、尽职调查、投资决策、后续管理等主要职责,不得开展通道类业务,要求信托产品期限均不得低于1年,不得设计为开放式,且融资类业务余额占银信理财合作业务余额的比例不得高于30%。

【规范性文件】

《银行与信托公司业务合作指引》(2008年12月4日,银监发〔2008〕83号)

第七条 银信理财合作应当符合以下要求:

(一)坚持审慎原则,遵守相关法律法规和监管规定;

(二)银行、信托公司应各自独立核算,并建立有效的风险隔离机制;

(三)信托公司应当勤勉尽责独立处理信托事务,银行不得干预信托公司的管理行为;

(四)依法、及时、充分披露银信理财的相关信息;

(五)中国银监会规定的其他要求。

第十五条 银行和信托公司开展信贷资产证券化合作业务,应当遵守以下规定:

（一）符合《信贷资产证券化试点管理办法》、《金融机构信贷资产证券化试点监督管理办法》等规定；

（二）拟证券化信贷资产的范围、种类、标准和状况等事项要明确，且与实际披露的资产信息相一致。信托公司可以聘请中介机构对该信贷资产进行审计；

（三）信托公司应当自主选择贷款服务机构、资金保管机构、证券登记托管机构，以及律师事务所、会计师事务所、评级机构等其他为证券化交易提供服务的机构，银行不得代为指定；

（四）银行不得干预信托公司处理日常信托事务；

（五）信贷资产实施证券化后，信托公司应当随时了解信贷资产的管理情况，并按规定向资产支持证券持有人披露。贷款服务机构应按照约定及时向信托公司报告信贷资产的管理情况，并接受信托公司核查。

《中国银监会关于进一步规范银信合作有关事项的通知》（2009年12月14日，银监发〔2009〕111号）

一、信托公司在银信合作中应坚持自主管理原则，提高核心资产管理能力，打造专属产品品牌。

自主管理是指信托公司作为受托人，在信托资产管理中拥有主导地位，承担产品设计、项目筛选、投资决策及实施等实质管理和决策职责。

二、银信合作业务中，信托公司作为受托人，不得将尽职调查职责委托给其他机构。

在银信合作受让银行信贷资产、票据资产以及发放信托贷款等融资类业务中，信托公司不得将资产管理职能委托给资产出让方或理财产品发行银行。信托公司将资产管理职责委托给其他第三方机构的，应提前十个工作日向监管部门事前报告。

《中国银监会关于规范银信理财合作业务有关事项的通知》（2010年8月5日，银监发〔2010〕72号）

二、信托公司在开展银信理财合作业务过程中，应坚持自主管理原则，严格履行项目选择、尽职调查、投资决策、后续管理等主要职责，不得开展通道类业务。

三、信托公司开展银信理财合作业务，信托产品期限均不得低于一年。

四、商业银行和信托公司开展融资类银信理财合作业务，应遵守以下原则：

（一）自本通知发布之日起，对信托公司融资类银信理财合作业务实行余额比例管理，即融资类业务余额占银信理财合作业务余额的比例不得高于30%。上述比例已超标的信托公司应立即停止开展该项业务，直至达到规定比例要求。

（二）信托公司信托产品均不得设计为开放式。上述融资类银信理财合作业务包括但不限于信托贷款、受让信贷或票据资产、附加回购或回购选择权的投资、股票质押融资等类资产证券化业务。

《中国银监会非银部关于做好信托公司净资本监管、银信合作业务转表及信托产品营销等有关事项的通知》（2011年6月16日，非银发〔2011〕14号）

二、对近期各信托公司开展的受（收）益权信托和银信合作创新业务，应按照以下口径予以监管：

（一）对各类形式的受（收）益权信托业务，除TOT和上市公司股票收益权业务外，原则上均应视为融资类业务，并应按照融资类业务计算风险资本；

（二）银行理财资金作为受益人的信托业务，包括银行理财资金直接交付给信托公司管理的信托业务和银行理财资金间接受让信托受益权业务，一律视为银信合作业务，应按照银信合作业务融资类不得超过银信合作业务余额30%等相关要求予以监管，在计算风险资本时也应按照银信合作业务计算风险资本。

②杠杆比例限制

根据2009年7月6日《中国银监会关于进一步规范商业银行个人理财业务投资管理有关问题的通知》规定，理财资金用于投资单一借款人及其关联企业银行贷款，或者用于向单一借款人及其关联企业发放信托贷款的总额不得超过发售银行资本净额的10%。2010年8月5日《中国银监会关于规范银信理财合作业务有关事项的通知》规定，对信托公司融资类银信理财合作业务实行余额比例管理，即融资类业务余额占银信理财合作业务余额的比例不得高于30%。对于超过该比例的，信托公司应当立即停止开展该项业务。

【规范性文件】

《中国银监会关于进一步规范商业银行个人理财业务投资管理有关问题的通知》（2009年7月6日，银监发〔2009〕65号）

十四、理财资金用于投资单一借款人及其关联企业银行贷款，或者用于向单一借款人及其关联企业发放信托贷款的总额不得超过发售银行资本净额的10%。

《中国银监会关于规范银信理财合作业务有关事项的通知》（2010年8月5日，银监发〔2010〕72号）

四、商业银行和信托公司开展融资类银信理财合作业务，应遵守以下原则：

（一）自本通知发布之日起，对信托公司融资类银信理财合作业务实行余额比例管理，即融资类业务余额占银信理财合作业务余额的比例不得高于30%。上述比例已超标的信托公司应立即停止开展该项业务，直至达到规定比例要求。

……

《中国银行业监督管理委员会关于进一步规范银信理财合作业务的通知》（2011年1月13日，银监发〔2011〕7号）

一、各商业银行应当按照《通知》要求在2011年底前将银信理财合作业务表外资产转入表内。各商业银行应当在2011年1月31日前向银监会或其省级派出机构报送资产转表计划，原则上银信合作贷款余额应当按照每季至少25%的比例予以压缩。

二、对商业银行未转入表内的银信合作信托贷款，各信托公司应当按照

10.5%的比例计提风险资本。

……

四、各银监局应当严格按照上述要求督促商业银行资产转表、信托公司压缩银信合作信托贷款业务。

③银行和信托公司的行为限制和责任承担

根据2008年12月4日《银行与信托公司业务合作指引》规定,银行不得为银信理财合作涉及的信托产品及该信托产品项下财产运用对象等提供任何形式的担保。根据2011年1月13日《中国银行业监督管理委员会关于进一步规范银信理财合作业务的通知》规定,信托公司信托赔偿准备金低于银信合作不良信托贷款余额150%或低于银信合作信托贷款余额2.5%的,信托公司不得分红,直至上述指标达到标准。

另外,当信托贷款违约时,银行和信托公司之间就风险承担也存在纠缠不清的分歧,如2014年中诚·诚至金开2号集合信托计划、2015年中信·古冶集团铸造产业链信托贷款集合资金信托计划违约事件中,银行与信托公司对到底该由谁承担责任各执一词。虽然2014年4月8日《中国银行业监督管理委员会办公厅关于信托公司风险监管的指导意见》要求明确事务管理类信托业务的参与主体责任,规定金融机构之间的交叉产品和合作业务,必须以合同形式明确项目的风险责任承担主体,提供通道的一方为项目事务风险的管理主体,厘清权利义务,并由风险承担主体的行业归口监管部门负责监督管理,切实落实风险防控责任。但该指导意见并未得到充分贯彻执行,许多信托公司在通道业务合同条款中都未设置厘清权责的条款。

【规范性文件】

《银行与信托公司业务合作指引》(2008年12月4日,银监发〔2008〕83号)

第二十六条 银行不得为银信理财合作涉及的信托产品及该信托产品项

下财产运用对象等提供任何形式担保。

《中国银行业监督管理委员会关于进一步规范银信理财合作业务的通知》（2011年1月13日，银监发〔2011〕7号）

三、信托公司信托赔偿准备金低于银信合作不良信托贷款余额150%或低于银信合作信托贷款余额2.5%的，信托公司不得分红，直至上述指标达到标准。

《中国银行业监督管理委员会办公厅关于信托公司风险监管的指导意见》（2014年4月8日，银监办发〔2014〕99号）

三、明确转型方向

（一）规范现有业务模式

1.明确事务管理类信托业务的参与主体责任。金融机构之间的交叉产品和合作业务，必须以合同形式明确项目的风险责任承担主体，提供通道的一方为项目事务风险的管理主体，厘清权利义务，并由风险承担主体的行业归口监管部门负责监督管理，切实落实风险防控责任。进一步加强业务现场检查，防止以抽屉协议的形式规避监管。

……

④信托投资范围受限

2009年12月14日《中国银监会关于进一步规范银信合作有关事项的通知》规定，银信合作理财产品不得投资于理财产品发行银行自身的信贷资产或票据资产。2010年8月5日《中国银监会关于规范银信理财合作业务有关事项的通知》规定，商业银行和信托公司开展投资类银信理财合作业务，其资金原则上不得投资于非上市公司股权，明股实债模式受到限制。

除上述两种禁止性投资方向外，2009年7月6日《中国银监会关于进一步规范商业银行个人理财业务投资管理有关问题的通知》还规定，理财资金用于发放信托贷款的，应遵守国家相关法律法规和产业政策的要求，商业银行应对理财资金投资的信托贷款项目进行尽职调查，比照自营贷款业务的管理标准对信托贷款项目做出评审。

【规范性文件】

《中国银监会关于进一步规范银信合作有关事项的通知》(2009 年 12 月 14 日,银监发〔2009〕111 号)

五、银信合作理财产品不得投资于理财产品发行银行自身的信贷资产或票据资产。

《中国银监会关于进一步规范商业银行个人理财业务投资管理有关问题的通知》(2009 年 7 月 6 日,银监发〔2009〕65 号)

十三、理财资金用于发放信托贷款,应符合以下要求:

(一)遵守国家相关法律法规和产业政策的要求。

(二)商业银行应对理财资金投资的信托贷款项目进行尽职调查,比照自营贷款业务的管理标准对信托贷款项目做出评审。

《中国银监会关于规范银信理财合作业务有关事项的通知》(2010 年 8 月 5 日,银监发〔2010〕72 号)

五、商业银行和信托公司开展投资类银信理财合作业务,其资金原则上不得投资于非上市公司股权。

⑤合作成本增加

2010 年 8 月 5 日《中国银监会关于规范银信理财合作业务有关事项的通知》规定,商业银行应严格按照要求将表外资产在 2010 年、2011 年两年内转入表内,并按照 150% 的拨备覆盖率要求计提拨备,同时大型银行应按照 11.5%、中小银行按照 10% 的资本充足率要求计提资本。2011 年 1 月 13 日《中国银行业监督管理委员会关于进一步规范银信理财合作业务的通知》要求,对商业银行未转入表内的银信合作信托贷款,各信托公司应当按照 10.5% 的比例计提风险资本。2014 年 12 月 10 日《信托业保障基金管理办法》规定,资金信托按新发行金额的 1% 认购信托业保障基金。银监会这一系列监管措施直接推高了银信合作成本。

【规范性文件】

《中国银监会关于规范银信理财合作业务有关事项的通知》（2010年8月5日，银监发〔2010〕72号）

七、对本通知发布以前约定和发生的银信理财合作业务，商业银行和信托公司应做好以下工作：

（一）商业银行应严格按照要求将表外资产在今、明两年转入表内，并按照150%的拨备覆盖率要求计提拨备，同时大型银行应按照11.5%、中小银行按照10%的资本充足率要求计提资本。

……

《中国银行业监督管理委员会关于进一步规范银信理财合作业务的通知》（2011年1月13日，银监发〔2011〕7号）

二、对商业银行未转入表内的银信合作信托贷款，各信托公司应当按照10.5%的比例计提风险资本。

《信托业保障基金管理办法》（2014年12月10日，银监发〔2014〕50号）

第十四条 保障基金现行认购执行下列统一标准，条件成熟后再依据信托公司风险状况实行差别认购标准：

（一）信托公司按净资产余额的1%认购，每年4月底前以上年度末的净资产余额为基数动态调整；

（二）资金信托按新发行金额的1%认购，其中：属于购买标准化产品的投资性资金信托的，由信托公司认购；属于融资性资金信托的，由融资者认购。在每个资金信托产品发行结束时，缴入信托公司基金专户，由信托公司按季向保障基金公司集中划缴；

（三）新设立的财产信托按信托公司收取报酬的5%计算，由信托公司认购。

第二十四条 保障基金收入扣除日常支出后，净收益率高于国家一年期存款基准利率的,按照国家一年期存款基准利率向信托公司、融资者等认购人分配收益,剩余部分计入基金余额。收益率低于国家一年期存款基准利率时,由保障基金公司提出收益分配方案并报基金理事会审议。

综上所述,在强监管下银行理财资金借道信托发放贷款受到限制,2010年下半年,银信合作规模开始下滑,到2012年2月,银信合作资产存量余额降至1.769万亿元,占信托总资产的31.95%[①],仅靠银信合作模式已无法满足市场不断膨胀的资金需求。

(2)"银证"模式存在的问题

2010年银监会重腕治理"银信合作"通道业务后,"银证"模式应运而生,推动银行理财业务进一步发展,并成为银行表外信贷资产扩张的主力渠道。2011年以来,券商资管规模受此推动急速膨胀。中国证券业协会数据显示,截至2013年6月30日,证券公司受托管理资金本金总额3.42万亿元,已经超越基金托管资产规模,较2012年底的1.89亿元大幅增长80%以上[②],2013年底券商资管规模扩大至5.2万亿元。进入2014年,定向业务成为券商资管规模崛起的主要力量,规模占比达到90%,2014年上半年券商资管站上6万亿元新高,其中来自商业银行等机构客户受托资金规模占到定向业务总规模的70%~80%,个别券商的银证合作通道业务甚至占资管业务总规模的100%[③],再次引起监管层的重视。

①对合作银行的要求趋严

2013年7月19日《中国证券业协会关于规范证券公司与银行合作开展定向资产管理业务有关事项的通知》规定,资管合同中应明确约定银证双方的

[①] 刘伟:《银信合作规模骤降曝信托业短板》,http://finance.ifeng.com/roll/20120812/6907081.shtml,最后访问时间:2017年8月15日。

[②] 吕雯瑾:《首个银证合作规范性文件出炉合作银行资产至少300亿》,http://money.163.com/13/0718/16/9432HBRS00253B0H.html,最后访问时间:2017年8月16日。

[③] 王晓易:《广州证券资管规模首破千亿信用市场实现弯道超车》,http://money.163.com/14/0730/13/A2DGTSK900253B0H.html,最后访问时间:2017年8月16日。

权利义务，并要求合作银行满足最近一年年末资产规模不低于300亿元，且资本充足率不低于10%，最近一年未因经营管理出现重大违法违规行为受到行政处罚或被采取重大行政监管措施等条件。2014年2月12日《中国证券业协会关于进一步规范证券公司资产管理业务有关事项的补充通知》进一步提高银证合作门槛，要求合作银行最近一年年末资产规模不低于500亿元，并规定证券公司应当切实履行集合资产管理计划管理人的职责，不得通过集合资产管理计划开展通道业务。

【规范性文件】

《中国证券业协会关于规范证券公司与银行合作开展定向资产管理业务有关事项的通知》（2013年7月19日，中证协发〔2013〕124号）

三、证券公司开展银证合作定向业务，应当建立合作银行遴选机制，明确遴选标准和程序。证券公司应当对合作银行的资质、信用状况、管理能力、风控水平等进行尽职调查，审慎选择合作银行。

合作银行应当至少符合以下条件：

（一）法人治理结构完善，内控机制健全有效；

（二）最近一年年末资产规模不低于300亿元，且资本充足率不低于10%；

（三）最近一年未因经营管理出现重大违法违规行为受到行政处罚或被采取重大行政监管措施；

（四）最近一年财务状况未出现显著恶化、丧失清偿能力；

（五）法律、行政法规和金融监督管理机构规定的其他条件。

《中国证券业协会关于进一步规范证券公司资产管理业务有关事项的补充通知》（2014年2月12日，中证协发〔2014〕33号）

一、中国证券业协会发布的《关于规范证券公司与银行合作开展定向资产管理业务有关事项的通知》（中证协发〔2013〕124号文，以下简称《银证合作通知》）对证券公司开展银证合作定向资产管理业务进行了规范。为进一步防范银证合作业务中合作银行选择不慎的风险,现将《银证合作通知》中合作银行的范围进行明确,对合作银行资产规模要求进行调整:

(一)合作银行是指中华人民共和国境内依法设立的商业银行、农村合作银行、城市信用合作社、农村信用合作社、邮政储蓄银行等吸收公众存款的金融机构以及政策性银行。

(二)证券公司与合作银行签订银证合作定向合同的,合作银行最近一年年末资产规模不低于500亿元。

四、证券公司应当切实履行集合资产管理计划管理人的职责,不得通过集合资产管理计划开展通道业务。

②资产管理计划投资范围限制

2013年3月14日《中国证券监督管理委员会办公厅关于加强证券公司资产管理业务监管的通知》规定,集合资产管理计划的投资范围应当符合《证券公司集合资产管理业务实施细则》的规定,未经许可不得投资票据等规定投资范围以外的投资品种,不得以委托定向资产管理或设立单一资产信托等方式变相扩大集合资产管理计划投资范围。2013年6月26日《中国证券监督管理委员会关于修改〈证券公司集合资产管理业务实施细则〉决定》放宽了集合计划可投资范围,规定集合计划募集的资金可以投资集合资金信托计划等金融监管部门批准或备案发行的金融产品,随之衍生出"银证信"模式。2013年7月19日《中国证券业协会关于规范证券公司与银行合作开展定向资产管理业务有关事项的通知》规定,证券公司开展银证合作定向业务不得将委托资金投资于高污染、高能耗等国家禁止投资的行业。2016年7月14日证监会《证券期货经营机构私募资产管理业务运作管理暂行规定》要求,证券公司、基金管理公司、期货公司及其依法设立的从事私募资产管理业务的子公司发行的资产管理计划不得投资于不符合国家产业政策、环境保护政策的项目,并要求对资产管理计划的投资范围进行穿透核查,判断最终投向是否为国家禁止投资的行业。

【规范性文件】

《中国证券监督管理委员会办公厅关于加强证券公司资产管理业务监管的通知》(2013年3月14日，证监办发〔2013〕26号)

五、督促辖区证券公司进一步完善并有效执行合规管理制度

证券公司应当进一步加强对产品和业务的合规管理。合规总监应当切实履行职责，加强对产品和业务的合规审查、监测和检查，为公司依法合规开展资产管理业务提供有效支持。

(一)集合资产管理计划的投资范围应当符合《证券公司集合资产管理业务实施细则》(证监会公告〔2012〕29号)的规定，未经许可不得投资票据等规定投资范围以外的投资品种；不得以委托定向资产管理或设立单一资产信托等方式变相扩大集合资产管理计划投资范围。

……

《中国证券监督管理委员会关于修改〈证券公司集合资产管理业务实施细则〉决定》(2013年6月26日，中国证券监督管理委员会公告〔2013〕28号)

六、第十五条改为第十四条，修改为"集合计划募集的资金可以投资中国境内依法发行的股票、债券、股指期货、商品期货等证券期货交易所交易的投资品种；央行票据、短期融资券、中期票据、利率远期、利率互换等银行间市场交易的投资品种；证券投资基金、证券公司专项资产管理计划、商业银行理财计划、集合资金信托计划等金融监管部门批准或备案发行的金融产品；以及中国证监会认可的其他投资品种。

"集合计划可以参与融资融券交易，也可以将其持有的证券作为融券标的证券出借给证券金融公司。

"证券公司可以依法设立集合计划在境内募集资金，投资于中国证监会认可的境外金融产品。"

《中国证券业协会关于规范证券公司与银行合作开展定向资产管理业务有关事项的通知》(2013年7月19日，中证协发〔2013〕124号)

二、证券公司开展银证合作定向业务不得存在以下情形：

（一）分公司、营业部独立开展定向资产管理业务，资产管理分公司除外；

（二）开展资金池业务；

（三）将委托资金投资于高污染、高能耗等国家禁止投资的行业；

（四）进行利益输送或商业贿赂；

（五）法律、行政法规和中国证监会禁止的其他情形。

《证券期货经营机构私募资产管理业务运作管理暂行规定》（2016年7月14日，中国证券监督管理委员会公告〔2016〕13号）

第六条 证券期货经营机构发行的资产管理计划不得投资于不符合国家产业政策、环境保护政策的项目（证券市场投资除外），包括但不限于以下情形：

（一）投资项目被列入国家发展改革委最新发布的淘汰类产业目录；

（二）投资项目违反国家环境保护政策要求；

（三）通过穿透核查，资产管理计划最终投向上述投资项目。

③资金来源限制

"银证"模式主要是将银行理财资金、同业存款资金或自有资金等通过认购券商资管计划，再由券商委托银行发放委托贷款的形式实现融资。2010年以来委托贷款社融总规模占比不断攀升，2014年年底"银证"模式将该比例进一步推升至15.2%，大量资金借道流向房地产、地方融资平台和"两高一剩"行业。为防止发生系统性风险，分流不断涌入限制行业和大型企业的社会资金，2015年1月16日银监会就《商业银行委托贷款管理办法（征求意见稿）》公开征求意见，明确要求禁止以募集的资金发放委托贷款，不得将委托贷款投向国家明令禁止的产品和项目，征求意见稿发布后"银证"模式委贷业务有所收敛，但因该办法迟迟未能正式出台，仍有不少银行继续通过"银证"模式发放委托贷款。2018年1月5日《商业银行委托贷款管理办法》正式出台，"银证"委托贷款通道模式被禁止。

【规范性文件】

《商业银行委托贷款管理办法（征求意见稿）》（2015年1月16日）

第十一条　商业银行严禁接受下述资金发放委托贷款：

（一）国家规定具有特殊用途的各类专项基金。

（二）银行授信资金。

（三）发行债券筹集的资金。

（四）筹集的他人资金。

（五）无法证明来源的资金。

第十二条　商业银行受托发放的贷款应有明确用途，资金用途应符合法律规定和信贷政策。资金用途不得为以下方面：

（一）生产、经营或投资国家明令禁止的产品和项目。

（二）从事债券、期货、金融衍生品、理财产品、股本权益等投资。

（三）作为注册资本金、注册验资或增资扩股。

（四）国家明确规定的其他禁止用途。

《商业银行委托贷款管理办法》（2018年1月5日，银监发〔2018〕2号）

第十条　商业银行不得接受委托人下述资金发放委托贷款：

（一）受托管理的他人资金。

（二）银行的授信资金。

（三）具有特定用途的各类专项基金（国务院有关部门另有规定的除外）。

（四）其他债务性资金（国务院有关部门另有规定的除外）。

（五）无法证明来源的资金。

企业集团发行债券筹集并用于集团内部的资金，不受本条规定限制。

第十一条　商业银行受托发放的贷款应有明确用途，资金用途应符合法律法规、国家宏观调控和产业政策。资金用途不得为以下方面：

（一）生产、经营或投资国家禁止的领域和用途。

（二）从事债券、期货、金融衍生品、资产管理产品等投资。

（三）作为注册资本金、注册验资。

（四）用于股本权益性投资或增资扩股（监管部门另有规定的除外）。

（五）其他违反监管规定的用途。

④ "银证"通道受阻

2016年7月28日银监会就《商业银行理财业务监督管理办法（征求意见稿）》公开征求意见，《征求意见稿》对银行理财资金投资非标准化债权进行严格限制，并规定除符合银监会关于银信理财合作业务相关监管规定的信托公司发行的信托投资计划外，银行理财产品所投资的特定目的载体不得直接或间接投资于非标准化债权资产，意即信托计划成为银行理财资金唯一的非标业务通道。虽然该文件没有正式出台，但监管层对银行理财资金投资非标债权态度显露无遗，建设银行等机构也开始借此进行业务调整[①]。按照银监会2017年立法规划，正式办法有望在不久后出台。

【规范性文件】

《商业银行理财业务监督管理办法（征求意见稿）》（2016年7月28日）

第三十八条（非标债权投资要求）商业银行理财产品投资于非标准化债权资产，应当符合以下要求：

（一）确保理财产品投资与审批流程相分离，比照自营贷款管理要求实施投前尽职调查、风险审查和投后风险管理，并纳入全行统一的信用风险管理体系；

（二）理财产品投资非标准化债权资产的余额在任何时点均不得超过理财产品余额的35%或者商业银行上一年度审计报告披露总资产的4%；

（三）每只净值型理财产品投资非标准化债权资产的余额在任何时点均不

[①] 上海银监局：《建设银行上海市分行以差异化举措推动托管业务发展》，http://www.cbrc.gov.cn/chinese/home/docView/26C404EBB4D84CF89D67C0F960A3DCE3.html，最后访问时间：2017年8月29日。

得超过该理财产品余额的35%。

前款所称非标准化债权资产是指未在银行间市场或者证券交易所市场交易的债权性资产，包括但不限于信贷资产、信托贷款、委托债权、承兑汇票、信用证、应收账款、各类受（收）益权、带回购条款的股权性融资等。

第三十九条（特定目的载体投资要求）商业银行理财产品投资特定目的载体的，应当符合以下要求：

（一）准确界定相关法律关系，明确约定各参与主体的责任和义务；

（二）理财产品客户应当同时满足国务院金融监督管理机构对特定目的载体合格投资者的相关要求；

（三）基础资产投资范围不得超出本行理财产品投资范围；

（四）所投资的特定目的载体不得直接或间接投资于非标准化债权资产，符合银监会关于银信理财合作业务相关监管规定的信托公司发行的信托投资计划除外；

（五）切实履行投资管理职责，不得简单作为相关特定目的载体的资金募集通道；

（六）充分披露基础资产的类别和投资比例等信息，并在全国银行业理财信息登记系统登记特定目的载体及其基础资产的相关信息。

前款所称特定目的载体包括但不限于其他商业银行理财产品、信托投资计划、除货币市场基金和债券型基金之外的证券投资基金、证券公司及其子公司资产管理计划、基金管理公司及其子公司资产管理计划、期货公司及其子公司资产管理计划和保险业资产管理机构资产管理产品等。

⑤资产管理计划法律地位尴尬

"银信"模式下，银行与信托公司之间成立信托关系，根据《信托法》第16条和《信托公司管理办法》第3条的规定，信托财产不归入受托人财产，不属于清算财产。因此，在"银信"模式下，银行理财资金在委托给信托公司后，产生财产独立、破产隔离的效果。但该效果可能并不存在于"银证"模式。

根据《证券法》规定，证券公司破产或者清算时，客户的交易结算资金和证券不属于其破产财产或者清算财产，证券登记结算机构按照业务规则收取的各类结算资金和证券，必须存放于专门的清算交收账户，只能按业务规则用于已成交的证券交易的清算交收，不得被强制执行。根据《证券投资基金法》规定，基金管理人、基金托管人因依法解散、被依法撤销或者被依法宣告破产等原因进行清算的，基金财产不属于其清算财产，但并未对如何界定基金财产进行明确规定。根据《证券投资基金法》第72条规定，基金财产应当用于上市交易的股票、债券和证监会规定的其他证券及其衍生品种，不得违反规定向他人贷款，从该角度来看，为投资非标资产目的募集的资金似乎很难被归入基金财产中。

虽然2012年9月26日证监会《基金管理公司特定客户资产管理业务试点办法》规定资产管理人、资产托管人因依法解散、被依法撤销或者被依法宣告破产等原因进行清算的，委托财产不属于其清算财产；2013年6月26日证监会《证券公司客户资产管理业务管理办法》规定了证券公司应保证客户资产与其自有资产、不同客户的资产相互独立，对不同客户的资产分别设置账户、独立核算、分账管理。但前述规定均为部门规章，目前在法律层面尚未对券商资管计划的财产隔离事宜进行确认。因此，银行方面还是认为"银证"模式在法律上存在一定的瑕疵。

另一方面，由于资产管理计划不具有独立的法律地位，无法像信托公司一样以资管计划名义作为担保权人和享有其他权利，实践中均由证券公司作为管理人代资管计划享有权利。

【规范性文件】

《中华人民共和国信托法》（2001年4月28日）

第十六条 信托财产与属于受托人所有的财产（以下简称固有财产）相区别，不得归入受托人的固有财产或者成为固有财产的一部分。

受托人死亡或者依法解散、被依法撤销、被宣告破产而终止，信托财产不属于其遗产或者清算财产。

《信托公司管理办法》（2007年1月23日，中国银行业监督管理委员会令2007年第2号）

第三条　信托财产不属于信托公司的固有财产，也不属于信托公司对受益人的负债。信托公司终止时，信托财产不属于其清算财产。

《中华人民共和国证券法》（2014年8月31日）

第一百三十九条　证券公司客户的交易结算资金应当存放在商业银行，以每个客户的名义单独立户管理。具体办法和实施步骤由国务院规定。

证券公司不得将客户的交易结算资金和证券归入其自有财产。禁止任何单位或者个人以任何形式挪用客户的交易结算资金和证券。证券公司破产或者清算时，客户的交易结算资金和证券不属于其破产财产或者清算财产。非因客户本身的债务或者法律规定的其他情形，不得查封、冻结、扣划或者强制执行客户的交易结算资金和证券。

《中华人民共和国证券投资基金法》（2015年4月24日）

第五条　基金财产的债务由基金财产本身承担，基金份额持有人以其出资为限对基金财产的债务承担责任。但基金合同依照本法另有约定的，从其约定。

基金财产独立于基金管理人、基金托管人的固有财产。基金管理人、基金托管人不得将基金财产归入其固有财产。

基金管理人、基金托管人因基金财产的管理、运用或者其他情形而取得的财产和收益，归入基金财产。

基金管理人、基金托管人因依法解散、被依法撤销或者被依法宣告破产等原因进行清算的，基金财产不属于其清算财产。

第七十二条　基金财产应当用于下列投资：

（一）上市交易的股票、债券；

（二）国务院证券监督管理机构规定的其他证券及其衍生品种。

第七十三条　基金财产不得用于下列投资或者活动：

（一）承销证券；

（二）违反规定向他人贷款或者提供担保；

（三）从事承担无限责任的投资；

（四）买卖其他基金份额，但是国务院证券监督管理机构另有规定的除外；

（五）向基金管理人、基金托管人出资；

（六）从事内幕交易、操纵证券交易价格及其他不正当的证券交易活动；

（七）法律、行政法规和国务院证券监督管理机构规定禁止的其他活动。

运用基金财产买卖基金管理人、基金托管人及其控股股东、实际控制人或者与其有其他重大利害关系的公司发行的证券或承销期内承销的证券，或者从事其他重大关联交易的，应当遵循基金份额持有人利益优先的原则，防范利益冲突，符合国务院证券监督管理机构的规定，并履行信息披露义务。

《基金管理公司特定客户资产管理业务试点办法》（2012年9月26日，中国证券监督管理委员会令第83号）

第四条　资产管理人从事特定资产管理业务，委托财产独立于资产管理人和资产托管人的固有财产，并独立于资产管理人管理的和资产托管人托管的其他财产。资产管理人、资产托管人不得将委托财产归入其固有财产。

资产管理人、资产托管人因委托财产的管理、运用或者其他情形而取得的财产和收益，归入委托财产。

资产管理人、资产托管人因依法解散、被依法撤销或者被依法宣告破产等原因进行清算的，委托财产不属于其清算财产。

《证券公司客户资产管理业务管理办法》（2013年6月26日，中国证券监督管理委员会令第93号）

第四十一条　证券公司办理定向资产管理业务，应当保证客户资产与其自有资产、不同客户的资产相互独立，对不同客户的资产分别设置账户、独立核算、分账管理。

第四十二条　证券公司办理集合资产管理业务，应当保证集合资产管理计划资产与其自有资产、集合资产管理计划资产与其他客户的资产、不同集合资产管理计划的资产相互独立，单独设置账户、独立核算、分账管理。

（3）"证信"模式的产生

由于"银信"模式、"银证"模式相继受到监管限制，来源于银行端的资金趋紧，社会融资需求持续扩大，金融机构开始谋求突围，银行、券商、基金子公司与信托之间通道业务越来越复杂，各类机构互相多层嵌套，融资链条越拉越长，风险环节越来越多，一旦通道链条中的某个环节出现问题，将可能导致整个链条崩溃。在该背景下，"证信"模式进入市场视野，一方面，"证信"模式只有证券公司与信托公司两个主体，风险链条较短，渠道成本较低；另一方面，"银信"合作受限后，银监会要求信托公司加强主动管理能力，加大主动管理类信托产品的开发，信托公司可以通过设立主动管理型信托计划对接出资方和融资人。

根据2013年6月26日证监会《证券公司客户资产管理业务管理办法》规定，集合资产管理计划资产不得用于资金拆借、贷款、抵押融资或者对外担保等用途，2013年6月26日《中国证券监督管理委员会关于修改〈证券公司集合资产管理业务实施细则〉决定》允许集合计划募集的资金投资集合资金信托计划等金融监管部门批准或备案发行的金融产品。

因此，在"证信"模式下，证券公司可以成立集合资产管理计划，凭借其网点优势和高净值储备客户募集资金并投资于主动管理类集合信托计划产品，再由信托计划对外发放信托贷款，突破不得将集合资产管理计划的资产用于贷款的限制。

（二）"证信"模式应注意的问题

"证信"模式的本质，即在券商集合资产管理计划与非标资产之间嫁接集合资金信托计划，在资管端和信托端应分别关注以下问题。

1. 资管端应注意的问题

（1）资产管理计划类型的选择

根据2012年10月18日证监会《证券公司定向资产管理业务实施细则》第25条，定向资产管理计划的投资范围由证券公司与客户在不违反法律法规规定的范围内自行约定。因此,定向资产管理计划可以投资集合资金信托计划和单一信托计划。2013年6月26日证监会《证券公司集合资产管理业务实施细则》第14条列举了集合计划募集的资金可以投资的范围,其中包括集合资金信托计划,但不包括单一资金信托计划。2013年3月14日《中国证券监督管理委员会办公厅关于加强证券公司资产管理业务监管的通知》明确集合计划不得投资于单一资金信托。因此,在设计业务结构时,若出于募集社会资金需要设立集合资管计划,则应要求信托公司对应设立集合资金信托计划,并协调第三方主体认购信托计划部分份额。

【规范性文件】

《证券公司定向资产管理业务实施细则》(2012年10月18日,中国证券监督管理委员会公告〔2012〕30号)

第二十五条 定向资产管理业务的投资范围由证券公司与客户通过合同约定,不得违反法律、行政法规和中国证监会的禁止规定,并且应当与客户的风险认知与承受能力,以及证券公司的投资经验、管理能力和风险控制水平相匹配。

定向资产管理业务可以参与融资融券交易,也可以将其持有的证券作为融券标的证券出借给证券金融公司。

《证券公司集合资产管理业务实施细则》(2013年6月26日,中国证券监督管理委员会公告〔2013〕28号)

第十四条 集合计划募集的资金可以投资中国境内依法发行的股票、债券、股指期货、商品期货等证券期货交易所交易的投资品种;央行票据、短期融资券、中期票据、利率远期、利率互换等银行间市场交易的投资品种;证券投资基金、证券公司专项资产管理计划、商业银行理财计划、集合资金信托计划等金融监管部门批准或备案发行的金融产品;以及中国证监会认可的其他投资品种。

集合计划可以参与融资融券交易,也可以将其持有的证券作为融券标的证券出借给证券金融公司。

证券公司可以依法设立集合计划在境内募集资金，投资于中国证监会认可的境外金融产品。

（2）资管计划应一一对标

根据2016年7月14日《证券期货经营机构私募资产管理业务运作管理暂行规定》第3条规定，同一资产管理人不得为单一融资项目设立多个资产管理计划，变相突破投资者人数限制。根据2009年2月4日银监会《信托公司集合资金信托计划管理办法》第27条规定，同一个信托公司管理的不同信托计划不得投资于同一项目。因此在"证信"模式下，证券公司可以设立一个或多个集合资管计划，投资于一家或多家信托公司分别设立的对应某一融资项目的唯一集合资金信托计划，但参与各只资管计划的投资者累计不得超过200人。

由于监管部门未对"单一融资项目"、"同一项目"的内涵进行解释，业界尚存在较多疑虑，如单一融资项目是否等于同一融资主体，同一融资主体不同的具体项目是否为不同的融资项目，是否通过资金用途来划分不同融资项目等。

【规范性文件】

《证券期货经营机构私募资产管理业务运作管理暂行规定》（2016年7月14日，中国证券监督管理委员会公告〔2016〕13号）

第三条　证券期货经营机构及相关销售机构不得违规销售资产管理计划，不得存在不适当宣传、误导欺诈投资者以及以任何方式向投资者承诺本金不受损失或者承诺最低收益等行为，包括但不限于以下情形：

……

（六）单一资产管理计划的投资者人数超过200人，或者同一资产管理人为单一融资项目设立多个资产管理计划，变相突破投资者人数限制；

......

《信托公司集合资金信托计划管理办法》（2009年2月4日，中国银行业监督管理委员会令2009年第1号）

第二十七条　信托公司管理信托计划，应当遵守以下规定：

......

（六）不得将同一公司管理的不同信托计划投资于同一项目。

（3）资金募集需要注意的问题

①合格投资者

2016年12月12日证监会《证券期货投资者适当性管理办法》（以下简称"《办法》"）将投资者分为普通投资者和专业投资者，并规定普通投资者在信息告知、风险警示、适当性匹配等方面享有特别保护。《办法》第8条对专业投资者进行了列举，其与普通投资者的区别在于是否具备专业的金融知识及金融风险识别与承担能力。专业投资者以外的投资者均为普通投资者，根据《办法》第11条规定，满足一定条件的普通投资者可以向证券期货经营机构申请转变为专业投资者。此外，《办法》还规定经营机构应对普通投资者和专业投资者进行细化分类和管理。

投资者分类的目的在于为投资者推荐与其风险承受能力相匹配的产品。因此要求经营机构对产品和服务进行等级划分，经营机构应当根据产品或者服务的不同风险等级，对投资者适合投资的产品或者服务作出判断，以实现产品风险等级与投资者可以承受的风险等级相匹配。经营机构认为投资者不适合购买相关产品或接受相关服务的，应告知投资者，投资者主动要求购买风险等级高于其风险承受能力的产品或者接受相关服务的，经营机构在确认其不属于风险承受能力最低类别的投资者后，就产品或者服务风险高于其承受能力进行特别的书面风险警示，投资者仍坚持购买的，才可以向其销售相关产品或者提供相关服务。

实践中应特别注意下列违规情形：1）多个非合格投资者拼凑认购；2）第

三方销售机构先行认购，再打包成新产品向非合格投资者销售；3）明知存在向非合格投资者销售的情况，仍为其提供便利条件。[①]

【规范性文件】

《证券期货投资者适当性管理办法》（2016年12月12日，中国证券监督管理委员会令第130号）

第七条 投资者分为普通投资者与专业投资者。

普通投资者在信息告知、风险警示、适当性匹配等方面享有特别保护。

第八条 符合下列条件之一的是专业投资者：

（一）经有关金融监管部门批准设立的金融机构，包括证券公司、期货公司、基金管理公司及其子公司、商业银行、保险公司、信托公司、财务公司等；经行业协会备案或者登记的证券公司子公司、期货公司子公司、私募基金管理人。

（二）上述机构面向投资者发行的理财产品，包括但不限于证券公司资产管理产品、基金管理公司及其子公司产品、期货公司资产管理产品、银行理财产品、保险产品、信托产品、经行业协会备案的私募基金。

（三）社会保障基金、企业年金等养老基金，慈善基金等社会公益基金，合格境外机构投资者（QFII）、人民币合格境外机构投资者（RQFII）。

（四）同时符合下列条件的法人或者其他组织：

1.最近1年末净资产不低于2000万元；

2.最近1年末金融资产不低于1000万元；

3.具有2年以上证券、基金、期货、黄金、外汇等投资经历。

（五）同时符合下列条件的自然人：

1.金融资产不低于500万元，或者最近3年个人年均收入不低于50万元；

[①] 宋璇：《大资管合规问答3——"新八条"方面》，https://mp.weixin.qq.com/s?__biz=MzI3MzM5MzYzNg%3D%3D&idx=1&mid=2247483748&sn=809e22be0ae9dde6bcc1eda67a69098f，最后访问时间：2017年7月25日。

2. 具有 2 年以上证券、基金、期货、黄金、外汇等投资经历，或者具有 2 年以上金融产品设计、投资、风险管理及相关工作经历，或者属于本条第（一）项规定的专业投资者的高级管理人员、获得职业资格认证的从事金融相关业务的注册会计师和律师。

前款所称金融资产，是指银行存款、股票、债券、基金份额、资产管理计划、银行理财产品、信托计划、保险产品、期货及其他衍生产品等。

第九条 经营机构可以根据专业投资者的业务资格、投资实力、投资经历等因素，对专业投资者进行细化分类和管理。

第十条 专业投资者之外的投资者为普通投资者。

经营机构应当按照有效维护投资者合法权益的要求，综合考虑收入来源、资产状况、债务、投资知识和经验、风险偏好、诚信状况等因素，确定普通投资者的风险承受能力，对其进行细化分类和管理。

第十一条 普通投资者和专业投资者在一定条件下可以互相转化。

符合本办法第八条第（四）、（五）项规定的专业投资者，可以书面告知经营机构选择成为普通投资者，经营机构应当对其履行相应的适当性义务。

符合下列条件之一的普通投资者可以申请转化成为专业投资者，但经营机构有权自主决定是否同意其转化：

（一）最近 1 年末净资产不低于 1000 万元，最近 1 年末金融资产不低于 500 万元，且具有 1 年以上证券、基金、期货、黄金、外汇等投资经历的除专业投资者外的法人或其他组织；

（二）金融资产不低于 300 万元或者最近 3 年个人年均收入不低于 30 万元，且具有 1 年以上证券、基金、期货、黄金、外汇等投资经历或者 1 年以上金融产品设计、投资、风险管理及相关工作经历的自然人投资者。

第十五条 经营机构应当了解所销售产品或者所提供服务的信息，根据风险特征和程度，对销售的产品或者提供的服务划分风险等级。

第十八条 经营机构应当根据产品或者服务的不同风险等级，对其适合销售产品或者提供服务的投资者类型作出判断，根据投资者的不同分类，对其适合购买的产品或者接受的服务作出判断。

第十九条 经营机构告知投资者不适合购买相关产品或者接受相关服务后，投资者主动要求购买风险等级高于其风险承受能力的产品或者接受相关服务的，经营机构在确认其不属于风险承受能力最低类别的投资者后，应当就产品或者服务风险高于其承受能力进行特别的书面风险警示，投资者仍坚持购买的，可以向其销售相关产品或者提供相关服务。

②认购资产管理计划的资金来源

投资者认购资产管理计划应使用合法所有的自有资金，法人或其他组织可以使用筹集资金参与集合资管计划。根据2013年6月26日证监会《证券公司集合资产管理业务实施细则》规定，自然人不得用筹集的他人资金参与集合计划，法人或者依法成立的其他组织用筹集的资金参与集合计划的，应当向证券公司、代理推广机构提供合法筹集资金的证明文件，未提供证明文件的，证券公司、代理推广机构不得接受其参与集合计划。

根据2013年6月26日证监会《证券公司客户资产管理业务管理办法》，证券公司可以自有资金参与本公司设立的集合资产管理计划，证券公司以自有资金参与集合计划的，应当符合法律、行政法规和中国证监会的规定，并按照《公司法》和公司章程的规定，获得公司股东会、董事会或者其他授权程序的批准。证券公司自有资金参与单个集合计划的份额，不得超过该计划总份额的20%且持有期限不得少于6个月。

【规范性文件】

《证券公司集合资产管理业务实施细则》（2013年6月26日，中国证券监督管理委员会公告〔2013〕28号）

第二十一条 客户应当以真实身份参与集合计划，委托资金的来源、用途应当符合法律法规的规定，客户应当在集合资产管理合同中对此作出明确承诺。客户未作承诺，或者证券公司、代理推广机构明知客户身份不真实、委托资金来源或者用途不合法的，证券公司、代理推广机构不得接受其参与集合计划。

自然人不得用筹集的他人资金参与集合计划。法人或者依法成立的其他组织用筹集的资金参与集合计划的，应当向证券公司、代理推广机构提供合法筹集资金的证明文件；未提供证明文件的，证券公司、代理推广机构不得接受其参与集合计划。

证券公司、代理推广机构发现客户委托资金涉嫌洗钱的，应当按照《中华人民共和国反洗钱法》和相关规定履行报告义务。

第二十二条　证券公司以自有资金参与集合计划，应当符合法律、行政法规和中国证监会的规定，并按照《公司法》和公司章程的规定，获得公司股东会、董事会或者其他授权程序的批准。

证券公司自有资金参与单个集合计划的份额，不得超过该计划总份额的20%。因集合计划规模变动等客观因素导致自有资金参与集合计划被动超限的，证券公司应当在合同中明确约定处理原则，依法及时调整。

证券公司以自有资金参与集合计划的，在计算净资本时，应当根据承担的责任相应扣减公司投入的资金。扣减后的净资本等各项风险控制指标，应当符合中国证监会的规定。

第二十三条　集合计划存续期间，证券公司自有资金参与集合计划的持有期限不得少于6个月。参与、退出时，应当提前5日告知客户和资产托管机构。

为应对集合计划巨额赎回，解决流动性风险，在不存在利益冲突并遵守合同约定的前提下，证券公司以自有资金参与或退出集合计划可不受前款规定限制，但需事后及时告知客户和资产托管机构，并向住所地、资产管理分公司所在地中国证监会派出机构及中国证券业协会报告。

《证券公司客户资产管理业务管理办法》（2013年6月26日，中国证券监督管理委员会令第93号）

第二十五条　证券公司可以自有资金参与本公司设立的集合资产管理计

划。募集推广期投入且按照合同约定承担责任的自有资金，在约定责任解除前不得退出；存续期间自有资金参与、退出的，应当符合相关规定。

证券公司、资产托管机构和客户应当在资产管理合同中明确约定自有资金参与、退出的条件、程序、风险揭示和信息披露等事项，合同约定承担责任的自有资金，还应当对金额做出约定。证券公司应当采取措施，有效防范利益冲突，保护客户利益。

证券公司投入的资金，根据其所承担的责任，在计算公司的净资本额时予以相应的扣减。

③集合资产管理计划投资者人数

监管机构对集合资产管理计划投资者人数的规定经过了两个阶段的变化。

2012年10月18日证监会《证券公司客户资产管理业务管理办法》（现已失效）和《证券公司集合资产管理业务实施细则》（现已失效）均未对投资者人数提出明确要求。实践中，证券公司将集合资产管理计划按照投资者人数分为"大集合"和"小集合"。"大集合"即投资者超过200人的集合资产管理计划，"小集合"即限额特定资产管理计划，投资者不超过200人。

2012年《中华人民共和国证券投资基金法》将投资者超过200人的情形归入公开募集基金监管范围。2013年3月14日《中国证券监督管理委员会办公厅关于加强证券公司资产管理业务监管的通知》规定，按照新基金法，投资者超过200人的集合资产管理计划，被定性为公募基金，适用公募基金的管理规定，2013年6月1日以后，证券公司不再按照2012年10月8日《证券公司客户资产管理业务管理办法》（现已失效）的规定，发起设立新的投资者超过200人的集合资产管理计划。2013年6月26日《证券公司客户资产管理业务管理办法》和《证券公司集合资产管理业务实施细则》规定，集合资产管理计划合格投资者累计不得超过200人。至此，业内所称的"大集合"退出历史舞台。

【规范性文件】

《中华人民共和国证券投资基金法》（2015年4月24日）

第五十条 公开募集基金，应当经国务院证券监督管理机构注册。未经注册，不得公开或者变相公开募集基金。

前款所称公开募集基金，包括向不特定对象募集资金、向特定对象募集资金累计超过二百人，以及法律、行政法规规定的其他情形。

公开募集基金应当由基金管理人管理，基金托管人托管。

《中国证券监督管理委员会办公厅关于加强证券公司资产管理业务监管的通知》（2013年3月14日，证监办发〔2013〕26号）

一、督促辖区证券公司认真学习、贯彻落实新基金法

（一）按照新基金法，投资者超过200人的集合资产管理计划，被定性为公募基金，适用公募基金的管理规定。因此，2013年6月1日以后，证券公司不再按照《管理办法》的规定，发起设立新的投资者超过200人的集合资产管理计划。

（二）符合条件的证券公司，可以按照《资产管理机构开展公募证券投资基金管理业务暂行规定》（证监会公告〔2013〕10号），依法申请并取得公募基金管理业务资格，依法开展公募基金管理业务。

（三）2013年6月1日以前，证券公司已经依法设立且投资者超过200人的集合资产管理计划可以在存续期内继续运作。证券公司取得公募基金管理业务资格后，可以按照相关规定，在征得客户同意后，将存续的集合资产管理计划转为公募基金。

《证券公司客户资产管理业务管理办法》（2013年6月26日，中国证券监督管理委员会令第93号）

第二十六条 证券公司可以自行推广集合资产管理计划，也可以委托其他证券公司、商业银行或者中国证监会认可的其他机构代为推广。

集合资产管理计划应当面向合格投资者推广，合格投资者累计不得超过

200人。合格投资者是指具备相应风险识别能力和承担所投资集合资产管理计划风险能力且符合下列条件之一的单位和个人：

（一）个人或者家庭金融资产合计不低于100万元人民币；

（二）公司、企业等机构净资产不低于1000万元人民币。

依法设立并受监管的各类集合投资产品视为单一合格投资者。

《证券公司集合资产管理业务实施细则》（2013年6月26日，中国证券监督管理委员会公告〔2013〕28号）

第五条　证券公司从事集合资产管理业务，应当为合格投资者提供服务，设立集合资产管理计划（以下简称集合计划或计划），并担任计划管理人。

集合计划应当符合下列条件：

（一）募集资金规模在50亿元人民币以下；

（二）单个客户参与金额不低于100万元人民币；

（三）客户人数在200人以下。

《证券期货经营机构私募资产管理业务运作管理暂行规定》（2016年7月14日，中国证券监督管理委员会公告〔2016〕13号）

第三条　证券期货经营机构及相关销售机构不得违规销售资产管理计划，不得存在不适当宣传、误导欺诈投资者以及以任何方式向投资者承诺本金不受损失或者承诺最低收益等行为，包括但不限于以下情形：

……

（六）单一资产管理计划的投资者人数超过200人，或者同一资产管理人为单一融资项目设立多个资产管理计划，变相突破投资者人数限制。

……

④销售过程中销售主体的行为限制

根据2013年6月26日《证券公司客户资产管理业务管理办法》、《证券公司集合资产管理业务实施细则》和2016年7月14日《证券期货经营机构私募资产管理业务运作管理暂行规定》，证券公司可以自行或委托其他证券公司、银行或者证监会认可的其他机构代为推广，但不得通过公开渠道向不特定对象宣传推介，不得存在不适当宣传、误导欺诈投资者以及以任何方式向投资者宣传预期收益、承诺本金不受损失或者承诺最低收益等行为。

不得宣传预期收益的目的在于打破刚性兑付预期，避免相关宣传用语误导投资者，使其相信能够在未来获得受保证的固定收益。监管部门将采取"实质重于形式"的原则对相关宣传用语合规性进行判断。目前，一些机构使用的约定收益率、未来收益率等用语，因其内涵与预期收益率一致，可能不符合监管要求。因此，建议可以考虑使用"业绩比较基准"一词，但该词应与资管计划的投资策略和投资目标相契合。如产品的投资策略和投资目标为获得超越"业绩比较基准"的相对收益，则在充分说明业绩比较基准测算依据和测算过程的情况下，可以使用"业绩比较基准"一词。但若产品系对标委托贷款，则与相对收益策略无关，使用"业绩比较基准"一词则欠缺合理性，可能存在合规风险[1]。

【规范性文件】

《证券公司客户资产管理业务管理办法》（2013年6月26日，中国证券监督管理委员会令第93号）

第三十九条 证券公司及其他推广机构应当采取有效措施，并通过证券公司、中国证券业协会、中国证监会电子化信息披露平台或者中国证监会认可的其他信息披露平台，客观准确披露资产管理计划批准或者备案信息、风险收益特征、投诉电话等，使客户详尽了解资产管理计划的特性、风险等情况及客户的权利、义务，但不得通过广播、电视、报刊、互联网及其他公共媒体推广资产管理计划。

---

[1] 宋璐：《大资管合规问答3——"新八条"方面》，https://mp.weixin.qq.com/s?__biz=MzI3MzM5MzYzNg%3D%3D&idx=1&mid=2247483748&sn=809e22be0ae9dde6bcc1eda67a69098f，最后访问时间：2017年7月25日。

《证券公司集合资产管理业务实施细则》（2013年6月26日，中国证券监督管理委员会公告〔2013〕28号）

第二十条　不得向合格投资者之外的单位和个人募集资金，不得通过报刊、电台、电视台、互联网等公众传播媒体或者讲座、报告会、分析会等方式向不特定对象宣传推介。禁止通过签订保本保底补充协议等方式，或者采用虚假宣传、夸大预期收益和商业贿赂等不正当手段推广集合计划。

《证券期货经营机构私募资产管理业务运作管理暂行规定》（2016年7月14日，中国证券监督管理委员会公告〔2016〕13号）

第三条　证券期货经营机构及相关销售机构不得违规销售资产管理计划，不得存在不适当宣传、误导欺诈投资者以及以任何方式向投资者承诺本金不受损失或者承诺最低收益等行为，包括但不限于以下情形：

（一）资产管理合同及销售材料中存在包含保本保收益内涵的表述，如零风险、收益有保障、本金无忧等；

（二）资产管理计划名称中含有"保本"字样；

（三）与投资者私下签订回购协议或承诺函等文件，直接或间接承诺保本保收益；

（四）向投资者口头或者通过短信、微信等各种方式承诺保本保收益；

（五）向非合格投资者销售资产管理计划，明知投资者实质不符合合格投资者标准，仍予以销售确认，或者通过拆分转让资产管理计划份额或其收益权、为投资者直接或间接提供短期借贷等方式，变相突破合格投资者标准；

（六）单一资产管理计划的投资者人数超过200人，或者同一资产管理人为单一融资项目设立多个资产管理计划，变相突破投资者人数限制；

（七）通过报刊、电台、电视、互联网等公众传播媒体，讲座、报告会、分析会等方式，布告、传单、短信、微信、博客和电子邮件等载体，向不特定对象宣传具体产品，但证券期货经营机构和销售机构通过设置特定对象确定程序的官网、客户端等互联网媒介向已注册特定对象进行宣传推介的除外；

（八）销售资产管理计划时，未真实、准确、完整地披露资产管理计划交易结构、当事各方权利义务条款、收益分配内容、委托第三方机构提供服务、关联交易情况等信息；

（九）资产管理计划完成备案手续前参与股票公开或非公开发行；

（十）向投资者宣传资产管理计划预期收益率；

（十一）夸大或者片面宣传产品，夸大或者片面宣传资产管理计划管理人及其管理的产品、投资经理等的过往业绩，未充分揭示产品风险，投资者认购资产管理计划时未签订风险揭示书和资产管理合同。

2. 信托端应注意的问题

（1）信托计划类型的选择

根据 2017 年 4 月 21 日银监会《信托业务监管分类试点实施方案》，信托业务分为"主动管理型信托"和"被动管理型信托"。主动管理型信托是指，信托公司具有全部或部分的信托财产运用裁量权，对信托财产进行管理和处分的信托。被动管理型信托是指，信托公司不具有信托财产的运用裁量权，而是根据委托人或是由委托人委托的具有指令权限的人的指令，对信托财产进行管理和处分的信托。事务管理类信托属于被动管理型信托，"证信"模式下的事务管理类信托被业界和监管部门划归通道类信托业务。

事务管理类信托的概念最早见于 2014 年 4 月银监会《关于调整信托公司净资本计算标准有关事项的通知（征求意见稿）》，通知详细规定了事务管理类信托的认定标准。虽然该通知尚未正式印发，但业界一般参照其来判断和识别通道类信托业务。《信托业务监管分类试点实施方案》则使用了事务信托的表述，并将其定义为信托公司依据委托人的指令，对来源于非金融机构的信托资金进行管理和处分的信托业务。

2013 年《国务院办公厅关于加强影子银行监管有关问题的通知》和 2014 年 4 月 8 日《中国银行业监督管理委员会办公厅关于信托公司风险监管的指导意见》规定，金融机构之间的交叉产品和合作业务，都必须以合同形式明确风险承担主体。在一段时间内前述规定并未得到充分落实，但受一系列风险事件影响，目前券商与信托公司签订的《信托合同》中一般都会对信托财产分配方式、风险承担等进行约定。

【规范性文件】

《关于调整信托公司净资本计算标准有关事项的通知（征求意见稿）》（2014年4月）

二、本通知所称事务管理类信托，是指委托人自主决定信托设立、信托财产运用对象、信托财产管理运用处分方式等事宜，自行负责前期尽职调查及存续期信托财产管理，自愿承担信托投资风险，受托人仅负责账户管理、清算分配及提供或出具必要文件以配合委托人管理信托财产等事务，不承担积极主动管理职责的信托业务。

事务管理类信托可以是单一、集合、财产或财产权信托业务。

三、在信托合同中同时明确体现以下全部特征的信托业务确定为事务类信托业务：

（一）信托设立之前的尽职调查由委托人或其指定第三方自行负责，委托人相应承担上述尽职调查风险。受托人有权利对信托项目进行独立的尽职调查，确认信托项目合法合规。

（二）信托的设立、信托财产的运用对象、信托财产的管理、运用和处分方式等事项，均由委托人自主决定。

（三）受托人仅依法履行必须由受托人或必须以受托人名义履行的管理职责，包括账户管理、清算分配及提供或出具必要文件以配合委托人管理信托财产等事务。受托人主要承担一般信托事务的执行职责，不承担主动管理职责。

（四）以信托期限届满时信托财产存续状态交付受益人进行分配。

四、在信托合同中约定的如下条款是判断事务类信托的重要特征，但不是充分条件和必要条件：

（一）信托报酬率较低；

（二）信托合同约定以信托期限届满时信托财产存续状态交付受益人进行分配。

《国务院办公厅关于加强影子银行监管有关问题的通知》（2013年，国办发〔2013〕107号）

三、着力完善监管制度和办法

……

（四）规范金融交叉产品和业务合作行为。金融机构之间的交叉产品和合作业务，都必须以合同形式明确风险承担主体和通道功能主体，并由风险承担主体的行业归口部门负责监督管理，切实落实风险防控责任。

……

《中国银行业监督管理委员会办公厅关于信托公司风险监管的指导意见》（2014年4月8日，银监办发〔2014〕99号）

三、明确转型方向

（一）规范现有业务模式

1. 明确事务管理类信托业务的参与主体责任。金融机构之间的交叉产品和合作业务，必须以合同形式明确项目的风险责任承担主体，提供通道的一方为项目事务风险的管理主体，厘清权利义务，并由风险承担主体的行业归口监管部门负责监督管理，切实落实风险防控责任。进一步加强业务现场检查，防止以抽屉协议的形式规避监管。

……

【相关案例】

某证券公司与信托公司的信托合同存在如下约定事项：

1. 本信托为事务管理类信托。受托人不承担积极主动管理职责，仅承担一般信托事务的执行职责，受托人根据受益人指令运用、管理和处分信托财产而产生的投资风险由委托人/受益人自行承担。

2. 委托人自行或指定第三方对本信托项下的信托资金运用对象（包

括但不限于资金使用主体、资金用途、使用期限等）进行法律、财务等方面尽职调查，对尽调结果予以认可并承担上述尽职调查风险，委托人同意受托人设立本信托无须承担尽调责任。

3.本信托计划的设立、信托财产的运用对象、信托财产的管理、运用和处分方式等事项，均由委托人指定；受托人仅依法履行必须由受托人或必须以受托人名义履行的管理职责，包括账户管理、清算分配及提供或出具必要文件以配合委托人管理信托财产等事务。

4.全体委托人及受益人知悉并认可受托人签署的所有交易文件，知悉信托计划存在的风险，并自愿承担由此带来的全部后果。

5.信托设立时受托人按照委托人代表的指令和信托存续期间受托人按照委托人代表的书面指令对信托财产进行管理、运用和处分所产生的一切风险和责任由信托财产承担，由此导致受益人利益损失的，由受益人自行承担。受托人对因此导致的一切后果免除责任。

6.全体委托人一致同意信托计划存续期间委托人代表根据本合同及授权向受托人出具投资指令、接受信托财产现状分配等事项均无须召开受益人大会另行审议。

根据2013年6月26日证监会《证券公司客户资产管理业务管理办法》规定，集合资产管理计划资产不得用于贷款。如信托合同约定了前述案例中的内容且信托资金系用于发放信托贷款的，则存在变相扩大资管计划投资范围的嫌疑。若后续发生"原状返还"情形，则资管计划将直接持有信托贷款债权，违反证监会对券商资管的用途限制。因此，在"证信"模式非标融资业务项下，应避免信托计划被认定为事务管理类信托，发生合规风险。

（2）信托公司信托贷款限额

根据《信托公司集合资金信托计划管理办法》，信托公司向他人提供贷款不得超过其管理的所有信托计划实收余额的30%，银监会另有规定的除外。

【规范性文件】

《信托公司集合资金信托计划管理办法》(2009年2月4日，中国银行业监督管理委员会令2009年第1号)

第二十七条 信托公司管理信托计划，应当遵守以下规定：

（一）不得向他人提供担保；

（二）向他人提供贷款不得超过其管理的所有信托计划实收余额的30%，但中国银行业监督管理委员会另有规定的除外；

……

第二章

非标业务融资、担保主体的常见风险及应对

一、非标业务中与上市公司相关的问题

（一）概述

上市公司，是指其股票在证券交易所上市交易的股份有限公司。当前我国大陆只有两家证券交易所，即上海证券交易所和深圳证券交易所，从交易板块上则分成主板、中小企业板和创业板三个板块。此外，我国多层次资本市场还包括全国中小企业股份转让系统（即"新三板"）和区域性股权市场（俗称"四板"）。一些宣传报道中将"新三板"挂牌企业称为"上市公司"，将企业挂牌称为"公司上市"，部分区域性股权市场在早期也普遍使用"在四板市场上市"的宣导内容，这些都不准确。正在修订中的《证券法》二审稿明确，证券交易场所划分为证券交易所、国务院批准的其他全国性证券交易场所（"新三板"）和按照国务院规定设立的区域性股权市场三个层次。本书所述之上市公司只包括证券代码以 600、601、603、000、002、300 开头的上市公司。随着供给侧结构性改革的深入和 IPO 常态化继续推进，未来上市公司数量将呈现稳步增长。

上市公司具有公众性，股东人数众多，我国 A 股市场更具有个人投资者参与度极高的"全民炒股"特色。虽然市场中的部分中小参与者主要以投机为主——利好时跑步进场，利空时砸盘离场，但中小股东对上市公司（特别是蓝筹股上市公司）开展的可能对股价产生重大影响的交易仍保持很大关注。如 2016 年 10 月 28 日，格力电器（000651）股东大会审议收购珠海银隆新能

源有限公司议案时，中小股东踊跃参与投票表决。数据显示，通过现场和网络投票的股东 5141 人，代表股份 32.6 亿股，占格力电器总股份的 54.2%（格力电器前十大股东持股比例合计 37.46%）。由于中小股东的集中反对，该收购案最终未能通过。另一方面，上市公司股权极度分散，董事一般由大股东推选的人员担任，代表大股东利益并受大股东控制，不会以中小股东利益为导向，而是基于大股东的利益诉求进行决策。

为保护中小股东合法权益，防止大股东擅断，法律法规和监管部门对上市公司的融资、担保等事项提出了比一般公司更高的要求。

（二）上市公司作为融资人需关注的问题

上市公司是最受金融机构欢迎的融资主体之一，资产规模大、对外投资多，整体经营能力较强，具有一定的持续盈利能力和较强的再融资能力，在行业中处于优势甚至垄断地位。上市公司内部治理情况较好，在证券交易所和证监会及其派出机构的监管下基本能维持一定程度的规范运作，不像"推拉门"式的民营企业，欠债时"关门倒闭"逃废债务，而后换壳继续生产经营。因此上市公司比较容易从金融机构获得大额授信。

2002 年以来，上市公司负债水平一路走高，相伴随的是一些上市公司的加权投资回报率却持续低于贷款利率。2017 年年中，创业板龙头乐视网（300104）的债务风波让多家金融机构深陷其中。根据 2017 年 8 月 25 日乐视网的公告，过去 12 个月，乐视网被诉 33 起，涉案金额达人民币 159679.86 万元、美元 373.27 万元。媒体称乐视非上市体系金融负债总计 138.5 亿元，不排除其中有一部分可能通过担保传导至乐视网。目前乐视系危机正在持续发酵，多家基金公司已将乐视网估值调整为 3.9 元 / 股左右。昔日风光无限的创业板龙头公司现如今市场对其唯恐避之不及。

上市公司因无力偿还债务被申请破产重整亦非孤例。如 2007 年的浙江海纳、2008 年的九发股份、2014 年的诺奇股份（H 股）、*ST 超日和长航油运。2014 年初，媒体称 H 股上市公司福建诺奇股份有限公司实际控制人卷款"跑路",留下20余亿元的公司负债包袱,2015年4月1日,泉州市中级人民法院裁定受理债权人提出的对诺奇股份进行破产重整的申请,2016年8月26日重整完成。2014年6月26日,上海市第一中级人民法院受理债权人对A股上市公司上海超日太阳能科技股份有限公司的破产重整申请并于2015年8月12日重整完成。

因此,金融机构对上市公司融资的审查标准不应降低,基于上市公司的特殊性,个别审查标准还应高于一般公司。

1. 融资决策程序

(1)公司章程规定

上市公司债务融资的决策机构和决策程序主要由公司章程规定,一般由股东大会或董事会行使决策权。股东大会是公司的最高权力机构,董事会负责执行股东大会决议,行使公司章程规定的其他职权。此外,公司或还设有董事长办公会(如三特索道002159)、总经理办公会(如科达股份600986),在章程规定或股东大会授权范围内履行相关职责。

但许多上市公司的公司章程中未明确规定融资事宜的决策机构,2016年9月30日中国证券监督管理委员会发布的《上市公司章程指引》也未对上市公司间接融资事项(以金融机构作为中介的融通资金方式,下文所称的"融资"均为间接融资,不包括定向增发、发行债券等直接融资)决策事宜进行指导性规定。因此,在融资实务中经常会遇到因有权决策机构不明,金融机构要求上市公司组织召开临时股东大会,审议新增融资的情况。

如某医药类上市公司章程未规定董事会有权就融资事宜进行决策,公司2016年度股东大会决议对公司年度融资总额度和在16家金融机构的融资额度进行了限定,决议载明:"公司及子公司可以在不超过融资总额的前提下,在具体的操作中,对金融机构的金额和融资方式予以调整。"但因拟提供融资的金融机构不在股东大会决议所列名单内,公司章程未规定、股东大会也未授权董事会自行决策融资事宜,该金融机构只能要求上市公司尽快召开临时股东大会。

为提高融资效率,避免在融资时因决策机构不明而被要求由股东大会作出决议,许多上市公司都会在公司章程中对融资审议程序作出规定。上市公司董事会也会根据当年的生产经营规划,预估融资需求、制定融资计划,报股东大会决议,由股东大会对董事会进行概括授权,同意董事会在年度融资额度范围内自行决定具体事项。

【相关案例】

吉林敖东(000623)《公司章程》

第四十二条　股东大会是公司的权力机构,依法行使下列职权:

(十六)审议决定公司单次金额超过公司最近一次经审计的净资产值10%的融资事项。

第一百一十八条　董事会对重大事项的决策权限:

(四)决定公司单次金额在公司最近一次经审计的净资产值3%以上10%以下的融资事项。

第一百二十四条　董事长行使下列职权:

(十二)为保证公司经营决策的顺畅,董事会授权董事长在董事会闭会期间召开董事长办公会行使董事会部分职权。董事长办公会由公司董事(不含独立董事)与高级管理人员组成,会议遵循集体决策的原则。

董事长办公会审批权限:批准和签署金额不超过公司最近一期经审计的净资产值3%的对外投资、收购出售资产、资产抵押、融资、委托理财等事项。

《亚振家具股份有限公司及其子公司2017年度申请银行综合授信额度及授权办理有关贷款的公告》(亚振家居(603389),2017年4月14日)

本公司董事会及全体董事保证本公告内容不存在任何虚假记载、误导性陈述或者重大遗漏,并对其内容的真实性、准确性和完整性承担个别及连带责任。

亚振家具股份有限公司(以下简称"公司")于2017年4月12日召开了第二届董事会第四次会议、第二届监事会第三次会议，审议通过了关于《公司及其子公司2017年度申请银行综合授信额度及授权办理有关贷款事宜》的议案。

根据公司生产经营活动的需要，2017年董事会计划向中国银行股份有限公司如东支行申请总额不超过6000万元人民币的综合授信，甲银行股份有限公司如东支行申请总额不超过4880万元人民币的综合授信，如东农村商业银行申请总额不超过8000万元人民币的综合授信，全部贷款将用于公司运营。

董事会拟授权公司法定代表人或法定代表人所指定的授权代理人自2016年年度股东大会审议批准之日起，根据银行实际授予授信情况，在上述总额度范围内决定相关项目贷款金额，并代表公司办理借款、以本公司资产为本次综合授信贷款提供抵押担保等相关手续，签署相关法律文件。本项授权自公司2016年年度股东大会审议通过之日起生效。

该议案尚需提交股东大会审议。

（2）行业规定

目前法律、行政法规、证监会部门规章暂未针对上市公司间接融资的决策机构和决策程序做出专门规定。但上海证券交易所和深圳证券交易所分别对上市公司重要交易事项的决策机构提出了要求。根据两家交易所的股票上市交易规则，上市公司拟进行达到特定标准的交易时，应将相关事项提交股东大会审议。

【规范性文件】

《上海证券交易所股票上市规则（2014年修订）》（2014年10月17日，上证发〔2014〕65号）

第9.3条 上市公司发生的交易（提供担保、受赠现金资产、单纯减免上市公司义务的债务除外）达到下列标准之一的，除应当及时披露外，还应当提交股东大会审议：

（一）交易涉及的资产总额（同时存在帐面值和评估值的，以高者为准）占上市公司最近一期经审计总资产的 50% 以上；

（二）交易的成交金额（包括承担的债务和费用）占上市公司最近一期经审计净资产的 50% 以上，且绝对金额超过 5000 万元。

……

《深圳证券交易所股票上市规则（2014 年修订）》（2014 年 10 月 19 日，深证上〔2014〕378 号）

第 9.3 条　上市公司发生的交易（上市公司受赠现金资产除外）达到下列标准之一的，上市公司除应当及时披露外，还应当提交股东大会审议：

（一）交易涉及的资产总额占上市公司最近一期经审计总资产的 50% 以上，该交易涉及的资产总额同时存在账面值和评估值的，以较高者作为计算依据；

……

（四）交易的成交金额（含承担债务和费用）占上市公司最近一期经审计净资产的 50% 以上，且绝对金额超过 3000 万元；

……

《深圳证券交易所创业板股票上市规则（2014 年修订）》（2014 年 10 月 19 日，深证上〔2014〕378 号）

第 9.3 条　上市公司发生的交易（上市公司受赠现金资产除外）达到下列标准之一的，上市公司除应当及时披露外，还应当提交股东大会审议：

（一）交易涉及的资产总额占上市公司最近一期经审计总资产的 50% 以上，该交易涉及的资产总额同时存在账面值和评估值的，以较高者作为计算数据；

……

（四）交易的成交金额（含承担债务和费用）占上市公司最近一期经审计

净资产的 50% 以上，且绝对金额超过五千万元；

……

《上海证券交易所股票上市规则（2014年修订）》、《深圳证券交易所股票上市规则（2014年修订）》、《深圳证券交易所创业板股票上市规则（2014年修订）》

第 9.1 条　本章所称"交易"包括下列事项：

（一）购买或者出售资产；

（二）对外投资（含委托理财、委托贷款等）；

（三）提供财务资助；

（四）提供担保；

（五）租入或者租出资产；

（六）委托或者受托管理资产和业务；

（七）赠与或者受赠资产；

（八）债权、债务重组；

（九）签订许可使用协议；

（十）转让或者受让研究与开发项目；

（十一）本所认定的其他交易。

上述购买或者出售资产，不包括购买原材料、燃料和动力，以及出售产品、商品等与日常经营相关的资产购买或者出售行为，但资产置换中涉及到的此类资产购买或者出售行为，仍包括在内。

上述 3 个规则中规定的"交易"是否包含融资事宜，曾引发广泛的讨论。有机构称深圳证券交易所在"咨询易"平台多次给出否定答复，但上海证券交易所和深圳证券交易所均无任何文件书面释明。目前一般认为"交易"包括担保，但不包括融资。

本书认为，净资产是企业所有并可以自由支配的资产，一般等同于所有者权益。净资产是企业综合偿债能力的体现，单次负债金额过大，意味着企业资产负债率和债务权益比率增加，企业偿债负担增重，偿债能力压力较大。因此大额融资事项应属于企业的重大事项，其影响并不弱于规则第9.1条所列的"购买资产"、"租入资产"等。另一方面，上述规则规定的"交易的成交金额（含承担债务和费用）占上市公司最近一期经审计净资产的50%以上，且绝对金额超过3000万元（5000万元）"中，也明确提到了"含承担的债务"。

因此，从更审慎的角度出发，为避免争议，上市公司对外负债超过最近一期经审计总资产的50%以上，或超过最近一期经审计净资产的50%以上，且绝对金额超过5000万元（上交所、深交所创业板）或3000万元（深交所主板、中小板）的，建议提交股东大会审议。

2. 未经有权机构决策径行融资的法律后果

（1）效力方面

《公司法》未对公司融资事宜的决策程序进行专门规制。在实践中，上市公司在提出融资申请时，一般都会按照公司章程规定和金融机构要求，提供完整的有权机构决议文件。若上市公司章程规定不明，无法判断除股东大会外的其他机构是否有权决策融资事项，则应要求上市公司提供股东大会决议。但一些上市公司可能会提出不出具股东大会决议只出具董事会决议，甚至不出具董事会决议的要求。原因诸如召开股东大会或临时股东大会时间较长、程序复杂等。

目前尚未检索到公司融资行为未经内部有权决策机构决议被法院判决无效的案例。融资成功后，公司作为融资人和实际用款人，普遍会遵守诚信原则，尚不至于主张融资合同无效。即便融资人提出公司的融资行为未经内部有权决策机构决议而无效的主张，因公司融资基本上均属于获益行为，法院更倾向于从保护债权人的角度认为：在公司的融资行为中，公司内部有权机构决议仅是法人意思形成和确定的过程，属于公司内部管理事项，不能以此来约束交易相对方，公司和公司法定代表人在融资合同上盖章、签字（签章），即代表法人意志，相对方无须去探寻该意思形成之过程。

【相关案例】

戴甲与芜湖乙化工有限公司借款合同纠纷［一审：(2014) 芜中民二初字第 00377 号，二审：(2015) 皖民二终字第 00382 号，再审：(2015) 民申字第 2587 号］[①]

乙公司与戴甲于 2011 年 12 月 1 日签订《借款协议》，乙公司向戴甲借款。

乙公司申请再审称：

由于乙公司原总经理周某与戴甲系夫妻关系，签订案涉《借款协议》时系周某任总经理期间，协议的签订完全在周某的授意下进行，未经过乙公司股东会同意，该协议违背了乙公司的真实意思表示，且协议约定了远高于银行同期贷款利率几倍的高额利息，对乙公司的利益造成严重损害。该协议违反了《中华人民共和国公司法》第 148 条第 4 项规定，且周某在明知其与公司签订了《企业员工廉政及保密协议书》的情况下，仍利用职务之便以乙公司名义与戴甲进行交易，该《借款协议》属无效协议。乙公司与戴甲之间并不存在合法的债权债务关系，一、二审判决认定该协议有效缺乏充分证据证明。

戴甲提交意见称：

案涉《借款协议》不存在违反公司法强制性规定的情形，更不存在损害乙公司利益的情形，相反是基于对乙公司生产经营活动的支持而为；协议中利息约定低于法律许可，并与乙公司《董事会决议》商定的利率一致，借款事宜亦为公司及其法定代表人知晓；此外，戴甲的丈夫周某与乙公司签订的保密协议仅属公司内容管理规定，不影响公司与其他平等民事主体之间签订合同的效力。原审判决认定事实清楚，适用法律正确，应驳回乙公司再审申请。

---

① 案例来源：中国裁判文书网。

最高人民法院审理认为：

关于《借款协议》的效力问题。根据本案查明的事实，乙公司与戴甲签订《借款协议》的时间是 2011 年 12 月 1 日，系该公司于同年 8 月 18 日召开董事会确定需向外借款以维持公司资金平衡需要的时期，协议约定的利率与公司董事会确定向外借款的利率一致，此后公司亦通过同样途径向他人（包括董事长、法定代表人的妻子以及公司原副总经理童某等人）借款，并按照正常财务手续每半年向出借人支付了相应利息。从上述事实可见，戴甲借款给乙公司的行为，一是并未损害乙公司的利益，相反还是支持和帮助乙公司解决资金缺口的行为；二是乙公司与戴甲之间建立借款关系的事宜公司董事会及财务人员系明知，应属公司的真实意思表示。由于该协议并未违反法律强制性规定，且属当事人真实意思表示，一、二审法院认定协议有效并无不当，现乙公司称借款行为并非其真实意思表示缺乏事实依据。乙公司又称该协议因未经股东会同意，违反了《公司法》第 148 条第 4 项规定，协议应认定为无效。由于《公司法》第 148 条规范的情形与本案案情并不相符，其主张本院不予支持。

案例要点提示

依法成立的合同受法律保护，公司的融资行为属于获益行为，审判机构对金融机构的注意义务表现出了更宽容的态度，虽然相关监管规定和金融机构的内部管理办法都提出了授信时需取得融资人有权决策机构决议的要求，但即使融资事项没有经过股东大会，也不必然导致融资合同无效。有权机构决策程序属于公司内部管理型规定，不能据此来约束第三人。另一方面，即便融资事项没有经过股东大会决议，也会经过董事会决议、执行董事决定或总经理办公会决议等。本书查询的相关金融借款合同纠纷案例中，尚未发现融资人不出具任何决议的情况。无任何决议的情况一般只会出现在民间借贷中。

但如果公司融资利率过高，远超市场正常水平，可能对公司利益造成损害，或金融机构明知上市公司融资用途不真实，实际资金将被大股东、关联公司、高级管理人员等占用或挪用，且融资事项未经公司任何有权决策机构同意的，将可能成就恶意串通损害国家、集体、第三人合法权益的合同无效条件。在实践中，大量存在实际融资用途与协议约定用途不一致的情况，而且金融机构业务负责人和经办人员，甚至审批人员在与融资人磋商过程中明确知晓。

如在东南某省银行金融借款合同案件中，融资人股东会决议议定的融资用途为补充营运资金和购买原材料，并据此与银行签订了融资协议，但实际资金用途却投向大股东在宁夏开发的房地产项目。融资人副总经理和财务总监在公司接待了银行业务负责人，并在公司小会议室如实告知了该事实，会议室摄像头记录了会谈全程。贷款发生逾期时，银行以诉讼促谈判，要求融资人尽快筹措资金一次性全部归还借款本息和罚息，融资人则具函并提供视听资料，称银行与公司高管恶意串通损害公司股东权益，迫使银行放弃诉讼，接受了融资人分 3 年偿还借款的还款计划。

另一方面，上市公司对外负债超过最近一期经审计总资产的 50% 以上，或超过最近一期经审计净资产的 50% 以上，且绝对金额超过 5000 万元或 3000 万元但未经过股东大会审议，也不会影响融资效力。因为证券交易所的《股票上市规则》并不属于法律和行政法规，而属于行业规定，违反该规则不会对融资合同的效力造成影响。但实践中存在中小股东认为上市公司未经有权机构决议擅自进行交易，而起诉法院要求判决交易无效的案例。

【相关案例】

上诉人秦某等 45 人与被上诉人四川某集团股份有限公司、德阳某资产投资经营有限公司、某金属研究所，原审原告董某、黄某、陈某、王

甲、王乙确认合同无效纠纷［一审：(2015)旌民初字第1887号，二审：(2016)川06民终800号］①

2014年12月23日，某集团发布《四川某集团股份有限公司第九届第六次董事局会议决议公告》，载明：2014年12月22日，某集团第九届第六次董事局会议审议通过了《关于转让权益及合同权利义务的议案》。内容为：鉴于公司出现较大幅度亏损，难以满足合作项目持续资金投入的需要，目前石墨烯项目未对公司生产经营产生实质性影响，短期内对改善公司生产经营状况也不会产生实质性影响，决定将公司与金属所前期合作中产生的相关知识产权和技术成果（不包括入股组建德阳烯碳科技有限公司的技术）所享有的权益及与金属所2013年12月22日签署的《技术开发合同》中公司项下的全部权利和义务，转让给某公司，转让价款1848万元。

原告秦某等50人均持有某集团股票，认为"石墨烯"项目有别于普通投资，是某集团的经营方针和投资计划，根据《公司法》第99条及第37条之规定，关于经营方针、投资计划的变更应由股东大会决议。某集团董事会并无审议权限，其越权审议相关事项，违反了《公司法》第99条及第37条的规定。

德阳市旌阳区人民法院一审认为：

《公司法》第37条："股东会行使下列职权：（一）决定公司的经营方针和投资计划；……"第46条："董事会对股东会负责，行使下列职权：……（三）决定公司的经营计划和投资方案；……"上述规定是对公司股东大会、董事会权限的划分，但"经营方针和投资计划"与"经营计划和投资方案"如何具体区分，应参照公司章程及相关规定予以确认较为合理。某集团公司章程第110条载明：董事局对公司对外投资、收购出售资产、资产抵押、对外担保事项、委托理财、关联交易等事项

---

① 案例来源：中国裁判文书网。

的决策权限如下:(一)在公司最近经审计净资产值10%以下的投资事项;……(四)未达到法律、行政法规、中国证监会有关文件以及《深圳证券交易所股票上市规则》规定的须提交股东大会审议通过之标准的收购出售资产、委托理财事项。《深圳证券交易所股票上市规则》第9.3条规定:上市公司发生的交易(上市公司受赠现金资产除外)达到下列标准之一的,上市公司除应当及时披露外,还应当提交股东大会审议:(一)交易涉及的资产总额占上市公司最近一期经审计总资产的50%以上,该交易涉及的资产总额同时存在账面值和评估值的,以较高者作为计算依据;(二)交易标的(如股权)在最近一个会计年度相关的营业收入占上市公司最近一个会计年度经审计营业收入的50%以上,且绝对金额超过3000万元;(三)交易标的(如股权)在最近一个会计年度相关的净利润占上市公司最近一个会计年度经审计净利润的50%以上,且绝对金额超过300万元;(四)交易的成交金额(含承担债务和费用)占上市公司最近一期经审计净资产的50%以上,且绝对金额超过3000万元;(五)交易产生的利润占上市公司最近一个会计年度经审计净利润的50%以上,且绝对金额超过300万元。依据上述章程规定及行业规定,结合某集团转让与金属所前期合作中产生的相关知识产权和技术成果所享有的权益的价格及公司2013年相关财务指标,应当认定此次交易行为属某集团董事会权限。

上诉人认为:

"石墨烯"项目权益转让决定权限属于股东大会权限,而非董事会权限。无论是从某集团在多份公告中的表述,还是从股价与"石墨烯"项目高度关联的客观事实,亦或是从社会公众的感知角度而言,该项目均完全有别于普通投资,是某集团的经营方针和投资计划,根据《公司法》第99条及第37条之规定,关于经营方针、投资计划的变更应由股东大会决议。根据公司章程第40条,"经营方针"和"投资计划"属于股东大会的决策范畴,根据该章程第110条,董事会有权决定"经审计净资产值10%以下的投资事项"，某集团董事会对于"经审计净资产值10%以下的投资事项"以及全部的"投资计划"并无审议权限，其越权审议相关事项，违反了《公司法》第99条及第37条的规定。故本案的"石墨烯"项目权益转让由董事会决定的，属于越权处理，应属无效。因此，某集团与某公司签订的《转让协议书》及某集团、某公司、金属所签订的《合同权利义务转让协议》也因此无效。

二审德阳市中级人民法院认为：

某集团董事会具备相应权限。即便某集团董事会不具有决定"石墨烯"项目转让的权限，合同对外效力不应受到某集团内部意思形成过程的影响。对于某集团与该公司以外的第三人签订的合同，作为合同相对方的某公司、金属所并无审查某集团意思形成过程的义务，某集团对外达成的协议应受其表示行为的制约。判决驳回上诉人的上诉请求。

案例要点提示

如果上市公司的融资行为未经股东大会决议，中小股东认为侵害其利益，可能会起诉要求法院认定融资无效。因此要特别关注上市公司的融资成本和融资用途：融资成本是否合理，是否明显过高，资金是否切实用于主业或有利于公司发展的其他用途，资金投向是否属于国家禁止或要求控制的产业等。特别是当上市公司违法违规运用资金被监管处罚或被媒体披露时，更有可能发生中小股东维权事件。

本书认为，专业金融机构理应具备更高的注意义务，在发生争议时可能面临法院更严格的考量。为避免发生争议和中小股东主张借款合同无效，引致诉累，建议在融资时认真审查上市公司资产和净资产情况，按照公司章程、股东大会授权和《上市规则》规定，要求融资人出具相应的有权机构决议。在应由股东大会决议但确实无法出具的情况下，至少应出具董事会决议，并由董事会和公司确认融资事项已获得股东大会授权，为争议解决留存抗辩依据。

（2）监管方面

2015年7月29日，国务院办公厅印发了《关于推广随机抽查规范事中事后监管的通知》，2015年11月10日，证监会根据国务院办公厅文件精神发布了《中国证监会随机抽查事项清单》（以下简称《清单》），对上市公司每年一次随机抽取检查对象、随机选派执法检查人员的"双随机"检查机制形成，抽查比例为5%。《清单》第9项规定，对上市公司的检查内容包括："对上市公司信息披露、公司治理等规范运作情况进行监督检查"。2010年4月13日，证监会发布的《上市公司现场检查办法》第21条第1款规定："发现检查对象在规范运作等方面存在问题的，中国证监会可以对检查对象采取责令改正措施。"上市公司重要事项未经有权机构决议，属于公司内部治理不规范，"三会"（股东大会、董事会、监事会）制度执行不到位，将被依规责令改正。

（三）上市公司作为担保人需关注的问题[①]

上市公司担保一般被金融机构认作强有力的担保手段，甚至是授信审批过会的重要因素。社会和市场一直以来都对上市公司对外担保情况保持高度关注。经查询深交所和上交所网站，截至2017年8月28日，深圳证券交易所共有上市公司2027家，上海证券交易所共有上市公司1334家。2017年6月1日至2017年8月28日，深交所上市公司累计发布各类担保公告777条；2017年8月1日至2017年8月28日，上交所累计发布各类担保公告238条，此外，可能还有大量未公告的对外担保信息。

据价值法库（微信公众号"jiazhifaku"）统计，"以2016年度年度报告披露数据为基础，2016年，有233家上市公司担保总额占净资产的比例超过50%，其中有61家比例处于100%～200%之间，有35家超过了200%。其中比例最高的为*ST亚星（600319），根据其年度报告显示，归属于上市公司股东的净资产为7349479.52元，对外担保总额为192400000.00元（其中对

---

① 本节部分论述内容亦适用于非上市公司。

子公司的担保额为 172400000.00 元），其担保总额占公司净资产的比例达到 2618%。根据 2016 年度报告数据统计显示，深、沪两市有 1830 家上市公司涉及对外担保事项，对外担保余额达到 105930 亿元"。[①] 在 2012 年，西藏珠峰（600338）对外担保金额与净资产比例更是高达 4060.93%。

除了对外担保总体金额大，上市公司基于其公众性和中小股东众多的特点，对外担保具有社会效应，因而被法律、法规、监管机构、证券交易所苛以更严格的要求。

1. 担保决策程序

与融资的获益性不同，担保系或有负债，属于负担性行为，随时有可能转换为实际负债，成为上市公司的实质负担，影响其正常生产经营。未经有权决策机构决议的对外担保，特别是对股东和关联方的担保，可能使上市公司沦为大股东的"提款机"。因此，上市公司对外担保必须履行决策程序。

上市公司未经有权机构决定违法违规对外担保（包括对控股子公司和全资子公司的担保），除了可能导致担保无效，还可能使上市公司出现经营问题、陷入财务困境。如 2003 年的"啤酒花事件"，新疆啤酒花股份有限公司披露巨额违规对外担保事项后，股价重挫 77%，银行大规模抽贷，啤酒花公司账面 7.5 亿资金被冻结。上市公司违规担保还将直接损害股东、债权人等利益关联主体的权益，引发中小股东集体诉讼。如恒天海龙（000677）2011 年因违规担保事项涉案金额巨大，且未能解决，导致恒天海龙公司财务状况恶化，公司股票被列入 ST 行列，因证券虚假陈述及其他原因，小股东纷纷起诉要求赔偿。一旦上市公司被判决承担赔偿责任，将严重影响其担保能力。

2017 年 8 月 25 日，《最高人民法院关于适用〈中华人民共和国公司法〉若干问题的规定（四）》发布，要求进一步加强对中小股东的保护。随着中小

[①]《深度解析 | 对外担保二三事（附 2016 年全市场统计）》，https://mp.weixin.qq.com/s?src=3&timestamp=1503906145&ver=1&signature=znnzl-p2E6w-S16-BGKfwQnc**hWZhIDUq3UNLaQX0NyYEigARBcgutRF*O-aXvf8i2*rGM9xIBpXsvMNf9mf*wrxRIFbqTvwDPxqqC6ealUtMzkjWTSgPeTrPeZPp11HnXhZCrDHt2zJKgwY6kzmndu8vEtfaQBE4sbbfM-b98=，最后访问时间：2017 年 7 月 10 日。

股东权利意识的觉醒，可以预计，未来针对上市公司证券虚假陈述的索赔诉讼将不断增多。如今，已有大量律师团队随时紧盯证监会对上市公司的行政处罚决定，公开召集证券虚假陈述受害者集体维权。2017年11月初发生的赵薇、黄有龙万家文化"证券虚假陈述"事件，经过媒体的大规模渲染宣传，对中小投资者权利意识更是进行了集体唤醒。

因此，上市公司对外担保的合法合规性极其重要。

【规范性文件】

《中华人民共和国公司法》（2013年12月28日）

第十六条 公司向其他企业投资或者为他人提供担保，依照公司章程的规定，由董事会或者股东会、股东大会决议；公司章程对投资或者担保的总额及单项投资或者担保的数额有限额规定的，不得超过规定的限额。

公司为公司股东或者实际控制人提供担保的，必须经股东会或者股东大会决议。

前款规定的股东或者受前款规定的实际控制人支配的股东，不得参加前款规定事项的表决。该项表决由出席会议的其他股东所持表决权的过半数通过。

第一百零四条 本法和公司章程规定公司转让、受让重大资产或者对外提供担保等事项必须经股东大会作出决议的，董事会应当及时召集股东大会会议，由股东大会就上述事项进行表决。

第一百二十一条 上市公司在一年内购买、出售重大资产或者担保金额超过公司资产总额百分之三十的，应当由股东大会作出决议，并经出席会议的股东所持表决权的三分之二以上通过。

第一百四十八条 董事、高级管理人员不得有下列行为：

……

（三）违反公司章程的规定，未经股东会、股东大会或者董事会同意，将公司资金借贷给他人或者以公司财产为他人提供担保；

……

董事、高级管理人员违反前款规定所得的收入应当归公司所有。

《最高人民法院关于适用〈中华人民共和国公司法〉若干问题的规定（四）》（2017年8月25日，法释〔2017〕16号）

第六条　股东会或者股东大会、董事会决议被人民法院判决确认无效或者撤销的，公司依据该决议与善意相对人形成的民事法律关系不受影响。

《中华人民共和国合同法》（1999年3月15日）

第五十条　法人或者其他组织的法定代表人、负责人超越权限订立的合同，除相对人知道或者应当知道超越权限的以外，该代表行为有效。

《最高人民法院关于适用〈中华人民共和国担保法〉若干问题的解释》（2000年12月8日，法释〔2000〕44号）

第十一条　法人或者其他组织的法定代表人、负责人超越权限订立的担保合同，除相对人知道或者应当知道其超越权限的以外，该代表行为有效。

《国务院批转证监会关于提高上市公司质量意见的通知》（2005年10月19日，国发〔2005〕第34号）

一、提高认识，高度重视提高上市公司质量工作

……

（十一）坚决遏制违规对外担保。上市公司要根据有关法规明确对外担保的审批权限，严格执行对外担保审议程序。上市公司任何人员不得违背公司章程规定，未经董事会或股东大会批准或授权，以上市公司名义对外提供担保。上市公司要认真履行对外担保情况的信息披露义务，严格控制对外担保风险，采取有效措施化解已形成的违规担保、连环担保风险。

……

《关于规范上市公司与关联方资金往来及上市公司对外担保若干问题的通知》（2003年8月28日，证监发〔2003〕56号）

二、严格控制上市公司的对外担保风险

上市公司全体董事应当审慎对待和严格控制对外担保产生的债务风险，并对违规或失当的对外担保产生的损失依法承担连带责任。控股股东及其他

关联方不得强制上市公司为他人提供担保。

上市公司对外担保应当遵守以下规定：

（一）上市公司不得为控股股东及本公司持股50%以下的其他关联方、任何非法人单位或个人提供担保。

（二）上市公司对外担保总额不得超过最近一个会计年度合并会计报表净资产的50%。

（三）上市公司《章程》应当对对外担保的审批程序、被担保对象的资信标准做出规定。对外担保应当取得董事会全体成员2/3以上签署同意，或者经股东大会批准；不得直接或间接为资产负债率超过70%的被担保对象提供债务担保。

（四）上市公司对外担保必须要求对方提供反担保，且反担保的提供方应当具有实际承担能力。

……

《关于规范上市公司对外担保行为的通知》（2005年11月14日，证监发〔2005〕120号）

一、规范上市公司对外担保行为，严格控制上市公司对外担保风险

（一）上市公司对外担保必须经董事会或股东大会审议。

（二）上市公司的《公司章程》应当明确股东大会、董事会审批对外担保的权限及违反审批权限、审议程序的责任追究制度。

（三）应由股东大会审批的对外担保，必须经董事会审议通过后，方可提交股东大会审批。须经股东大会审批的对外担保，包括但不限于下列情形：

1. 上市公司及其控股子公司的对外担保总额，超过最近一期经审计净资产50%以后提供的任何担保；

2. 为资产负债率超过70%的担保对象提供的担保；

3. 单笔担保额超过最近一期经审计净资产10%的担保；

4. 对股东、实际控制人及其关联方提供的担保。

股东大会在审议为股东、实际控制人及其关联方提供的担保议案时，该

股东或受该实际控制人支配的股东,不得参与该项表决,该项表决由出席股东大会的其他股东所持表决权的半数以上通过。

(四)应由董事会审批的对外担保,必须经出席董事会的三分之二以上董事审议同意并做出决议。

……

《上海证券交易所股票上市规则(2014年修订)》(2014年10月17日,上证发〔2014〕65号)

9.11 上市公司发生"提供担保"交易事项,应当提交董事会或者股东大会进行审议,并及时披露。

下述担保事项应当在董事会审议通过后提交股东大会审议:

(一)单笔担保额超过公司最近一期经审计净资产10%的担保;

(二)公司及其控股子公司的对外担保总额,超过公司最近一期经审计净资产50%以后提供的任何担保;

(三)为资产负债率超过70%的担保对象提供的担保;

(四)按照担保金额连续十二个月内累计计算原则,超过公司最近一期经审计总资产30%的担保;

(五)按照担保金额连续十二个月内累计计算原则,超过公司最近一期经审计净资产的50%,且绝对金额超过5000万元以上;

(六)本所或者公司章程规定的其他担保。

对于董事会权限范围内的担保事项,除应当经全体董事的过半数通过外,还应当经出席董事会会议的三分之二以上董事同意;前款第(四)项担保,应当经出席会议的股东所持表决权的三分之二以上通过。

《深圳证券交易所股票上市规则(2014年修订)》(2014年10月19日,深证上〔2014〕378号)

9.11 上市公司发生本规则9.1条规定的"提供担保"事项时,应当经董事会审议后及时对外披露。

"提供担保"事项属于下列情形之一的,还应当在董事会审议通过后提交股东大会审议：

（一）单笔担保额超过公司最近一期经审计净资产10%的担保；

（二）公司及其控股子公司的对外担保总额，超过公司最近一期经审计净资产50%以后提供的任何担保；

（三）为资产负债率超过70%的担保对象提供的担保；

（四）连续十二个月内担保金额超过公司最近一期经审计总资产的30%；

（五）连续十二个月内担保金额超过公司最近一期经审计净资产的50%且绝对金额超过3000万元；

（六）对股东、实际控制人及其关联人提供的担保；

（七）本所或者公司章程规定的其他担保情形。

董事会审议担保事项时，必须经出席董事会会议的三分之二以上董事审议同意。股东大会审议前款第（四）项担保事项时，必须经出席会议的股东所持表决权的三分之二以上通过。

股东大会在审议为股东、实际控制人及其关联人提供的担保议案时，该股东或者受该实际控制人支配的股东，不得参与该项表决，该项表决由出席股东大会的其他股东所持表决权的半数以上通过。

《深圳证券交易所创业板股票上市规则（2014年修订）》（2014年10月19日，深证上〔2014〕378号）

9.11 上市公司发生本规则9.1条规定的"提供担保"事项时，应当经董事会审议后及时对外披露。

"提供担保"事项属于下列情形之一的，还应当在董事会审议通过后提交股东大会审议：

（一）单笔担保额超过公司最近一期经审计净资产10%的担保；

（二）公司及其控股子公司的对外担保总额，超过公司最近一期经审计净资产50%以后提供的任何担保；

（三）为资产负债率超过70%的担保对象提供的担保；

（四）连续十二个月内担保金额超过公司最近一期经审计总资产的30%；

（五）连续十二个月内担保金额超过公司最近一期经审计净资产的50%且绝对金额超过3000万元；

（六）对股东、实际控制人及其关联人提供的担保；

（七）本所或者公司章程规定的其他担保情形。

董事会审议担保事项时，必须经出席董事会会议的三分之二以上董事审议同意。股东大会审议前款第（四）项担保事项时，必须经出席会议的股东所持表决权的三分之二以上通过。

股东大会在审议为股东、实际控制人及其关联人提供的担保议案时，该股东或者受该实际控制人支配的股东，不得参与该项表决，该项表决由出席股东大会的其他股东所持表决权的半数以上通过。

根据前述规定，上市公司对外担保的决策主体原则上为股东大会或董事会，其他内设机构无权决定对外担保事宜。但股东大会和董事会可以决定年度或一定时期内的担保对象和担保金额，并授权其他机构，如总经理办公会、董事长决策具体事项。

【相关案例】

《关于提请股东大会对公司担保事项进行授权的公告》（云南城投（600239），2016年12月7日）

为满足公司及公司下属公司融资及经营需求，简化公司会务，提高管理效率，拟提请公司股东大会对公司及下属公司（含公司合并报表范围内的下属公司及公司下属参股公司）担保事项作如下授权：

1. 公司及下属公司之间提供担保的方式包括但不限于保证、质押及抵押等；

2. 本次授权担保范围包括公司对下属公司的担保、下属公司对公司的担保、下属公司之间发生的担保，担保总额为300亿元；

3. 上级公司对下级公司按照权益比例提供担保及下级公司对上级公

司或下属公司之间提供担保事宜,授权公司总经理办公会审议通过后报公司董事长审批,并由公司董事长或其授权代表签署相关法律文件;

4. 上级公司对下级公司超出权益比例提供担保事宜,授权公司董事会审批,并由公司董事长或其授权代表签署相关法律文件;

5. 公司及下属公司发生担保事项时,如出现下列情形的,包含在本次提请授权范围之内:(1)单笔担保额超过公司最近一期经审计净资产10%的担保;(2)公司及其控股子公司的对外担保总额,超过公司最近一期经审计净资产50%以后提供的任何担保;(3)为资产负债率超过70%的担保对象提供的担保;(4)按照担保金额连续十二个月内累计计算原则,超过公司最近一期经审计总资产30%的担保;(5)按照担保金额连续十二个月内累计计算原则,超过公司最近一期经审计净资产的50%。

6. 对于公司新投资的纳入合并报表范围内的控股公司和投资完成的参股公司,适用前述授权。

授权有效期自2017年1月1日起至2017年12月31日止。

对于超出本次担保授权额度范围的,严格按照上市公司相关监管要求及决策程序执行。

公告中还披露了拟发生担保业务的主体截至2016年9月30日的基本情况,对担保范围进行了限定,总经理办公会和公司不得在此限定范围之外提供担保。

虽然董事会可以根据公司章程规定和股东大会授权决定对外担保事项,但《公司法》、证监会和证券交易所均规定了特定担保事项只能由股东大会决定,不能由董事会决定。必须由股东大会审批的对外担保事项,应先经董事会2/3以上董事审议通过后,方可提交股东大会审议。必须由股东大会审议的担保事项包括:

法律规定事项:(1)为公司股东或者实际控制人提供担保的;(2)担保金

额超过公司资产总额 30% 的;(3)公司章程规定必须由股东大会决议的。

部门规章规定事项:(1)上市公司及其控股子公司的对外担保总额,超过最近一期经审计净资产 50% 以后提供的任何担保;(2)为资产负债率超过 70% 的担保对象提供的担保;(3)单笔担保额超过最近一期经审计净资产 10% 的担保;(4)对股东、实际控制人及其关联方提供的担保。

行业要求事项:(1)单笔担保额超过公司最近一期经审计净资产 10% 的担保;(2)公司及其控股子公司的对外担保总额,超过公司最近一期经审计净资产 50% 以后提供的任何担保;(3)资产负债率超过 70% 的担保对象提供的担保;(4)按照担保金额连续 12 个月内累计计算原则,超过公司最近一期经审计总资产 30% 的担保;(5)按照担保金额连续 12 个月内累计计算原则,超过公司最近一期经审计净资产的 50%,且绝对金额超过 5000 万元以上(上交所)或 3000 万元以上(深交所);(6)对股东、实际控制人及其关联人提供的担保。

2003 年,由于上市公司"担保链"风险集中爆发并直接导致 ST 国嘉、ST 海洋等退市,证监会、国务院国有资产监督管理委员会联合印发了《关于规范上市公司与关联方资金往来及上市公司对外担保若干问题的通知》,《通知》要求,上市公司不得为控股股东及本公司持股 50% 以下的其他关联方、任何非法人单位或个人提供担保;对外担保总额不得超过最近一个会计年度合并会计报表净资产的 50%;不得直接或间接为资产负债率超过 70% 的被担保对象提供债务担保。2005 年证监会和银监会联合发布《关于规范上市公司对外担保行为的通知》,对前述规定进行了调整,取消了禁止担保的限制,但要求相关担保事项必须报股东大会审议通过。

2. 未经有权机构决策对外担保的后果

在非标融资业务中,作为上市公司担保对象的融资人多为上市公司关联方。虽然法律、部门规章和证券交易所规则均明确规定了上市公司对外担保的决策程序,但在非标融资中,鲜有上市公司愿意出具股东大会决议,一般只同意出具董事会决议,少数公司甚至不出具任何决议性文件,径行由公司签署担保合同或出具担保函。由于"担保"、"保证"等字样较敏感，非标融资中大量出现附条件的资产管理计划收益权转让、远期信托收益权转让等变相担保方式，将直接担保包装成远期投资，企图绕开担保决策程序。这种情况下，一旦结合非标融资全套协议进行穿透性认定，很容易发现其"名为投资、实为担保"的本质，债权人与上市公司可能被认定为存在串通之嫌。

（1）效力方面

①违反法律规定的后果

经统计，公司未经有权机构决策而提供对外担保的案例中，法院认定担保协议有效的案件占大多数，认定担保协议无效的案件不足3成。在判定担保有效的案件中，法院认为，《公司法》之规定属于公司内部管理要求，并不影响公司对外担保的效力。持无效意见者则认为，《公司法》之规定具有效力强制性属性，合同相对人有义务对担保人的担保意思表示已经经过内部有权决策机构决议进行审查。值得注意的是，最高人民法院对金融机构作为担保权人苛以更严格的注意义务，而对于个人或非金融机构法人作为担保权人之注意义务则显之宽容。

本书结合最高人民法院公告案例及其他典型案例，对违反每一法律条文的后果分析如下，下述分析对其他有限公司和股份公司同样适用。

第一，违反《公司法》第16条"公司向其他企业投资或者为他人提供担保，依照公司章程的规定，由董事会或者股东会、股东大会决议；公司章程对投资或者担保的总额及单项投资或者担保的数额有限额规定的，不得超过规定的限额。公司为公司股东或者实际控制人提供担保的，必须经股东会或者股东大会决议"的规定。

【相关案例】

某银行股份有限公司甲支行与大连乙股份有限公司、大连丙集团有限公司借款合同纠纷［一审：（2009）大民三初字第36号，二审判决：

(2010) 辽民二终字第 15 号，提审:(2012) 民提字第 156 号] [1]

2006 年 4 月 30 日，甲支行与丙集团公司签订编号为 2006 年连贷字第 SL006 号借款合同，约定：借款金额为 1496.5 万元人民币，借款期限自 2006 年 4 月 30 日至 2006 年 6 月 30 日，如贷款放出的实际日期与上述起始日期不一致，则贷款起止日期以借款借据确定的起止日期为准，借款用途为权转化（借新还旧），贷款利率为年利 6.435%，丙集团公司未按期偿还贷款的，对其未偿还部分从逾期之日起按在原利率基础上加 50% 计收，贷款期间，若遇中国人民银行调整贷款利率，则按中国人民银行调整贷款利率的有关规定执行。

2006 年 6 月 8 日，乙股份公司出具了编号为 2006 年连保字第 S1002 号《不可撤销担保书》，承诺对上述贷款承担连带保证责任，保证范围包括借款本金、利息、罚息、违约金及其他一切相关费用。保证期间为自本保证书生效之日起至借款合同履行期限届满另加两年。2006 年 4 月 30 日，甲支行与乙股份公司分别签订了两份抵押合同，该合同规定以乙股份公司所有的位于大连市甘井子区管城子镇郭家沟村 182559 平方米的国有土地使用权（土地证号为大甘国用 2005 第 04×××号）及大连市甘井子区管泰街 17 套计 24361.09 平方米的房产作抵押。同年 6 月 6 日在大连市国土资源和房屋局甘井子分局对位于大连市甘井子区营城子镇郭家沟村 182559 平方米的土地办妥了抵押登记，同年 6 月 8 日在大连市房地产登记发证中心对位于大连市甘井子区营泰街 8 号 17 套计 24361.09 平方米的房产办理了抵押登记，担保范围包括但不限于借款本金、利息、罚息、违约金、损害赔偿金及实现债权的费用。甲支行在中国银行之后为第二抵押权人。

2006 年 6 月 8 日，甲支行按照合同约定将 1496.5 万元贷款如数转入丙集团公司账户内。贷款到期后，丙集团公司未能偿还借款本息。乙股

---

[1] 案例来源：中国裁判文书网。

份公司也没有履行担保义务。

乙股份公司的股东共有8个，分别为丙集团公司、天津某创业投资管理有限公司、某实业有限公司、辽宁某创业投资有限责任公司、某绿色产业有限公司、大连某风险投资基金有限公司、王某、张某。丙股份公司的股东之一大连某风险投资基金有限公司在2003年5月23日将名称由"大连某风险投资有限公司"变更为现名称"大连某风险投资基金有限公司"，《股东会担保决议》的决议事项并未经过乙股份公司股东会的同意，乙股份公司也未就此事召开过股东大会。

2008年6月18日，甲支行以丙集团公司和乙股份公司为被告，向大连市中级人民法院提起诉讼，请求判令丙集团公司偿还贷款本金1496.5万元及至给付之日的利息（包括逾期利息）；要求乙股份公司对上述债务承担连带责任；要求两被告承担诉讼费、保全费等。

大连市中级人民法院一审认为：

依照《中华人民共和国公司法》第16条的规定，乙股份公司为其股东丙集团公司提供担保，必须要经乙股份公司的股东会决议通过，而甲支行提供的《股东会担保决议》系无效决议，因此乙股份公司法定代表人周某无权订立涉案的抵押合同及不可撤销担保书，即涉案的抵押合同及不可撤销担保书系周某超越权限订立，对于周某超越权限订立抵押合同及不可撤销担保书，甲支行是知道或者应当知道的。甲支行虽然获取了《股东会担保决议》，但按照《公司法》第16条第2款的规定"公司为公司股东或者实际控制人提供担保的，必须经股东会或者股东大会决议"。甲支行对《股东会担保决议》中存在的一些明显瑕疵却未尽到合理的形式审查义务。对于明显瑕疵甲支行应能很容易审查出，但其却未尽到应有的审查义务，故可以确定甲支行知道或应当知道周某系超越权限订立抵押合同及不可撤销担保书。根据最高人民法院《关于适用〈中华人民共和国担保法〉若干问题的解释》第11条"法人或者其他组织的法定代表人、负责人超越权限订立的担保合同，除相对人知道或者应当知道其超越权限的以外,该代表行为有效"的规定,该案中涉案抵押合同及不可撤销担保书应认定为无效。由于乙股份公司作为担保人给甲支行提供的《股东大会担保决议》上盖的"天津某创业投资管理有限公司"、"某实业有限公司"、"辽宁某创业投资责任公司"、"大连某风险投资有限公司"的印章均系虚假印章,其对抵押合同及不可撤销担保书的无效显然存在过错,甲支行作为债权人由于未尽到相应的审查义务也存在过错,故根据《担保法解释》第7条"主合同有效而担保合同无效,债权人无过错的,担保人与债务人对主合同债权人的经济损失,承担连带赔偿责任;债权人、担保人有过错的,担保人承担民事责任的部分,不应超过债务人不能清偿部分的二分之一"的规定,乙股份公司应当对丙集团公司不能清偿部分的债务承担1/2的赔偿责任。

辽宁省高级人民法院二审认为:

一审法院判决并无不当。《公司法》第16条第2款规定"公司为公司股东或者实际控制人提供担保的,必须经股东或者股东大会决议"。第3款规定"前款规定股东或者受前款规定的实际控制人支配的股东,不得参加前款规定事项的表决。该项表决由出席会议的其他股东所持表决权的半数通过"。据此,作为债权人甲支行应对借款人提供的借款抵押合同及《股东会担保决议》等相关资料的真实性从程序上、形式上进行审查。

最高人民法院再审认为:

在案事实和证据表明,案涉《股东会担保决议》确实存在部分股东印章虚假、使用变更前的公司印章等瑕疵,以及被担保股东丙集团公司出现在《股东会担保决议》中等违背公司法规定的情形。乙股份公司法定代表人周某超越权限订立抵押合同及不可撤销担保书,是否构成表见代理,甲支行是否善意,亦是本案担保主体责任认定的关键。《合同法》第50条规定:"法人或者其他组织的法定代表人、负责人超越权限订立的合同,除相对人知道或者应当知道超越权限的以外,该代表行为有效。"本案再审期间,甲支行向本院提交的新证据表明,乙股份公司提供给甲支行的股东会决议上的签字及印章与其为担保行为当时提供给甲支行的签字及印章样本一致。而乙股份公司向甲支行提供担保时使用的公司印章真实,亦有其法人代表真实签名。且案涉抵押担保在经过行政机关审查后也已办理了登记。至此,甲支行在接受担保人担保行为过程中的审查义务已经完成,其有理由相信作为担保公司法定代表人的周某本人代表行为的真实性。《股东会担保决议》中存在的相关瑕疵必须经过鉴定机关的鉴定方能识别,必须经过查询公司工商登记才能知晓、必须谙熟公司法相关规范才能避免因担保公司内部管理不善导致的风险,如若将此全部归属于担保债权人的审查义务范围,未免过于严苛,亦有违合同法、担保法等保护交易安全的立法初衷。担保债权人基于对担保人法定代表人身份、公司法人印章真实性的信赖,基于担保人提供的股东会担保决议盖有担保人公司真实印章的事实,完全有理由相信该《股东会担保决议》的真实性,无须也不可能进一步鉴别担保人提供的《股东会担保决议》的真伪。因此,甲支行在接受作为非上市公司的乙股份公司为其股东提供担保过程中,已尽到合理的审查义务,主观上构成善意。本案周某的行为构成表见代理,乙股份公司对案涉保证合同应承担担保责任。

案例要点提示

最高人民法院认为,应结合《公司法》第16条和《合同法》第50条认定担保效力。接受担保的一方是否善意,是担保是否有效成立的关键。金融机构作为接受担保的一方,有义务审查担保人是否按照《公司法》第16条履行了有权机构的审议程序。如果接受担保的一方确系善意,并外化表现为已对相关材料进行了合理审查,则担保有效成立。反之,如果接受担保的一方未按《公司法》第16条审查有权机构的决议,则属非善意,担保可能被认定为无效。

但最高人民法院对于非金融机构接受担保时的注意义务则表现出了宽容的态度。可从"贤成矿业案"窥见一斑。

【相关案例】

周甲与青海乙矿业股份有限公司、西宁市丙投资控股有限公司等民间借贷纠纷 [一审:(2012) 鄂民一初字第1号,二审:(2014) 民一终字第270号,再审:(2015) 民申字第2086号][①]

2011年9月6日,借款人丙公司与出借人周甲签订一份《借款合同》,约定借款金额为1亿元。

同日,丙公司与周甲签订《股权质押合同》,约定质押担保范围为周甲与丙公司签订的《借款合同》项下发生的丙公司应向周甲清偿的债务,丙公司向周甲出质的权利为丙公司持有的乙矿业公司部分股权,出质股份数为限售流通股1700万股。双方在广东省广州市公证处办理了《股权质押合同》公证并赋予强制执行效力。

同日,乙矿业公司、丁集团、黄某分别与周甲签订《保证合同》,为周甲与丙公司签订的《借款合同》项下的债权向周甲提供保证担保,保证方式为连带责任保证。

2011年9月8日,丙公司向周甲出具《委托付款书》,委托周甲将借款1亿元汇入丁集团和陈某的银行账户。周甲遂于同日分别向丁集团和陈某的银行账户各汇款5000万元,丙公司向周甲出具了金额为1亿元的《收款收据》。

同日,周甲与丙公司就质押其持有的乙矿业公司限售流通股1700万股,在中国证券登记结算有限责任公司上海分公司办理了证券质押登记。

成诉后,乙矿业公司主张本案借款人丙公司是乙矿业公司的控股股东,周甲明知上述关系,却没有按照公司法的规定要求乙矿业公司出具

[①] 案例来源:中国裁判文书网。

担保的股东会决议，担保是无效的。

青海省高级人民法院一审认为：

周甲与丁集团、乙矿业公司签订的《保证合同》及丁集团、乙矿业公司分别向周甲出具的《承诺保证函》中，均明确丁集团、乙矿业公司对丙公司向周甲的上述借款本息承担连带责任保证，丁集团、乙矿业公司应对丙公司的上述债务承担连带清偿责任。丙公司、丁集团、乙矿业公司辩称周甲明知借款人丙公司是乙矿业公司的控股股东，没有按照公司法的规定要求乙矿业公司出具担保的股东会决议，故乙矿业公司的担保无效，因《中华人民共和国公司法》第16条虽然规定"公司向其他企业投资或者为他人担保，按照公司章程的规定由董事会或者股东会、股东大会决议；公司章程对投资或者担保的总额及单项投资或者担保的数额有限额规定的，不得超过规定的限额。公司为公司股东或者实际控制人提供担保的，必须经股东会或者股东大会决议"，但是该条款并未明确规定公司违反上述规定对外提供担保导致担保合同无效，而且公司内部决议程序不得约束第三人。因该条款并非效力性强制性的规定，故根据最高人民法院《关于适用〈中华人民共和国合同法〉若干问题的解释（一）》第4条关于"合同法实施以后，人民法院确认合同无效，应当以全国人大及其常务委员会制定的法律和国务院制定的行政法规为依据，不得以地方性法规、行政规章为依据"和最高人民法院《关于适用〈中华人民共和国合同法〉若干问题的解释（二）》第14条"合同法第五十二条第（五）项规定的'强制性规定'，是指效力性强制性规定"的规定，乙矿业公司对周甲提供的担保应认定有效。

乙矿业公司上诉认为：

（1）一审判决认定"乙矿业公司对周甲提供的担保应认定有效"，并据此判令乙矿业公司承担责任，属于认定事实不清，适用法律错误。丙公司系乙矿业公司的控股股东，而乙矿业公司系上市公司，其控股股东的信息，周甲完全可以通过公开途径获悉；（2）一审判决认定"《保证合同》《承诺保证函》系当事人真实意思表示"，属于认定事实错误；（3）一审判决认定《公司法》第 16 条的规定属于非效力性强制性规定，继而认定乙矿业公司对周甲提供的担保有效，属于适用法律错误；（4）《保证合同》《承诺担保函》所提供的担保系越权担保行为，乙矿业公司的法定代表人越权，周甲未尽注意义务，不属于善意第三人，应认定越权担保行为无效。

最高人民法院二审认为：

虽然《公司法》第 16 条规定："公司向其他企业投资或者为他人担保，按照公司章程的规定由董事会或者股东会、股东大会决议；公司章程对投资或者担保的总额及单项投资或者担保的数额有限额规定的，不得超过规定的限额。公司为公司股东或者实际控制人提供担保的，必须经股东会或者股东大会决议。"但是该规定属于公司对内的程序性规定，其并未规定公司以外的第三人对此负有审查义务，公司对外提供担保是否经股东会或者股东大会决议，并不影响其对外签订的合同效力。应严格区分公司的对内关系与对外关系，否则会损害交易安全。与公司交易的第三人应当不受其内部程序性规定的约束。《公司法》第 16 条的规定，意在防止公司的实际控制人或者高级管理人员损害公司、小股东或者其他债权人的利益，公司是否召开股东会以及形成股东会的决议，是公司的内部控制程序，不能约束与公司交易的第三人。该规定不属于效力性强制性规定，不能据此主张合同无效。公司作为不同于自然人的民商事主体，其法定代表人的行为即是公司的行为。即便法定代表人行为越权，乙矿业公司也只能通过内部追责程序维护自己的权利，而非主张担保行为无效。周甲作为公司以外的第三人无从知晓法定代表人的行为越权，乙矿业公司主张周甲并非善意第三人，但并未提供相应证据，其主张本院不予支持。

乙公司申请再审称：

原判认定"虽然《公司法》第十六条规定……但是该规定属于公司

对内的程序性规定……公司对外提供担保是否经股东会或者股东大会决议，并不影响其对外签订的合同效力"，适用法律错误。《保证合同》《承诺担保函》系乙公司为控股股东提供担保，但未经股东大会审议通过，已严重侵害了众多投资者及合法债权人的利益，扰乱了证券市场监管秩序，应当认定担保无效。

最高人民法院再审认为：

2011年9月6日，双方签订的《保证合同》，由乙公司法定代表人签字并加盖有公司印章，2012年1月8日乙公司出具的《承诺保证函》，亦加盖有乙公司印章，乙公司对签名和印章的真实性均无异议。公司作为不同于自然人的民商事主体，其法定代表人的行为即是公司的行为。即便法定代表人行为越权，乙矿业公司也只能通过内部追责程序维护自己的权利，而非主张担保行为无效。

《中华人民共和国公司法》第16条的规定属于公司对内的程序性规定，其并未规定公司以外的第三人对此负有审查义务，公司对外提供担保是否经股东会或者股东大会决议，并不影响其对外签订的合同效力。公司、小股东或者其他债权人的利益因此受损的，可以依法追究实际控制人或者高级管理人员的责任，不能据此主张合同无效。

综上，乙公司提出的再审事由和理由不能成立。

案例要点提示

最高人民法院在某案中认为某银行应承担对担保人担保行为的审查义务，而在此案中则认为债权人作为公司以外的第三人无从知晓法定代表人的行为越权，对金融机构和个人苛以了不同的注意义务，即金融机构应该对担保人担保行为是否越权进行形式审查，而个人则无须审查。云南省高级人民法院、广东省高级人民法院等地方高院也作出过类似判决。

【相关案例】

云南甲房地产开发有限公司等与云南乙建筑设计有限公司欠款合同纠纷［一审：(2007)普中民二初字第11号，二审：(2008)云高民二终字第28号］[①]

云南乙建筑设计有限公司起诉称澜沧丙房地产开发有限公司自愿为云南甲房地产开发有限公司所欠款项提供连带责任担保，并要求澜沧丙公司履行连带保证责任。澜沧丙公司答辩称，其是云南甲公司的子公司，按《中华人民共和国公司法》及《中华人民共和国担保法》的规定，由于没有证据证明该担保经澜沧丙公司股东会或者股东大会决议，本案所涉担保无效，应驳回世纪阳光要求澜沧丙公司承担责任的诉讼请求。

云南省普洱市中级人民法院一审认为：

因云南甲公司系澜沧丙公司的股东，根据《中华人民共和国公司法》、《中华人民共和国担保法》的规定，澜沧丙公司提供的担保无效，再根据最高人民法院《关于适用〈中华人民共和国担保法〉若干问题的解释》第7条的规定，澜沧丙公司应对云南甲公司的欠款承担不能清偿部分1/2的民事责任。

云南省高级人民法院二审认为：

因云南甲公司系澜沧丙公司的股东，澜沧丙公司所提供的担保无效。原审判决根据查明的事实及相关法律规定认定本案澜沧丙公司提供的担保无效，判令其承担云南甲公司不能清偿部分1/2的责任，并没有加重澜沧丙公司的民事责任，因此对于其上诉认为担保无效不应承担民事责

[①] 案例来源：https://www.itslaw.com/detail?judgementId=a508ad94-1a08-4181-9ae4-8004c9ba17bd&area=1&index=1&sortType=1&count=1&conditions=searchWord%2B%E4%BA%91%E5%8D%97%E8%88%9C%E5%A4%A9%E6%88%BF%E5%9C%B0%E4%BA%A7%E5%BC%80%E5%8F%91%E6%9C%89%E9%99%90%E5%85%AC%E5%8F%B8%2B1%2B%E4%BA%91%E5%8D%97%E8%88%9C%E5%A4%A9%E6%88%BF%E5%9C%B0%E4%BA%A7%E5%BC%80%E5%8F%91%E6%9C%89%E9%99%90%E5%85%AC%E5%8F%B8

任的上诉理由不能成立。

深圳市甲投资有限公司与潍坊乙股份有限公司、潍坊丙集团有限公司借款合同纠纷 [一审：(2012) 深中法商初字第 34 号，二审：(2013) 粤高法民二终字第 35 号]①

深圳市甲投资有限公司（甲公司）与潍坊丙集团有限公司（丙集团公司）签署《借款合同》，丙集团公司向甲公司借款 1 亿元整。甲公司与潍坊乙股份有限公司（乙公司）签署《保证合同》，乙公司为丙集团公司上述借款提供连带保证担保。丙集团公司是乙公司的股东。因丙集团公司未还款，甲公司诉请还款并要求乙公司承担连带保证责任。

乙公司答辩称：

乙公司对甲公司与丙集团公司的借款关系并不知情，乙公司并没有对涉案的借款提供保证。因丙集团公司当时的法定代表人陈某同时也是乙公司的法定代表人，丙集团公司在与甲公司签订借款合同时，丙集团公司法定代表人利用其双重身份，私自在保证合同上加盖了乙公司的公章并签字。该保证合同未提交乙公司股东大会审议通过，事后乙公司对这一保证行为也未追认。故乙公司不应当承担保证责任。

广州市中级人民法院一审认为：

乙公司为其股东丙集团公司（当时为控股股东，为证监会山东监管局文件所认定）提供担保，并没有履行法定的程序，没有经过公司股东大会的决议通过，乙公司当时的法定代表人与甲投资公司签订《保证合同》，系其超越职务权限订立的合同。丙集团公司当时为乙公司的股东，该情况为公开信息，甲公司应当知晓，故甲公司对乙公司为丙集团公司提供担保的合法性负有形式审查义务，且乙公司是上市公司，甲公司应当更加谨慎地审核有关授权和证明文件，而不能仅以乙公司在《保证合

---

① 案例来源：中国裁判文书网。

同》中承诺已经适用法定程序、经授权提供保证而免除审查义务。乙公司未经法定程序为股东提供担保，甲投资公司未尽审慎的审查义务，在该保证合同关系中，不是善意相对人，对保证合同无效负有过错，根据《中华人民共和国担保法》第5条及《最高人民法院关于适用〈中华人民共和国担保法〉若干问题的解释》第7条规定，在本案主合同有效而担保合同无效且债权人、保证人均有过错的情形下，乙公司承担的赔偿责任，不应超过丙集团公司不能清偿部分的1/2。由于《保证合同》中约定乙公司的保证范围是本金部分，故乙公司应对丙集团公司不能清偿本金部分的1/2承担赔偿责任。

广东省高级人民法院二审认为：

关于《保证合同》的效力问题。本案中，乙公司系上市公司，丙集团公司系乙公司的股东为公开信息，甲公司应当知晓，尽管乙公司承诺"经过了其适当的法定程序，经授权提供本保证"，根据《中华人民共和国公司法》第16条第2款的规定，公司为股东或者实际控制人提供担保的，必须经股东会或者股东大会决议，乙公司并未向甲公司出具其股东大会同意提供担保的证明文件，甲公司亦未要求乙公司提供股东大会决议，《保证合同》应当无效，故甲公司关于《保证合同》有效的上诉主张依据不足，本院不予支持。

案例要点提示

从上述案件可以看出，广东省高级人民法院在认定公司未经有权机构决策违规对外担保的效力时，并非单独适用《公司法》第16条，而是结合《合同法》第50条的善意相对人要求进行考量。上市公司的公司章程均通过公开渠道向社会公布，推定所有相关方应该明知，专业金融机构更应承担较高的注意义务。《中华人民共和国商业银行法》第36条第1款规定："商业银行贷款，借款人应当提供担保。商业银行应当对担保人的偿还能力，抵押物、质物的权属以及实现抵押权、质权的可行性进行严格审查。"金融机构内部授信管理办法也要求在放款前必须取得借款方、担保方有权机构决议,甚至在合同中也会约定放款的前提条件包括借款人和担保人已提供有权机构决议。因此,如果金融机构在融资中没有要求上市公司提供有权机构决议,则很难证明其具有足够的善意,进而适用《合同法》第 50 条导致担保责任被免除。

第二,违反《公司法》第 121 条,"上市公司在一年内购买、出售重大资产或者担保金额超过公司资产总额百分之三十的,应当由股东大会作出决议,并经出席会议的股东所持表决权的三分之二以上通过"的规定。

上市公司在 1 年内提供对外担保金额在公司资产总额 30% 以内的,可以根据公司章程规定或股东大会授权,由董事会决定。在 1 年内提供对外担保超过公司资产总额的 30% 的,应由股东大会决议。但探知上市公司对外担保的真实金额并不容易,一般而言,通过公开渠道仅能查到公司贷款卡登记的担保事项和上市公司主动公告的担保事项,几乎无法发现在此之外未披露的"隐性担保"。另一方面,上市公司年报、半年报和季报具有一定滞后性,存在时效性不足、财报信息失真、内容流于形式等问题。证监会 2017 年 9 月 1 日发布的《证监会通报 2017 年上半年 IPO 企业现场检查及问题处理情况》显示,现场检查的 35 家 IPO 企业中,15 家存在信息虚假披露、财务造假等严重问题[1]。

因此,判断上市公司一年内担保金额是否超过公司资产总额的 30%,只能进行表面判断,无法核实真实金额。此外,"公司资产总额"是单一报表口径还是合并报表口径,《公司法》及司法解释也并未言明。

经查询案例,目前已公布的法院判决中仅两例引用了《公司法》第 121 条,可见目前关于上市公司对外担保效力的纠纷中,上市公司及其股东并未

---

[1] 《证监会通报 2017 年上半年 IPO 企业现场检查及问题处理情况》,http://www.csrc.gov.cn/pub/newsite/zjhxwfb/xwdd/201709/t20170901_322873.html,最后访问时间:2017 年 9 月 10 日。

将此条作为主要抗辩理由。但裁判机构基于《公司法》第121条的裁判逻辑应与《公司法》第16条相同,即不能仅按照《公司法》第121条认定担保效力,而应同时结合《合同法》第50条,对相对人是否善意进行考量。

【相关案例】

黑龙江甲商业发展有限公司与哈尔滨乙有限公司、哈尔滨丙股份有限公司房屋买卖合同纠纷[一审:(2013)黑民初字第4号,二审:(2014)民一终字第314号][①]

2007年9月11日丁(中国)有限公司(丁(中国)公司)与哈尔滨丙股份有限公司(丙股份公司,上市公司)签订《框架协议》约定,丁(中国)公司整体购买哈尔滨市南岗区东大直街×××号房屋及土地使用权用于商业经营。后丁(中国)公司名称变更为黑龙江甲商业发展有限公司(甲商业公司)。2008年12月6日,甲商业公司与丙股份公司、哈尔滨乙有限公司(乙公司)分别签订了哈尔滨市南岗区东大直街×××号《房地产买卖协议》,整体购买上述房产及土地使用权,用于商业经营。后因纠纷成诉,甲商业公司请求判令丙股份公司、乙公司协助甲商业公司办理哈尔滨市南岗区东大直街×××号房屋所有权证、土地使用证,将房屋及土地使用权更名至甲商业公司名下。丙股份公司认为基于转让前述房产和土地所签署的《框架协议》违反《公司法》(2005)第122条(现第121条)规定和《上市公司重大资产重组管理办法》第11条第1款第3项及第20条的强制性规定。蒋某(丙股份公司时任法定代表人)超越职权范围与甲商业公司恶意串通,依据《合同法》第50条、第52条第5项规定,应认定无效。

黑龙江省高级人民法院一审认为:

《框架协议》虽无丙股份公司盖章,但其法定代表人蒋某在该协议

---

① 案例来源:中国裁判文书网。

上签字,依据《中华人民共和国民法通则》第43条:"企业法人对它的法定代表人和其他工作人员的经营活动,承担民事责任"的规定,法定代表人依法代表法人行使民事权利,履行民事义务,法定代表人的行为,直接对法人单位发生法律效力,即其以法人名义对外做出的行为,应由法人承担责任。故丙股份公司应对蒋某的行为承担责任。关于《中华人民共和国公司法》(以下简称《公司法》)(2005)第122条"上市公司在一年内购买、出售重大资产或者担保金额超过公司资产总额百分之三十的,应当由股东大会作出决议,并经出席会议的股东所持表决权的三分之二以上通过"的规定,不属于效力性强制性法律规范,应为管理型规范。《上市公司重大资产重组管理办法》属于规章,亦不属于行政法规。因此,该协议的签订是丙股份公司的真实意思表示,并不违反法律、行政法规的效力性强制性规定,应为合法有效协议。丙股份公司关于《框架协议》不真实,协议应无效的抗辩理由不成立,不予支持。

最高人民法院二审认为:

《合同法》第50条规定,法人或者其他组织的法定代表人、负责人超越权限订立的合同,除相对人知道或者应当知道其超越权限的以外,该代表行为有效。根据本案查明事实,甲商业公司有理由相信蒋某签订《框架协议》未超越其权限,《框架协议》对丙股份公司有拘束力。《公司法》(2005)第122条是对上市公司的管理型规定,如果丙股份公司违反上述规定,并不必然影响《房地产买卖协议》的效力。根据《框架协议》及《补充协议》的实际履行情况,甲商业公司有理由相信丙股份公司时任法定代表人蒋某有权签订案涉协议。判决驳回上诉,维持原判。

案例要点提示

在该案中,最高人民法院认为,《房地产买卖协议》对丙股份形成约束力的原因是,甲商业公司根据相关事实有理由相信丙股份时任法定代表人有权签订协议,即意味着甲商业公司已尽到了注意义务。在《公法》第121条框架下发生纠纷时，法院考量的仍然是相对人是否尽到了应尽的注意义务，是否有足够理由相信公司有权签订担保协议。

本书认为，金融机构虽然无法准确知道上市公司的对外担保数额，但仍应尽足够注意义务，认真审查上市公司最新征信报告，查询其对外担保公告及提供的其他材料。若调查显示上市公司1年内担保金额已超过上市公司资产总额的30%的，应要求上市公司出具股东大会决议，并要求经出席会议的股东所持表决权的2/3以上通过。目前《公司法》及司法解释并未对资产的口径系属单体报表或合并报表进行规定，从第121条的立法目的来看，本条应是为了避免上市公司负债率过高，给公司的长期经营和股东的长远利益带来影响，因此资产应取合并报表资产较为合理。但为避免争议，建议从严考量。

②违反部门规章和行业规定的后果

违反部门规章和行业规定不会成为合同无效的原因。《合同法》第52条第5项规定："违反法律、行政法规的强制性规定，合同无效。"《最高人民法院关于适用〈中华人民共和国合同法〉若干问题的解释（一）》第4条规定："合同法实施以后，人民法院确认合同无效，应当以全国人大及其常委会制定的法律和国务院制定的行政法规为依据，不得以地方性法规、行政规章为依据。"《最高人民法院关于适用〈中华人民共和国合同法〉若干问题的解释（二）》第14条进一步明确："合同法第五十二条第（五）项规定的"强制性规定"，是指效力性强制性规定。"

但是，部门规章和行业规定属于公开文件，金融机构作为专业融资机构，应该知晓，受"应知应识"义务约束。如果明知上市公司对外担保违反部门规章或行业规范，或应当知道却没有知道，仍接受其担保，则可能面临法院运用《合同法》第50条、《最高人民法院关于适用〈中华人民共和国担保法〉若干问题的解释》第11条对"善意"进行的考量。

【相关案例】

甲银行广州环市东支行诉广东乙通讯服务有限公司等借款合同纠纷

[一审：(2005)穗中法民二初字第247号] [1]

2004年5月8日，甲银行广州环市东支行与广东乙通讯服务有限公司签订《短期借款合同》。为保证乙公司履行贷款合同的相关义务，丙公司与原告订立《保证合同》，丁股份公司与原告订立《担保承诺函》。后甲银行起诉要求乙公司还款，担保人履行担保责任。

被告丁科技股份有限公司答辩认为：

1.我公司原法定代表人邓某未经董事会决议以我公司的名义对外提供担保函的行为是越权代表行为，原告对邓某的越权代表行为是应当知道且明知的，故该越权代表行为无效，我公司在本案中无任何过错，无须为此承担担保责任。首先，邓某以我公司的名义对原告提供的担保函，既未经股东大会授权，也未经董事会决议同意，其行为是越权行为，不能代表我公司。其次，原告对邓某的越权行为是应当知道且明知的。原告是一家经常从事贷款、担保业务的专业金融机构，应当知道我公司对外担保必须向原告提供董事会或股东大会决议。本案原告前不久因另外两件担保案((2005)穗中法民二初字第81、82号案)向广州市中级人

---

[1] 案例来源：https://www.itslaw.com/detail?judgementId=a7bdb785-f21b-478b-a68b-62b7edf20e9b&area=1&index=1&sortType=1&count=1&conditions=searchWord%2B%E5%85%B4%E4%B8%9A%E9%93%B6%E8%A1%8C%E5%B9%BF%E5%B7%9E%E7%8E%AF%E5%B8%82%E4%B8%9C%E6%94%AF%E8%A1%8C%E8%AF%89%E5%B9%BF%E4%B8%9C%E9%87%91%E4%B8%AD%E5%8D%8E%E9%80%9A%E8%AE%AF%E6%9C%8D%E5%8A%A1%E6%9C%89%E9%99%90%E5%85%AC%E5%8F%B8%E7%AD%89%E5%80%9F%E6%AC%BE%E5%90%88%E5%90%8C%E7%BA%A0%E7%BA%B7%2B1%2B%E5%85%B4%E4%B8%9A%E9%93%B6%E8%A1%8C%E5%B9%BF%E5%B7%9E%E7%8E%AF%E5%B8%82%E4%B8%9C%E6%94%AF%E8%A1%8C%E8%AF%89%E5%B9%BF%E4%B8%9C%E9%87%91%E4%B8%AD%E5%8D%8E%E9%80%9A%E8%AE%AF%E6%9C%8D%E5%8A%A1%E6%9C%89%E9%99%90%E5%85%AC%E5%8F%B8%E7%AD%89%E5%80%9F%E6%AC%BE%E5%90%88%E5%90%8C%E7%BA%A0%E7%BA%B7

民法院提交了广州市公证处（2004）穗证内经字第124574和57684号《公证书》，用来证明本案我公司在这两件担保案中有经公证机关公证的董事会决议，其目的是证明我公司对原告提供的担保是经过了我公司董事会同意的，而在本案中，正好证明原告是明知我公司提供担保必须经过我公司董事会同意，并应向原告提交我公司董事会同意担保的决议的。以上事实和证据足以证明，在本案中，原告在没有看到代表我公司意志机关的董事会或股东会决议同意提供担保的情况下，接受邓某以我公司名义出具的担保函，是明知邓某超越代表权的。

2. 担保函并非是我公司所出具，邓某在担保函上加盖的并不是真实的公司印章，而是其私刻的我公司公章，故该担保函对我公司没有法律效力。关于印章的真假，我公司请求人民法院依法对此进行司法鉴定。

3. 本案乙公司是我公司的关联股东，上市公司为其关联股东提供担保违反了公司法和证监会规范性文件的禁止性规定，因而该担保行为无效。

综上所述，我公司原法定代表人邓某违反公司法、公司章程、证监会和国资委的禁止性规定，利用其私自刻制的公司印章，越权为关联股东提供担保，原告在明知邓某越权的情况下依然接受担保，依照法律规定，该担保函无效，我公司不存在任何过错，依法不应当对此承担任何责任，请法院依法驳回原告对我公司的诉讼请求。

广州市中级人民法院审理认为：

1999年10月1日实施的《中华人民共和国合同法》第50条规定："法人或者其他组织的法定代表人、负责人超越权限订立的合同，除相对人知道或应当知道其超越权限的以外，该代表行为视为有效。"该条也明确了企业法人的法定代表人超越企业法人授予的代表权而订立合同，而当相对人知道或应当知道法定代表人超越权限时，双方所订立的合同则不能认定有效。2000年9月29日通过实施的最高人民法院《关于适用〈担保法〉若干问题的解释》第11条也明确规定："法人或者其他组织的法定代表人、负责人超越权限订立的担保合同，除相对人知道或者应当知道其超越权限的以外，该代表行为有效。"《中华人民共和国合同法》第50条和《最高人民法院关于适用〈中华人民共和国担保法〉若干问题的解释》第11条作为对法定代表人超越企业法人授予的代表权而对外发生的民事行为效力的特别规定，应适用于本案。《中华人民共和国商业银行法》第36条第1款规定："商业银行贷款，借款人应当提供担保。商业银行应当对担保人的偿还能力，抵押物、质物的权属以及实现抵押权、质权的可行性进行严格审查。"商业银行对担保人偿还能力的严格审查，除应对担保人代偿债务的财产能力审查外，首先应严格审查代表担保人签订担保合同的合法性，严格审查担保行为是不是担保人的真实意思表示，这是债权人依法应予履行的谨慎注意义务。证监会和国资委先后于2000年6月6日和2003年8月28日公布了《关于上市公司为他人提供担保有关问题的通知》和《关于规范上市公司与关联方资金往来及上市公司对外担保若干问题的通知》，明确规定了上市公司为他人提供担保必须经董事会或股东大会批准；未经公司股东大会或者董事会决议通过，董事、经理以及公司的分支机构不得擅自代表公司签订担保合同；上市公司对外担保应当取得董事会全体成员2/3以上签署同意，或者经股东大会批准。证监会和国资委的这些规定是向全社会公布的规范上市公司的市场行为的行政规章。原告作为金融专业机构明知丁股份公司是上市公司，完全可以上网查阅丁股份公司章程，同时也应当知道证监会和国资委的上述行政规章。邓某作为丁股份公司的法定代表人，代表丁股份公司与原告签订担保合同，必须经过丁股份公司董事会同意。原告在邓某签订担保合同时，并没有要求邓某提交丁股份公司董事会同意担保的文件，对邓某超越丁股份公司授权而做出的担保行为未履行谨慎注意义务，应认定原告应当知道邓某未经丁股份公司董事会同意签订担保合同。因此，原告与邓某超越丁股份公司授权签订的担保合同应依法认定无效。

案例要点提示

部门规章和行业规定不单独构成对担保效力的评判依据，但在《合同法》第 50 条、《最高人民法院关于适用〈中华人民共和国担保法〉若干问题的解释》第 11 条的框架下，金融机构是否根据部门规章和行业规定对担保的合规性进行审查，属于金融机构是否知道或应当知道融资人超越权限订立担保合同的要素。

（2）监管方面

为防止大股东滥用控制权，将上市公司变为"提款机"，遏制担保圈扩大，避免信用风险向资本市场传导，监管部门一直以来都将上市公司违规对外担保作为监管的重点。上市公司违规对外担保将影响再融资、公开和非公开发行证券，致使上市公司利益遭受重大或者特别重大损失的，直接负责的主管人员和直接责任人还将被追究刑事责任

【规范性文件】

《关于规范上市公司与关联方资金往来及上市公司对外担保若干问题的通知》（2003 年 8 月 28 日，证监发〔2003〕56 号）

四、依法追究违规占用资金和对外担保行为的责任

……

（二）上市公司及其董事、监事、经理等高级管理人员违反本《通知》规定，中国证监会将责令整改，依法予以处罚，并自发现上市公司存在违反本《通知》规定行为起 12 个月内不受理其再融资申请。

……

国有控股股东违反本《通知》规定的，国有资产监督管理机构对直接负责的主管人员和直接责任人依法给予纪律处分，直至撤销职务；给上市公司或其他股东利益造成损失的，应当承担相应的赔偿责任。非国有控股股东直接负责的主管人员和直接责任人违反本《通知》规定的，给上市公司造成损

失或严重损害其他股东利益的，应负赔偿责任，并由相关部门依法处罚。构成犯罪的，依法追究刑事责任。

《关于加强社会公众股股东权益保护的若干规定》（2004年12月7日，证监发〔2004〕118号）

五、加强对上市公司和高级管理人员的监督

……

（二）上市公司被控股股东或实际控制人违规占用资金，或上市公司违规为关联方提供担保的，在上述行为未纠正前，中国证监会不受理其再融资申请；控股股东或实际控制人违规占用上市公司资金的，在其行为未纠正前，中国证监会不受理其公开发行证券的申请或其他审批事项。

……

《上市公司证券发行管理办法》（2008年10月9日，证监会令第30号）

第六条 （公开发行证券的条件）上市公司的组织机构健全、运行良好，符合下列规定：

……

（五）最近十二个月内不存在违规对外提供担保的行为。

第三十九条 上市公司存在下列情形之一的，不得非公开发行股票：

……

（三）上市公司及其附属公司违规对外提供担保且尚未解除

……

《上海证券交易所股票上市规则（2014年修订）》（2014年10月17日，上证发〔2014〕65号）

13.3.1 上市公司出现以下情形之一的，本所对其股票实施其他风险警示：

……

（五）公司被控股股东及其关联方非经营性占用资金或违反规定决策程序对外提供担保，情形严重的。

……

13.3.4 上市公司股票因第13.3.1条第（五）项被实施其他风险警示的，在被实施其他风险警示期间，公司应当至少每月发布一次提示性公告，披露资金占用或违规对外担保的解决进展情况。

附件《董事声明及承诺书》、《监事声明及承诺书》和《高级管理人员声明及承诺书》

十六、是否已明确知悉作为上市公司的董事，违背对公司的忠实义务，利用职务便利，操纵上市公司从事下列行为之一，致使上市公司利益遭受特别重大损失的，将被追究刑事责任：……（四）向明显不具有清偿能力的单位或者个人提供担保，或者无正当理由为其他单位或者个人提供担保的。

《上海证券交易所股票上市规则》（2014年修订）、《深圳证券交易所股票上市规则（2014年修订）》、《深圳证券交易所创业板股票上市规则（2014年修订）》（2014年10月19日，深证上〔2014〕378号）

11.11.4 上市公司出现下列情形之一的，公司应当至少在每月前五个交易日内披露一次风险提示公告，包括对公司的影响、为消除风险已经和将要采取的措施及有关工作进展情况，直至相关风险消除。公司没有采取措施或者相关工作没有相应进展的，也应当披露并说明具体原因：

……

（四）公司向控股股东或者其关联人提供资金或者违反规定程序对外提供担保且情形严重的。

附件《董事声明及承诺书》、《监事声明及承诺书》和《高级管理人员声明及承诺书》

十三、是否已明确知悉作为上市公司的董事，如果违背对公司的忠实义务，利用职务便利，操纵上市公司从事下列行为之一，致使上市公司利益遭受重大或者特别重大损失的，将被追究刑事责任：

（四）向明显不具有清偿能力的单位或者个人提供担保，或者无正当理由为其他单位或者个人提供担保的。

附件《控股股东、实际控制人声明及承诺书》

十一、是否已明确知悉作为上市公司的控股股东、实际控制人,指使上市公司董事、监事、高级管理人员违背对上市公司的忠实义务,利用职务便利,操纵上市公司从事下列行为之一,致使上市公司利益遭受重大或者特别重大损失的,将被追究刑事责任:

(四)向明显不具有清偿能力的单位或者个人提供担保,或者无正当理由为其他单位或者个人提供担保的。

《深圳证券交易所主板上市公司规范运作指引(2015年修订)》、《深圳证券交易所中小企业板上市公司规范运作指引(2015年修订)》、《深圳证券交易所创业板上市公司规范运作指引(2015年修订)》(2015年2月11日)

2.1.7 上市公司在拟购买或者参与竞买控股股东、实际控制人或者其关联人的项目或者资产时,应当核查其是否存在占用公司资金、要求公司违法违规提供担保等情形。在上述违法违规情形未有效解决之前,公司不得向其购买有关项目或者资产。

(四)上市公司信息披露需关注的问题

上市公司信息披露真实、完整、准确是资本市场的基石,也是资本市场持续、健康、稳定发展的前提和保证,信息披露违法行为严重损害了资本市场的公开、公平、公正原则,严重侵害投资者利益。近年来,证监会严查信息披露违法案件,上海证券交易所和深圳证券交易所也于2017年6月分别修订了《上市公司信息披露工作评价办法》,对上市公司信息披露工作提出了更高要求。

1. 上市公司信息披露的要求

上市公司发生可能对证券及其衍生品种交易价格产生较大影响的事件时,应履行信息披露义务,将有关该重大事件的情况向国务院证券监督管理机构和证券交易所报送临时报告,并予公告,说明事件的起因、目前的状态和可能产生的法律后果。融资、担保属于前述重大事件,上市公司应及时进行信息披露。所谓"及时",根据证监会《上市公司信息披露管理办法》第31条,是指最先发生的以下任一时点：（1）董事会或者监事会就该重大事件形成决议时；（2）有关各方就该重大事件签署意向书或者协议时；（3）董事、监事或者高级管理人员知悉该重大事件发生并报告时。

【规范性文件】

《中华人民共和国公司法》（2013年12月28日）

第一百四十五条　上市公司必须依照法律、行政法规的规定，公开其财务状况、经营情况及重大诉讼，在每会计年度内半年公布一次财务会计报告。

《中华人民共和国证券法》（2014年8月31日）

第六十七条第二款　下列情况为前款所称重大事件：

……

（三）公司订立重要合同，可能对公司的资产、负债、权益和经营成果产生重要影响的，应履行披露义务。

《上市公司信息披露管理办法》（2007年1月30日，证监会令第40号）

第十九条第一款　上市公司应当披露的定期报告包括年度报告、中期报告和季度报告。凡是对投资者作出投资决策有重大影响的信息，均应当披露。

第三十条　发生可能对上市公司证券及其衍生品种交易价格产生较大影响的重大事件，投资者尚未得知时，上市公司应当立即披露，说明事件的起因、目前的状态和可能产生的影响。

前款所称重大事件包括：

……

（三）公司订立重要合同，可能对公司的资产、负债、权益和经营成果产生重要影响；

……

第三十一条　公司应当在最先发生的以下任一时点，及时履行重大事件的信息披露义务：

（一）董事会或者监事会就该重大事件形成决议时；

（二）有关各方就该重大事件签署意向书或者协议时；

（三）董事、监事或者高级管理人员知悉该重大事件发生并报告时。

在前款规定的时点之前出现下列情形之一的，上市公司应当及时披露相关事项的现状、可能影响事件进展的风险因素：

（一）该重大事件难以保密；

（二）该重大事件已经泄露或者市场出现传闻；

（三）公司证券及其衍生品种出现异常交易情况。

《上海证券交易所股票上市规则（2014年修订）》（2014年10月17日，上证发〔2014〕65号）

11.12.5 上市公司出现发生重大债务或者重大债权到期未获清偿的情形，应当向上交所报告并披露：

……

上述事项涉及具体金额的，比照适用第9.2条的规定。

《深圳证券交易所股票上市规则（2014年修订）》、《深圳证券交易所创业板股票上市规则（2014年修订）》（2014年10月19日，深证上〔2014〕378号）

11.11.3 （二）提供医疗、教育、旅游等服务或劳务产生的债权；

（三）能源、交通运输、水利、环境保护、市政工程等基础设施和公用事业项目收益权；

（四）提供贷款或其他信用活动产生的债权；

（五）其他以合同为基础的具有金钱给付内容的债权。

《上海证券交易所股票上市规则（2014年修订）》、《深圳证券交易所股票上市规则（2014年修订）》、《深圳证券交易所创业板股票上市规则（2014年修订）》

7.3 上市公司应当在临时报告所涉及的重大事件最先触及下列任一时点后及时履行首次披露义务：

（一）董事会、监事会作出决议时；

（二）签署意向书或者协议（无论是否附加条件或者期限）时；

（三）公司（含任一董事、监事或者高级管理人员）知悉或者理应知悉重大事件发生时。

7.5 上市公司可以在中午休市期间或者下午三点三十分后通过指定网站披露临时报告

......

7.7 上市公司按照本规则7.3条或者7.4条规定履行首次披露义务后，还应当按照以下规定持续披露有关重大事件的进展情况：

（一）董事会、监事会或者股东大会就已披露的重大事件作出决议的，应当及时披露决议情况；

......

9.2 上市公司发生的交易（提供担保除外）达到下列标准之一的，应当及时披露：

（一）交易涉及的资产总额（同时存在帐面值和评估值的，以高者为准）占上市公司最近一期经审计总资产的10%以上；

（二）交易的成交金额（包括承担的债务和费用）占上市公司最近一期经审计净资产的10%以上，且绝对金额超过1000万元；

（三）交易产生的利润占上市公司最近一个会计年度经审计净利润的10%以上，且绝对金额超过100万元；

（四）交易标的（如股权）在最近一个会计年度相关的营业收入占上市公司最近一个会计年度经审计营业收入的10%以上，且绝对金额超过1000万元；

（五）交易标的（如股权）在最近一个会计年度相关的净利润占上市公司最近一个会计年度经审计净利润的10%以上，且绝对金额超过100万元。

上述指标涉及的数据如为负值，取其绝对值计算。

【相关案例】

中南文化（002445）2017年8月3日发布了《关于签订信托贷款合同的公告》，公告称其与国通信托签署信托贷款合同，并借取金额为人民币2亿元的信托贷款。中南文化一季报显示其净资产为37.13亿元。

双成药业（002693）2017年7月5日发布《关于申请银行贷款的公告》，决定向海南银行申请不超过人民币2亿元的流动资金贷款额度。双成药业一季报显示其净资产为人民币5.473亿元。

美克家居（600337）2017年8月30日发布了《对外担保公告》，公告称其为控股股东美克投资集团有限公司4000万元人民币贷款提供担保。美克家居半年报显示其净资产为人民币31.54亿元。截至公告披露日，公司及控股子公司对外担保总额为人民币258050万元，占上市公司最近一期经审计的归属于母公司所有者权益的80.53%。

2. 融资或担保未履行信息披露义务的法律后果

信息披露是上市公司的义务，对提供资金的金融机构不形成权利赋予或义务约束，一些金融机构并不关注上市公司是否就融资或担保事项发布公告。当上市公司向金融机构业务团队提出不发布公告的要求时，业务团队通常会向法律部门询问，"上市公司就本次融资/担保事宜不发布公告，是否会对借款合同/担保合同效力产生影响，有何法律风险。"法律部门的答复一般为，"信息披露制度立法原理在于保护中小股东利益和维护资本市场稳定，对合同效力不会产生影响。"言外之意即，为推动该笔业务落地，是否进行信息披露无关紧要。但信息披露违规的后果却远比想象的严重和深远。

（1）效力方面

融资人未履行信息披露义务不属于合同无效的情形，司法判决中也未找到上市公司应披露但未披露融资、担保事项，致使融资、担保被认定为无效的案例。正如《上市公司信息披露管理办法》在总则中开宗明义称，该办法的制定目的在于，"规范发行人、上市公司及其他信息披露义务人的信息披露行为，加强信息披露事务管理，保护投资者合法权益"。现行《证券法》第3章第3节"持续信息公开"中，也只对信息披露提出正向要求，而未作出禁止性规定和效力强制性规定。目前《证券法》正在修改，据悉，草案二审稿将"持续信息披露"一节扩充为专章规定，并予以修改完善，包括：扩大信息披露义务人的范围，增加信息披露的内容，明确信息披露的方式；强化公司董事、监事、高级管理人员在信息披露中的责任；明确信息披露的一般原则要求，强调信息披露应当真实、准确、完整，简明清晰，通俗易懂；应当同时披露、平等披露。但从公司法和合同法原理来看，无论如何，信息披露都很难被升格为禁止性或效力强制性规范。

当前，监管部门将信息披露作为证券市场监管工作的重中之重，证监会每周例行行政处罚情况通报中几乎都含有信息披露违规处罚案件。对外担保，作为加重上市公司负担的重大事项，是否及时、如实对外披露更是监管关注和查处的重点。违规未披露担保事项虽然不会影响担保效力，但金融机构若未关注信息披露情况，将在诉讼、仲裁中处于被动地位。

【相关案例】

中国甲银行深圳分行与乙信息科技股份有限公司借款保证合同纠纷［一审：(2006) 粤高法民二初字第2号，二审：(2007) 民二终字第184号］[①]

2005年9月30日，中国甲银行深圳分行（以下简称甲银行）与深圳丙投资有限公司（以下简称丙公司）签订1份编号为JK38910509039的《借款合同》，约定：甲银行向丙公司提供18500万元人民币贷款。乙信息科技股份有限公司（以下简称乙股份公司）与湖南丁集团有限公司

---

① 案例来源：http://bjlx.pkulaw.cn/case/pfnl_1970324837157007.html?keywords=%E5%88%9B%E6%99%BA%E4%BF%A1%E6%81%AF%E7%A7%91%E6%8A%80%E8%82%A1%E4%BB%BD%E6%9C%89%E9%99%90%E5%85%AC%E5%8F%B8&match=Exact

（以下简称丁集团）对贷款提供连带责任保证担保。

2006年2月28日，深圳证券交易所发布深证上[2006]第××号件——《关于对乙股份公司及相关人员予以公开谴责的决定》，对乙股份公司及相关人员未履行相应审批程序，也未即时履行临时报告信息披露义务，对外提供包括本案担保在内的担保行为进行谴责。乙股份公司也于2005年12月6日公开披露了本案担保情况。

根据借款合同和保证的规定，甲银行宣布对丙公司的贷款提前到期，起诉至法院，请求法院判令丙公司偿还借款，乙股份公司和乙集团对丙公司的借款承担连带偿还责任等。

广东省高院一审认为：

乙股份公司的担保责任问题。

根据乙股份公司向社会公开披露的公司章程规定，董事会在股东大会授权范围内决定公司的资产抵押及其他担保事项。在该公司章程中，并没有规定董事长有权代表公司决定对外提供担保。根据当时施行的《中华人民共和国公司法》第123条及《中华人民共和国企业法人登记管理条例施行细则》第25条的规定，董事、经理应当遵守公司章程，公司法定代表人应当根据章程行使职权。因此，董事长超出公司章程的授权擅自以企业名义进行活动为越权行为。

乙股份公司法定代表人丁某与甲银行签订的保证合同，并无证据表明经过公司董事会决议，且乙股份公司在对外公开披露信息中公开披露了该担保行为未经董事会讨论通过，深圳证券交易所对此进行了公开谴责。因此，乙股份公司法定代表人丁某在本案中代表公司所签订担保合同的行为超越了职权，并非乙股份公司的真实意思表示。

关于本案乙股份公司与甲银行签订的保证合同效力问题。《中华人民共和国民法通则》第43条规定："企业法人对它的法定代表人和其他工作人员的经营活动，承担民事责任。"这一法条明确了法定代表人和其他工作人员履行职务，代表企业对外开展经营活动产生的民事责任由企业法人承担。1999年10月1日施行的《中华人民共和国合同法》第50条规定"法人或者其他组织的法定代表人、负责人超越权限订立的合同，除相对人知道或者应当知道其超越权限的以外，该代表行为有效"，2000年9月29日通过实施的《最高人民法院关于适用〈中华人民共和国担保法〉若干问题的解释》第11条也同样明确规定了："法人或者其他组织的代表人、负责人超越权限订立的担保合同，除相对人知道或者应当知道其超越权限的以外，该代表行为有效。"依据反向解释原则，这一法条也明确了企业法人的法定代表人超越权限而订立合同，如相对人知道或者应当知道的，双方订立的合同不能认定有效。故甲银行是否知道乙股份公司法定代表人丁某签订本案担保合同超越职权是确定本案合同效力的关键。

中国证券监督管理委员会2000年6月6日发布的证监公司字〔2000〕61号《关于上市公司为他人提供担保有关问题的通知》（已失效）第2条规定了"上市公司不得以公司资产为本公司的股东、股东的控股子公司、股东的附属企业或个人债务提供担保"，第5条规定"上市公司为他人提供担保必须经董事会或股东大会批准"。中国证券监督管理委员会、国务院国有资产监督管理委员会联合发布的证监发〔2003〕56号《关于规范上市公司与关联方资金往来及上市公司对外担保若干问题的通知》第2条第2款第1项规定"上市公司不得为控股股东及本公司持股百分之五十以下的其他关联方、任何非法人单位或个人提供担保"，第2条第2款第3项规定"上市公司对外担保应当取得董事会全体成员三分之二以上签署同意，或者经股东大会批准"。

中国证券监督管理委员会和国务院国有资产监督管理委员会的上述规定是向社会公布的规范上市公司经营行为的部门规章。甲银行作为金融机构应当知道上述部门规章关于上市公司对外提供担保的规定，在签订担保合同时应审查合同签订人是否获得合法授权，该担保合同是否经过乙股份公司董事会或股东大会决议。从本案担保合同签订过程看，乙股份公司法定代表人丁某在签订担保合同时并没有提交董事会或股东大会决议等授权文件，应认定甲银行应当知道丁某签订担保合同行为超越权限。甲银行应当知道丁某超越权限而与之签订担保合同，所订立的担保合同依法应认定无效。对于担保合同无效，甲银行应承担一定过错责任。丁某为乙股份公司聘任的法定代表人。丁某不履行对公司的忠诚义务，对外实施损害公司利益行为时，乙股份公司未能及时发现和制止损害结果的发生，负有用人不当、管理不善的过错责任。乙股份公司应对担保合同无效导致甲银行信赖利益损失承担赔偿责任。由于甲银行对担保合同无效也负有审查不严的过错责任，乙股份公司承担赔偿责任的范围为丙公司不能清偿债务部分的50%。

甲银行上诉称：

第一，上诉人找到了被上诉人乙股份公司关于借款担保的董事会决议，可以证明被上诉人的保证是根据其董事会决议授权提供，并非其董事长丁某的越权行为。

第二，即使被上诉人没有提供董事会决议，其保证合同也属于合法有效的合同，不能以未经董事会决议为由认定被上诉人保证无效。理由为：

1. 依据保证合同签订时的法律、法规，保证合同的签订和生效并不要求保证人必须经过董事会或股东会决议。原审判决以中国证监会的两个部门规章为依据认定保证合同无效属于适用法律错误。

2. 原审判决以被上诉人董事长丁某签订保证合同未经董事会决议为由认定为丁某的越权行为没有依据。即使丁亮签订保证合同未经董事会决议授权，乙股份公司加盖公司公章的行为应当视为该公司通过合理的审批程序批准了保证合同，因此不能认定为丁某的越权行为。

第三，即使保证合同无效，上诉人也没有任何过错，其过错责任全部在被上诉人，被上诉人应承担全部的连带赔偿责任，原审判决只承担50%的连带赔偿责任是错误的。

乙股份公司答辩称：

被上诉人与上诉人签订的担保合同无效。该对外担保合同的签署，是公司高管、董事龙白某利用个人职务之便，私自挪用公司的公章和法定代表人名章，签署了该合同，是个人行为，不是公司法人行为，乙股份公司从未就此担保事项召开过股东会和董事会，未作出相关的董事会决议，深圳证券交易所的谴责报告证明担保确实属于违规担保，未履行必需的法定审批程序。本案是关联交易，且本案主合同是以新还旧，乙股份公司在旧贷中根本就不是保证人，在新贷中对此完全不知情，上诉人对于合同的无效，具有明显的过错行为。依据担保合同第6章第6条，第7章第2条、第5条约定，以及公司章程对董事会及董事职权的规定及中国证监会的部门规章等相关法律规定，本案担保合同无效。乙股份公司在担保合同无效的情况下，不应当承担民事赔偿责任。

最高人民法院二审认为：

《关于上市公司为他人提供担保有关问题的通知》第5条规定了"上市公司为他人提供担保必须经董事会或股东大会批准"。证监会、国资委《关于规范上市公司与关联方资金往来及上市公司对外担保若干问题的通知》第2条第2款第1项规定了"上市公司不得为控股股东及本公司持股50%以下的其他关联方、任何非法人单位或个人提供担保"，第2条第2款第3项规定了"上市公司对外担保应当取得董事会全体成员三分之二以上签署同意，或者经股东大会批准"。证监会和国资委的上述规定是向社会公布的规范上市公司经营行为的部门规章，对作为上市公司的乙股份公司具有约束力。因此，虽然原公司法中对公司担保能力未作明确规定，乙股份公司对外担保在程序上也应当经董事会或股东大会批准。至于到底需要股东大会还是董事会的批准，则属于公司自治的范畴。乙股份公司2005年6月29日向社会公布的章程中第119条规定："董事会行使下列职权：……（八）在股东大会授权范围内，决定本公司的风险投资、资产抵押及其他担保事项。"而章程第43条股东大会的职权中，并无关于担保问题的规定。可以认定乙股份公司选择由董事会决定担保事项。因此，根据上述部门规章以及乙股份公司的公司章程之规定，本案中乙股份公司作出担保意思决定，需经董事会决议。

现甲银行提交出1份乙股份公司同意担保的董事会决议，且该董事会决议上加盖了乙股份公司的公章，在没有相反证据证明这份决议是甲银行自行伪造的情况下，可以认定该决议是为签订担保合同的目的，以乙股份公司的名义提交给甲银行的。对于该份董事会决议，甲银行仅负有形式审查的义务，即只要审查董事会决议的形式要件是否符合法律规定，银行即尽到了合理的注意义务。董事会决议记载的是出席会议的董事依职权作出的特定意思表示，其形式要件只需出席会议的董事签名即可。该份董事会决议上有丁亮等7位董事签名，符合董事会决议形式要件的要求，并加盖了乙股份公司的印章。决议上的签名是否为董事亲笔所签，则属于实质审查的范畴，甲银行对此并无法定义务。乙股份公司公开披露本案担保未经董事会决议及深圳证券交易所出具谴责报告的时间都在担保合同签订之后，不能证明甲银行在签订担保合同时明知该董事会决议存在瑕疵。在乙股份公司没有证据证明甲银行存在恶意的情况下，应当认定甲银行对该份董事会决议已履行了合理审查的义务。

乙股份公司与甲银行签订保证合同为丙公司借款提供连带责任保证，该保证合同形式完备，内容不违反法律、法规的强制性规定，依法应确认有效。

案例要点提示

最高人民法院认为，金融机构对担保决议的有效性仅负有形式审查义务，即只要审查决议的形式要件符合法律规定，便尽到了合理的注意义务。但如果在担保合同签署前，上市公司已通过交易所公告决议非真实，或交易所、监管机构已对决议非真实事项进行了公开处罚，金融机构在此之后仍然签署担保合同，则金融机构是否已尽到合理注意义务可能将面临更严格的评价。

根据《上市公司信息披露管理办法》第31条的规定，上市公司通常会在董事会或者监事会形成决议时，披露对外担保事项，而后提交股东大会审议（如需）。

【相关案例】

《关于为泓源公司、洋源公司提供担保的公告》（深圳能源集团股份有限公司（000027），2017年8月15日）

上述担保事项已经2017年8月14日召开的董事会七届七十七次会议审议通过，根据公司《章程》规定，该担保事项尚需提交公司股东大会审议。

《关于向全资子公司海门市森达装饰材料有限公司提供担保的公告》（金轮蓝海股份有限公司（002722），2017年8月15日）

以上担保事项已经2017年8月14日召开的第四届董事会2017年第六次会议审议，以9票同意、0票反对、0票弃权获得通过。

《关于对外提供担保的公告》（雏鹰农牧集团股份有限公司（002477），2017年8月12日）

2017年8月10日公司召开的第三届董事会第十七次会议，以11票同意，0票反对，0票弃权审议通过了《关于对外提供担保的议案》。根据《深圳证券交易所股票上市规则》及《公司章程》等有关规定，本次对外担保尚需提交公司股东大会审议。

在实践中，担保人自出具有权机构决议至担保合同实际签署间隔一定期间。以保证担保为例，签署担保合同的主要环节包括：①担保人出具决议；②双方协商议定合同文本（也可能在决议出具前议定）；③担保人在担保合同上加盖公章；④金融机构业务人员将融资文件和担保文件提交放款部门审查；⑤金融机构内部经反复沟通确保放款条件已满足；⑥录入信贷系统进行授信额度"内部生效"操作；⑦金融机构在担保合同上加盖公章使担保合同实现法律意义上的生效。

因此，从有权机构出具决议之日至担保合同签订之日可能存在较长期间。金融机构是否有义务关注上市公司公告，如未公告是否有义务催告上市公司及时发布公告，若未关注公告而上市公司提供的有权机构决议又系伪造，金融机构是否要承担"非善意"的责任，这些目前在实务中都尚未发生，但不可排除未来有可能成为担保效力之争点。在自由心证裁量下，一切结果都有可能发生。因此，建议在非标融资中关注上市公司公告，未发布对外担保情况的，应督促上市公司及时发布。

（2）监管方面

近年来，证监会将"依法监管、从严监管、全面监管"作为执法理念，不遗余力打击信息披露违法违规行为，证监会网站每周公布的行政处罚案件中几乎都有信息披露违法违规案件。证券交易所对上市公司信息披露也十分重视。据深圳证券交易所报道，其在进行上市公司2016年度报告审查过程中，重点关注上市公司是否按照年报编报规则的要求，完整披露管理层讨论分析、重大事项等重要内容。对于以定期报告代替临时报告披露义务等违规情形，深交所重点关注并及时采取监管措施。深交所还关注相关公司对行业信息披露的执行情况，引导公司持续提升信息披露有用性。

对上市公司信息披露违法违规的处罚，主要有如下规定：

【规范性文件】

《中华人民共和国证券法》（2014年8月31日）

第一百九十三条　发行人、上市公司或者其他信息披露义务人未按照规定披露信息，或者所披露的信息有虚假记载、误导性陈述或者重大遗漏的，责令改正，给予警告，并处以三十万元以上六十万元以下的罚款。对直接负责的主管人员和其他直接责任人员给予警告，并处以三万元以上三十万元以下的罚款。

发行人、上市公司或者其他信息披露义务人未按照规定报送有关报告，或者报送的报告有虚假记载、误导性陈述或者重大遗漏的，责令改正，给予警告，并处以三十万元以上六十万元以下的罚款。对直接负责的主管人员和其他直接责任人员给予警告，并处以三万元以上三十万元以下的罚款。

发行人、上市公司或者其他信息披露义务人的控股股东、实际控制人指使从事前两款违法行为的，依照前两款的规定处罚。

《上海证券交易所股票上市规则（2014年修订）》（2014年10月17日，上证发〔2014〕65号）

12.7 上市公司财务会计报告被出具非标准无保留审计意见，且意见所涉及的事项属于明显违反会计准则、制度及相关信息披露规范规定的，本所自公司披露定期报告之日起，对公司股票及其衍生品种实施停牌，直至公司按规定作出纠正后复牌。

12.11 上市公司在公司运作和信息披露方面涉嫌违反法律、行政法规、部门规章、其他规范性文件、本规则或本所其他有关规定，情节严重而被有关部门调查的，本所在调查期间视情况决定公司股票及其衍生品种的停牌和复牌。

13.2.1 上市公司出现以下情形之一的，本所对其股票实施退市风险警示：

……

（九）因信息披露文件存在虚假记载、误导性陈述或者重大遗漏，受到中国证监会行政处罚，并且因违法行为性质恶劣、情节严重、市场影响重大，在行政处罚决定书中被认定构成重大违法行为，或者因涉嫌违规披露、不披露重要信息罪被依法移送公安机关。

……

14.1.1 上市公司出现下列情形之一的，由本所决定暂停其股票上市：

……

（十）因出现第13.2.1条第（九）项规定的重大信息披露违法情形，其股票被实施退市风险警示后交易满三十个交易日。

……

17.2 上市公司、相关信息披露义务人和其他责任人违反本规则或者向本所作出的承诺，本所可以视情节轻重给予以下惩戒：

（一）通报批评；

（二）公开谴责。

《深圳证券交易所创业板股票上市规则（2014年修订）》（2014年10月19日，深证上〔2014〕378号）

12.7 上市公司在公司运作和信息披露方面涉嫌违反法律、行政法规、部门规章或者本所其他相关规定，情节严重的，在被有关部门调查期间，本所视情况决定该公司股票及其衍生品种停牌与复牌时间。

12.8 上市公司披露的信息不符合本规则等有关规定，且拒不按要求进行更正、解释或者补充披露的，本所可以对该公司股票及其衍生品种实施停牌，直至公司披露相关公告的当日复牌。公告日为非交易日的，则在公告后首个交易日开市时复牌。

12.9 上市公司严重违反本规则且在规定期限内拒不按要求改正的，本所可以对其股票及其衍生品种实施停牌，并视情况决定其复牌时间。

13.1.1 上市公司出现下列情形之一的，本所可以决定暂停其股票上市：（九）因重大信息披露违法受到中国证监会行政处罚，或者因涉嫌违规披露、不披露重要信息罪被依法移送公安机关

16.2 上市公司、相关信息披露义务人及其相关人员违反本规则、本所其他相关规定或者其所作出的承诺的，本所视情节轻重给予以下处分：

（一）通报批评；

（二）公开谴责。

同日发布的《深圳证券交易所创业板股票上市规则（2014年修订）》（深证上〔2014〕378号）也进行了相同规定。

除上述处罚外，对于信息披露违法违规的上市公司和高管，监管机构和

证券交易所还对其资本运作和任职等进行了诸多限制。

目前，本书尚未查询到因融入资金未进行信息披露被认定为信息披露违法违规的案例，但在当前高压监管、严密监管的态势下，在证券交易所已明确规定发生重大债务和对外担保应报告并进行信息披露的要求下，应披露未披露重大债务或对外担保信息，虽然不会遭受像 *ST 慧球那样严厉的处罚，但无论证监会的责令改正或罚款，还是证券交易所的通报批评或公开谴责，都将给上市公司带来极大的负面影响。

例如，上市公司在最近 12 个月被证监会行政处罚的，不得发行优先股；在最近 3 年被行政处罚的，不得进入上市公司并购重组"分道制"中的审核绿色通道；在持续督导期内被证监会行政处罚的，将延长督导期。主板公司最近 36 个月受到行政处罚的，不得公开发行证券；创业板公司最近 36 个月受到行政处罚的，不得公开和非公开发行证券。上市公司在最近 12 个月被证券交易所公开谴责的，不得公开和非公开发行证券，也不得实施重组上市；最近 3 年被证券交易所公开谴责的，不得进入并购重组审核绿色通道。而中小板和创业板公司，最近 36 个月累计被深交所 3 次公开谴责的，将终止上市。

【规范性文件】

《上市公司证券发行管理办法》（2008 年 10 月 9 日，证监会令第 30 号）

第六条 上市公司的组织机构健全、运行良好，符合下列规定：

（一）公司章程合法有效，股东大会、董事会、监事会和独立董事制度健全，能够依法有效履行职责；

（二）公司内部控制制度健全，能够有效保证公司运行的效率、合法合规性和财务报告的可靠性；内部控制制度的完整性、合理性、有效性不存在重大缺陷；

（三）现任董事、监事和高级管理人员具备任职资格，能够忠实和勤勉地履行职务，不存在违反公司法第一百四十八条、第一百四十九条规定的行为，且最近三十六个月内未受到过中国证监会的行政处罚、最近十二个月内未受到过证券交易所的公开谴责；

（四）上市公司与控股股东或实际控制人的人员、资产、财务分开，机构、业务独立，能够自主经营管理；

（五）最近十二个月内不存在违规对外提供担保的行为。

第三十九条　上市公司存在下列情形之一的，不得非公开发行股票：

（一）本次发行申请文件有虚假记载、误导性陈述或重大遗漏；

（二）上市公司的权益被控股股东或实际控制人严重损害且尚未消除；

（三）上市公司及其附属公司违规对外提供担保且尚未解除；

（四）现任董事、高级管理人员最近三十六个月内受到过中国证监会的行政处罚，或者最近十二个月内受到过证券交易所公开谴责；

（五）上市公司或其现任董事、高级管理人员因涉嫌犯罪正被司法机关立案侦查或涉嫌违法违规正被中国证监会立案调查；

（六）最近一年及一期财务报表被注册会计师出具保留意见、否定意见或无法表示意见的审计报告。保留意见、否定意见或无法表示意见所涉及事项的重大影响已经消除或者本次发行涉及重大重组的除外；

（七）严重损害投资者合法权益和社会公共利益的其他情形。

《深圳证券交易所创业板股票上市规则（2014年修订）》（2014年10月19日，深证上〔2014〕378号）

13.4.1　上市公司出现下列情形之一的，本所有权决定终止其股票上市交易：

……

（十八）公司最近三十六个月内累计受到本所三次公开谴责。

……

本书认为，在非标融资业务中，借款规模动辄3亿、5亿，融资利率一般远高于同期银行利率，虽然未经有权机构决策进行融资、担保和未履行信息披露义务并不必然导致融资、担保事项无效,但发生纠纷时,债务人的缠诉和中小股东的维权将加大金融机构的债权实现难度和资金回收效率,监管机构的处罚和证券交易所的自律性监管,也会在一定程度上影响上市公司的正常运行,打断其再融资造血能力,进而影响上市公司的偿债能力。

二、非标业务中与"新三板"公司相关的问题

(一)概述

截至 2017 年 9 月 29 日,全国中小企业股份转让系统(以下简称"股转系统")挂牌企业共 11594 家,总市值 52452.60 亿元[①]。企业在"新三板"挂牌能够提升知名度,获得政府支持,增加融资渠道,一定程度上规范内部治理,构建转板 IPO 预期,有效促进企业发展。总体而言,"新三板"公司整体实力强于一般非公众公司。

"新三板"公司是银行等金融机构的重点服务对象,许多银行为"新三板"公司制定了专属融资政策和授信产品,如兴业银行的"三板贷"、交通银行的"千亿融资支持规划"等。一些民间金融机构更宣传可以为"新三板"基础层公司提供"不上征信、不公告、不披露、表外、不尽调"的纯信用借款。

根据股转公司规则,只有符合依法设立且存续满两年,业务明确,具有持续经营能力,公司治理机制健全,合法规范经营,股权明晰,股票发行和转让行为合法合规等条件的企业才有资格挂牌"新三板"。

【规范性文件】

《全国中小企业股份转让系统股票挂牌条件适用基本标准指引》(2017 年 9 月 6 日,股转系统公告〔2017〕366 号)

---

① 数据引自全国中小企业股份转让系统,http://www.neeq.com.cn/,最后访问时间:2017 年 9 月 29 日。

一、依法设立且存续满两年

（一）依法设立，是指公司依据《公司法》等法律、法规及规章的规定向公司登记机关申请登记，并已取得《企业法人营业执照》。

……

（二）存续两年是指存续两个完整的会计年度。

……

二、业务明确，具有持续经营能力

（一）业务明确，是指公司能够明确、具体地阐述其经营的业务、产品或服务、用途及其商业模式等信息。

（二）公司可同时经营一种或多种业务，每种业务应具有相应的关键资源要素，该要素组成应具有投入、处理和产出能力，能够与商业合同、收入或成本费用等相匹配。

（三）公司业务在报告期内应有持续的营运记录。营运记录包括现金流量、营业收入、交易客户、研发费用支出等。公司营运记录应满足下列条件：

1. 公司应在每一个会计期间内形成与同期业务相关的持续营运记录，不能仅存在偶发性交易或事项。

2. 最近两个完整会计年度的营业收入累计不低于1000万元；因研发周期较长导致营业收入少于1000万元，但最近一期末净资产不少于3000万元的除外。

3. 报告期末股本不少于500万元。

4. 报告期末每股净资产不低于1元/股。

（四）持续经营能力，是指公司在可预见的将来，有能力按照既定目标持续经营下去。

……

三、公司治理机制健全，合法规范经营

（一）公司治理机制健全，是指公司按规定建立股东大会、董事会、监事会和高级管理层（以下简称"三会一层"）组成的公司治理架构，制定相应的公司治理制度，并能证明有效运行，保护股东权益。

……

（二）合法合规经营，是指公司及其控股股东、实际控制人、下属子公司（下属子公司是指公司的全资、控股子公司或通过其他方式纳入合并报表的公司或其他法人，下同）须依法开展经营活动，经营行为合法、合规，不存在重大违法违规行为。

……

四、股权明晰，股票发行和转让行为合法合规

（一）股权明晰，是指公司的股权结构清晰，权属分明，真实确定，合法合规，股东特别是控股股东、实际控制人及其关联股东或实际支配的股东持有公司的股份不存在权属争议或潜在纠纷。

（二）股票发行和转让合法合规，是指公司及下属子公司的股票发行和转让依法履行必要内部决议、外部审批（如有）程序。

……

（三）公司曾在区域股权市场及其他交易市场进行融资及股权转让的，股票发行和转让等行为应合法合规；在向全国中小企业股份转让系统申请挂牌前应在区域股权市场及其他交易市场停牌或摘牌，并在全国中小企业股份转让系统挂牌前完成在区域股权市场及其他交易市场的摘牌手续。

五、主办券商推荐并持续督导

（一）公司须经主办券商推荐，双方签署了《推荐挂牌并持续督导协议》。

（二）主办券商应完成尽职调查和内核程序，对公司是否符合挂牌条件发表独立意见，并出具推荐报告。

六、全国股份转让系统公司要求的其他条件

无

但"新三板"公司与上市公司相比，在资产规模、公司治理、持续经营能力等方面都存在很大差距，一些"新三板"公司存在一人集权、资金管理

混乱、关联交易、对赌风险等问题，建议金融机构在提供融资和接受担保时予以注意。

（二）"新三板"公司作为融资人需关注的问题

企业挂牌"新三板"的目的之一是降低债务杠杆，解决融资难题，实现直接融资。但多数企业通过挂牌"新三板"直接融资的情况并不理想，甚至某公司挂牌后仅通过定增融资 30.56 元。联讯证券（830899）、九鼎集团（430719）募集数十亿、上百亿资金只是孤例。"新三板"流动性不活跃，持续现金流供给不足，直接融资大多只能依靠定向增发，无法满足公司的资金需要。因此，"新三板"公司有较强的债务融资需求，且不限于传统的银行贷款。2017 年 5 月 3 日，证监会发布《区域性股权市场监督管理试行办法》后，一些"新三板"公司开始尝试从区域性股权市场寻求融资支持，部分区域性股权市场也开始研究如何为"新三板"公司发行可转换为股票的公司债券。2017 年 9 月 22 日，上海证券交易所、全国中小企业股份转让系统有限责任公司、中国证券登记结算有限责任公司联合发布了《创新创业公司非公开发行可转换公司债券业务实施细则（试行）》，符合条件的创新层"新三板"公司获准在上海证券交易所和深圳证券交易所申请发行可转换公司债券，"新三板"公司融资途径进一步扩宽。

与定增融资中投资者更看重企业成长性不同，债务融资更看重企业的现实资产、负债、经营等情况。仁会生物（830931）2015 年在合计营业收入尚不足 20 万元时，凭借降糖新药"谊生泰"的批文和上市销售预期就通过四轮定增募集资金 4 亿元，市值一度近 80 亿元，通过债务融资渠道是绝不可能实现的。因此，直接融资情况只能作为债务融资的参考而不能作为决定授信与否和授信金额大小的依据。"新三板"门槛低、包容性强，市场内部分化严重，企业规模、盈利能力、成长性参差不齐，金融机构在融资时应予注意。

"新三板"公司的债务融资决策程序由公司章程规定，法律法规和股转公司制定的规范性文件未对融资决策事项提出具体要求。中国证监会《非上市公众公司监管指引第 3 号——章程必备条款》也仅规定了章程应当载明须提交股东大会审议的重大事项和须经股东大会特别决议通过的重大事项。

【规范性文件】

《非上市公众公司监管指引第 3 号——章程必备条款》（2013 年 1 月 4 日，证监会公告〔2013〕3 号）

第六条　章程应当载明公司控股股东和实际控制人的诚信义务。明确规定控股股东及实际控制人不得利用各种方式损害公司和其他股东的合法权益；控股股东及实际控制人违反相关法律、法规及章程规定，给公司及其他股东造成损失的，应承担赔偿责任。

第七条　章程应当载明须提交股东大会审议的重大事项的范围。

章程应当载明须经股东大会特别决议通过的重大事项的范围。

公司还应当在章程中载明重大担保事项的范围。

法律法规和股转公司给予"新三板"公司充足的融资决策自治空间，公司章程和股东大会可根据实际需求制定融资决策程序。"新三板"公司章程和股东大会决议属于公开事项，任何人均可通过巨潮资讯网（www.cninfo.com.cn）查询。

未经有权机构决策擅自融资的相关内容参照本章上市公司部分。

（三）"新三板"公司作为担保人需关注的问题

公司挂牌"新三板"前需经过主办券商、律师事务所尽职调查和会计师事务所审计等，挂牌具有公司信用、整体实力、持续经营能力公示效果，挂牌公司情况总体而言较非公众公司公开和透明，担保能力较强，容易获得债权人认可。经查询全国中小企业股份转让系统，2017 年 1 月 1 日至 2017 年 9 月 8 日"新三板"挂牌公司共发布对外担保公告 1955 条，部分公司对外担保金额增长迅速。以山东海运（835589）为例，其 2016 年度报告显示，公司发生对外担保事项两起，均系为控股股东山东海洋集团有限公司提供担保，金额为 15.55 亿元。2017 年 3 月 29 日，山东海运同时发布 4 则对外担保公告，公司和全资子公司对外提供超长期担保和反担保。2017 年 8 月 18 日其公布的 2017 年半年报显示，公司实际发生对关联方担保 21.08 亿元，预计发生 58.72 亿元，总计 79.8 亿元。是时，公司合并口径净资产为 40.26 亿元。因此，虽然"新三板"公司担保能力较强，但在接受担保时，仍应妥善评估其担保能力，并根据实际需要补充其他征信措施。

"新三板"公司对外担保应遵守公司法的相关规定，按照公司章程和股东大会授权确定担保决策机构。对股东、实际控制人及其关联方提供的担保，不论金额大小，均需要经股东大会审议通过并披露。"新三板"公司未按公司章程履行审议程序，未及时进行信息披露的，属于违规担保。公司发生违规担保事项后，应该在事实发生之日起两个转让日内补充披露对外担保信息，并至少每月发布一次提示性公告，披露违规对外担保的解决进展情况。公司存在对外担保情形的，除了按规定在对外担保事实发生之日起两个转让日内予以披露以外，年报中应对该年度内所有对外担保事项进行汇总。

【规范性文件】

《全国中小企业股份转让系统业务规则（试行）》（2013 年 12 月 30 日，股转系统公告〔2013〕40 号）

4.1.4 控股股东、实际控制人及其控制的其他企业应切实保证挂牌公司的独立性，不得利用其股东权利或者实际控制能力，通过关联交易、垫付费用、提供担保及其他方式直接或者间接侵占挂牌公司资金、资产，损害挂牌公司及其他股东的利益。

《全国中小企业股份转让系统挂牌公司信息披露细则（试行）》（2013 年 2 月 8 日，股转系统公告〔2013〕3 号）

第四十六条 挂牌公司出现以下情形之一的，应当自事实发生之日起两个转让日内披露：

......

（二）控股股东、实际控制人或者其关联方占用资金；

......

（九）对外提供担保（挂牌公司对控股子公司担保除外）；

......

（十一）因前期已披露的信息存在差错、未按规定披露或者虚假记载，被有关机构责令改正或者经董事会决定进行更正；

......

发生违规对外担保、控股股东或者其关联方占用资金的公司应当至少每月发布一次提示性公告，披露违规对外担保或资金占用的解决进展情况。

《中国证监会关于进一步推进全国中小企业股份转让系统发展的若干意见》（2015 年 11 月 16 日，证监会公告〔2015〕26 号）

七、加强市场监管

......

加大对挂牌公司规范运作的培训，对信息披露、股票发行违规以及违规占用挂牌公司资金、违规对外担保等行为，及时采取监管措施；对涉嫌欺诈、虚假披露、内幕交易、操纵市场等违法行为，依法严厉打击，确保有异动必有反应、有违规必有查处。

公司法、证监会、证券交易所等规定了上市公司达到特定金额、净资产或资产占比的担保必须经股东大会决策并进行披露。但公司法、证监会、股转公司等并未对"新三板"公司提出此要求，仅对"两网"和退市公司必须经股东大会审议的对外担保标准做了规定，普通"新三板"公司则交由公司章程予以明确。按照证监会发布的非上市公众公司监管指引，重大担保事项属于公司章程必备事项。

【规范性文件】

《非上市公众公司监管指引第 3 号——章程必备条款》（2013 年 1 月 4 日，证监会公告〔2013〕3 号）

第七条 章程应当载明须提交股东大会审议的重大事项的范围。

章程应当载明须经股东大会特别决议通过的重大事项的范围。

公司还应当在章程中载明重大担保事项的范围。

《全国中小企业股份转让系统两网公司及退市公司信息披露暂行办法》（2013 年 2 月 8 日，股转系统公告〔2013〕5 号）

第七十一条 公司发生重大担保事项应当提交董事会或者股东大会进行审议，及时向主办券商报告并公告：

下述担保事项应当在董事会审议通过后提交股东大会审议：

（一）单笔担保额超过公司最近一期经审计净资产 10% 的担保；

（二）公司及其控股子公司的对外担保总额，超过公司最近一期经审计净资产 50% 以后提供的任何担保；

（三）为资产负债率超过 70% 的担保对象提供的担保；

（四）按照担保金额连续十二个月内累计计算原则，超过公司最近一期经审计总资产 30% 的担保；

（五）按照担保金额连续十二个月内累计计算原则，超过公司最近一期经审计净资产的 50%，且绝对金额超过 5000 万元以上；

（六）全国股份转让系统公司或者公司章程规定的其他担保。对于董事会权限范围内的担保事项，除应当经全体董事的过半数通过外，还应当经出席董事会会议的三分之二以上董事同意；

前款第（四）项担保，应当经出席会议的股东所持表决权的三分之二以上通过。

【相关案例】

苏力机械（838817）公司章程

第 41 条 公司下列对外担保行为，须经股东大会审议通过；其他担保行为由董事会审议通过：

（一）公司的对外担保总额，达到或超过最近一期经审计总资产的10%以后提供的任何担保；

（二）为资产负债率超过70%的担保对象提供的担保；

（三）单笔担保额超过最近一期经审计净资产的5%的担保；

（四）对股东、实际控制人及其关联方提供的担保；

（五）法律、法规规定的其他应当由股东大会审议通过的情形。

但"新三板"公司依然存在大量违规对外担保的情形，仅2017年4月7日一天，股转公司就连续发布16份监管文件，对12家"新三板"公司的违规担保和违规信息披露行为采取监管措施，几乎每周都有公司因信息披露违规、违规担保、资金占用等情况被股转公司采取自律性监管措施。

【相关案例】

《关于对吉林永丰食品股份有限公司采取出具警示函措施的决定》（吉林证监局，2017年9月5日，吉证监决〔2017〕13号）

吉林永丰食品股份有限公司：

经查，你公司存在如下问题：

一、2012年以来，你公司控股股东、董事长白世洲以你公司名义对外签订11份借款合同，并将所借款项直接存入其个人或其指定账户，涉及本金1.404亿元，目前经法院、仲裁机构判决、调解或仲裁确定应由你公司承担还款义务的金额6925.17万元。对此，你公司未履行内部决策程序，未进行会计核算。

二、2012年以来，你公司控股股东白世洲以你公司名义对外签订担保合同，为其个人或其他关联方的借款提供担保，累计7项担保债务本金3140万元，经法院、仲裁机构判决、调解或仲裁确定担保债务本金908.58万元。上述关联担保事项，你公司未履行内部决策程序。

三、上述11项对外借款事项，7项对控股股东及其他关联方的关联担保事项，以及因上述借款和关联担保纠纷产生的重大诉讼和仲裁事项，你公司在公开转让说明书及2015年年度报告、2016年半年度报告及2016年临时报告中均未及时披露。

......

《关于对广东明朗智能科技股份有限公司及相关责任主体给予纪律处分的决定》（2017年9月7日，股转系统发〔2017〕1131号）

明朗智能于2015年11月13日提交挂牌申报材料，2016年2月1日领取挂牌同意函，2016年3月18日完成挂牌。2012年12月3日至2015年11月26日，明朗智能先后11次为控股股东、实际控制人、董事长兼总经理陈朗借款提供关联担保，累计4700万元，截至中介机构监管核查反馈回复，关联担保涉诉金额2400万元。上述事项未在《公开转让说明书》等披露文件中披露。

一些"新三板"公司股东滥用控制权，占用公司资金，以公司名义为个人债务提供担保，肆意在担保文件上加盖公司公章，甚至不盖公章，直接凭借法定代表人身份在担保文件上签字，代表公司意志。但违规对外担保并不会导致担保合同无效，除非接受担保的一方知道或应当知道确属违规，相关人员无权签署担保合同。如前述永丰食品案中，控股股东的1.4亿借款中已有近7000万，3140万元担保中已有900万被判决由永丰食品承担。

因此，在接受"新三板"公司担保时，建议查询其是否存在因违规担保被采取监管措施的前科，如有此类情形，可以根据实际情况考虑降低对其担保能力的评价，要求补充其他担保，避免公司对外担保过多导致最终无能力履行保证责任。

违规担保的效力等相关内容参照本章上市公司部分。

（四）"新三板"公司信息披露需关注的问题

信息披露违规是"新三板"公司比较突出的问题。2016年9月1日至2017年9月1日，股转系统共发出263份自律监管措施决定，绝大多数针对信息披露违规问题。如世纪工厂未披露股东减持股份，易普森信息披露不准确，联科股份未披露关联交易及对外担保，皆悦传媒未披露对外拆借资金和提前使用募集资金，星光影视未披露涉嫌行贿犯罪情况，耀磊股份未披露被诉情况等。

"新三板"公司信息披露包括定期报告和临时报告，证监会和股转公司规定的必须进行临时公告的事件包括关联交易、涉及诉讼仲裁、董监高人员变动等，并概括规定"发生可能对股票价格产生较大影响的重大事件"时应进行信息披露。但未具体指向融资和担保事宜。2017年8月10日至2017年9月9日，"新三板"公司共发布申请贷款公告82条，其中金额最小的是快易名商（831423）向中国邮政储蓄银行股份有限公司上海闵行区支行申请授信200万元，快易名商2017年中报显示，其总资产为4242.26万元，股东权益为716.18万元。

【规范性文件】

《非上市公众公司监督管理办法》（2013年12月26日，证监会令第96号）

第二十五条　发生可能对股票价格产生较大影响的重大事件，投资者尚未得知时，公众公司应当立即将有关该重大事件的情况报送临时报告，并予以公告，说明事件的起因、目前的状态和可能产生的后果。

《全国中小企业股份转让系统挂牌公司信息披露细则（试行）》（2013年2月8日，股转系统公告〔2013〕3号）

第四条　挂牌公司及相关信息披露义务人应当及时、公平地披露所有对公司股票及其他证券品种转让价格可能产生较大影响的信息（以下简称"重大信息"），并保证信息披露内容的真实、准确、完整，不存在虚假记载、误导性陈述或重大遗漏。

第八条　挂牌公司披露重大信息之前，应当经主办券商审查，公司不得披露未经主办券商审查的重大信息。

挂牌公司在其他媒体披露信息的时间不得早于指定披露平台的披露时间。

第九条　挂牌公司发生的或者与之有关的事件没有达到本细则规定的披露标准，或者本细则没有具体规定，但公司董事会认为该事件对股票价格可能产生较大影响的，公司应当及时披露。

第二十二条　挂牌公司应当在临时报告所涉及的重大事件最先触及下列任一时点后及时履行首次披露义务：

（一）董事会或者监事会作出决议时；

（二）签署意向书或者协议（无论是否附加条件或者期限）时；

（三）公司（含任一董事、监事或者高级管理人员）知悉或者理应知悉重大事件发生时。

第四十八条　本细则下列用语具有如下含义：

……

（二）重大事件：指对挂牌公司股票转让价格可能产生较大影响的事项。

……

通过公开渠道获得的"新三板"公司信息可能具有一定的不对称性，无法据此判断公司真实的生产经营、投资、负债等情况。行悦信息（430357）2016年年报因大额资金去向成谜等原因甚至被会计师提出"无法表示意见"，随后股价暴跌至0.3元，而2014年，其股价曾高达15.78元。另外，值得关注的是，截至2017年4月28日，有559家挂牌公司因未披露年报而被股转公司停牌，2017年6月，仍有398家公司未披露年报。按照相关规定，未披露年报的公司将于6月30日后被摘牌。

因此，建议关注"新三板"公司诚信记录和信息披露历史，对于经常不能及时披露定期报告的公司应审慎审查，发现控股股东、大股东减持股份的应探究原因。由于融资、担保并非必须披露事项，未进行信息披露也不会对融资、担保的效力产生影响，但为避免股东派生诉讼和其他争议，建议要求"新三板"公司及时进行信息披露。

根据证监会《非上市公众公司监督管理办法》和股转公司《全国中小企业股份转让系统挂牌公司信息披露细则（试行）》，"新三板"公司应当披露半年度报告、年度报告。年度报告在每个会计年度结束之日起4个月内编制并披露，半年度报告在每个会计年度的上半年结束之日起2个月内披露；季度报告（如有）在每个会计年度前3个月、9个月结束后的1个月内披露。年度报告和半年报告披露内容包括财务报告。因此还应关注融资人定期报告制作情况，与主办券商和会计师事务所保持良好沟通，对未能及时披露定期报告的"新三板"公司审慎放款。放款后"新三板"公司披露定期报告的，应关注本次融资是否在定期报告中披露，如未披露，则公司可能存在习惯性隐瞒重大事项的情况，应注意防范风险。

（五）其他应关注的问题

1. 一人集权

一人集权是指"新三板"公司，特别是基础层公司，股权集中，实际控制人掌握公司完全话语权。如贝达化工、蓝怡科技、狗不理、金麒麟、九龙宝典等近60家公司第一大股东现在或曾经持股99%以上，此外还存在200余家父子控股（如富硒香）、兄弟控股（如联通人力）、姐妹控股（如瀚盛建工）等各类亲属控股公司。集权管理的企业存在角色错位，核心岗位由控股股东一手包办等问题，在企业重大事项决策中只有一个声音，内控和决策风险较大。

（1）内控缺位

一些"新三板"公司股权高度集中，内部治理不规范，公司章程规定流于形式，实际控制人对公司重大事项安排拥有绝对权力，内控机制无法发挥应有作用。如"时空客"信息披露违法案中，据媒体报道，证监会稽查办案人员介绍，公司实际控制人"一言堂"是违法根源，多项违法行为由原董事长王某权授权并主导，均未履行公司董事会、股东大会决议程序，未履行定期报告或临时公告义务，公司内控制度完全失效。大连证监局在调查过程中发现，公司内部控制严重缺失，管理层法律、合规意识淡薄，相关制度制定不合理，缺乏针对性和可执行性。公司公章管理极不严格、规范，原董事长王某权想盖就盖。①

（2）企业对实际控制人依赖性强

一人集权公司中实际控制人是公司的唯一核心，决定公司的运行和发展方向，完全掌控公司赖以生存的资源，具有不可替代性，实际控制人的决策失误可能给公司带来覆顶之灾，其身体健康状况也事关企业生死存亡。2014年国部酒城礼品（福建）有限公司实际控制人许某侨突发脑溢血，致使公司丧失协调、筹措资金能力，资金链断裂，在各家银行贷款到期无法归还，企业名存实亡。IPO过会时发审委也对实际控制人身体状况给予了很高的关注。

【相关案例】

> 长缆电工控股股东和实际控制人为俞某元，持有长缆电工45.52%的股份，发审委在IPO反馈意见中提到："俞某元先生已经70多岁高龄，请发行人补充说明俞某元先生的身体状况，公司的持续经营是否对其有重大依赖，如存在风险的，请做风险提示。"

因此，非标融资业务中应特别关注企业持股集中度，对股权高度集中的企业提高审查标准，至少应比照一般公司融资要求进行审查，尽量避免提供纯信用融资。特别关注企业对实际控制人的依赖性，了解实际控制人的身体健康状况，有无既往病史，有无高血压、心脏病等高致命风险疾病，对年龄

---

① 《证监会强力打击信息披露违法违规促进资本市场健康发展》，http://finance.eastmoney.com/news/1345,20170303716553169.html，最后访问时间：2017年9月10日。

较大的实际控制人更应重点关注。

（3）风险传导

"新三板"公司股东的对外负债、或有负债风险，可能直接传导至公司本身，并可能导致公司控制权发生变更。

【相关案例】

2016年7月26日，某公司发布公告称，公司董事长刘某龙、刘某龙妻子鲁某华以个人名义为深圳市某科技股份有限公司贷款提供担保，并签订无限连带担保责任，该企业无法按时偿还贷款及利息，被债权人申请破产。刘某龙、鲁某华分别持有亿鑫通1810.8万股（60.36%）和556.8万股（18.56%），合计占比78.92%。由于陷入该破产案的司法纠纷，两人所持有的78.92%股权，已全部被司法冻结。最终债权人未执行该部分股权，但若股权被执行，将发生实际控制人变更的后果，对公司的发展和业务将造成严重影响，进而影响公司整体偿债能力。

再如某创业板上市公司，作为其主要利润来源的西部某公司因总经理被撤换，直接导致该公司当年业绩腰斩。

因此，建议关注股权集中的"新三板"公司的股东情况，特别是债务情况和对外担保情况，对个人股东还应关注其配偶债务和担保情况，取得其征信报告，并尽可能了解其民间借贷和民间担保的情况。

2. 持续盈利能力

截至2017年4月26日，共有89家挂牌公司被主办券商提示存在持续经营能力风险，其中有45家挂牌公司的会计师事务所对公司财务报表出具了带强调事项段的无保留意见审计报告[1]。2017年上半年证监会组织的IPO企业现

---

[1]《新三板年报披露新动向 89家企业被主办券商亮"黄牌"》，http://finance.ce.cn/rolling/201704/29/t20170429_22452070.shtml，最后访问时间：2017年5月29日。

场检查中，迈奇化学（831325）和宏源药业（831265）主动撤回 IPO 申请，这两家公司和其他 6 家被抽查的"新三板"公司中，有 3 家公司上半年业绩亏损，全部 8 家公司业绩均同比下滑。"新三板"公司持续盈利能力距离 IPO 要求还存在一定差距。部分"新三板"企业对主要客户依赖性强，主要收入和盈利来自少数客户，如仁盈科技（833201）挂牌时，主要客户为中国移动及下属公司，业务占比高达 90% 以上。另外，一人集权的"新三板"公司股东人数极少，且股东彼此之间多存在血缘关系，实际控制人可能因为民间借贷等原因失联，影响公司持续经营。

【相关案例】

甲公司股东为邱某新与宋某辉（二人为夫妻关系），二人各持有公司 50% 的股份。2015 年 8 月甲公司在"新三板"挂牌，2016 年 1 月公司完成增发，某证券认购 675 万元，持股 2.44%。2016 年 4 月 19 日，甲公司年报显示，2015 年公司营业收入 3522.77 万元，同比下降了 20%，净利润 19.80 万元，同比下降 97%。2016 年 4 月 20 日邱某新辞职后失联，高管、员工接连辞职，公司停摆。

2016 年 5 月 23 日，元璋精工（836211）也重现了这一幕。长江证券发布的风险提示公告称其在持续督导过程中发现该公司存在持续经营能力、公司治理及信息披露重大问题。在公司厂房和办公场所看不到公司资产、生产设备、原料及产品，也未见员工工作，全公司只剩下董事长陆某俊。

因此，在融资中应注意调查"新三板"公司向前几名供应商合计采购金额占公司全年采购金额的比例，向前几名客户合计的销售额占公司全年销售额的比例，是否对关联方或者存在重大不确定性的客户存在重大依赖，了解客户采购方式（如单一来源、竞争性谈判或招投标）、稳定性、忠诚度及未来是否会存在重大不利变化等。同时还要了解"新三板"公司产品的成本、竞争力和可替代性。避免重大客户解除业务合作后对公司持续经营造成不利影响。

3.资金管理

"新三板"公司的"一人集权"问题，直接影响公司资金管理的合规性。资金管理问题主要表现为控股股东、实际控制人或其关联方占用"新三板"公司资金。据统计，2016年至少有5702家挂牌企业发布关于资金占用的公告，占挂牌公司总数的56.3%。

【规范性文件】

《全国中小企业股份转让系统挂牌公司信息披露细则（试行）》（2013年2月8日，股转系统公告〔2013〕3号）

第四十八条 本细则下列用语具有如下含义：

……

（十三）控股股东、实际控制人或其关联方占用资金：指挂牌公司为控股股东、实际控制人及其附属企业垫付的工资、福利、保险、广告等费用和其他支出；代控股股东、实际控制人及其附属企业偿还债务而支付的资金；有偿或者无偿、直接或者间接拆借给控股股东、实际控制人及其附属企业的资金；为控股股东、实际控制人及其附属企业承担担保责任而形成的债权；其他在没有商品和劳务对价情况下提供给控股股东、实际控制人及其附属企业使用的资金或者全国股份转让系统公司认定的其他形式的占用资金情形。

……

资金管理失控，使得控股股东能够随意掏空"新三板"公司，损害社会公众股东和债权人的合法权益。

【相关案例】

"时空客"案件中，股转公司在《关于给予时空客集团股份有限公司公开谴责，给予王某权认定其5年内不适合担任挂牌公司董事、监事、高级管理人员的纪律处分的决定》（股转系统发〔2017〕328号）中披露了实际控制人占用挂牌公司资金的具体情况。2013年1月19日至2016年5月11日期间，王某权出任时空客董事长兼总经理，为公司实际控制人。2014年10月至2016年5月11日，王某权通过本人和其他员工申请备用金、签订借款协议向公司借款、虚构业务合同向其实际控制公司预付账款等方式，与时空客发生关联交易，共转出资金245445302元，上述资金转出后最终全部转入王某权个人账户。经查，2014年年底，王某权非经营性占用资金余额为2412000元；2015年，王某权非经营性占用资金累计发生额为186438100元。截至2016年6月30日，尚有62159994.06元未归还。

"新三板"公司资金占用情况具有隐蔽性，在关联交易虚构表象掩藏之下的资金占用会计师也无法轻易发现。如瑞华会计师事务所（特殊普通合伙）在审计海格物流（430377）时就存在"对于其他应收款涉及的关联往来未执行充分的审计程序"、"未对海格物流与控股股东间大额资金往来的性质作出恰当的判断，未发现海格物流关联方交易披露问题。"

另一方面，一些"新三板"公司的并购重组事项也让市场对其资金管理和运用的有效性提出质疑。如2015年2月16日汇森能源（831956）发布重大资产重组公告，购买其实际控制人的两处房产和两部二手车辆。2015年11月6日海南沉香（834155）发布重大资产重组公告，购买股东所有的已增值10倍的沉香树苗。

因此，在融资中，除对"新三板"公司深入调查了解之外，还应查询该公司历史公告和被采取自律性监管措施的情况，对有信息披露污点，曾被股转公司采取自律监管措施或证监机构处罚的公司审慎准入。

4. 对赌风险

（1）对赌协议

对赌协议，即估值调整机制（Valuation Adjustment Mechanism，VAM），是指投资方（如PE等）与实际控制方在达成增资协议时，对未来的不确定性进行约定，若约定条件出现，投资方可以选择行使要求回购股份、支付赔偿金等权利。根据"东方财富Choice"数据显示，截至2017年8月10日，"新三板"市场共有446份尚在实施中的对赌协议，涉及企业150家，而2016年同期为249份，2016年全年实施中的对赌协议为290份[①]。为限制对赌泛滥化，股转公司在2016年8月8日发布了《挂牌公司股票发行常见问题解答（三）——募集资金管理、认购协议中特殊条款、特殊类型挂牌公司融资》，对对赌协议提出了具体监管要求。但对赌并未偃旗息鼓，2017年公开披露的新增对赌协议数量大超过往，未披露的数量或许也不在少数。

【规范性文件】

《挂牌公司股票发行常见问题解答（三）——募集资金管理、认购协议中特殊条款、特殊类型挂牌公司融资》（2016年8月8日，股转系统公告〔2016〕63号）

二、挂牌公司股票发行认购协议中签订的业绩承诺及补偿、股份回购、反稀释等特殊条款（以下简称"特殊条款"）应当符合哪些监管要求？

答：挂牌公司股票发行认购协议中存在特殊条款的，应当满足以下监管要求：

（一）认购协议应当经过挂牌公司董事会与股东大会审议通过。

（二）认购协议不存在以下情形：

1.挂牌公司作为特殊条款的义务承担主体。

2.限制挂牌公司未来股票发行融资的价格。

3.强制要求挂牌公司进行权益分派，或不能进行权益分派。

4.挂牌公司未来再融资时，如果新投资方与挂牌公司约定了优于本次发

[①] 卢梦匀:《新三板频现"对赌"是良方还是毒药》，载《上海证券报》2017年8月11日第007版。

行的条款,则相关条款自动适用于本次发行认购方。

5. 发行认购方有权不经挂牌公司内部决策程序直接向挂牌公司派驻董事或者派驻的董事对挂牌公司经营决策享有一票否决权。

6. 不符合相关法律法规规定的优先清算权条款。

7. 其他损害挂牌公司或者挂牌公司股东合法权益的特殊条款。

(三)挂牌公司应当在股票发行情况报告书中完整披露认购协议中的特殊条款;挂牌公司的主办券商和律师应当分别在"主办券商关于股票发行合法合规性意见"、"股票发行法律意见书"中就特殊条款的合法合规性发表明确意见。

【相关案例】

2017年8月31日,股转公司对大象股份(833738)作出采取自律性监管措施的决定。决定披露,自2011年8月至2015年10月16日挂牌之前,大象股份先后进行了4次增资,这4次增资过程中均涉及对赌条款,因触发现金补偿或股份回购条款,光大资本、锦麟投资、泰德鑫创投、宏业投资先后提出现金补偿或股份回购要求。增资协议中对赌事项未在公开转让说明书中披露,存在信息披露不完整的问题。

(2)对赌协议的主要内容

"新三板"公司实际控制方与投资人之间的对赌协议涉及的内容包括IPO、业绩表现、控股股东行为等,早期还存在公司直接与投资人对赌的情形。2012年11月最高人民法院在"苏州工业园区海富投资有限公司与甘肃世恒有色资源再利用有限公司、香港迪亚有限公司、陆波增资纠纷案"中否定此类对赌协议的效力,认为投资人与被投资公司对赌,违反了《公司法》第20条关于股东不得滥用股东权利损害公司或者其他股东的利益的规定,一定程度上遏制了将目标公司列为对赌对手或特殊义务承担者的情况。

对赌协议涉及的内容主要包括:

一是业绩承诺,即实际控制方承诺,从增资完成之日起至特定时间(业绩承诺期限)内,"新三板"公司应实现的税后净利润。二是业绩补偿,即如果实际控制方在业绩承诺期限内未能完成某一阶段的业绩目标,则实际控制方应在约定期限内以现金或其他方式向投资方补足业绩差额部分。三是回购承诺,即发生特定情形时,投资方有权要求实际控制方支付增资价款及特定利息回购投资方增资所取得的"新三板"公司的股权。四是反稀释承诺[1],即"新三板"公司在下一轮增资时的增资价格优于本次增资价格的,实际控制方应向投资方进行补偿。五是最优权承诺[2],即下一轮增资时增资协议条款优于本次增资协议的条款自动适用于本次增资。

广证恒生数据统计显示,2015年以来,业绩对赌失败案例占比超过50%。对赌条款触发后,若实际控制方无法履行业绩补偿承诺或回购承诺,将可能被诉诸司法,冻结其所持股权,进而影响其对公司的实际控制权。一些增资协议甚至将"新三板"公司列为特殊义务承担者,或约定了对赌条件触发时强制公司分红的条款,直接损害公司利益,为阻止对赌条件触发,有些控股股东可能采取伪造业绩等手段。因此,在非标融资业务中要特别关注"新三板"公司是否存在对赌协议并核查对赌协议的内容,特别是在该公司对实际控制人依赖性较强和担保方式为"新三板"股票质押的情况下,更需审慎。

【相关案例】

2016年2月24日,英雄互娱(430127)发布了被称为"新三板"最强对赌的股票发行情况公告。公告显示,英雄互娱和实际控制方应某岭、迪诺投资与华谊兄弟传媒股份有限公司签订了《北京英雄互娱科技

---

[1] 已被股转公司《挂牌公司股票发行常见问题解答(三)——募集资金管理、认购协议中特殊条款、特殊类型挂牌公司融资》明令禁止。

[2] 已被股转公司《挂牌公司股票发行常见问题解答(三)——募集资金管理、认购协议中特殊条款、特殊类型挂牌公司融资》明令禁止。

股份有限公司之股权投资协议书》,实际控制方承诺2016年度实现税后净利润5亿元、2017年度实现税后净利润6亿元、2018年度实现税后净利润7.2亿元,每年增长率高达20%。

【相关案例】

苏州工业园区甲投资有限公司与甘肃乙有色资源再利用有限公司、香港丙有限公司、陆某增资纠纷案[一审:(2010)兰法民三初字第71号,二审:(2011)甘民二终字第96号,再审:(2012)民提字第11号][1]

2007年11月1日前,甘肃丁锌业有限公司(以下简称丁公司)、甲公司、丙公司、陆某共同签订1份《甘肃丁锌业有限公司增资协议书》(以下简称《增资协议书》),约定:丁公司注册资本为384万美元,丙公司占投资的100%。各方同意甲公司以现金2000万元人民币对丁公司进行增资,占丁公司增资后注册资本的3.85%,丙公司占96.15%。

依据《增资协议书》内容,丙公司与甲公司签订合营企业合同及修订公司章程,并于合营企业合同及修订后的章程批准之日起10日内一次性将认缴的增资款汇入丁公司指定的账户。合营企业合同及修订后的章程,在报经政府主管部门批准后生效。

《增资协议书》第7条特别约定:

第(一)项,本协议签订后,丁公司应尽快成立"公司改制上市工作小组",着手筹备安排公司改制上市的前期准备工作,工作小组成员由股东代表和主要经营管理人员组成。协议各方应在条件具备时将公司改组成规范的股份有限公司,并争取在境内证券交易所发行上市。

第(二)项,业绩目标,丁公司2008年净利润不低于3000万元人民币。如果丁公司2008年实际净利润达不到3000万元,甲公司有权要

---

[1] 案例来源:中国裁判文书网。

求丁公司予以补偿，如果丁公司未能履行补偿义务，甲公司有权要求丙公司履行补偿义务。补偿金额=（1-2008年实际净利润/3000万元）×本次投资金额。

第（四）项，股权回购约定，如果至2010年10月20日，由于丁公司的原因造成无法完成上市，则甲公司有权在任一时刻要求丙公司回购届时甲公司持有丁公司的全部股权，丙公司应自收到甲公司书面通知之日起180日内按以下约定回购金额向甲公司一次性支付全部价款。若自2008年1月1日起，丁公司的净资产年化收益率超过10%，则丙公司回购金额为甲公司所持丁公司股份对应的所有者权益账面价值；若自2008年1月1日起，丁公司的净资产年化收益率低于10%，则丙公司回购金额为（甲公司的原始投资金额-补偿金额）×（10%×投资天数/360）。

2007年11月1日，甲公司、丙公司签订《中外合资经营甘肃丁锌业有限公司合同》（以下简称《合资经营合同》），有关约定为：丁公司增资扩股将注册资本增加至399.38万美元，甲公司决定受让部分股权，将丁公司由外资企业变更为中外合资经营企业。在合资公司的设立部分约定，合资各方以其各自认缴的合资公司注册资本出资额或者提供的合资条件为限对合资公司承担责任。甲公司出资15.38万美元，占注册资本的3.85%；丙公司出资384万美元，占注册资本的96.15%。甲公司应于本合同生效后10日内一次性向合资公司缴付人民币2000万元，超过其认缴的合资公司注册资本的部分，计入合资公司资本公积金。在第68条、第69条关于合资公司利润分配部分约定：合资公司依法缴纳所得税和提取各项基金后的利润，按合资方各持股比例进行分配。合资公司上一个会计年度亏损未弥补前不得分配利润。上一个会计年度未分配的利润，可并入本会计年度利润分配。还规定了合资公司合资期限、解散和清算事宜。

另特别约定：合资公司完成变更后，应尽快成立"公司改制上市工作小组",着手筹备安排公司改制上市的前期准备工作,工作小组成员由股东代表和主要经营管理人员组成。合资公司应在条件具备时改组成立为股份有限公司,并争取在境内证券交易所发行上市。如果至2010年10月20日,由于合资公司自身的原因造成无法完成上市,则甲公司有权在任一时刻要求丙公司回购届时甲公司持有的合资公司的全部股权。合同于审批机关批准之日起生效。

2007年11月2日,甲公司依约缴存丁公司银行账户人民币2000万元,其中新增注册资本114.7717万元,资本公积金1885.2283万元。

2008年2月29日,甘肃省商务厅甘商外资字〔2008〕79号文件《关于甘肃丁锌业有限公司增资及股权变更的批复》同意增资及股权变更,并批准"投资双方于2007年11月1日签订的增资协议、合资企业合营合同和章程从即日起生效"。随后,丁公司依据该批复办理了相应的工商变更登记。2009年6月,丁公司依据该批复办理了相应的工商变更登记。2009年6月,丁公司经甘肃省商务厅批准,到工商部门办理了名称及经营范围变更登记手续,名称变更为甘肃乙有色资源再利用有限公司。另据工商年检报告登记记载,丁公司2008年度生产经营利润总额26858.13元,净利润26858.13元。

2009年12月30日,甲公司诉至兰州市中级人民法院,请求判令乙公司、丙公司和陆某向其支付协议补偿款1998.2095万元并承担本案诉讼费及其他费用。

兰州市中级人民法院一审认为：

《增资协议书》系双方真实意思表示,但第7条第2项内容即乙公司2008年实际净利润达不到3000万元,甲公司有权要求乙公司补偿的约定,不符合《中华人民共和国中外合资经营企业法》第8条关于企业利润根据合营各方注册资本的比例进行分配的规定,同时,该条规定与《公司章程》的有关条款不一致,也损害公司利益及公司债权人的利益,不符合《中华人民共和国公司法》第20条第1款的规定。因此,根据《中华人民共和国合同法》第 52 条 5 项的规定，该条由乙公司对甲公司承担补偿责任的约定违反了法律、行政法规的强制性规定，该约定无效，故甲公司依据该条款要求乙公司承担补偿责任的诉请，依法不能支持。由于甲公司要求乙公司承担补偿责任的约定无效，因此，甲公司要求乙公司承担补偿责任失去了前提依据。同时，《增资协议书》第 7 条第 2 项内容与《合资经营合同》中相关约定内容不一致，依据《中华人民共和国中外合资经营企业法实施条例》第 10 条第 2 款的规定，应以《合资经营合同》内容为准，故甲公司要求丙公司承担补偿责任的依据不足，依法不予支持。

甘肃省高级人民法院二审认为：

当事人争议的焦点为《增资协议书》第 7 条第 2 项是否具有法律效力。本案中，甲公司与乙公司、丙公司、陆某四方签订的协议书虽名为《增资协议书》，但纵观该协议书全部内容，甲公司支付 2000 万元的目的并非仅享有乙公司 3.85% 的股权（计 15.38 万美元，折合人民币 114.771 万元），期望乙公司经股份制改造并成功上市后，获取增值的股权价值才是其缔结协议书并出资的核心目的。

基于上述投资目的，甲公司等四方当事人在《增资协议书》第 7 条第 2 项就业绩目标进行了约定，即"乙公司 2008 年净利润不低于 3000 万元，甲公司有权要求乙公司予以补偿，如果乙公司未能履行补偿义务，甲公司有权要求丙公司履行补偿义务。补偿金额 =（1-2008 年实际净利润 / 3000 万元）× 本次投资金额"。四方当事人就乙公司 2008 年净利润不低于 3000 万元人民币的约定，仅是对目标企业盈利能力提出要求，并未涉及具体分配事宜；且约定利润如实现，乙公司及其股东均能依据《中华人民共和国公司法》、《合资经营合同》、《公司章程》等相关规定获得各自相应的收益，也有助于债权人利益的实现，故并不违反法律规定。

而四方当事人就乙公司 2008 年实际净利润达不到 3000 万元，甲公司有权要求乙公司及丙公司以一定方式予以补偿的约定，则违反了投资领域风险共担的原则，使得不论乙公司经营业绩如何，甲公司作为投资者均能取得约定收益而不承担任何风险。参照最高人民法院《关于审理联营合同纠纷案件若干问题的解答》第4条第2项关于"企业法人、事业法人作为联营一方向联营体投资，但不参加共同经营，也不承担联营的风险责任，不论盈亏均按期收回本息，或者按期收取固定利润的，是明为联营，实为借贷，违反了有关金融法规，应当确认合同无效"之规定，《增资协议书》第7条第2项部分该约定内容，因违反《中华人民共和国合同法》第52条第5项之规定应认定无效。甲公司除已计入乙公司注册资本的114.771万元外，其余1885.2283万元资金性质应属名为投资，实为借贷。虽然乙公司与丙公司的补偿承诺亦归于无效，但甲公司基于对其承诺的合理依赖而缔约，故乙公司、丙公司对无效的法律后果应负主要过错责任。

最高人民法院再审认为：

甲公司作为企业法人，向乙公司投资后与丙公司合资经营，故乙公司为合资企业。乙公司、甲公司、丙公司、陆某在《增资协议书》中约定，如果乙公司实际净利润低于3000万元，则甲公司有权从乙公司处获得补偿，并约定了计算公式。这一约定使得甲公司的投资可以取得相对固定的收益，该收益脱离了乙公司的经营业绩，损害了公司利益和公司债权人利益，一审法院、二审法院根据《中华人民共和国公司法》第20条和《中华人民共和国中外合资经营企业法》第8条的规定认定《增资协议书》中的这部分条款无效是正确的。但二审法院认定甲公司18852283元的投资名为联营实为借贷，并判决乙公司和丙公司向甲公司返还该笔投资款，没有法律依据，本院予以纠正。

三、非标业务中与国有独资公司相关的问题

国有独资公司是国有企业的类型之一。根据国家统计局、国家工商行政

管理总局1998年发布的《关于划分企业登记注册类型的规定》，"国有企业是指企业全部资产归国家所有，并按《中华人民共和国企业法人登记管理条例》规定登记注册的非公司制的经济组织。"但该口径已经有些不合时宜。从国务院其他相关规定的口径来看，如2017年6月12日发布的《国有企业境外投资财务管理办法》），国有企业包括国务院和地方人民政府分别代表国家履行出资人职责的国有独资企业、国有独资公司以及国有资本控股公司、中央和地方国有资产监督管理机构和其他部门所监管的企业本级及其逐级投资形成的企业。

国有独资企业，是按照《中华人民共和国全民所有制工业企业法》设立和管理的，依法自主经营、自负盈亏、独立核算的社会主义商品生产和经营单位。企业依法取得法人资格，以国家授予其经营管理的财产承担民事责任，其财产属于全民所有，国家依照所有权和经营权分离的原则授予企业经营管理。企业对国家授予其经营管理的财产享有占有、使用和依法处分的权利。据统计，截至2017年7月，101家中央企业中仍有69家集团公司为全民所有制企业，如中国石油天然气集团公司、中国长江三峡集团、中国邮政集团公司等，集团总部资产总额7.97万亿元；近5万家中央企业子企业中，仍有约3200家为全民所有制企业，资产总额5.66万亿元。此外，地方也有为数众多的国有独资企业。国有独资企业可以作为借款主体、担保主体和发债主体。2017年7月18日，《国务院办公厅关于印发中央企业公司制改制工作实施方案的通知》提出，在2017年年底前基本完成国有企业公司制改制工作，中央企业集团层面改制为国有独资公司，各地方也纷纷出台国企改制工作方案。因此，在目前全国国企改革大力推进，全民所有制企业将逐步成为历史的大背景下，国有独资企业随时都会进行公司制改革。而且一直以来全民所有制企业涉及的金融借款合同纠纷诉讼案件较少，目前不完全查询到的仅65件。因此本书不对国有独资企业进行论述。

国有资本控股公司，是指国有资本出资额占有限责任公司资本总额50%以上或者其持有的股份占股份有限公司股本总额50%以上；国有资本出资额或者持有股份的比例虽然不足50%，但依其出资额或者持有的股份所享有的表决权已足以对股东会、股东大会的决议产生重大影响的公司。国有资本控股企业的融资和担保根据该企业属于上市公司、非上市公众公司或普通公司适用相关法律、法规、部门规章和行业规定。

国有独资公司，是指国家单独出资、由国务院或者地方人民政府授权本级人民政府国有资产监督管理机构履行出资人职责的有限责任公司。国有独资公司是国家所有的有限责任公司，国家作为唯一出资人。国有独资公司独立运作，不仅仅以盈利为目的，还负担着执行国家经济方针政策、落实国家计划、振兴当地产业，推动地方经济发展的任务。国有独资公司享受国家特殊政策和社会资源倾斜，甚至与地方财政挂钩，在地方经济中举足轻重。另一方面，国有独资公司的财产都归国家所有，为避免国有资产流失，国有独资公司同时受一般公司法规和国家出资企业特殊法律法规规制。

国有独资公司一般仅指由国家单独出资的公司，公司的股东为政府或政府授权的国家机关。但也存在公司设立时为国家单独出资，工商登记为国有独资公司，后因政府股权划转（如政府将所持股权划转给其他国有独资公司），导致股东由政府或政府授权机构变更为其他国有公司的情况。这种情况下，若工商登记未进行相应变更，仍登记为国有独资公司，从审慎角度，也应适用法律法规对国有独资公司的相关要求。

【规范性文件】

《关于划分企业登记注册类型的规定》（2011年9月30日，国统字〔1998〕200号）

第七条第三款　国有独资公司是指国家授权的投资机构或者国家授权的部门单独投资设立的有限责任公司。

《中华人民共和国公司登记管理条例》（2016年2月6日，国务院令第666号）

第二十条第一款　设立有限责任公司，应当由全体股东指定的代表或者共同委托的代理人向公司登记机关申请设立登记。设立国有独资公司，应当由国务院或者地方人民政府授权的本级人民政府国有资产监督管理机构作为申请人，申请设立登记。法律、行政法规或者国务院决定规定设立有限责任公司必须报经批准的，应当自批准之日起 90 日内向公司登记机关申请设立登记；逾期申请设立登记的，申请人应当报批准机关确认原批准文件的效力或者另行报批。

政府全资设立的公司的子公司属于法人独资有限责任公司，不属于国有独资公司，不适用国有独资公司的相关规定。

（一）国有独资公司作为融资人需关注的问题

目前，有较强融资需求的地方国有独资公司主要承担着地方基础设施建设、棚户区改造、危旧房改造等职能，项目发包方、委托代建方或服务购买方为政府，工程款、回购资金等由财政承担，安全系数高。基于上述特殊性，国有独资公司受到金融机构的普遍追捧。2017 年财政部、发展改革委、司法部、人民银行、银监会、证监会《关于进一步规范地方政府举债融资行为的通知》和财政部《关于坚决制止地方以政府购买服务名义违法违规融资的通知》接连发布，中央严控地方债务并设置清理时间点，部分地方政府开始撤回先前出具的兜底函、项目回购承诺函等，在新的融资中，政府甚至拒绝出具同意国有独资公司融资的意见，给金融机构带来了不少难题。

国有独资公司由国家单独出资，国务院或地方政府可自行作为出资人，也可以授权国有资产监督管理机构或其他部门、机构作为出资人。对于重大事项的决策，《公司法》规定"由国有资产监督管理机构行使股东会职权"，《企业国有资产法》规定"由履行出资人职责的机构决定"。从学理上说，《公司法》和 2008 年出台的《企业国有资产法》在语言逻辑和法理上应具有一致性，作为国有独资公司最高权力机构的国有资产监督管理机构和履行出资人职责的机构应属同一，否则就会出现两个机构履行同一职责，同时对重大事项有最高决定权的矛盾情况。但在实践中，履行出资人职责的机构，并不等同于国有资产监督管理机构。如贵州省六盘水市政府授权财政局出资组建某开发区经济开发公司，财政局为出资人，但仍由六盘水市国有资产监督管理委员会履行国有资产监督管理职能，该企业发行企业债、公司债除由财政局作为出资人同意外，还须报六盘水市国资委审查批复同意。

【规范性文件】

《中华人民共和国公司法》（2013年12月28日）

第六十六条　国有独资公司不设股东会，由国有资产监督管理机构行使股东会职权。国有资产监督管理机构可以授权公司董事会行使股东会的部分职权，决定公司的重大事项，但公司的合并、分立、解散、增加或者减少注册资本和发行公司债券，必须由国有资产监督管理机构决定；其中，重要的国有独资公司合并、分立、解散、申请破产的，应当由国有资产监督管理机构审核后，报本级人民政府批准。

前款所称重要的国有独资公司，按照国务院的规定确定。

《中华人民共和国企业国有资产法》（2008年10月28日）

第十一条　国务院国有资产监督管理机构和地方人民政府按照国务院的规定设立的国有资产监督管理机构，根据本级人民政府的授权，代表本级人民政府对国家出资企业履行出资人职责。

国务院和地方人民政府根据需要，可以授权其他部门、机构代表本级人民政府对国家出资企业履行出资人职责。

代表本级人民政府履行出资人职责的机构、部门，以下统称履行出资人职责的机构。

第三十条　国家出资企业合并、分立、改制、上市，增加或者减少注册资本，发行债券，进行重大投资，为他人提供大额担保，转让重大财产，进行大额捐赠，分配利润，以及解散、申请破产等重大事项，应当遵守法律、行政法规以及企业章程的规定，不得损害出资人和债权人的权益。

第三十一条 国有独资企业、国有独资公司合并、分立，增加或者减少注册资本，发行债券，分配利润，以及解散、申请破产，由履行出资人职责的机构决定。

第三十二条 国有独资企业、国有独资公司有本法第三十条所列事项的，除依照本法第三十一条和有关法律、行政法规以及企业章程的规定，由履行出资人职责的机构决定的以外，国有独资企业由企业负责人集体讨论决定，国有独资公司由董事会决定。

对于地方性国有独资公司来说，国有资产监督管理机构是由地方人民政府按照国务院的规定设立的，根据本级人民政府授权，代表本级人民政府对国家出资企业履行出资人职责的机构。国务院，省、自治区、直辖市人民政府，设区的市、自治州级人民政府，分别设立国有资产监督管理机构。国务院虽然未规定县区级人民政府可以设立国有资产监督管理机构，但大多数县区级政府都设立了该机构，如北京市东城区国有资产监督管理委员会、广州市增城区人民政府国有资产监督管理局等。经查询，北京、上海两个直辖市的下属区县全部设置了国资委。

部分县区级政府设立专门的国有资产监督管理委员会，同时又设有国有资产管理办公室。国有资产监督管理委员会负责全县国有资产监督管理工作，决定管理方针政策，国有资产管理办公室负责执行具体事务。部分县区级政府仅设有国有资产监督管理办公室，负责全县国有资产的监督管理工作。部分县区级政府未设立专门的国有资产监督管理机构，而是由政府授权某下设机构，如财政局、发改委，行使国有资产监督职权。也有一些县区级政府将不同领域的国有资产监督管理职能授权予对口行政机关管理，如将道路建设公司的国有资产监督管理职权授权予交通局，将高新技术园区的国有资产监督管理职能授权给管委会。实践中，甚至存在授权公安局作为国有资产监督管理机构的情况。

【规范性文件】

《企业国有资产监督管理暂行条例》(2011年1月8日,国务院令第588号)

第六条　国务院,省、自治区、直辖市人民政府,设区的市、自治州级人民政府,分别设立国有资产监督管理机构。国有资产监督管理机构根据授权,依法履行出资人职责,依法对企业国有资产进行监督管理。

企业国有资产较少的设区的市、自治州,经省、自治区、直辖市人民政府批准,可以不单独设立国有资产监督管理机构。

根据《公司法》,国有独资公司的合并、分立、解散、增加或者减少注册资本和发行公司债券,必须由国有资产监督管理机构决定。根据《企业国有资产法》,国有独资公司合并、分立,增加或者减少注册资本,发行债券,分配利润,以及解散、申请破产,由履行出资人职责的机构决定。除此之外的其他重大事项由董事会根据国有资产监督管理机构的授权决定。

关于融资事项,《公司法》和《企业国有资产法》只规定了发行债券应由国有资产监督管理机构同意,并未规定向金融机构借款也需由国有资产监督管理机构同意。因此,若公司章程规定或国有资产监督管理机构授权董事会决定融资事宜的,由董事会出具决议即为有效。在融资过程中,董事会一般具有良好的配合意愿,普遍能够依法出具决议。但也存在一些董事不配合签字的情况,多见于即将退休的董事,此时可按照《公司法》和公司章程规定,适用多数决原则。若公司章程没有规定或国有资产监督管理机构没有授权董事会审批融资事项,则应审查公司的发起设立文件中是否有相关授权事项,否则原则上建议由出资人负责审批。

在当前中央严控地方债务的形势下,一些地方政府作为国有独资公司出资人拒绝履行出资人职责,拒绝以政府名义出具任何关于融资事项(除企业债、公司债外)的决定文件。这种情况下,建议与政府充分沟通,要求政府按照《公司法》和《企业国有资产法》的规定履行出资人职责,同意融资事宜。但也有一些地方政府出于"政治正确性"考虑，坚持拒绝出具同意文件。为"引导"地方政府走出"政治正确性"困境，可以建议政府授权国资委、国资局等独立下属机构代为履行出资人职责，签署相关文件。

若国有独资公司的出资人并非国有资产监督管理机构，但公司章程又规定，融资事项应由国有资产监督管理机构审批同意，则在出资人作出同意融资的决定后，还应上报国有资产监督管理机构审批。一些地方政府未设立国有资产监督管理机构，也未授权任何其他机构行使国有资产监督管理职责，仍由政府本身履行该职责。在严控地方债务的大环境下，一些地方政府拒绝履行国有资产监督管理的融资事项审批职权，拒不出具任何文件。此时，建议可以引导政府出具授权文件，授权某下属机构对融资企业的国有资产拥有监督管理职责，由被授权机构出具同意融资的批复文件。若地方政府坚决拒绝出具授权文件并认为相关事项由出资人决定即可，则应要求国有独资公司出资人出具说明，说明出资人已获得授权履行该公司国有资产监督管理职责。这种情况下，可以认为金融机构已经尽到了足够的注意义务。

若与政府之间存在沟通空间，建议国有独资公司融资事项仍争取由政府出具批复。从实质风控角度来看，由政府出具批复，可以增强对政府的约束力，一旦融资发生风险，政府将有足够的责任感协调各部门和当地其他国有企业尽力缓释风险，而如果该批复仅由政府下属机构出具，在债权实现过程中，政府的积极性则可能大打折扣。

（二）国有独资公司作为担保人需关注的问题

法律法规并未禁止国有独资公司对外提供担保，对外担保事项由履行出资人职责的机构决定或由该机构授权董事会决定，授权事项可在公司章程中规定或由履行出资人职责的机构单独授权。但国有独资公司为关联方提供担保的，必须经履行出资人职责的机构同意，否则担保合同将可能被认定为无效。所称关联方，是指该国有独资公司的董事、监事、高级管理人员及其近亲属，以及这些人员所有或者实际控制的企业。

【规范性文件】

《中华人民共和国企业国有资产法》（2008年10月28日）

第三十条　国家出资企业合并、分立、改制、上市，增加或者减少注册资本，发行债券，进行重大投资，为他人提供大额担保，转让重大财产，进行大额捐赠，分配利润，以及解散、申请破产等重大事项，应当遵守法律、行政法规以及企业章程的规定，不得损害出资人和债权人的权益。

第四十三条　国家出资企业的关联方不得利用与国家出资企业之间的交易，谋取不当利益，损害国家出资企业利益。

本法所称关联方，是指本企业的董事、监事、高级管理人员及其近亲属，以及这些人员所有或者实际控制的企业。

第四十四条　国有独资企业、国有独资公司、国有资本控股公司不得无偿向关联方提供资金、商品、服务或者其他资产，不得以不公平的价格与关联方进行交易。

第四十五条　未经履行出资人职责的机构同意，国有独资企业、国有独资公司不得有下列行为：

（一）与关联方订立财产转让、借款的协议；

（二）为关联方提供担保；

（三）与关联方共同出资设立企业，或者向董事、监事、高级管理人员或者其近亲属所有或者实际控制的企业投资。

第七十二条　在涉及关联方交易、国有资产转让等交易活动中，当事人恶意串通，损害国有资产权益的，该交易行为无效。

【相关案例】

池州甲经济技术开发区投资建设有限公司与乙银行股份有限公司安庆分行、安徽丙新材料有限公司、李某、崔某、夏某、王某合同纠纷［一

审：(2015) 宜民二初字第 00126 号，二审：(2016) 皖民终 176 号] [1]

2014 年 6 月 26 日，乙银行安庆分行作为债权人与甲投资公司、崔某、夏某、王某、李某作为保证人分别签订了编号为安 1403 授 027A1 号、安 1403 授 027A2 号及安 1403 授 027A3 号的《最高额保证合同》，约定甲投资公司、崔某、夏某、王某、李某分别自愿为乙银行安庆分行与丙公司在一定期限内连续发生的债务提供最高额连带责任保证，保证额度有效期自 2014 年 6 月 26 日起至 2015 年 6 月 26 日止。

2014 年 6 月 27 日、6 月 30 日、7 月 2 日、8 月 14 日、8 月 20 日、8 月 25 日，乙银行安庆分行作为贷款人、丙公司作为借款人签订了编号分别为安 1403 授 027 贷 001、002、003、004、005 和 006 的《流动资金借款合同》。2014 年 8 月 25 日、8 月 26 日，乙银行安庆分行作为承兑人、丙公司作为承兑申请人签订了编号分别为安 1403 授 027 承 001、002《商业汇票银行承兑合同》，约定乙银行安庆分行为丙公司办理商业汇票银行承兑业务。上述合同签订后，乙银行安庆分行按照合同约定于借款合同及银行承兑汇票合同签订的当日，分别向丙公司履行了相应的放款义务和开立银行承兑汇票义务。

2014 年 10 月 9 日乙银行安庆分行根据合同约定，向丙公司宣布债务提前到期，要求丙公司于 2014 年 10 月 12 日向其偿还所有欠款，并要求甲投资公司、崔某、夏某、王某、李某对丙公司债务承担连带清偿责任。

甲投资公司主张：

甲投资公司系由安徽省东至县国资委独资设立的公司，乙银行安庆分行在明知甲投资公司董事会无权决定对外提供担保的情况下，接受担保，违反《中华人民共和国公司法》第 16 条、第 66 条、第 67 条和《中华人民共和国企业国有资产法》第 30 条及乙银行总行制定的信用担保管

---

[1] 案例来源：中国裁判文书网。

理办法的规定,根据《中华人民共和国合同法》第52条的规定,该《最高额保证合同》应认定无效。

安庆市中级人民法院一审认为:

根据法律规定,即使丙公司借款存在欺诈,借款合同属可变更或撤销合同,不属于无效合同,应由受害人即乙银行安庆分行决定是否申请变更或撤销,但乙银行安庆分行没有行使上列权利,也未向公安机关报案,而是选择向丙公司主张权利,不违反法律规定。《最高人民法院关于适用〈中华人民共和国合同法〉若干问题的解释(二)》第14条规定:"合同法第五十二条第(五)项规定的'强制性规定',是指效力性强制性规定。"因甲投资公司未举证证明乙银行安庆分行存在违反效力性强制性法律规范情形,故其主张借款合同和《最高额保证合同》无效的抗辩理由不能成立。因乙银行安庆分行提供的《最高额保证合同》中保证人处盖有甲投资公司真实印章及其法定代表人真实签名,应认定系保证人的真实意思表示。对甲投资公司所称董事会无权决定对外担保的抗辩理由,因系公司内部管理问题,乙银行安庆分行基于对甲投资公司印章及其法定代表人的信任,要求甲投资公司承担连带清偿责任,符合法律规定,依法应予以支持。

甲投资公司上诉称:

原审判决认定事实错误,适用法律不当。其系国有独资公司,其公司章程规定董事会无权决定对外提供担保,根据《中华人民共和国公司法》第16条、第66条、第67条和《中华人民共和国企业国有资产法》第30条、《乙银行信用业务担保管理办法》之规定,乙银行安庆分行在明知甲投资公司董事会无权决定对外提供担保的情况下,仍然接受甲投资公司为丙公司的贷款提供的担保,显然与丙公司存在恶意串通行为。根据《中华人民共和国合同法》第52条之规定,应认定案涉《流动资金借款合同》和《商业汇票银行承兑合同》无效,故而其与乙银行安庆分行签订的《最高额保证合同》作为从合同亦应无效,其不应当对丙公司的借款承担连带清偿责任。

乙银行安庆分行答辩称：

原审判决适用法律正确。案涉《最高额保证合同》合法有效，甲投资公司以《中华人民共和国公司法》、《中华人民共和国企业国有资产法》、《乙银行信用业务担保管理办法》之规定，认为其董事会无权决定对外提供担保，显然是用内部规章对抗外部合同效力，意图逃避保证责任，依法不能成立。甲投资公司疏于对丙公司借款用途、交易背景、还款能力的调查了解，自愿为丙公司的借款提供连带责任保证，应当对自身存在的问题承担相应责任。更何况乙银行安庆分行向丙公司发放贷款、进行票据融资高达3000万元，至今分文未能回收，无从谈起其与丙公司存在恶意串通行为，甲投资公司认为案涉《流动资金借款合同》和《商业汇票银行承兑合同》应当依照《中华人民共和国合同法》第52条的规定认定为无效，明显是滥用法律条款。

安徽省高级人民法院二审认为：

《中华人民共和国企业国有资产法》仅规定了履行出资人义务的机构、国家出资企业管理者的选择与考核、关系国有资产出资人权益的重大事项等内容。可见，《中华人民共和国公司法》、《中华人民共和国企业国有资产法》均未禁止国有独资公司对外提供担保。2012年7月8日甲投资公司的股东会决议亦显示公司经营范围有土地收储与开发、筹措建设发展资金、提供融资担保等。甲投资公司董事会是否有权决定对外提供担保系公司内部事宜，对外不具有拘束力。再次，案涉《最高额保证合同》没有特别约定生效条件，甲投资公司亦未举证证明乙银行安庆分行与丙公司存在恶意串通损害国家、集体或者第三人利益的事实，不具备《中华人民共和国合同法》第52条规定的合同无效的情形。故案涉《最高额保证合同》应当自成立时生效，甲投资公司关于案涉《最高额保证合同》无效，其不应当对丙公司的债务向乙银行安庆分行承担连带清偿责任的上诉理由不能成立，本院不予支持。

案例要点提示

一般认为,《企业国有资产法》前述规定是对公司内部决策程序的要求,不得以此约束第三人,该条款非效力强制性规定,公司违反该规定提供对外担保不会导致担保合同无效,但法院仍可能根据《合同法》第50条和《最高人民法院关于适用〈中华人民共和国担保法〉若干问题的解释》第11条对担保权人是否善意进行考量。为避免发生争议及出现任何不可控的意外情况,除非国有独资公司章程明确规定或国有独资公司出资人明确授权董事会有权决定对外担保事项,否则均应要求出资人出具同意担保的文件。

【相关案例】

甲银行股份有限公司岳阳市分行与湖南乙冷链股份有限公司、湖南省丙公司金融借款合同纠纷［一审:(2015)楼民一初字第646号,二审:(2016)湘06民终1005号］[①]

丙公司属国有独资企业,其出资人为湖南省农业厅,乙公司属股份有限公司,丙公司占乙公司86%的股份。2010年,乙公司因与某农产品冷链物流中心项目建设需要资金,向甲银行岳阳分行申请了2580万元固定资产贷款。丙公司以其位于长沙市迎宾路8号的房地产为该债务提供抵押担保,丙公司为乙公司提供连带责任担保,担保的内容为主合同项下的全部债务。因乙公司未能按约还本付息,甲银行岳阳分行遂于2015年10月15日提起诉讼,并要求丙公司对乙公司的上述债务承担连带清偿责任。

岳阳市岳阳楼区人民法院一审法院认为:

甲银行岳阳分行要求丙公司对乙公司的上述债务承担连带清偿责任,丙公司抗辩称与甲银行岳阳分行签订的保证合同为无效合同,理由是该

---

① 案例来源:中国裁判文书网。

合同未经丙公司的出资人湖南省农业厅同意,且乙公司是丙公司的关联方。根据《中华人民共和国企业国有资产法》第45条第2项的规定,未经履行出资人职责的机构同意,国有独资企业不得为关联方提供担保;第43条第2款规定,本法所称关联方,是指本企业的董事、监事、高级管理人员及其近亲属,以及这些人员所有或实际控制的企业。本案中丙公司占乙公司86%的股份,丙公司为乙公司担保虽未经丙公司出资人湖南省农业厅的同意,但该担保合同仍然有效。甲银行岳阳分行要求丙公司对乙公司的上述债务承担连带清偿责任的诉求符合合同的约定及法律的规定,予以支持。

丙公司上诉称:

本案中,保证合同应依法认定为无效。原判决混淆了公司控股股东与公司实际控制人的概念。丙公司虽然占乙公司86%的股份,但未实际派出国有股的管理人员,并没有实际控制乙公司,而丙公司的董事、监事及高管人员大多亦是乙公司的管理人员,是乙公司的实际控制人,属于"关联方"的范畴,应适用《中华人民共和国企业国有资产法》第45条第2款。丙公司为乙公司提供担保的关联交易行为损害了丙公司的利益,违反了《中华人民共和国企业国有资产法》第46条强制性规定,根据《中华人民共和国合同法》第52条的规定,应认定为无效。

乙公司述称,省国资委提出本案的保证合同是丙公司法定代表人的越权行为,没有经过会议决定和主管部门批准。甲银行岳阳分行作为专业金融放贷机构,签订合同时应该知道国企担保需要提供相关审批手续,在没有审查任何审批手续的情况下签订合同,不属于善意第三方。

二审岳阳市中级人民法院认为:

根据《中华人民共和国企业国有资产法》第45条第2款规定,国有独资企业未经履行出资人职责的机构同意,不得为关联方提供担保。丙公司称其作为国有独资企业,在未经出资人湖南省农业厅同意的情况下,为关联方乙公司提供担保的行为因违反该法律规定而无效,但《中华人民共和国企业国有资产法》旨在规范对企业国有资产的管理,加强对企业国有资产的保护,上述规定即立足于此限制国家出资企业的行为,防止国家出资企业的董事、监事、高级管理人员及其近亲属以及这些人员所有或者实际控制的企业损害国有资产,实质系内部管理型规范,不能以此约束交易相对人。除非交易相对人与之恶意串通,损害国有资产权益的,则根据《中华人民共和国企业国有资产法》第72条的规定,该交易行为无效,在涉案担保中,甲银行岳阳分行并非存在恶意串通的情形。因此,甲银行岳阳分行与丙公司签订的《抵押合同》、《保证合同》未违反法律法规的效力性强制性规定,并不因丙公司未经内部审批程序而失去对双方当事人的拘束力。

案例要点提示

在由国有独资公司董事会出具担保决定的情况下,应审查被担保人是否为关联方,该国有独资公司的董事、监事、高级管理人员或其亲属是否所有或者实际控制被担保企业。《企业国有资产法》立足于限制国家出资企业行为,防止国家出资企业的董事、监事、高级管理人员及其近亲属为谋取私利,利用职权之便使国有独资企业为前述人员所有或者实际控制的企业提供担保,损害国有资产。但若担保人与被担保人均为国有企业,存在董事、监事、高级管理人重合,或担保人参股或者实际控制被担保企业,一般认为不属于《企业国有资产法》所称的关联关系。

如果被担保人属于《企业国有资产法》规定的关联方,根据《企业国有资产法》、《合同法》第50条和《最高人民法院关于适用〈中华人民共和国担保法〉若干问题的解释》第11条,担保可能因债权人非善意或恶意串通损害国家利益被认定为无效。但目前尚无相关判决。

(三)其他应关注的问题

1. 股东确认问题

一些国有独资公司存在股东不清晰的问题，表现为公司章程记载的股东与工商登记不一致。如某县城市建设经营管理有限公司工商登记信息显示出资人为县财政局，但公司章程规定公司重大事项必须由县人民政府批准。在融资过程中，县财政局以实际股东为县政府为由不出具股东决定书。此时应通过审查该公司人事任免和其他重大事项决策的相关文件等确认实际股东。如该公司设立系由县政府批准同意成立，董事、监事、总经理均由县政府发文任命，该公司发行公司债、企业债等事宜亦由县政府出具最终决议文件，因此可以确认县政府为实际股东，由其出具融资决议即可。若通过调查仍无法确定实际股东的，可由章程或工商登记记载的任一股东作出决议，并由拒绝出具决议的一方自认其为非公司股东。

2. 未按约定用途使用融资资金问题

国有独资公司与当地政府有着千丝万缕的联系，因此应特别关注国有独资公司未按约定融资用途使用资金的风险。一些国有独资公司可能在多个合并财务报表范围内其他公司的银行账户间进行资金划转，最终将资金以往来款的形式划付给其他公司使用，国有独资公司也可能按照财政统筹，将融资资金用于财政支付等。为降低资金挪用风险，建议可以根据项目进度分批发放资金，避免一次性发放全部款项，加强资金监管，严格采用受托支付方式。

3. 现金流覆盖指标问题

国有独资公司多由地方政府及其部门或机构、所属事业单位等通过财政拨款或注入土地、股权等资产设立，具有政府公益性项目投融资功能。当前国家正在严控地方政府债务，要求国有独资公司资产与财政资金脱钩。为确保国有独资公司能够偿还到期债务，应特别关注其现金流覆盖率，即自有现金流覆盖全部应还债务本息的比例。

参考2010年11月15日银监会《关于加强当前重点风险防范工作的通知》和2010年12月16日《关于加强融资平台贷款风险管理的指导意见》对地方政府融资平台贷款风险管控的要求，可将国有独资公司融资分为"全覆盖、基本覆盖、半覆盖、无覆盖"。

（1）全覆盖，是指借款人自有现金流量占其全部应还债务本息的比例达100%（含）以上。（2）基本覆盖，是指借款人自有现金流占其全部应还债务本息的比例达70%（含）至100%之间。（3）半覆盖，是指借款人自有现金流占其全部应还债务本息的30%（含）至70%之间。（4）无覆盖，是指借款人自有现金流占其全部应还债务本息的30%以下。全覆盖类风险权重为100%，基本覆盖类风险权重为140%，半覆盖类风险权重为250%，无覆盖类风险权重为300%。

【规范性文件】

《关于加强当前重点风险防范工作的通知》（2010年11月15日，银监发〔2010〕98号）

一、切实抓紧抓好地方政府融资平台贷款风险管控

二是按现金流覆盖原则开展分类处置工作。依据平台公司自身经营性现金流覆盖情况，平台贷款可通过整改为公司类贷款、保全分离为公司类贷款、清理回收、仍按平台贷款处理等四种方式进行分类处置，各银行业金融机构要以省为单位，做好与政府相关部门及平台公司的会谈工作，通报四类风险定性情况，研究协商各类平台贷款的整改措施。

《关于加强融资平台贷款风险管理的指导意见》（2010年12月16日，银监发〔2010〕110号）

三、加强对融资平台贷款的监管，有效缓释和化解融资平台贷款风险

……

（十四）金融机构应根据《中国银监会办公厅关于地方政府融资平台贷款清查工作的通知》（银监办发〔2010〕244号）所要求的按现金流覆盖比例划分的全覆盖、基本覆盖、半覆盖和无覆盖平台贷款计算资本充足率贷款风险权重。其中，全覆盖类风险权重为100%；基本覆盖类风险权重为140%；半覆盖类风险权重为250%；无覆盖类风险权重为300%。

……

《关于地方政府融资平台贷款监管有关问题的说明》(2011年6月17日,银监办发〔2011〕191号)

六、平台现金流

(一)可以计入现金流的还贷资金来源。一是借款人自身经营性收入;二是已明确归属于借款人的专项规费收入;三是借款人拥有所有权和使用权的自有资产可变现价值。其中,已明确归属于借款人的合法专项规费收入,除车辆通行费外,还可以包括具有法律约束力的差额补足协议所形成的补差收入,具有质押权的取暖费、排污费、垃圾处理费等稳定有效的收入。

(二)不得计入现金流的还贷资金来源。地方政府提供的信用承诺、没有合法土地使用权证的土地预期出让收入(专业土地储备机构除外)、一般预算资金、政府性资金预算收入、国有资本经营预算收入、预算外收入等财政性资金承诺,均不得计入借款人自有现金流。

2017年以来新疆库车城投、陕西横山城投和河南洛阳首阳城投先后宣布剥离地方政府融资职能,8月湖南省常德市经济建设投资集团有限公司宣布"不再承担地方政府举债融资职能,自主经营,自负盈亏"[①]。国有独资公司的自负盈亏与财政完全剥离趋势已经确立,因此在提供融资时应关注国有独资公司的现金流情况,对于经营性收入不能覆盖融资本息的国有独资公司不予授信。

四、非标业务中与有限合伙相关的问题

有限合伙企业,是指由有限合伙人和普通合伙人共同组成,普通合伙人对合伙企业债务承担无限连带责任,有限合伙人以其认缴的出资额为限对合伙企业债务承担责任的合伙组织。

---

① 李苑:《规范融资平台将有新举措强化城投公司"自身造血"功能》,载《上海证券报》2017年9月8日第002版。

（一）有限合伙作为融资主体需关注的问题

根据《贷款通则》第 17 条，借款人应当是经工商行政管理机关（或主管机关）核准登记的企（事）业法人、其他经济组织、个体工商户或具有中华人民共和国国籍的具有完全民事行为能力的自然人。有限合伙依法在工商部门办理，一般以营利为目的，属于其他经济组织，因此可以作为融资主体。但由于合伙企业的人合性和不稳定性，金融机构向有限合伙直接授信并不多见。

有限合伙融资事项应按照合伙协议的约定进行决策，合伙协议未约定的，应经全体合伙人过半数同意。该规定属于管理型强制性规定，不属于效力性强制性规定，除非债权人非善意，融资合同应认定为有效。

【规范性文件】

《中华人民共和国合伙企业法》（2006 年 8 月 27 日）

第三十条　合伙人对合伙企业有关事项作出决议，按照合伙协议约定的表决办法办理。合伙协议未约定或者约定不明确的，实行合伙人一人一票并经全体合伙人过半数通过的表决办法。

本法对合伙企业的表决办法另有规定的，从其规定。

非标融资业务中，金融机构一般不会直接给予有限合伙债权融资，而是将有限合伙作为特殊目的载体，进而开展股权投资、并购重组、债权融资等业务。如中部某省属国有独资公司 A 拟投资一段经营性高速公路，拟融资规模为 10 亿元，该国有独资公司下属投资公司 B 与 C 股权投资机构作为双 GP（普通合伙人）发起交投基金（有限合伙），A 公司与券商资管计划 D 对接的信托计划 E 分别认购劣后级（3 亿元）和优先级 LP（有限合伙人）份额（6 亿元），余下 1 亿元由上述 E 信托计划发放信托贷款。E 信托计划通过 B 公司溢价回购优先级份额的方式保障到期兑付。根据《合伙企业法》第 67 条，有限合伙企业中执行合伙事务的只能是普通合伙人，信托计划作为 LP 不执行合伙事务，但可以通过《合伙协议》约定来控制合伙企业资金运用。

（二）有限合伙作为担保主体需关注的问题

合伙企业以人合性为基础，合伙人共同经营、共担风险。合伙企业可以对外担保，但一些特殊合伙企业对外担保行为受到限制。《合伙企业法》第31条确立了合伙企业对外担保的一致同意规则，以合伙协议另有约定为例外。

【规范性文件】

《中华人民共和国合伙企业法》（2006年8月27日）

第三十一条　除合伙协议另有约定外，合伙企业的下列事项应当经全体合伙人一致同意：

（一）改变合伙企业的名称；

（二）改变合伙企业的经营范围、主要经营场所的地点；

（三）处分合伙企业的不动产；

（四）转让或者处分合伙企业的知识产权和其他财产权利；

（五）以合伙企业名义为他人提供担保；

（六）聘任合伙人以外的人担任合伙企业的经营管理人员。

合伙企业未经全体合伙人一致同意或未按合伙协议约定对外提供担保的效力，司法实践中存在肯定和否定两种观点。少数观点认为《合伙企业法》第31条是效力性强制性规定，违反该规定则担保无效。多数观点认为，《合伙企业法》第31条属管理型强制性规定，属于合伙企业内部决策程序，不得约束外部主体，担保不因违反一致同意规则而无效。

【相关案例】

桐梓县丙煤业有限公司与刘乙、赵甲等民间借贷纠纷［一审:(2015)渝二中法民初字第00113号，二审:(2015)渝高法民终字第00374号，

再审：(2016）最高法民申 562 号]①

2014 年 6 月 15 日，赵甲（出借人、甲方）与刘乙（借款人、乙方）、丙煤矿（合伙企业、保证人、丙方）签订《借款合同》，约定乙方向甲方借款 850 万元，借款期限为不定期借款，甲方可以随时向乙方主张偿还本息，借款起算日期为出借方发放借款至约定账户之日起计算借款。

重庆市第二中级人民法院一审认为：

对于丙煤矿担保行为没有得到丙煤矿全体合伙人在赵甲举示的丙煤矿《决议》上签名认可，其担保行为应无效的理由，经审理认为，因丙煤矿对本案所涉《借款合同》上加盖的其印章的真实性无异议，丙煤矿就应当对该行为所产生的法律后果承担相应的法律责任，其担保行为成立并生效；而丙煤矿全体合伙人是否在该《决议》上签名，不影响丙煤矿就本案所涉借款提供保证担保的效力，因此，赵甲要求丙煤矿对刘乙的前述债务承担连带清偿责任的诉讼请求，一审法院予以支持。

上诉人上诉称：

借款人刘乙系丙煤矿的股东，丙煤矿以合伙企业名义为刘乙提供担保未经过全体合伙人一致同意，根据《中华人民共和国合伙企业法》第 31 条的规定，担保行为无效。

重庆市高级人民法院二审认为：

关于丙煤矿为刘乙借款 850 万元提供担保行为是否有效的问题，本院认为，担保行为有效，丙煤矿应当对刘乙的借款承担连带保证责任。主要理由如下：《中华人民共和国合伙企业法》第 31 条规定，以合伙企业名义为他人提供担保应当经全体合伙人一致同意。该条款并未规定违反的效果是合同无效，且违反该规定使合同担保条款继续有效不损害国家利益和社会公共利益，故该条款并非效力性强制性规定。本案中丙煤

---

① 案例来源：中国裁判文书网。

矿为刘乙提供担保未经全体合伙人一致同意，也不必然导致借款合同中的担保责任条款无效。

最高人民法院经再审维持原判。

案例要点提示

为避免争议，在接受有限合伙担保时，建议审查其合伙协议，确保担保事项已按照合作协议经过合伙人审议。

1.有限合伙型私募基金

私募投资基金（简称私募基金），是指在中国境内，以非公开方式向投资者募集资金设立的投资基金，私募基金财产的投资包括买卖股票、股权、债券、期货、期权、基金份额及投资合同约定的其他投资标的。私募基金根据组织形式，分为契约性基金、合伙型基金和公司型基金。有限合伙是私募基金的最主要组织形式。根据中国基金业协会的相关规定，私募基金不得从事对外担保业务，但有限合伙型私募基金提供对外担保不会导致担保无效。

【规范性文件】

《〈关于进一步规范私募基金管理人登记若干事项的公告〉答记者问》（2016年2月5日，中国基金业协会）

有些机构利用私募基金管理人登记身份、纸质证书或电子证明，故意夸大歪曲宣传，误导投资者以达到非法自我增信目的。有的"挂羊头卖狗肉"，借此从事P2P、民间借贷、担保等非私募基金管理业务。

《私募基金登记备案常见问题解答》（2016年5月30日，中国基金业协会）

2.目前一些地区对投资类企业的工商注册及经营范围、名称等变更采取了相关的限制性措施。在这种情况下，如果已登记私募基金管理人的经营范围和名称不符合协会相关自律要求，但客观上又无法完成工商信息变更的，如何处理？

答：私募基金管理人的经营范围和名称的整改工作需要事先完成相关工商信息变更。考虑到近期各地相关工商注册政策处于调整期，为不影响已登记的私募基金管理人开展业务，需提交相关法律意见书的私募基金管理人，若其经营范围和名称不符合协会相关自律要求，同时确出于客观原因无法进行相关工商变更的，申请机构应书面承诺不开展与本机构所从事的具体私募基金业务类型无关的其他业务，并承诺待相关工商变更手续可正常办理后，将及时完成经营范围和名称变更，并在私募基金登记备案系统中按要求及时更新变更后的工商信息。上述承诺情况应如实告知相关律师事务所及经办律师，有私募基金产品的，应如实告知其投资者。

若申请机构具有《私募基金登记备案相关问题解答（七）》明确禁止的经营范围，应进行整改并完成相关工商信息变更后才能再次提交申请，此类情形包括：私募机构工商登记经营范围及实际经营业务包含可能与私募投资基金业务存在冲突的业务（如民间借贷、民间融资、配资业务、小额理财、小额借贷、P2P/P2B、众筹、保理、担保、房地产开发、交易平台等）。

《私募投资基金登记备案的问题解答（七）》（2015年11月23日，中国证券投资基金业协会）

问：开展民间借贷、小额理财、众筹等业务的机构，同时开展私募基金管理业务的，如何进行私募基金管理人登记？

答：根据《私募投资基金监督管理暂行办法》（以下简称《暂行办法》）关于私募基金管理人防范利益冲突的要求，对于兼营民间借贷、民间融资、配资业务、小额理财、小额借贷、P2P/P2B、众筹、保理、担保、房地产开发、交易平台等业务的申请机构，这些业务与私募基金的属性相冲突，容易误导投资者。为防范风险，中国基金业协会对从事与私募基金业务相冲突的上述机构将不予登记。上述机构可以设立专门从事私募基金管理业务的机构后申请私募基金管理人登记。经金融监管部门批准设立的机构在从事私募基金管理业务的同时也从事上述非私募基金业务的，应当相应建立业务隔离制度，防止利益冲突。

2. 股权投资企业

股权投资企业是从事非公开交易企业股权投资业务的有限责任公司、股份有限公司或合伙企业（含股权投资母基金），如各地成立的发展基金、产业基金、股权投资基金、私募股权投资基金（PE）等。如2016年11月21日成立的广东省中小微企业发展基金合伙企业（有限合伙），该基金由广东省人民政府全资控股的广东粤财投资控股有限公司发起设立，重点投向广东省成长创新性强、拥有核心技术或资源的中小微企业；2016年8月15日由中国移动通信有限公司、国家开发投资公司、中移国投创新投资管理有限公司发起设立的中移创新产业基金（深圳）合伙企业（有限合伙），该基金主要投资对象为移动互联领域成长期和成熟期企业。

目前，部门规章仅对政府出资的股权投资企业提出不得为被投资企业以外的企业提供担保的要求，对于其他股权投资企业暂未予以限制。

【规范性文件】

《政府出资产业投资基金管理暂行办法》（2016年12月30日，发改财金规〔2016〕2800号）

第七条 政府出资产业投资基金可以综合运用参股基金、联合投资、融资担保、政府出资适当让利等多种方式，充分发挥基金在贯彻产业政策、引导民间投资、稳定经济增长等方面的作用。

第二十六条 政府出资产业投资基金对单个企业的投资额不得超过基金资产总值的20%，且不得从事下列业务：

（一）名股实债等变相增加政府债务的行为；

（二）公开交易类股票投资，但以并购重组为目的的除外；

（三）直接或间接从事期货等衍生品交易；

（四）为企业提供担保，但为被投资企业提供担保的除外；

（五）承担无限责任的投资。

3. 参股创业投资基金

参股创业投资基金（简称参股基金）是指中央财政从产业技术研究与开发资金等专项资金中安排资金与地方政府资金、社会资本共同发起设立的创业投资基金或通过增资方式参与的现有创业投资基金。参股基金集中投资于：节能环保、信息、生物与新医药、新能源、新材料、航空航天、海洋、先进装备制造、新能源汽车、高技术服务业等战略性新兴产业和高新技术改造提升传统产业领域。根据财政部和国家发改委规定，参股基金不得从事对外担保业务，但该限制规定不会成为担保无效的理由。

【规范性文件】

《新兴产业创投计划参股创业投资基金管理暂行办法》（2011年8月17日，财建〔2011〕668号）

第三条 参股基金管理遵循"政府引导、规范管理、市场运作、鼓励创新"原则，其发起设立或增资、投资管理、业绩奖励等按照市场化方式独立运作，自主经营，自负盈亏。

中央财政出资资金委托受托管理机构管理，政府部门及其受托管理机构不干预参股基金日常的经营和管理。

第九条 参股基金不得从事以下业务：

（一）投资于已上市企业，所投资的未上市企业上市后，参股基金所持股份未转让及其配售部分除外；

（二）从事担保、抵押、委托贷款、房地产（包括购买自用房地产）等业务；

（三）投资于其他创业投资基金或投资性企业；

（四）投资于股票、期货、企业债券、信托产品、理财产品、保险计划及其他金融衍生品；

（五）向任何第三人提供赞助、捐赠等；

（六）吸收或变相吸收存款，或向任何第三人提供贷款和资金拆借；

（七）进行承担无限连带责任的对外投资；

（八）发行信托或集合理财产品的形式募集资金；

（九）存续期内，投资回收资金再用于对外投资；

（十）其他国家法律法规禁止从事的业务。

五、非标业务中与境外企业相关的问题

境外企业，是指在中华人民共和国领域外以及香港、澳门特别行政区和台湾地区注册成立的法人或其他组织。

近几年来中国境外投资井喷，海航集团、安邦保险、万达集团、洛阳钼业等引领中国跨境投资体量出现爆发式增长。据胡润研究院、易界（DealGlobe）《2017中国企业跨境并购特别报告》显示，2016年通过公开渠道查询到的跨境并购交易就有438笔，交易金额2158亿元[①]。"一带一路"进一步促进了中国资本、技术、产品、服务走出去。经查询，截至2017年9月29日，2017年共有52家上市公司、非上市公众公司发布设立境外子公司的公告。

另一方面，境外资本投资中国的脚步也在加快。2017年1月17日国务院印发《关于扩大对外开放积极利用外资若干措施的通知》，提出进一步积极利用外资，明确提出鼓励外资参与国有企业混合所有制改革，允许地方政府在法定权限范围内制定出台招商引资优惠政策，对就业、经济发展、技术创新贡献大的项目予以支持。根据商务部数据，2017年1月至8月，全国新设立外商投资企业20389家，同比增长10%，8月当月，全国新设立外商投资

---

① 《2017中国企业跨境并购特别报告》, http://www.hurun.net/CN/Article/Details?num=661F96AFBDF5, 最后访问时间：2017年9月20日。

企业 2686 家[①]。

1. 境外企业作为融资主体需关注的问题

按照《贷款通则》的要求，借款人为法人或其他组织的，应依法办理工商登记，向工商行政管理部门登记并连续办理年检手续，开立基本账户、结算账户或一般存款账户。境外企业由于不符合前述条件，原则上金融机构不得向其提供贷款。随着人民币国际化进程推进，人民币跨境结算业务迅速发展。2016 年 4 月 14 日，中国人民银行广州分行印发了《关于支持中国（广东）自由贸易试验区扩大人民币跨境使用的通知》鼓励和支持区内银行基于实需和审慎原则向境外机构和境外项目发放人民币贷款。2016 年 4 月 20 日，中国银行横琴自贸区分行为某大型航运集团的香港子公司发放了首笔境外人民币贷款业务。

就非标融资业务而言，贷款、明股实债、收益权转让等融资方式都不适用于境外企业，除监管原因外，贷前调查和贷后检查困难，法律背景差异等将境外企业基本排除在非标融资的名单之外。

2. 境外企业作为担保主体需关注的问题

境外企业担保是指在中国大陆地区以外注册的企业为在中国大陆注册的企业在中国大陆区域内的融资提供的保证、抵押、质押（如 NRA 账户质押）等担保，该担保可能产生资金跨境收付或资产所有权跨境转移等国际收支交易。较常见的是香港母公司为其在大陆投资企业提供担保，如融信中国控股有限公司（开曼注册、香港上市）为融信（福建）投资集团有限公司（福建注册）在境内的融资提供保证担保。

（1）境外担保人主体资格的法律适用

根据《中华人民共和国涉外民事关系法律适用法》，担保人为境外主体的，其民事权利能力、民事行为能力、组织机构、股东权利义务等事项，适用登

[①]《前 8 月新设外商投资企业逾 2 万家》，http://www.rmzxb.com.cn/c/2017-09-21/1805027.shtml，最后访问时间：2017 年 9 月 28 日。

记地法律，而非中国法律。若担保人与融资人存在关联关系、控制关系、股权关系等，在该等关系之下提供担保的限制性和禁止性规定也应根据其登记地法律。境外担保人为上市公司时，还应遵守其所在地和上市地法律法规等的有关要求。

【规范性文件】

《中华人民共和国涉外民事关系法律适用法》（2010年10月28日）

第十四条 法人及其分支机构的民事权利能力、民事行为能力、组织机构、股东权利义务等事项，适用登记地法律。

法人的主营业地与登记地不一致的，可以适用主营业地法律。法人的经常居所地，为其主营业地。

《跨境担保外汇管理规定》（2014年5月12日，汇发〔2014〕29号）

第二条 本规定所称的跨境担保是指担保人向债权人书面作出的、具有法律约束力、承诺按照担保合同约定履行相关付款义务并可能产生资金跨境收付或资产所有权跨境转移等国际收支交易的担保行为。

【相关案例】

湖南省甲集团有限公司广州有限公司与乙发展有限公司合同纠纷［一审：（1994）湘高经初字第11号，再审：（2011）湘高法民再初字第1号，重审：（2013）湘高法民再初字第1号，二审：（2014）民四终字第35号］[①]

广州公司于1992年5月15日与工业品公司指定的丙公司在湖南长沙签订了一份2500吨聚丙烯的《进口合同》，约定：丙公司在1992年7月底前从美国装运2500吨聚丙烯至中国上海，总计货款207.5万美元，广州公司在1992年6月15日前电汇207.5万美元至丙公司。广州公司

[①] 案例来源：中国裁判文书网。

在该合同签订的第 2 天即 5 月 16 日，从中国银行长沙分行向丙公司在香港开设的银行账户汇出 207.5 万美元。丙公司收到上述款项后，于同年 6 月 18 日出具了收条。

丙公司没有履行与广州公司签订的《进口合同》，而将广州公司汇去的 207.5 万美元转入丁公司，丁公司先后两次向广州公司书面承诺承担 207.5 万美元的归还之责。丁公司没有实践诺言，且将该款转入被告乙公司，乙公司将此款投入了其与广州某城建开发公司的合作企业——广州市戊房产开发有限公司（以下简称戊公司）在建项目戊大厦的建设。

广州公司沿付款途径追索至乙公司，乙公司与广州公司于 1993 年 8 月 25 日签订了一份还款协议书（以下简称《协议书》）。《协议书》的主要内容是：乙公司认可丙公司与广州公司购销聚丙烯之间的法律关系，丙公司将款转入丁公司，再由丁公司转入乙公司。乙公司愿意承担 207.5 万美元债务的偿还责任，乙公司保证 1993 年 12 月 30 日前归还 20 万美元，1994 年 4 月前归还 107 万美元，余款在 1994 年 6 月 10 日前全部还清，并承担利息、罚息等；乙公司以其在戊公司的投资及受益抵押担保归还上述款项。乙公司以投资项目未建成，资金紧张等为由，没有按上述约定还款，广州公司遂提起诉讼。

湖南省高级人民法院一审认为：

本案广州公司付款 207.5 万美元给丙公司，有双方签订的进口合同、中国银行长沙分行汇款单、丙公司收款收条等证据证实，该笔债务真实存在。丙公司收款后没有履行合同，而将该款交与丁公司使用，丁公司承诺偿还，此时债权债务发生转移，丁公司成为债务人。但根据具体经手人汤某陈述，丁公司没有使用该款，而是将该款又转给乙公司，作为乙公司投资的戊公司在建项目戊大厦的建设资金。1993 年 8 月 25 日，汤某以乙公司名义与广州公司签订《协议书》约定，乙公司认可丙公司与广州公司的购销关系，承认该款已转到乙公司账上并由其承担偿还责任。签订协议时汤某系乙公司董事兼秘书，协议上亦加盖了乙公司签字章。虽然乙公司不认可该印章，但并没有足够证据否认。同时从吕佳安的陈述来看，汤某确实参与戊公司经营，并经其手投入大量资金，对汤某上述行为乙公司是明知并认可的，汤某实施的行为实际也是代表乙公司履行该公司与广州市某建设开发公司之间的合作协议，故汤某为戊项目而借款系职务行为。本案基于汤某特殊身份，《协议书》又加盖了乙公司印章，同时汤某当初确实参与了公司经营戊大厦项目，故该院（1994）湘高经初字第11号判决认定《协议书》合法有效正确。

乙公司上诉称：

汤某无权代表乙公司签订《协议书》，该《协议书》未生效、对乙公司不具有法律约束力，一审判决未尊重乙公司章程及香港法律。

最高人民法院二审认为：

关于乙公司是否受《协议书》约束的问题。乙公司上诉主张汤某无权代表乙公司签署《协议书》，乙公司不受《协议书》约束。本院认为，乙公司系在香港特别行政区设立的公司，汤某是该公司的董事，汤某是否有权代表乙公司为意思表示，涉及公司的行为能力问题，根据《中华人民共和国涉外民事关系法律适用法》第14条"法人及其分支机构的民事权利能力、民事行为能力、组织机构、股东权利义务等事项，适用登记地法律"的规定，应当适用乙公司登记地法律——香港法律予以认定。根据香港公司法以及乙公司章程的规定，应当由公司董事会授权的人签署合同，且只有经过公司董事会决议并在一位公司董事面前才能加盖公司印章。本案《协议书》签署时，汤某是乙公司的董事，但没有证据证明乙公司董事会授权汤某签署《协议书》。因此，根据香港法律，汤某无权代表乙公司签署《协议书》。然而，上述规定属于公司内部治理的规定。乙公司董事违反公司内部治理规定与内地相对人签署协议的法律后果还应当适用内地法律。本案中，汤某以乙公司名义与广州公司签订合同，汤某时任乙公司的股东和董事；汤某也是乙公司委派的代表乙公司参加合作企业戊公司董事会的董事；从1994年3月10日吕某、邓某等签订协议的内容看,在该协议生效前,汤某持有乙公司的文件,吕某、邓某对于由汤某经手、以乙公司名义对外签订合同是清楚的,本案《协议书》签订于1993年8月25日,吕某、邓某当时并未提出异议。综合以上情形,广州公司有理由相信汤某有权代表乙公司签署《协议书》。乙公司亦没有提交证据证明广州公司和汤某签订《协议书》系恶意串通的行为。因此,汤某的行为构成表见代理,并非其个人行为,其行为后果应当归于乙公司承担。乙公司关于《协议书》对其不具有约束力的上诉理由不能成立。乙公司因汤某的行为造成损失,可以由乙公司的其他股东另案在香港提起诉讼或寻其他法律途径获得救济。

此外,乙公司认为汤某在《协议书》上的盖章是其个人签字章不是乙公司公章,《协议书》约定双方签字盖章生效,因此《协议书》并未生效。乙公司向本院提交了有关裁判文书、抗诉书、文检鉴定书等证据,拟证明汤某存在伪造乙公司印章的行为。本院认为,上述证据均未提及本案《协议书》上乙公司的印章问题,与本案没有关联性,本院不予采纳。汤某在《协议书》上的盖章有乙公司字样,表明了汤某代表乙公司签署协议的意思表示,符合香港公司董事代表公司签署协议的惯常做法,乙公司认为《协议书》并未生效的主张不能成立。

案例要点提示

虽然担保人的主体资格和行为能力受其注册地法律规制,但担保人在中国境内做出相关行为的法律后果,仍适用中国法律。即使境外担保人未按其注册地法律要求经过特定的意思表示形成过程,而作出对外担保的意思表示,按照中国法律,该担保亦可能被认定为有效。但该案仅为个案,并不具有普适性,建议在实务中仍应严格按照《中华人民共和国涉外民事关系法律适用法》要求考量境外担保人担保意思的形成过程,避免担保被认定为无效。

（2）境外担保人签署的文件境内效力的获得

境外形成的证据我国法院不当然采信，根据民事诉讼证据相关规定，域外证据须经所在国公证机关公证证明，并经中华人民共和国驻该国使领馆认证，或者履行中华人民共和国与证据所在国订立的有关条约中规定的证明手续。其中证明诉讼主体资格的证据必须履行公证、认证手续。

【规范性文件】

《最高人民法院关于民事诉讼证据的若干规定》（2001年12月21日，法释〔2001〕33号）

第十一条 当事人向人民法院提供的证据系在中华人民共和国领域外形成的，该证据应当经所在国公证机关予以证明，并经中华人民共和国驻该国使领馆予以认证，或者履行中华人民共和国与该所在国订立的有关条约中规定的证明手续。

当事人向人民法院提供的证据是在香港、澳门、台湾地区形成的，应当履行相关的证明手续。

《第二次全国涉外商事海事审判工作会议纪要》（2005年12月26日，法发〔2005〕26号）

18. 外国当事人在我国境外出具的授权委托书，应当履行相关的公证、认证或者其他证明手续。对于未履行相关手续的诉讼代理人，人民法院对其代理资格不予认可。

39. 对当事人提供的在我国境外形成的证据，人民法院应根据不同情况分别作如下处理：（1）对证明诉讼主体资格的证据，应履行相关的公证、认证或者其他证明手续；（2）对其他证据，由提供证据的一方当事人选择是否办理相关的公证、认证或者其他证明手续，但人民法院认为确需办理的除外。

对在我国境外形成的证据，不论是否已办理公证、认证或者其他证明手续，人民法院均应组织当事人进行质证，并结合当事人的质证意见进行审核认定。

40. 对当事人提供的在我国境外形成的应履行相关公证、认证或者其他证明手续的证据，应当经所在国公证机关公证，并经我国驻该国使领馆认证，或者履行我国与该所在国订立的有关条约中规定的证明手续。如果其所在国与我国没有外交关系，则该证据应经与我国有外交关系的第三国驻该国使领馆认证，再转由我国驻该第三国使领馆认证。

【相关案例】

湖北甲旅游发展有限责任公司与武汉乙物业管理有限公司借款担保合同纠纷［一审：（2011）鄂民二初字第9号，二审：（2012）民二终字第56号］[①]

2004年6月25日，丙银行湖北分行与中国丁资产管理公司武汉办事处（以下简称丁公司武汉办）订立《债权转让协议》，转让甲旅游公司等9笔债权。2007年1月23日，丁公司武汉办与戊公司订立《单户资产转让协议》将签署债权转让给戊公司，2007年10月12日，戊公司以甲旅游公司向湖北省高院起诉，要求被告偿还债务。该案诉讼中，戊公司与乙公司于2010年11月2日订立《单户资产转让协议》，乙公司取得前述债权。一审审理期间，湖北省高级人民法院依职权传戊公司到庭说明债权转让情况。戊公司委托其代理人到庭接受质询，说明戊公司自丁公司武汉办合法获得甲旅游公司债权，已于2007年1月18日予以公告，后于2010年11月2日在武汉将债权转让给乙公司，并于同年12月8日向甲旅游公司出具书面通知的情况。其委托代理人出具了戊公司2011年11月10日签署的《授权委托书》，该《授权委托书》经新加坡公证机关公证，中国驻新加坡大使馆认证。

---

① 案例来源：https://www.itslaw.com/detail?judgementId=f26db5e6-cb06-4b5b-9fe4-f15b7fa40c70&area=1&index=1&sortType=1&count=2&conditions=searchWord%2B%EF%BC%882012%EF%BC%89%E6%B0%91%E4%BA%8C%E7%BB%88%E5%AD%97%E7%AC%AC56%E5%8F%B7%2B1%2B%EF%BC%882012%EF%BC%89%E6%B0%91%E4%BA%8C%E7%BB%88%E5%AD%97%E7%AC%AC56%E5%8F%B7

甲旅游公司上诉称：

戊公司作为注册在香港的公司，其授权应在香港进行，其他国家的公证机关无法公证其授权行为的合法性，故其在新加坡的公证无效。

最高人民法院二审判决认为：

关于戊公司出具的《授权委托书》的公证效力问题，戊公司 2011 年 11 月 10 日出具的《授权委托书》载明授权地点为新加坡，该委托书经新加坡公证机构公证，并经中国驻新加坡大使馆认证。最高人民法院《关于民事诉讼证据的若干规定》第 11 条规定，"当事人向人民法院提供的证据系在中华人民共和国领域外形成的，该证据应当经所在国公证机关予以证明，并经中华人民共和国驻该国使领馆予以认证"，其中的"所在国公证机关"系指证据形成地所在国的公证机关，而不是指法人注册地所在国的公证机关。因上述委托书系在新加坡形成，故对经新加坡公证机构公证、中国驻新加坡大使馆认证的该《授权委托书》的法律效力，本院予以确认。

苏州甲装饰用品有限公司与全乙、崔丙对外追收债权纠纷 [一审：(2013) 虎商初字第 1152 号，二审：(2015) 苏中商终字第 00591 号，再审：(2016) 苏民申 606 号][①]

苏州市虎丘区人民法院于 2007 年 6 月 19 日依法裁定受理了顾某等 94 名职工申请甲公司破产清算一案。该法院指定苏州甲装饰用品有限公司清算组担任管理人开展清算工作。清算过程中，清算组和债权人委员会发现：崔丙和全乙在担任甲公司总经理和财务负责人期间，以费用暂支名义从甲公司领取人民币 242167.03 元，以归还借款和支付利息名义从甲公司领取人民币 3062871.19 元，甲公司认为崔丙和全乙领取的上述合计 3305138.22 元款项，既无甲公司法定代表人的审批同意手续，又无

---

① 案例来源：中国裁判文书网。

合法有效的凭证，崔丙和全乙应将上述款项返还给甲公司。为维护全体债权人的合法权益，甲公司故向一审法院起诉，请求判令崔丙和全乙返还甲公司人民币3305138.22元并赔偿利息损失。

甲公司提供了付款凭证4张，证明全乙经手归还廉某（甲公司债权人）借款267314.3元，根据债权人委员会主席反映，经其核查，廉某称收款凭证上的签字非本人所签，所以清算组认为此款项应由全乙归还。甲公司还提供了证明其他债权的证据。

被告崔丙和全乙抗辩称4份付款凭证上面廉某的签字均是全乙所签，在款项领取后都交给廉某，但廉某没有出具相应的收款凭证。

一审法院认为：

全乙陈述该笔267314.3元的款项系归还廉某的借款，由全乙领取，但其并无证据证明该笔款项已经转交给廉某。而根据朱某（甲公司财务人员）的陈述，廉某的借款和还款实际为甲公司账外收入和账外支出，但并无其他证据予以佐证，因此一审法院难以仅依据其个人陈述作出相应认定，故全乙应承担举证不能的责任，全乙应当将该笔款项归还给甲公司。

全乙申请再审并补充提供证据：

再审中全乙提交东吴翻译社出具的公证书翻译件原件1份以及韩国大田综合法律与公证事务所于2015年8月13日出具的国际公证书原件、廉某确认收款证明复印件1份。拟证明上述证据证实廉某收到全乙转交的267314.3元款项，因此甲公司已经向廉某偿还了该借款，廉某也实际收到此款项。该267314.3元全乙确用于清偿甲公司债务。

甲公司质证认为：

对该组证据的真实性、关联性均不予认可，公证书翻译件虽盖有东吴翻译社的公章，但是该公章的真实性无法识别。公证书翻译件中的证明没有廉某本人的签章。

江苏省高级人民法院认为：

《最高人民法院关于民事诉讼证据的若干规定》第11条规定："当事人向人民法院提供的证据系在中华人民共和国领域外形成的，该证据应当经所在国公证机关予以证明，并经中华人民共和国驻该国使领馆予以认证，或者履行中华人民共和国与该所在国订立的有关条约中规定的证明手续。"全乙提交的韩国大田综合法律与公证事务所出具的国际公证书、廉某收款证明均系在我国领域外形成的证据，在其未办理法定认证手续的情形下，应认定其不具有证据效力，故全乙的证明目的不能成立。

本院认为：《最高人民法院关于民事诉讼证据的若干规定》第2条规定："当事人对自己提出的诉讼请求所依据的事实或者反驳对方诉讼请求所依据的事实有责任提供证据加以证明。没有证据或者证据不足以证明当事人的事实主张的，由负有举证责任的当事人承担不利后果。"本案中，全乙称其从甲公司领取的267314.3元已经转交给廉某，其已经代表甲公司向廉某归还了267314.3元借款。但其所提交的证据不足以证明其主张成立，故一、二审判决认定全乙应当向甲公司返还款项并无不当。关于全乙从甲公司领取款项归还高某、崔某借款的问题，因甲公司已经认可全乙相关款项转交给高某、崔某的陈述，并不违反法律、行政法规的禁止性规定。一、二审法院系依据甲公司的自认进行处理，而并非是采纳全乙提交的未经法定认证的域外公证文书作为定案依据，故全乙的该项申请再审理由，不能成立。

案例要点提示

前述规定并不意味着未履行公证、认证法定程序的证据当然被排除，未履行法定程序的证据也是证据，仍具有证明能力，法院应当组织进行质证。如果相对方没有对该证据的真实性提出质疑，该证据仍有可能被法院采纳。如果境外形成的文件，未经法定程序，且对方对真实性提出抗辩的，法院将不予采纳。

【相关案例】

甲合作有限公司、乙、丙集团电器产业有限公司保证合同纠纷［二审：(2010) 鲁民四终字第 99 号，再审判决：(2012) 民申字第 1548 号］①

甲公司与乙向最高人民法院申请再审称：一、二审判决不仅违法采信了丙电器超过举证期限提交的证据材料，而且违法采信了境外形成的未经公证认证的证据材料。

最高人民法院审理认为：

本案中，丙电器在一审时提交了甲公司和乙签字的保函，该保函虽然只有甲公司和乙的签字而无丙电器的签字，但该函系由甲公司和乙出具给丙电器并由丙电器作为证明其享有保函所载权利的证据提交给一审法院，应认为丙电器接受该保函，因此符合三方协议的要求。甲公司和乙对保函的真实性未提出质疑，而仅以该函只有甲公司和乙的签字而无丙电器的签字为由主张本案保证合同不成立，不应支持。

本案中，丙电器在起诉时虽然仅提交了担保函的复印件，而当庭提交的"支付凭证、出售甲（GB）协议、甲（GB）登记信息、OEM 登记信息、乙在爱尔兰法院答辩状、爱尔兰法院判决"等 6 份证据系在一审法院首次指定的举证期限届满之后，但一审法院当庭已将举证期限延长至开庭之日，且甲公司和乙不仅未对本案保函的真实性提出质疑，也未对已发生返还预付款义务的情形提出异议，其仅以丙电器逾期提交证据为由认为程序违法，该理由不能成立。虽然《最高人民法院关于民事诉讼证据的若干规定》第 11 条规定"当事人向人民法院提供的证据系在中华人民共和国领域外形成的，该证据应当经所在国公证机关予以证明并经中华人民共和国驻该国使领馆予以认证或者履行中华人民共和国与该所在国订立的有关条约中规定的证明手续"，但该条并未规定未经公证认

---

① 案例来源：中国裁判文书网。

证的证据不能作为证据使用。本案中，甲公司和乙未对担保函的真实性提出质疑，其仅以作为本案证据的保函在境外形成而未经公证认证为由主张本案存在程序违法的情形，该理由亦不能成立。此外，甲公司与乙一方面指出一审几次开庭均是围绕"质证、适用法律讨论"进行，另一方面又以一审未进行法庭辩论为由主张本案程序违法，没有事实和法律依据。

本书认为，根据《最高人民法院关于民事诉讼证据的若干规定》，只有证据系在中华人民共和国领域外形成的，才需要进行公证认证手续。如果该证据系由境外主体在中国境内作出的，则不适用该规定。因此，境外主体提供担保的，可以要求其在境内签署相关文件。为避免对文件签署地发生争议，可在担保文件（如担保决议、担保合同）中明确签署地点。例如，在同意担保的股东决定书中明确，"本决定书系由本人（本公司）在北京市东城区××饭店八号会议室作出"，也可以要求境外主体到境内公证处现场签署文件并进行公证。

实践中比较常见的担保主体主要是香港公司。司法部对在香港发生的法律行为、法律事实和文书在境内司法效力的形成规定了专门的程序。

【规范性文件】

《中国委托公证人（香港）管理办法（2002）》（2002年2月24日，司法部令第69号）

第三条 委托公证人的业务范围是证明发生在香港地区的法律行为、有法律意义的事实和文书。证明的使用范围在内地。

第四条 委托公证人必须按照司法部规定或批准的委托业务范围、出证程序和文书格式出具公证文书。

第五条 委托公证人出具的委托公证文书，须经中国法律服务（香港）有限公司（以下简称公司）审核，对符合出证程序以及文书格式要求的加章转递，对不符合上述要求的不予转递。公司应定期（7月15日前报上半年，1

月 15 日前报上年度）将加章转递情况报司法部。

司法部目前尚未对在澳门特别行政区和台湾地区形成的证据出台独立规定。澳门地区司法部没有在澳门建立委托公证人制度，在澳门地区形成的证据经过中国法律服务（澳门）有限公司或者澳门司法事务室下属的民事登记局出具公证证明，可以直接向人民法院提交。在台湾地区形成的证据，首先应当经过台湾地区的公证机关予以公证，并由台湾海基会根据《海峡两岸公证书使用查证协议》和《海峡两岸公证书使用查证协议实施办法》，提供有关证明材料。

（3）外债登记需关注的问题

境外企业为境内企业融资活动提供担保的，应先办理外债登记，不少金融机构忽视外债登记，甚至不知道接受境外担保需要办理外债登记。所谓外债登记，是指债务人按规定借用外债后，应按照规定方式向所在地外汇管理局登记或报送外债的签约、提款、偿还和结售汇等信息，外汇管理局根据债务人类型实行不同的外债登记方式。按照国家外汇管理的相关规定，债务人为财政部门、银行以外的其他境内债务人的，应在规定时间内到所在地外汇局办理外债签约逐笔登记或备案手续，未办理外债登记的，将面临监管处罚。

【规范性文件】

《中华人民共和国外汇管理条例》（2008 年 8 月 5 日，国务院令第 532 号）

第十八条第一款　国家对外债实行规模管理，借用外债应当按照国家有关规定办理，并到外汇管理机关办理外债登记。

第四十八条　有下列情形之一的，由外汇管理机关责令改正，给予警告，对机构可以处 30 万元以下的罚款，对个人可以处 5 万元以下的罚款：

（一）未按照规定进行国际收支统计申报的；

（二）未按照规定报送财务会计报告、统计报表等资料的；

（三）未按照规定提交有效单证或者提交的单证不真实的；

（四）违反外汇账户管理规定的；

（五）违反外汇登记管理规定的；

（六）拒绝、阻碍外汇管理机关依法进行监督检查或者调查的。

《外债登记管理办法》（2013年4月28日，汇发〔2013〕19号）

第十八条　符合规定的债务人向境内金融机构借款时，可以接受境外机构或个人提供的担保（以下简称外保内贷）。

境内债权人应按相关规定向所在地外汇局报送相关数据。

发生境外担保履约的，债务人应到所在地外汇局办理外债登记。

第十九条　外商投资企业办理境内借款接受外担保的，可直接与境外担保人、债权人签订担保合同。

发生境外担保履约的，其担保履约额应纳入外商投资企业外债规模管理。

第二十条　中资企业办理境内借款接受境外担保的，应事前向所在地外汇局申请外保内贷额度。

中资企业可在外汇局核定的额度内直接签订担保合同。

第二十七条　有下列情形之一的，依照《外汇管理条例》第四十八条进行处罚：

（一）未按照规定进行涉及外债国际收支申报的；

（二）未按照规定报送外债统计报表等资料的；

（三）未按照规定提交外债业务有效单证或者提交的单证不真实的；

（四）违反外债账户管理规定的；

（五）违反外债登记管理规定的。

《外债登记管理办法》之附件《外债登记管理操作指引》（2013年4月28日，汇发〔2013〕19号）

八、境内企业办理外保内贷业务：

注意事项：

1.境内企业借用境内借款，在同时满足以下条件时，可以接受境外机构或个人提供的担保（以下简称"外保内贷"）：

（1）债务人为外商投资企业，或获得分局外保内贷额度的中资企业；

（2）债权人为境内注册的金融机构；

（3）担保标的为债务人借用的本外币普通贷款或金融机构给予的授信额度；

（4）担保形式为保证，中国法律法规允许提供或接受的抵押或质押。

2. 国家外汇管理局根据国际收支形势、货币政策取向和地区实际需求等因素，为分局核定地区中资企业外保内贷额度。分局可在国家外汇管理局核定的地区额度内，为辖内中资企业核定外保内贷额度。

3. 中资企业可在分局核定的外保内贷额度内，直接签订外保内贷合同。中资企业外保内贷项下对内、对外债务清偿完毕前，应按未偿本金余额占用该企业自身及地区中资企业外保内贷额度。

4. 中资企业外保内贷项下发生境外担保履约的，境内债务人应到所在地外汇局办理短期外债签约登记及相关信息备案。中资企业因外保内贷履约而实际发生的对境外担保人的外债本金余额不占用分局地区短期外债余额指标。

5. 外商投资企业借用境内贷款接受境外担保的，可直接与债权人、境外担保人签订担保合同。发生境外担保人履约的，因担保履约产生的对外负债应视同短期外债（按债务人实际发生的对境外担保人的外债本金余额计算）纳入外商投资企业"投注差"或外债额度控制，并办理外债签约登记手续。因担保履约产生的外商投资企业对外负债未偿本金余额与其他外债合计超过"投注差"或外债额度的，外汇局可先为其办理外债登记手续，再按照超规模借用外债移交外汇检查部门处理。

6. 境内企业从事外保内贷业务，由发放贷款的境内金融机构实行债权人集中登记。债权人应于每月初10个工作日内向所在地外汇局报送外保内贷项下相关数据。债权人与债务人注册地不在同一外汇局的，应当同时向债权人和债务人所在地外汇局报送数据。

《跨境担保外汇管理规定》（2014年5月12日，汇发〔2014〕29号）

第五条 境内机构提供或接受跨境担保，应当遵守国家法律法规和行业主管部门的规定,并按本规定办理相关外汇管理手续。

担保当事各方从事跨境担保业务,应当恪守商业道德,诚实守信。

第十七条　境内非金融机构从境内金融机构借用贷款或获得授信额度,在同时满足以下条件的前提下,可以接受境外机构或个人提供的担保,并自行签订外保内贷合同:

(一)债务人为在境内注册经营的非金融机构;

(二)债权人为在境内注册经营的金融机构;

(三)担保标的为金融机构提供的本外币贷款(不包括委托贷款)或有约束力的授信额度;

(四)担保形式符合境内、外法律法规。

未经批准,境内机构不得超出上述范围办理外保内贷业务。

第十八条　境内债务人从事外保内贷业务,由发放贷款或提供授信额度的境内金融机构向外汇局集中报送外保内贷业务相关数据。

第二十九条　外汇局对跨境担保合同的核准、登记或备案情况以及本规定明确的其他管理事项与管理要求,不构成跨境担保合同的生效要件。

未进行外债登记并不会影响担保合同的效力,但金融机构将面临行政处罚。另外,未办理外债登记,后续执行境外担保人财产后所得入境也将面临问题。

综上所述,由于法律规定、司法环境和尽职调查困难等问题,建议审慎接受境外企业提供的担保。如确需接受,应聘请其注册地和上市地专业律师进行尽职调查,避免效力风险;尽量要求境外主体在境内签署相关文件,并办妥公证手续;及时向外汇管理部门登记外债;特别注意将争议解决方式约定为仲裁,后续若发生需要对境外担保人采取强制执行措施的情形时,由于中国是《纽约公约》的缔约国,境外法院承认和执行中国仲裁裁决比承认和执行中国法院判决更容易,这也是目前国际商事纠纷解决中多采用仲裁方式的主要原因。

六、非标业务中与融资担保公司相关的问题

（一）概述

融资担保，是指担保人为被担保人借款、发行债券等融资事项提供担保的行为。融资担保公司，是指依法设立、经营融资担保业务的有限责任公司或者股份有限公司。融资担保根据担保对象不同，分为普通融资担保和融资再担保。普通融资担保，指担保人与债权人约定，当被担保人不履行债务时，由担保人依法承担合同约定的担保责任的行为。融资再担保，是指当其他担保人不能履行担保责任时，由融资担保公司作为再担保人履行再担保责任，即代担保人向债权人履行担保责任的行为。

（二）融资担保需关注的问题

为破解小微企业和"三农"融资难、融资贵问题，融资担保应运而生。在中央"四万亿"投资拉动政策的历史大背景下，各大银行加大信贷投放，小微企业享受政策红利，融资担保公司迎来行业大发展。为获得银行授信，许多地区中小微企业"凑份子"出资成立融资担保公司，为这些企业向银行申请贷款提供担保，即所谓的"自融自担"。融资担保公司担保规模迅速扩大，并在2014年达到顶峰。

早在2012年，监管部门即已察觉融资担保市场乱象。银监会于2012年5月3日发布了《关于近期银行业金融机构与融资性担保机构业务合作风险提示的通知》，指出一些融资性担保机构存在资本金不实、挪用或占用保证金、以理财等名义占用客户贷款、关联交易复杂等问题，银行业金融机构在与融资性担保机构的业务合作中存在贷款"三查"（贷前调查、贷时审查和贷后检查）不到位等突出情况。但一些银行并未引起足够的重视，继续开发出诸如融资担保公司担保和再担保公司再担保相结合的纯信用融资模式，埋下风险隐患。

【规范性文件】

《关于近期银行业金融机构与融资性担保机构业务合作风险提示的通知》（2015年5月13日，银监办发〔2012〕141号）

一、各银行业金融机构对融资性担保机构担保的贷款要重点审查第一还款来源，加强对借款人资信、经营等情况及实际偿债能力的分析，从源头上防范信贷风险；要加强贷款"三查"，特别是贷后管理，落实贷款新规，严格执行受托支付规定，防止贷款被挪用、占用。

二、各银行业金融机构在与融资性担保机构合作时，应对股东背景复杂、关联企业较多的融资性担保机构予以重点关注，防范融资性担保机构因资本金不实、关联交易、挪用或占用客户担保保证金等问题可能对银行贷款造成的风险。

根据《融资性担保公司管理暂行办法》，融资担保公司的融资性担保责任余额不得超过其净资产的10倍。但事实上，由于资本金不实、抽逃出资、盲目扩大担保规模等原因，许多融资担保公司的担保金额远超净资产的10倍。2014年下半年，中小微企业信用风险集中爆发，银行不良贷款激增，融资担保公司无力代偿债务。2015年河北最大的担保公司河北融投控股集团陷入兑付与信任危机，暂停所有担保业务；2014年因所担保企业贷款大规模逾期，福建省最大的融资担保公司福建省恒实担保股份有限公司陷入诉讼泥潭，几乎无能力代为清偿任何一笔银行债务，在进入强制执行程序前公司便已人去楼空。上海著名的瑞银担保、融真担保也在同年解散团队，不知去向。

【规范性文件】

《融资性担保公司管理暂行办法》（2010年3月8日，中国银行业监督管理委员会、国家发展和改革委员会、工业和信息化部、财政部、商务部、中

国人民银行、国家工商行政管理总局令 2010 年第 3 号）

第二十七条 融资性担保公司对单个被担保人提供的融资性担保责任余额不得超过净资产的 10%，对单个被担保人及其关联方提供的融资性担保责任余额不得超过净资产的 15%，对单个被担保人债券发行提供的担保责任余额不得超过净资产的 30%。

第二十八条 融资性担保公司的融资性担保责任余额不得超过其净资产的 10 倍。

虽然融资担保公司存在上述问题，但作为普惠金融的重要环节，国家一直将融资担保作为缓解中小微企业融资难题的抓手。2011 年 6 月 21 日，国务院办公厅转发银监会发展改革委等部门《关于促进融资性担保行业规范发展意见的通知》，要求加快推进融资性担保机构体系建设，鼓励融资性担保机构积极开发新业务、新产品，提高服务质量和效率；鼓励融资性担保机构从事行业性、专业性担保业务；鼓励规模较大、实力较强的融资性担保机构在县域和西部地区设立分支机构或开展业务；鼓励民间资本和外资依法进入融资性担保行业；要求地方政府扶优限劣推动融资担保机构发展。2015 年 8 月 7 日，国务院发布《关于促进融资担保行业加快发展的意见》，要求大力发展政府支持的融资担保和再担保机构，有针对性地加大对融资担保业的政策扶持力度，加快发展主要为小微企业和"三农"服务的新型融资担保行业，促进大众创业、万众创新，要求发展政府性融资担保机构，作为服务小微企业和"三农"的主力军。2017 年 8 月 2 日，国务院发布《融资担保公司监督管理条例》，对融资担保的设立条件、经营规则等提出新的要求，并要求省、自治区、直辖市人民政府确定的部门承担监管职责。融资担保行业"民退国进"的大格局正在形成。

由于融资担保公司担保的对象主要是中小微企业和"三农"经济实体，信用风险较大。根据国务院《融资担保公司监督管理条例》，融资担保公司的担保责任余额不得超过其净资产的 10 倍，对主要为小微企业和农业、农村、农民服务的融资担保公司，倍数上限可以提高至15倍。融资担保公司担保杠杆较高，担保费用收入无法覆盖风险敞口。民营融资担保公司管理混乱，关联关系复杂，担保能力有限。国有融资担保公司，由于"普惠金融"的政策定位，要求其履行担保责任也存在政策困难，实践中甚至存在政府"指令"法院不得对国有融资担保公司的银行账户和财产采取查封、冻结、扣划措施的情况。

（三）融资再担保需关注的问题

2016年开始，融资再担保越来越受到政府的重视。2016年7月1日，国务院办公厅印发《关于进一步做好民间投资有关工作的通知》，要求各省（区、市）人民政府主动作为，积极推动改进金融服务，拓宽民营企业融资渠道，降低融资成本，推进政府主导的省级再担保机构基本实现全覆盖。2017年9月27日国务院常务会议要求大力支持发展政策性融资担保和再担保机构，尽快设立国家融资担保基金。推动省级农业信贷担保体系向市县延伸，3年内建成覆盖省、市、县的政策性农业信贷担保体系，对符合条件的小微农业企业融资发展予以支持。融资再担保成为国家主推的惠民惠企政策。

再担保根据担保责任的承担不同，可以分为一般责任再担保、连带责任再担保和按份责任再担保。

1. 一般责任再担保

一般责任再担保是指担保人无法履行担保责任时，由再担保机构承担担保人无力偿付部分的再担保形式，最为常见。再担保合同中通常会约定再担保公司承担担保责任的前提条件，主要包括：一是主债务人不能履行债务；二是经司法裁决并经强制执行主债务人和担保人全部财产；三是主债务人和担保人以其全部资产破产清算完毕后仍不能按约定履行担保债务；四是法律规定承担一般保证责任的条件成就。只有前述条件全部满足，再担保公司才向债权人承担一般保证责任，补充清偿相应债务。

对债权人而言，一般责任再担保限制了其担保权利的有效实现。在实践中，担保人一般为地方融资担保公司，具有一定政策性，地方政府不会轻易同意其破产。按照再担保合同约定，融资担保公司不破产清算，再担保公司承担再担保责任的条件即不成就。如福建省恒实担保股份有限公司和福建省恒丰中小企业融资担保股份有限公司2015年起便已基本无力履行担保责任，但因迟迟不能破产，各大金融机构一直无法申请法院对再担保公司进行强制执行。

2. 连带责任再担保

连带责任再担保是指在债务人不能履行债务时，债权人可以要求担保人代偿，担保人不能代偿且特定条件成就时，债权人可要求再担保机构就担保人不能履行部分承担代偿责任的再担保形式。连带责任再担保是学理分类，在实践中并不多见。连带责任再担保不同于普通的连带责任保证，债权人必须先向担保人要求履行保证责任，只有在担保人无力偿还且符合特定条件时，债权人才能要求再担保公司承担连带责任。该特定条件可能是经过特定时间或履行特定手续。连带责任再担保能够有效保护债权人的利益，但并不符合再担保公司的利益诉求，因此再担保公司一般不会接受。

3. 按份责任再担保

按份责任再担保是指债权人有权要求担保人、再担保机构按比例承担担保责任。如安徽省推出的"4321"模式，即由融资担保公司、再担保公司、银行、当地政府按照4∶3∶2∶1的比例承担贷款损失风险。2016年7月4日，国务院融资担保部际联席会议办公室印发了《关于学习借鉴安徽担保经验推进政银担风险分担机制建设的通知》，号召各省、自治区、直辖市融资担保机构监管部门学习安徽担保经验，推进"政银担"风险分担机制建设。

【规范性文件】

《关于学习借鉴安徽担保经验推进政银担风险分担机制建设的通知》（2016年7月4日，融资担保办通〔2016〕2号）

一、认真准确借鉴安徽政银合作的主要做法

......

（二）坚持持续发展，创新"4321"政银担合作模式。改变传统模式，引入政府、再担保、银行共同分担风险，积极探索"4321"新型政银担合作的新模式，对单户2000万元以下的贷款担保业务，由融资担保公司、信用担保集团、银行、当地政府，按照4∶3∶2∶1的比例承担风险责任。……

再担保机制的服务对象主要为中小微企业，而非标融资的融资主体多为大型企业，一般不会产生业务交集。若融资人以再担保作为增信措施的，建议只作为补充增信措施，不作为主要增信措施。再担保形式建议选择连带责任再担保。再担保公司只能够提供一般责任再担保的，建议删除再担保合同中关于"主债务人和融资担保公司以其全部资产破产清算完毕后仍不能按约定履行担保债务"作为履行再担保责任前提条件的约定，可考虑将履行再担保责任的前提条件设置为"经法院受理强制执行债务人和担保人财产申请后XX个月后，债权人仍不能得到清偿的"，以便尽快实现担保权利。

【相关案例】

甲银行股份有限公司三明分行与福建省乙信用再担保有限责任公司保证合同纠纷［一审：（2015）鼓民初字第5850号，二审：（2016）闽01民终3796号］[①]

2013年7月10日，甲银行三明分行与再担保公司、丙担保公司签订《再担保合同》。合同约定，在符合要求的福建省内乙融资项目中，由丙担保公司为甲银行三明分行的债务人向甲银行三明分行提供担保，由再担保公司为丙担保公司向甲银行三明分行提供再担保；当主债务人未能清偿债务，且丙担保公司的全部资产亦不能对甲银行三明分行承担全部担保责任时，在法律规定的承担一般保证的条件成就后，由再担保公司按合同约定及法律规定向甲银行三明分行承担一般保证责任；合同的

---

① 案例来源：中国裁判文书网。

履行期限为 2013 年 7 月 10 日至 2014 年 7 月 9 日；再担保的限额为 4 亿元人民币；再担保的范围包括丙担保公司在甲银行三明分行发生的担保项目所产生的担保债权本金、利息、违约金、损害赔偿金及甲银行三明分行实现债权的费用；承担方式为一般保证责任。

2014 年 5 月 21 日，甲银行三明分行与丁燃料公司签订《商业汇票银行承兑合同》。合同约定，甲银行三明分行对出票人为丁燃料公司、收款人为福建省三明戊贸易有限公司的银行承兑汇票进行承兑，票面金额为 400 万元，汇票到期日为 2014 年 11 月 21 日，丁燃料公司应在汇票到期日前应付票面款足额交存甲银行三明分行，甲银行三明分行有权对其未交付的票款自到期日起至清偿日止按日 5‰的利率计收利息。丙担保公司等对丁燃料公司的还款责任提供连带保证责任担保。

汇票到期后，丁燃料公司未按约定交付票款。甲银行三明分行于 2014 年 12 月 3 日向三明市梅列区人民法院起诉，2014 年 12 月 10 日，三明市梅列区人民法院作出（2014）梅民初字第 3200 号民事调解书，丁燃料公司确认上述所欠甲银行三明分行垫款本息并承诺于 2014 年 12 月 15 日前归还，并承担诉讼费用 19400 元，丙担保公司等对此承担连带保证责任。（2014）梅民初字第 3200 号民事调解书生效后，丁燃料公司未履行调解书确定的还款义务，甲银行三明分行于 2014 年 12 月 26 日向法院申请强制执行，2014 年 12 月 31 日，三明市梅列区人民法院作出（2015）梅执行字第 27 号《执行裁定书》，确认被执行人丁燃料公司、丙担保公司现无财产可供执行，裁定终结本次执行程序。甲银行三明分行遂提起诉讼。

福州市鼓楼区人民法院一审认为：

案涉《再担保合同》是三方当事人真实意思表示，合同依法有效。合同对担保的范围、合作期限、担保限额、责任范围及承担方式均作了明确约定，并约定当主债务人未能清偿债务，且丙担保公司的全部资产亦不能对甲银行三明分行承担全部担保责任时，在法律规定的承担一般保证的条件成就后，由再担保公司按合同约定及法律规定向甲银行三明分行承担一般保证责任。

再担保公司提起上诉称：

其所担保的丙担保公司尚有对其他案外人的债权以及股权投资、固定资产等可供执行为由，主张其承担保证责任的条件尚未成就。

福州市中级人民法院二审认为：

《中华人民共和国担保法》第17条第2款规定："一般保证的保证人在主合同纠纷未经审判或者仲裁，并就债务人财产依法强制执行仍不能履行债务前，对债权人可以拒绝承担保证责任。"据此可知，在主合同经过审判并就债务人的财产依法强制执行仍不能履行债务的，一般保证的保证人应承担一般保证责任。本案中，甲银行三明分行已另案以丁燃料公司、丙担保公司为被告提起诉讼并取得生效调解书，在该案进入强制执行程序后，执行法院以丁燃料公司、丙担保公司无财产可供执行为由裁定终结执行程序，故甲银行三明分行要求再担保公司履行一般保证责任的条件已经成就。上诉人再担保公司以其所担保的丙担保公司尚有对其他案外人的债权以及股权投资、固定资产等可供执行为由，主张其承担保证责任的条件尚未成就，但本院注意到，上诉人再担保公司并未提交证据证明丙担保公司对案外人的债权已实现并可作为执行财产，也未提交证据证明丙担保公司尚有股权投资、固定资产等其他可供执行的财产，故上诉人关于其承担保证责任的条件未成就的抗辩意见，本院不予采纳。上诉人主张"应待丙担保公司进入破产程序才可认定其是否具备清偿债务能力，进而才能认定保证人是否具备承担保证责任的条件"，于法无据，本院不予采纳。

第三章

非标业务融资项目的常见风险及应对

一、与"两高一剩"融资相关的问题

（一）概述

"两高一剩"产业是指高污染、高能耗和产能过剩的行业。根据银监会《绿色信贷指引》和《绿色信贷实施情况关键评价指标》，涉及"两高一剩"行业参考范围包括：棉印染精加工、毛染整精加工、麻染整精加工、丝印染精加工、化纤织物染整精加工、皮革鞣制加工、毛皮鞣制加工、木竹浆制造、非木竹浆制造、炼焦、无机酸制造、无机碱制造、电石、甲醇、有机硅单体、黄磷、氮肥制造、磷肥制造、电石法聚氯乙烯、斜交轮胎、力车胎、水泥制造、平板玻璃制造、多晶硅、炼铁、炼钢、铁合金冶炼、铝冶炼、金属船舶制造。

1985年伴随着中国经济开始增长和出口退税政策的实施，高污染、高能耗行业迅猛发展，但资源消耗型、环境污染型的产业机构和经济发展模式带来了巨大的资源和环境负担。2005年7月2日，《国务院关于加快发展循环经济的若干意见》提出要限制高耗能、高耗水、高污染产业的发展。国家发改委、财政部、商务部开始出台一系列规定限制高耗能、高污染产品出口。2005年12月2日国务院《促进产业结构调整暂行规定》进一步提出要调整高耗能、高污染产业规模，降低高耗能、高污染产业比重，禁止投资属于限制类和淘汰类项目，并停止各种形式的授信支持，采取措施收回已发放的贷款。2007年3月25日《国务院关于印发2007年工作要点的通知》明确，要严格限制对高耗能、高污染企业和产能过剩行业的落后企业贷款。2007年7月15日银监会办公厅印发《关于防范和控制高耗能高污染行业贷款风险的通知》，要求对能耗、排污不达标，或违反国家有关规定的贷款企业，坚决收回贷款；对能耗、排污虽然达标但不稳定或节能减排目标责任不明确、管理措施不到位的贷款企业，调整贷款期限，压缩贷款规模，提高专项准备，从严评定贷款等级。之后，产能过剩行业也被纳入调整目标，"两高一剩"企业淘汰和结构调整步伐加快。2012年1月19日，银监会印发《绿色信贷指引》明确银行业金融机构绿色信贷支持方向和重点领域。银行业协会相关数据显示，2014年年末，银行业金融机构"两高一剩"行业贷款余额2.28万亿，2015年年末贷款余额为1.8万亿，总体呈下降趋势，但部分银行"两高一剩"贷款规模略有上升。2017年3月28日银监会组织开展银行业"监管套利、空转套利、关联套利"专项治理工作，检查信贷资金是否借道建筑业或其他行业投向房地产和"两高一剩"行业领域，是否通过同业业务和理财业务或拆分为小额贷款等方式，向房地产和"两高一剩"等行业领域提供融资。

【规范性文件】

《中国银监会关于进一步规范商业银行个人理财业务投资管理有关问题的通知》（2009年7月6日，银监发〔2009〕65号）

十三、理财资金用于发放信托贷款，应符合以下要求：

（一）遵守国家相关法律法规和产业政策的要求。

（二）商业银行应对理财资金投资的信托贷款项目进行尽职调查，比照自营贷款业务的管理标准对信托贷款项目做出评审。

《证券期货经营机构私募资产管理业务运作管理暂行规定》（2016年7月14日，证监会公告〔2016〕13号）

第六条 证券期货经营机构发行的资产管理计划不得投资于不符合国家产业政策、环境保护政策的项目（证券市场投资除外），包括但不限于以下情形：

（一）投资项目被列入国家发展改革委最新发布的淘汰类产业目录；

（二）投资项目违反国家环境保护政策要求；

（三）通过穿透核查，资产管理计划最终投向上述投资项目。

《中国银监会关于规范银信类业务的通知》（2017年11月22日，银监发〔2017〕55号）

七、商业银行和信托公司开展银信类业务，应贯彻落实国家宏观调控政策，遵守相关法律法规，不得将信托资金违规投向房地产、地方政府融资平台、股票市场、产能过剩等限制或禁止领域。

（二）"两高一剩"融资需关注的问题

1. 限制类、淘汰类项目

限制类项目主要是工艺技术落后，不符合行业准入条件和有关规定，不利于产业结构优化升级，需要督促改造和禁止新建的生产能力、工艺技术、装备及产品的项目。淘汰类项目主要是不符合有关法律法规规定，严重浪费资源、污染环境、不具备安全生产条件，需要淘汰的落后工艺技术、装备及产品的项目。具体项目根据2013年5月1日国家发改委修改发布的《产业结构调整指导目录（2011年本）》确定。

（1）限制类的"新建项目"

2005年12月2日国务院《促进产业结构调整暂行规定》第18条规定，禁止投资属于限制类的新建项目，投资管理部门不予审批、核准或备案，各金融机构不得发放贷款，土地管理、城市规划和建设、环境保护、质检、消防、海关、工商等部门不得办理有关手续。凡违反规定进行投融资建设的，要追究有关单位和人员的责任。

（2）限制类的"现有生产能力"

《促进产业结构调整暂行规定》第18条第2款规定，对属于限制类的现有生产能力允许企业在一定期限内采取措施改造升级，金融机构按信贷原则继续给予支持。国家有关部门要根据产业结构优化升级的要求，遵循优胜劣汰的原则，实行分类指导。

（3）淘汰类项目

《促进产业结构调整暂行规定》第 19 条规定禁止投资淘汰类项目，且各金融机构应停止各种形式的授信支持，并采取措施收回已发放的贷款。

（4）继续支持项目

根据 2013 年 7 月 1 日《国务院办公厅关于金融支持经济结构调整和转型升级的指导意见》，对产能过剩行业区分不同情况实施差别化政策。对产品有竞争力、有市场、有效益的企业，要继续给予资金支持；对合理向境外转移产能的企业，要通过内保外贷、外汇及人民币贷款、债权融资、股权融资等方式，积极支持增强跨境投资经营能力；对实施产能整合的企业，要通过探索发行优先股、定向开展并购贷款、适当延长贷款期限等方式，支持企业兼并重组。

因此，为符合国家政策导向，避免进入其他金融机构已停止授信的项目，不应为限制类新建项目和淘汰类项目提供融资支持。对于限制类的现有生产能力企业，应关注其生产能力改造升级情况，并走访当地政府主管部门调查了解对该企业的支持情况，审慎给予融资支持。对于继续支持项目，可以给予融资支持。

2. 限制类项目和淘汰类项目的辨别

判断融资项目是否属于限制类项目和淘汰类项目，除对照《产业结构调整指导目录》外，还应要求融资方提供融资项目的土地管理、城市规划、环境保护、质检、消防、海关、工商等部门的相关审批、许可手续，或向当地政府、环保部门查询融资项目是否对属于限制类的"现有生产能力"项目下达限期整改的通知等文件，或者向电力部门查询是否属于差别电价政策中的"两类项目"。

二、与房地产融资相关的问题

(一) 概述

2016年全国新增房地产开发贷5.7万亿元,其中非标融资约3万亿元。2017年截至10月底,全国新成立集合类房地产信托规模2871.15亿元,同比增长83.42%。非标融资已成为房地产企业的主要融资来源之一。银行资金甚至通过"银证"委托贷款模式大规模向房地产企业发放贷款用于支付土地出让金,侧面推动了房地产价格上涨。2016年10月,政府和监管部门开始压缩房地产融资规模,严控银行信贷资金借通道违规流入房地产领域,禁止私募资产管理计划投资热点城市住宅项目和向房地产企业提供资金用于补充流动资金或支付土地价款。

(二) 房地产非标融资模式

房地产非标融资常见模式包括:委托贷款、嵌套投资信托计划及其他金融产品、受让信托受益权及其他资产收(受)益权和以名股实债的方式受让房地产开发企业股权。

1. 委托贷款

委托贷款,是指委托人提供资金,由商业银行(受托人)根据委托人确定的借款人、用途、金额、币种、期限、利率等代为发放、协助监督使用、协助收回的贷款。非标融资中委托贷款模式的业务结构为,银行理财资金或社会投资者认购证券公司或基金子公司设立的集合资产管理计划,集合资产管理计划委托银行向融资人发放委托贷款。2015年和2016年,银行业金融通过该模式大量向房地产提供资金用于支付出让金,推动热点城市房价大幅上涨。2016年11月,银监会开始对此类贷款开展排查,并对多家银行进行了处罚,2017年中国证券投资基金业协会对投向热点城市普通住宅的房地产类私募资产管理计划停止备案，该模式基本已停滞。

【规范性文件】

《中国银监会关于进一步加强信用风险管理的通知》(2016年9月14日，银监发〔2016〕42号)

一、改进统一授信管理。银行业金融机构应将贷款（含贸易融资）、票据承兑和贴现、透支、债券投资、特定目的载体投资、开立信用证、保理、担保、贷款承诺，以及其他实质上由银行业金融机构承担信用风险的业务纳入统一授信管理，其中，特定目的载体投资（SPV）应按照穿透原则对应至最终债务人。在全面覆盖各类授信业务的基础上，银行业金融机构应确定单一法人客户、集团客户以及地区、行业的综合授信限额。综合授信限额应包括银行业金融机构自身及其并表附属机构授信总额。银行业金融机构应将同业客户纳入实施统一授信的客户范围，合理设定同业客户的风险限额，全口径监测同业客户的风险暴露水平。对外币授信规模较大的客户设定授信额度时，应充分考虑汇率变化对风险暴露的影响。

《关于开展银行业金融机构房地产相关业务专项检查的紧急通知》(2016年11月11日，银监办便函〔2016〕1846号)

三、检查要点

......

（四）理财资金投资管理情况

是否严格执行银行理财资金投资非标资产的比例限制；是否比照自营贷款管理的要求，强化对银行理财资金投向房地产领域的监督管理，是否存在理财资金违规进入房地产领域的问题。

（五）房地产信托业务合规经营情况

是否严格执行房地产相关信托业务监管规定；是否加强信托资金用拓和流向监控；是否通过多层嵌套等产品规避监管要求；信托公司是否发放用于支付土地出让价款的信托贷款，是否向房地产开发企业发放流动资金信托贷款；信托公司是否以充当筹资渠道或放款通道等方式，直接或间接为各类机构发放首付贷等违法违规行为提供便利；信托公司对个人信托贷款是否加强资金流向监控，防范资金被挪用于支付购房者首付款。

《证券期货经营机构私募资产管理计划备案管理规范第4号》（2017年2月13日）

一、证券期货经营机构设立私募资产管理计划，投资于房地产价格上涨过快热点城市普通住宅地产项目的，暂不予备案，包括但不限于以下方式：

（一）委托贷款；

（二）嵌套投资信托计划及其他金融产品；

（三）受让信托受益权及其他资产收（受）益权；

（四）以名股实债的方式[3]受让房地产开发企业股权；

（五）中国证券投资基金业协会根据审慎监管原则认定的其他债权投资方式。

二、资产管理人应当依据勤勉尽责的受托义务要求，履行向下穿透审查义务，即向底层资产进行穿透审查，以确定受托资金的最终投资方向符合本规范要求。

三、私募资产管理计划不得通过银行委托贷款、信托计划、受让资产收（受）益权等方式向房地产开发企业提供融资，用于支付土地出让价款或补充流动资金；不得直接或间接为各类机构发放首付贷等违法违规行为提供便利。

【相关案例】

上海银监局行政处罚信息公开表（沪银监罚决字〔2017〕16号）

招商银行股份有限公司上海分行以"投资资产管理计划—发放信托贷款"为通道，向××投资管理有限公司放款，部分资金用于支付土地出让金，罚没合计人民币420.3428万元。

2. 嵌套投资信托计划及其他金融产品

嵌套投资信托计划及其他金融产品即俗称的"证信"模式和"银证信"

模式。该模式业务结构为，银行理财资金或社会投资者认购证券公司或基金子公司的资产管理计划，资产管理计划认购信托公司设立的信托计划份额，信托公司运用受托资金向融资人发放信托贷款。该模式目前也存在合规风险。

3.受让信托受益权及其他资产收（受）益权

受让信托受益权及其他资产收（受）益权，即收益权转让及回购。该模式的业务结构为，银行理财产品或券商、基金子公司资产管理计划认购信托公司设立的信托计划，信托公司将委托资金用于购买房地产企业的应收账款收益权、股权收益权等，房地产企业承诺在未来特定时间溢价回购该收益权。但根据《证券期货经营机构私募资产管理计划备案管理规范第4号》、《中国银监会关于规范银信类业务的通知》等规定，该模式亦存在合规性问题。

4.以名股实债的方式受让房地产开发企业股权

以名股实债的方式受让房地产开发企业股权，简称明股实债，其业务结构为，证券公司或基金子公司资产管理计划认购信托公司设立的信托计划，信托计划直接注资或受让取得标的公司股权，标的公司定期向投资人分配固定收益（即利息），标的公司大股东或实际控制人承诺远期以固定金额回购投资人所持标的公司股权。根据前述《证券期货经营机构私募资产管理计划备案管理规范第4号》、《中国银监会关于规范银信类业务的通知》等规定，该模式也存在合规性问题。

因此，目前房地产领域非标融资通道基本堵塞。

三、与土地储备融资相关的问题

土地储备是指县级（含）以上国土资源主管部门为调控土地市场、促进土地资源合理利用，依法取得土地，组织前期开发、储存以备供应的行为。土地储备大体分为土地收购和土地一级开发两个阶段。土地收购环节包括，征地、补偿、拆迁安置，是消除土地上附属的他人权益的过程，即"从有到无"。土地一级开发环节，也称土地前期开发，是将不可利用地进行平整、初步开发建设达到可利用标准以便土地进入二级市场的过程,即"从无到有"。

根据 2018 年 1 月 3 日国土资源部、财政部、人民银行、银监会联合发布的《土地储备管理办法》,土地储备机构为县级以上人民政府批准成立、具有独立的法人资格、隶属于所在行政区划的国土资源主管部门、承担本行政辖区内土地储备工作的事业单位。土地储备职能只能由土地储备机构承担,过往土地储备机构授权城投公司或其他公司承担土地储备职能的模式已被禁止。土地储备机构的职能向宏观调控、规划引导等逐步调整[①]。

土地储备机构融资规范主要经历了以下 4 个阶段:

1. 初步确立金融机构可为土地储备机构融资

2001 年 4 月 30 日,国务院发布《关于加强国有土地资产管理的通知》,规定市、县人民政府可划出部分土地收益用于收购土地,金融机构要依法提供信贷支持,明确了金融机构可以为土地收储提供融资。2004 年 8 月 30 日,银监会发布《商业银行房地产贷款风险管理指引》,对土地储备贷款作出规范,提出了商业银行对资本金没有到位或资本金严重不足、经营管理不规范的借款人不得发放土地储备贷款等风险管理措施,并规定土地储备贷款的借款人仅限于负责土地一级开发的机构。2007 年 11 月 19 日,国土资源部、财政部、人民银行发布的《土地储备管理办法》,对土地储备机构申请贷款的性质、需要满足的要求、贷款的规模、资金管理作了较为详细的规定。该文件仍规定商业银行及其他金融机构可以为土地储备机构发放贷款,对贷款期限也未做硬性要求。

2. 调整和加强金融机构对土地储备机构融资管理

2008 年 10 月 28 日,银监会办公厅发布《关于加强信托公司房地产、证券业务监管有关问题的通知》,要求信托应充分认识土地储备贷款风险,审慎发放此类贷款,并明确规定贷款额度不得超过所收购土地评估值的 70%,贷

---

① 杨磊:《国土资源部:切实规范土地储备职能和融资方式》,http://www.mlr.gov.cn/xwdt/jrxw/201604/t20160418_1402412.htm,最后访问时间:2017 年 12 月 1 日。

款期限最长不得超过 2 年。2010 年 2 月 11 日，银监会办公厅发布《关于加强信托公司房地产信托业务监管有关问题的通知》，规定信托公司不得以信托资金发放土地储备贷款，实质上暂停了信托公司对土地储备机构提供融资。2012 年 11 月 5 日，国土资源部、财政部、人民银行、银监会联合发布《关于加强土地储备与融资管理的通知》，要求建立土地储备机构名录，并通过设立融资规模控制卡的举措进一步规范土地储备机构的商业银行贷款。并明确土地储备机构融资应纳入地方政府性债务统一管理，执行地方政府性债务管理的统一政策，对贷款期限也作出了最长不超过 5 年的规定。

3. 土地储备机构不得向银行贷款

2014 年 9 月 21 日，国务院发布《关于加强地方政府性债务管理的意见》（国发〔2014〕43 号，以下简称"43 号文"），严格规范地方政府融资，要求地方政府进一步规范土地出让管理，坚决制止违法违规出让土地及融资行为。

2016 年 2 月 2 日，在 43 号文严格加强地方政府债务管理，规范地方政府融资的大背景下，国土资源部、财政部、人民银行、银监会再次联合发布《规范土地储备和资金管理等相关问题的通知》（财综〔2016〕4 号，以下简称"财综 4 号文"），规定自 2016 年 1 月 1 日起，各地不得再向银行业金融机构举借土地储备贷款。土地储备机构新增土地储备项目所需资金，应当严格按照规定纳入政府性基金预算，从国有土地收益基金、土地出让收入和其他财政资金中统筹安排，不足部分在国家核定的债务限额内通过省级政府代发地方政府债券筹集资金解决。

4. 地方政府发行土地储备专项债券为土储机构融资

2017 年 5 月 16 日，财政部、国土资源部联合发布《地方政府土地储备专项债券管理办法（试行）》（财预〔2017〕62 号，以下简称 62 号文"），具备举债资质的地方政府可以发行土地储备专项债券，债券资金由土地储备机构专项用于土地储备。土地储备专项债券成为土地储备机构非预算内资金的唯一来源。

【规范性文件】

《土地储备管理办法》(2018年1月3日,国土资规〔2017〕17号)

（二）土地储备是指县级（含）以上国土资源主管部门为调控土地市场、促进土地资源合理利用，依法取得土地，组织前期开发、储存以备供应的行为。土地储备工作统一归口国土资源主管部门管理，土地储备机构承担土地储备的具体实施工作。财政部门负责土地储备资金及形成资产的监管。

（三）土地储备机构应为县级（含）以上人民政府批准成立、具有独立的法人资格、隶属于所在行政区划的国土资源主管部门、承担本行政辖区内土地储备工作的事业单位。国土资源主管部门对土地储备机构实施名录制管理。市、县级国土资源主管部门应将符合规定的机构信息逐级上报至省级国土资源主管部门，经省级国土资源主管部门审核后报国土资源部，列入全国土地储备机构名录，并定期更新。

第四章

非标业务融资方式的常见风险及应对

一、流动资金贷款

（一）概念

流动资金贷款，是指为弥补企业在经营过程中出现的现金缺口，满足企业在生产经营过程中临时性、季节性的流动资金需求，或者企业在生产经营过程中长期平均占用的流动资金需求，保证生产经营活动的正常进行而发放的贷款。流动资金贷款不得用于固定资产、股权等投资，不得用于国家禁止生产、经营的领域和用途。流动资金贷款按贷款期限长短可分为临时流动资金贷款、短期流动资金贷款和中期流动资金贷款。临时贷款是为了满足企业一次性进货的临时需要和弥补其他季节性支付资金不足，具有临时性、季节性的特点，贷款期限较短，期限一般为 3 个月以内。中期贷款主要用于企业正常生产经营中经常占用的、长期流动性资金需要，期限为 1 年到 3 年。短期贷款最为常见，主要用于企业正常生产经营中周期性、季节性资金的需要，期限一般为 1 年。

（二）流动资金贷款需关注的问题

1. 限制性对象

根据 2010 年 5 月 28 日《中国人民银行、中国银行业监督管理委员会关于进一步做好支持节能减排和淘汰落后产能金融服务工作的意见》规定，各银行业金融机构对不符合国家节能减排政策规定和国家明确要求淘汰的落后产能的违规在建项目，不得提供任何形式的新增授信支持，对违规已经建成的项目，不得新增任何流动资金贷款。2016 年 7 月 14 日证监会《证券期货经营机构私募资产管理业务运作管理暂行规定》要求，证券公司、基金管理公司、期货公司及其依法设立的从事私募资产管理业务的子公司发行的资产管理计划不得投资于不符合国家产业政策、环境保护政策的项目，并要求对资产管理计划的投资范围进行穿透核查，判断最终投向是否为国家禁止投资的行业。2017 年 11 月 22 日《中国银监会关于规范银信类业务的通知》规定，商业银行和信托公司开展银信类业务，不得将信托资金违规投向产能过剩等限制或禁止领域。因此资金投向"两高一剩"行业（即高耗能、高排放和产能过剩行业）将可能面临监管处罚。另一方面，由于"两高一剩"行业生产受限，资金面收紧，新进入资金可能"接盘"退出资金，不能回收的风险较大。

【规范性文件】

《中国人民银行、中国银行业监督管理委员会关于进一步做好支持节能减排和淘汰落后产能金融服务工作的意见》（2010 年 5 月 28 日，银发〔2010〕170 号）

三、进一步加强和改进信贷管理，从严把好支持节能减排和淘汰落后产能信贷关

各银行业金融机构要根据国家金融宏观调控要求和支持节能减排、淘汰落后产能的相关政策精神，以法人为单位抓紧对系统内信贷管理制度进行一次系统梳理和必要的调整完善，要结合自身业务范围和所在区域经济特点，制定详细的和可操作的授信指引、风险清单和相关信贷管理要求。各银行业金融机构董事会要切实承担起风险管理责任，制定具有明确"触发点"的风险防范化解预案，确保及时有效处置相关风险，严防风险积累。在审批新的信贷项目和发债融资时，要严格落实国家产业政策和环保政策的市场准入要求，严格审核高耗能、高排放企业的融资申请，对产能过剩、落后产能以及

节能减排控制行业，要合理上收授信权限，特别是涉及扩大产能的融资，授信权限应一律上收到总行；要把信贷项目对节能和环境的影响作为前期审贷和加强贷后管理的一项重要内容，进一步明确和落实信贷管理责任制，层层抓落实，严把节能减排和淘汰落后产能信贷关。对不符合国家节能减排政策规定和国家明确要求淘汰的落后产能的违规在建项目，不得提供任何形式的新增授信支持；对违规已经建成的项目，不得新增任何流动资金贷款，已经发放的贷款，要采取妥善措施保全银行债权安全。对国家已明确的限批区域、限贷企业或限贷项目，实施行业名单制管理制度，将存在重大违法违规行为、存在节能减排和安全等重大潜在风险、国家和各地重点监控的企业（项目）列入名单，实行严格的信贷管理。地方性银行业法人金融机构要从严审查和控制对"五小"企业及低水平重复建设项目的贷款。……

《证券期货经营机构私募资产管理业务运作管理暂行规定》（2016年7月14日，中国证券监督管理委员会公告〔2016〕13号）

第六条 证券期货经营机构发行的资产管理计划不得投资于不符合国家产业政策、环境保护政策的项目（证券市场投资除外），包括但不限于以下情形：

（一）投资项目被列入国家发展改革委最新发布的淘汰类产业目录；

（二）投资项目违反国家环境保护政策要求；

（三）通过穿透核查，资产管理计划最终投向上述投资项目。

《中国银监会关于规范银信类业务的通知》（2017年11月22日，银监发〔2017〕55号）

七、商业银行和信托公司开展银信类业务，应贯彻落实国家宏观调控政策，遵守相关法律法规，不得将信托资金违规投向房地产、地方政府融资平台、股票市场、产能过剩等限制或禁止领域。

2. 禁止性对象

根据监管部门规定，银行、信托公司、证券公司等金融机构不得以任何方式直接或间接向房地产开发企业提供流动资金支持。

【规范性文件】

《中国人民银行关于进一步加强房地产信贷业务管理的通知》(2003年6月5日，银发〔2003〕121号)

一、加强房地产开发贷款管理、引导规范贷款投向

……

商业银行对房地产开发企业申请的贷款，只能通过房地产开发贷款科目发放，严禁以房地产开发流动资金贷款及其他形式贷款科目发放。对房地产开发企业已发放的非房地产开发贷款，各商业银行按照只收不放的原则执行。房地产开发企业申请银行贷款，其自有资金（指所有者权益）应不低于开发项目总投资的30%。

……

《商业银行房地产贷款风险管理指引》（银监发〔2004〕57号，2004年8月30日）

第二十一条 商业银行应严密监控建筑施工企业流动资金贷款使用情况，防止用流动资金贷款为房地产开发项目垫资。

《中国人民银行、中国银行业监督管理委员会关于加强商业性房地产信贷管理的通知》（2007年9月27日，银发〔2007〕359号）

一、严格房地产开发贷款管理

……

商业银行对房地产开发企业发放的贷款只能通过房地产开发贷款科目发放，严禁以房地产开发流动资金贷款或其他贷款科目发放。

……

《中国人民银行、中国银行业监督管理委员会关于印发〈经济适用住房开发贷款管理办法〉的通知》（2008年1月18日，银发〔2008〕13号）

第五条 经济适用住房开发贷款必须专项用于经济适用住房项目建设，

不得挪作他用。

严禁以流动资金贷款形式发放经济适用住房开发贷款。

《中国银监会办公厅关于加强信托公司房地产、证券业务监管有关问题的通知》(2008年10月28日,银监办发〔2008〕265号)

一、信托公司要严格按照《中国银行业监督管理委员会关于进一步加强房地产信贷管理的通知》(银监发〔2006〕54号)等有关法规从事房地产业务。

……

(二)严禁向房地产开发企业发放流动资金贷款,严禁以购买房地产开发企业资产附回购承诺等方式变相发放流动资金贷款,不得向房地产开发企业发放用于缴交土地出让价款的贷款。要严格防范对建筑施工企业、集团公司等的流动资金贷款用于房地产开发。

……

《证券期货经营机构私募资产管理计划备案管理规范第4号——私募资产管理计划投资房地产开发企业、项目》(2017年2月13日)

三、私募资产管理计划不得通过银行委托贷款、信托计划、受让资产收(受)益权等方式向房地产开发企业提供融资,用于支付土地出让价款或补充流动资金;不得直接或间接为各类机构发放首付贷等违法违规行为提供便利。

3. 贷款用途

流动资金贷款系用于补充企业营运资金,支持企业生产经营,因此借款原因和用途将影响融资人后续是否具有足够的自偿能力。流动资金贷款项下,企业通过"融入资金—采购原材料—生产产品—销售回款"形成还款来源,因此应关注企业的采购、生产、销售、回款情况,分析企业周转速度和盈利情况,避免流动资金贷款在企业一次经营循环后无法退出,未来发生借新还旧风险。在放款时合理采用受托支付等方式控制资金流向,确保资金用于约定用途;在贷后检查中核查企业生产经营和产出情况,跟进企业销售情况,监控回款情况。

4. 借此新贷还彼旧贷

实践中企业以补充日常营运资金名义借新贷偿还旧贷，借短期流动资金贷款偿还长期项目贷款的情况十分普遍。为此，应对融资人的流动资金需求进行测算，特别应注意融资人近期借款到期情况，了解其他金融机构续贷意向和续贷审批情况，对可能存在"借此新贷还彼旧贷"的项目充分尽调，审慎研究，避免"踩雷"。

5. 流动资金需求测算

为测算企业是否具有实际融资需要，确保融资用途真实，根据2010年2月12日银监会《流动资金贷款管理暂行办法》规定，银行业金融机构应根据借款人经营规模、业务特征及应收账款、存货、应付账款、资金循环周期等要素测算其营运资金需求，综合考虑借款人现金流、负债、还款能力、担保等因素，合理确定贷款结构，包括金额、期限、利率、担保和还款方式等。确定企业流动资金需求可以根据企业融资用途使用不同的计算方法，如"信用周期测算法"、"销售增加量测算法"或参考《流动资金贷款管理暂行办法》所列测算方法等。如测算结果与融资申请存在较大出入的，则应调减融资规模。

1. 信用周期测算法，主要是通过计算应收账款、存货、应付账款等的周转率，并计算出周转天数，以此对比公司公布的信用周期，而后计算出款项被占用的信用周期、流动资金的需求量。具体计算方法如下：

（1）计算各周转率：应收账款周转率＝总销售收入/应收账款平均余额；存货周转率＝总销售成本/存货平均余额；应付账款周转率＝总销售成本/应付账款平均余额。

（2）计算各周转天数：周转天数＝365/各周转率。

（3）计算营业周期以及款项被占用的信用周期：营业周期＝存货周转天数＋应收账款周转天数；款项被占用的信用周期＝营业周期－应付账款周转天数＝存货周转天数＋应收账款周转天数－应付账款周转天数。

（4）流动资金的需求量＝总销售成本/款项被占用的信用周期。

2. 销售增加量测算法。主要理论依据为销售量的增加会带来资金需求量的增加，销售量与资金需求量之间存在固定函数关系。具体计算方法如下：

外部融资额＝外部融资销售增长比×销售增长＝｛资产销售百分比－负债销售百分比－计划销售净利率×［(1+增长率)/增长率］×（1-股利支付率)｝×销售增长

其中：(1) 资产销售百分比＝总资产/总销售额；(2) 负债销售百分比＝总负债/总销售额；(3) 计划销售净利率可以用最近会计年度的销售净利率替代，若未来预期将发生很大的变动也可以用对未来的预期值来测算；(4) 股利支付率＝支付的股利/净利润，若公司不支付股利，则股利支付率＝0

【规范性文件】

《流动资金贷款管理暂行办法》(2010年2月12日，中国银行业监督管理委员会令2010年第1号)

第十六条 贷款人应根据借款人经营规模、业务特征及应收账款、存货、应付账款、资金循环周期等要素测算其营运资金需求（测算方法参考附件），综合考虑借款人现金流、负债、还款能力、担保等因素，合理确定贷款结构，包括金额、期限、利率、担保和还款方式等。

附件：流动资金贷款需求量的测算参考

流动资金贷款需求量应基于借款人日常生产经营所需营运资金与现有流动资金的差额（即流动资金缺口）确定。一般来讲，影响流动资金需求的关键因素为存货（原材料、半成品、产成品）、现金、应收账款和应付账款。同时，还会受到借款人所属行业、经营规模、发展阶段、谈判地位等重要因素的影响。银行业金融机构根据借款人当期财务报告和业务发展预测，按以下方法测算其流动资金贷款需求量：

一、估算借款人营运资金量

借款人营运资金量影响因素主要包括现金、存货、应收账款、应付账款、预收账款、预付账款等。在调查基础上,预测各项资金周转时间变化,合理估算借款人营运资金量。在实际测算中,借款人营运资金需求可参考如下公式:

营运资金量=上年度销售收入×(1-上年度销售利润率)×(1+预计销售收入年增长率)/营运资金周转次数

其中:营运资金周转次数=360/(存货周转天数+应收账款周转天数-应付账款周转天数+预付账款周转天数-预收账款周转天数)

周转天数=360/周转次数

应收账款周转次数=销售收入/平均应收账款余额

预收账款周转次数=销售收入/平均预收账款余额

存货周转次数=销售成本/平均存货余额

预付账款周转次数=销售成本/平均预付账款余额

应付账款周转次数=销售成本/平均应付账款余额

二、估算新增流动资金贷款额度

将估算出的借款人营运资金需求量扣除借款人自有资金、现有流动资金贷款以及其他融资,即可估算出新增流动资金贷款额度。

新增流动资金贷款额度=营运资金量-借款人自有资金-现有流动资金贷款-其他渠道提供的营运资金

三、需要考虑的其他因素

(一)各银行业金融机构应根据实际情况和未来发展情况(如借款人所属行业、规模、发展阶段、谈判地位等)分别合理预测借款人应收账款、存货和应付账款的周转天数,并可考虑一定的保险系数。

(二)对集团关联客户,可采用合并报表估算流动资金贷款额度,原则上纳入合并报表范围内的成员企业流动资金贷款总和不能超过估算值。

(三)对小企业融资、订单融资、预付租金或者临时大额债项融资等情况,可在交易真实性的基础上,确保有效控制用途和回款情况下,根据实际交易需求确定流动资金额度。

（四）对季节性生产借款人，可按每年的连续生产时段作为计算周期估算流动资金需求，贷款期限应根据回款周期合理确定。

二、固定资产贷款

（一）概念

固定资产贷款，是指贷款人向企（事）业法人或国家规定可以作为借款人的其他组织发放的，用于固定资产项目的建设、购置、改造及其相应配套设施建设的贷款。2010年3月11日《中国银行业监督管理委员会关于〈固定资产贷款管理暂行办法〉的解释口径》规定，不论贷款人内部如何界定贷款品种，只要贷款用途为固定资产投资，均属固定资产贷款。固定资产贷款根据项目运作方式和还款来源不同分为项目融资和一般固定资产贷款；按用途分为基本建设贷款、更新改造贷款、房地产开发贷款、其他固定资产贷款等；按期限分为短期固定资产贷款、中期固定资产贷款和长期固定资产贷款。

【规范性文件】

《固定资产贷款管理暂行办法》（2009年7月23日，中国银行业监督管理委员会令2009年第2号）

第三条 本办法所称固定资产贷款，是指贷款人向企（事）业法人或国家规定可以作为借款人的其他组织发放的，用于借款人固定资产投资的本外币贷款。

《中国银行业监督管理委员会关于〈固定资产贷款管理暂行办法〉的解释口径》（2010年3月11日）

一、关于固定资产贷款的范围

《办法》所称固定资产贷款是指用于固定资产投资的贷款。不论贷款人内部如何界定贷款品种，只要贷款用途为固定资产投资，均属固定资产贷款。

有关固定资产投资的范围参照国家统计部门《固定资产投资统计报表制度》关于固定资产投资的统计口径，指总投资在 50 万元及 50 万元以上的固定资产投资项目。

（二）固定资产贷款需关注的问题

1. 项目资本金

根据银监会《固定资产贷款管理暂行办法》和《项目融资业务指引》的规定，在贷款人固定资产贷款发放和支付过程中，应当确保与拟发放贷款同比例的项目资本金足额到位，并与贷款配套使用，资本金未按照规定进度和数额到位的投资项目，金融机构不得贷款。因此在发放贷款时，金融机构应当审核固定资产投资项目的资本金是否已经达到规定的标准。

【规范性文件】

《固定资产贷款管理暂行办法》（2009 年 7 月 23 日，中国银行业监督管理委员会令 2009 年第 2 号）

第九条　贷款人受理的固定资产贷款申请应具备以下条件：

……

（七）符合国家有关投资项目资本金制度的规定；

……

第十七条　贷款人应在合同中与借款人约定提款条件以及贷款资金支付接受贷款人管理和控制等与贷款使用相关的条款，提款条件应包括与贷款同比例的资本金已足额到位、项目实际进度与已投资额相匹配等要求。

第二十八条　固定资产贷款发放和支付过程中，贷款人应确认与拟发放贷款同比例的项目资本金足额到位，并与贷款配套使用。

《项目融资业务指引》（2009 年 7 月 18 日，银监发〔2009〕71 号）

第八条　贷款人应当按照国家关于固定资产投资项目资本金制度的有关规定，综合考虑项目风险水平和自身风险承受能力等因素，合理确定贷款金额。

第十五条 贷款人应当根据项目的实际进度和资金需求，按照合同约定的条件发放贷款资金。贷款发放前，贷款人应当确认与拟发放贷款同比例的项目资本金足额到位，并与贷款配套使用。

（1）概念

项目资本金是指在投资项目的总投资中，除项目法人（依托现有企业的扩建及技术改造项目，现有企业法人即为项目法人）从银行或资金市场筹措的债务性资金外，还必须拥有一定比例的资本金，由投资者认缴。对投资项目来说是非债务性资金，项目法人不承担这部分资金的任何利息和债务，投资者可按其出资的比例依法享有所有者权益，也可转让其出资，但不得以任何方式抽回。

【规范性文件】

《国务院关于固定资产投资项目试行资本金制度的通知》（1996年8月23日，国发〔1996年〕35号）

一、从1996年开始，对各种经营性投资项目，包括国有单位的基本建设、技术改造、房地产开发项目和集体投资项目，试行资本金制度，投资项目必须首先落实资本金才能进行建设。个体和私营企业的经营性投资项目参照本通知的规定执行。

公益性投资项目不实行资本金制度。外商投资项目（包括外商投资、中外合资、中外合作经营项目）按现行有关法规执行。

二、在投资项目的总投资中，除项目法人（依托现有企业的扩建及技术改造项目，现有企业法人即为项目法人）从银行或资金市场筹措的债务性资金外，还必须拥有一定比例的资本金。投资项目资本金，是指在投资项目总投资中，由投资者认缴的出资额，对投资项目来说是非债务性资金，项目法人不承担这部分资金的任何利息和债务；投资者可按其出资的比例依法享有所有者权益，也可转让其出资，但不得以任何方式抽回。

本通知中作为计算资本金基数的总投资，是指投资项目的固定资产投资与铺底流动资金之和，具体核定时以经批准的动态概算为依据。

（2）项目资本金的形式和来源

项目资本金可以是货币，也可以是实物、工业产权、非专利技术和土地使用权。非货币形式的出资应经资产评估机构公允评估，且工业产权和非专利技术形式的出资比例不得超过项目资本金的20%，应防止融资人通过高估非货币资产价值以满足资本金要求。如实践中某物流企业将通过出让方式取得的2万元/亩的工业用地使用权及附属海域使用权评估20万元作为项目资本金，因评估报告有效期为2年，致使金融机构在后续诉讼保全时因法院坚持采信评估报告，认为金融机构超标的金额申请保全而不予支持。

项目资本金为货币的，资金来源包括个人所有的资金、国家授权的投资机构及企业法人的所有者权益（包括资本金、资本公积金、盈余公积金和未分配利润、股票上市收益资金等）、企业折旧资金以及投资者按照国家规定从资金市场上筹措的资金。投资者可以举措债务性资金用于项目资本金出资，该债务性资金债务归属于投资者个人，项目公司不具有偿还义务。

由于《国务院关于固定资产投资项目试行资本金制度的通知》并不限制投资者以债务性资金和募集资金作为项目资本金，实践中普遍存在"银行理财－信托/资管通道－私募股权基金"、"银行理财－信托通道"等项目资本金投资路径。但根据2009年9月3日《中国银监会关于信托公司开展项目融资业务涉及项目资本金有关问题的通知》的规定，项目资本金不得来自信托公司债务性集合信托计划资金，包括以股权投资附加回购承诺（含投资附加关联方受让或投资附加其他第三方受让的情形）等方式运用的信托资金，但私人股权投资信托除外。因此目前"银行理财－信托/资管通道－私募股权基金"应该是主要的项目资本金融资路径。

【规范性文件】

《国务院关于固定资产投资项目试行资本金制度的通知》（1996年8月23日，国发〔1996年〕35号）

三、投资项目资本金可以用货币出资，也可以用实物、工业产权、非专利技术、土地使用权作价出资。对作为资本金的实物、工业产权、非专利技术、土地使用权，必须经过有资格的资产评估机构依照法律、法规评估作价，不得高估或低估。以工业产权、非专利技术作价出资的比例不得超过投资项目资本金总额的20%，国家对采用高科技成果有特别规定的除外。投资者以货币方式认缴的资本金，其资金来源有：

（一）各级人民政府的财政预算内资金、国家批准的各种专项建设基金、"拨改贷"和经营性基本建设基金回收的本息、土地批租收入、国有企业产权转让收入、地方人民政府按国家有关规定收取的各种规费及其它预算外资金；

（二）国家授权的投资机构及企业法人的所有者权益（包括资本金、资本公积金、盈余公积金和未分配利润、股票上市收益资金等）、企业折旧资金以及投资者按照国家规定从资金市场上筹措的资金；

（三）社会个人合法所有的资金；

（四）国家规定的其它可以用作投资项目资本金的资金。

五、对某些投资回报率稳定、收益可靠的基础设施、基础产业投资项目，以及经济效益好的竞争性投资项目，经国务院批准，可以试行通过发行可转换债券或组建股份制公司发行股票方式筹措资本金。

《中国银监会关于信托公司开展项目融资业务涉及项目资本金有关问题的通知》（2009年9月3日，银监发〔2009〕84号）

一、信托公司要严格执行国家固定资产投资项目资本金管理制度，加强对项目资本金来源及到位真实性的审查认定。对股东借款（股东承诺在项目公司偿还银行或信托公司贷款前放弃对该股东借款受偿权的情形除外）、银行贷款等债务性资金和除商业银行私人银行业务外的银行个人理财资金，不得充作项目资本金。

信托公司应要求借款人提供资本金到位的合法、有效证明，必要时应委托有资质的中介机构进行核实认定。

二、信托公司不得将债务性集合信托计划资金用于补充项目资本金，以达到国家规定的最低项目资本金要求。前述债务性集合信托计划资金包括以股权投资附加回购承诺（含投资附加关联方受让或投资附加其他第三方受让的情形）等方式运用的信托资金。

信托公司按照《信托公司私人股权投资信托业务操作指引》开展私人股权投资信托业务时，约定股权投资附加回购选择权的情形不适用前款规定。

（3）项目资本金比例

各行业固定资产投资项目的最低资本金比例由《国务院关于调整固定资产投资项目资本金比例的通知》、《国务院关于调整和完善固定资产投资项目资本金制度的通知》规定，最低不得少于20%，但城市地下综合管廊、城市停车场项目，以及经国务院批准的核电站等重大建设项目可适当降低。

【规范性文件】

《国务院关于固定资产投资项目试行资本金制度的通知》（国务院，1996年8月23日，国发〔1996年〕35号）

四、投资项目资本金占总投资的比例，根据不同行业和项目的经济效益等因素确定，具体规定如下：

交通运输、煤炭项目，资本金比例为３５％及以上；

钢铁、邮电、化肥项目，资本金比例为２５％及以上；

电力、机电、建材、化工、石油加工、有色、轻工、纺织、商贸及其他行业的项目，资本金比例的20%及以上。

投资项目资本金的具体比例，由项目审批单位根据投资项目的经济效益以及银行贷款意愿和评估意见等情况，在审批可行性研究报告时核定。经国务院批准,对个别情况特殊的国家重点建设项目,可以适当降低资本金比例。

九、主要使用商业银行贷款的投资项目,投资者应将资本金按分年应到位数量存入其主要贷款银行;主要使用国家开发银行贷款的投资项目,应将资本金存入国家开发银行指定的银行。投资项目资本金只能用于项目建设,不得挪作它用,更不得抽回。有关银行承诺贷款后,要根据投资项目建设进度和资本金到位情况分年发放贷款。

有关部门要按照国家规定对投资项目资本金到位和使用情况进行监督。对资本金未按照规定进度和数额到位的投资项目,投资管理部门不发给投资许可证,金融部门不予贷款。对将已存入银行的资本金挪作它用的,在投资者未按规定予以纠正之前,银行要停止对该项目拨付贷款。

对资本金来源不符合有关规定,弄虚作假,以及抽逃资本金的,要根据情节轻重,对有关责任者处以行政处分或经济处罚,必要时停缓建有关项目。

《国务院关于调整固定资产投资项目资本金比例的通知》(2009年5月25日,国发〔2009〕27号,)

一、各行业固定资产投资项目的最低资本金比例按以下规定执行:

钢铁、电解铝项目,最低资本金比例为40%。

水泥项目,最低资本金比例为35%。

煤炭、电石、铁合金、烧碱、焦炭、黄磷、玉米深加工、机场、港口、沿海及内河航运项目,最低资本金比例为30%。

铁路、公路、城市轨道交通、化肥(钾肥除外)项目,最低资本金比例为25%。

保障性住房和普通商品住房项目的最低资本金比例为20%,其他房地产开发项目的最低资本金比例为30%。

其他项目的最低资本金比例为20%。

《国务院关于调整和完善固定资产投资项目资本金制度的通知》(2015年9月9日,国发〔2015〕51号)

一、各行业固定资产投资项目的最低资本金比例按以下规定执行。

城市和交通基础设施项目：城市轨道交通项目由25%调整为20%，港口、沿海及内河航运、机场项目由30%调整为25%，铁路、公路项目由25%调整为20%。

房地产开发项目：保障性住房和普通商品住房项目维持20%不变，其他项目由30%调整为25%。

产能过剩行业项目：钢铁、电解铝项目维持40%不变，水泥项目维持35%不变，煤炭、电石、铁合金、烧碱、焦炭、黄磷、多晶硅项目维持30%不变。

其他工业项目：玉米深加工项目由30%调整为20%，化肥（钾肥除外）项目维持25%不变。

电力等其他项目维持20%不变。

二、城市地下综合管廊、城市停车场项目，以及经国务院批准的核电站等重大建设项目，可以在规定最低资本金比例基础上适当降低。

三、金融机构在提供信贷支持和服务时，要坚持独立审贷，切实防范金融风险。要根据借款主体和项目实际情况，按照国家规定的资本金制度要求，对资本金的真实性、投资收益和贷款风险进行全面审查和评估，坚持风险可控、商业可持续原则，自主决定是否发放贷款以及具体的贷款数量和比例。对于产能严重过剩行业，金融机构要严格执行《国务院关于化解产能严重过剩矛盾的指导意见》（国发〔2013〕41号）有关规定。

2. 不同融资主体的限制性规定

（1）房地产企业

2009年以来，监管部门开始不断限制社会资金投向房地产领域，从最初的允许评级2C以上信托公司向"四证"不全及低于二级房地产开发资质项目放款，到严格"四证"齐全和二级资质要求，禁止银行业金融机构向囤地、捂盘房企发放贷款及以各种"创新"形式变相提供资金支持，再到2017年2月全面禁止私募资产管理计划投向热点城市住宅项目，2017年11月禁止银行理财资金借道信托投向房地产领域，房地产领域除银行贷款外的其他非标融资渠道已被挤压殆尽。详见本书第三章第二部分。

（2）融资平台公司

融资平台公司是指地方政府及其部门和机构、所属事业单位等通过财政拨款或注入土地、股权等资产设立，具有政府公益性项目投融资功能，并拥有独立企业法人资格的经济实体，包括各类综合性投资公司，如建设投资公司、建设开发公司、投资开发公司、投资控股公司、投资发展公司、投资集团公司、国有资产运营公司、国有资本经营管理中心等，以及行业性投资公司，如交通投资公司等。融资平台公司通过举债融资，为地方经济和社会发展筹集资金，在加强基础设施建设以及应对国际金融危机冲击中发挥了积极作用。但与此同时，也出现了一些亟须高度关注的问题，主要是融资平台公司举债融资规模迅速膨胀，运作不够规范；地方政府违规或变相提供担保，偿债风险日益加大；部分银行业金融机构风险意识薄弱，对融资平台公司信贷管理缺失等。

2010年6月1日《国务院关于加强地方政府融资平台公司管理有关问题的通知》要求，银行业金融机构要按商业化原则履行审批程序，凡没有稳定现金流作为还款来源的，不得发放贷款，融资平台公司新发贷款要直接对应项目，并严格执行国家有关项目资本金的规定。2010年12月16日《中国银监会关于加强融资平台贷款风险管理的指导意见》要求审慎发放和管理融资平台贷款。2011年3月31日《中国银监会关于切实做好2011年地方政府融资平台贷款风险监管工作的通知》要求对融资平台公司实行名单制管理，不得向"名单制"管理系统以外的融资平台发放贷款，且放款必须满足符合国家宏观调控政策、发展规划、行业规划、产业政策、行业准入标准、土地利用总体规划以及信贷审慎管理规定等要求；财务状况健全，资产负债率不高于80%；抵押担保合法合规足值三个前提条件。2012年3月13日《中国银监会关于加强2012年地方政府融资平台贷款风险监管的指导意见》要求将融资平台再按"支持类"、"维持类"和"压缩类"三种情形进行管理，控新降旧。2013年4月9日《中国银监会关于加强2013年地方政府融资平台贷款风险监管的指导意见》明确，地方政府融资平台是指由地方政府出资设立并承担连带还款责任的机关、事业、企业三类法人，要求各银行业金融机构法人不得新增融资平台贷款规模，新增贷款应主要支持符合条件的省级融资平台、保障性住房和国家重点在建续建项目的合理融资需求，并严格控制平台贷款投向收费公路、保障性安居工程建设项目等。2014年9月21日《国务院关于加强地方政府性债务管理的意见》规定，融资平台公司不得新增政府债务，信托、资管业务平台类项目惯用的"关联地方财政的应收账款投资"、"还款纳入当地财政预算"等模式被阻断。2017年11月22日《中国银监会关于规范银信类业务的通知》直接明确商业银行和信托公司开展银信类业务，不得将信托资金违规投向政府融资平台。融资平台公司基本被排除出非标融资对象。

【规范性文件】

《国务院关于加强地方政府融资平台公司管理有关问题的通知》（2010年6月10日，国发〔2010〕19号）

三、加强对融资平台公司的融资管理和银行业金融机构等的信贷管理

融资平台公司融资和担保要严格执行相关规定。经清理整合后保留的融资平台公司，其融资行为必须规范，向银行业金融机构申请贷款须落实到项目，以项目法人公司作为承贷主体，并符合有关贷款条件的规定。融资项目必须符合国家宏观调控政策、发展规划、行业规划、产业政策、行业准入标准和土地利用总体规划等要求，按照国家有关规定履行项目审批、核准或备案手续。要严格按照规定用途使用资金，讲求效益，稳健经营。

银行业金融机构等要严格规范信贷管理，切实加强风险识别和风险管理。要落实借款人准入条件，按商业化原则履行审批程序，审慎评估借款人财务能力和还款来源。凡没有稳定现金流作为还款来源的，不得发放贷款。向融资平台公司新发贷款要直接对应项目，并严格执行国家有关项目资本金的规

定。严格执行贷款集中度要求,加强贷款风险控制,坚持授信审批的原则、程序与标准。要按照要求将符合抵质押条件的项目资产或项目预期收益等权利作为贷款担保。要认真审查贷款投向,确保贷款符合国家规划和产业发展政策要求。要加强贷后管理,加大监督和检查力度。适当提高融资平台公司贷款的风险权重,按照不同情况严格进行贷款质量分类。

《中国银监会关于加强融资平台贷款风险管理的指导意见》(2010年12月16日,银监发〔2010〕110号)

一、严格落实贷款"三查"制度,审慎发放和管理融资平台贷款

……

(二)金融机构应按照《固定资产贷款管理暂行办法》、《流动资金贷款管理暂行办法》、《项目融资业务指引》等信贷审慎管理规定,结合融资平台贷款的特点,分别对融资平台公司及贷款项目按照贷前调查、贷时审查和贷后检查等环节制定和完善审核标准、操作程序、风险管控措施和内部控制流程。

……

《中国银监会关于切实做好2011年地方政府融资平台贷款风险监管工作的通知》(2011年3月3日,银监发〔2011〕34号)

一、严格加强新增平台贷款管理

(一)健全"名单制"管理系统。各银行应在前期清理规范基础上,在总行及分支机构层面分别建立平台类客户和整改为一般公司类客户的"名单制"信息管理系统,系统至少包括企业法人、事业法人、机关法人三类融资平台的基本情况及授信、贷款期限结构、投向、风险定性及还款来源结构等要素。有关名单及风险定性情况需按季报送当地监管部门确认,并进行动态调整;各银行间风险定性存在差异的,由监管部门在各银行呈报的风险定性材料的基础上进行统一协调认定。

(二)建立总行集中审批制度。各银行应在"名单制"管理基础上,将平台贷款审批权限统一上收至总行。各银行总行应制定相应的平台贷款管理制度,对纳入平台类客户名单内的贷款实行总行统一授信、全口径监控和逐笔

审批，并在总行层面落实授信管理问责机制，分支行仅承担前台营销和贷后管理。

（三）严格信贷准入条件。各银行应严格按照国发19号文规定，制定平台贷款的审慎准入标准。平台类客户的新增贷款，必须符合《中华人民共和国公路法》、《国务院关于加强国有土地资产管理的通知》（国发〔2001〕15号，含有偿还能力的公租房、廉租房、棚户区改造）、属国务院核准或审批的重大项目以及国家另有规定等条件。同时，应最大限度增加抵押担保等风险缓释措施，并签订合法有效的还贷差额补足协议。

对于2010年6月30日前已签订合同但目前未完成全部放款过程的，必须同时满足以下三个条件才能继续放款：一是符合国家宏观调控政策、发展规划、行业规划、产业政策、行业准入标准、土地利用总体规划以及信贷审慎管理规定等要求；二是财务状况健全，资产负债率不高于80%；三是抵押担保合法合规足值。

对于符合条件的新增平台贷款，不得再接受地方政府以直接或间接形式为融资平台提供的任何担保和承诺。对于不符合上述条件的，一律不得新增平台贷款，不得向"名单制"管理系统以外的融资平台发放贷款，以实现全年平台贷款的降旧控新和风险缓释。

《中国银监会关于加强2012年地方政府融资平台贷款风险监管的指导意见》（2012年3月13日，银监发〔2012〕12号）

三、严格标准，有效控制新增贷款

……

（十三）严格新增贷款条件。仍按平台管理类的新增贷款必须满足五个前提条件：一是公司治理完善；二是现金流全覆盖；三是抵押担保符合现行规定且存量贷款已在抵押担保、贷款期限、还款方式等方面整改合格；四是借款人资产负债率低于80%；五是融资平台存量贷款中需要财政偿还的部分已纳入地方财政预算管理，并已落实预算资金来源。

五、完善制度，深化平台贷款管理

（十八）实行信贷分类制度。各银行应在原有"名单制"管理的基础上，对融资平台按照"支持类、维持类、压缩类"进行信贷分类。"支持类"指符合融资平台贷款的新增条件和银行信贷政策及风险偏好，可以新增贷款的融资平台；"维持类"指不完全满足融资平台贷款的新增条件，但未超越银行风险容忍度，可以为保项目完工进行再融资但贷款余额不超过年初水平的融资平台；"压缩类"指既不符合融资平台贷款的新增条件和银行信贷政策，又超越银行风险容忍度，贷款余额不得增加且不得以任何形式新发放贷款的融资平台。针对上述信贷分类，各银行总行要结合自身经营实际情况，制定出具体的分类条件和标准。

……

六、明确职责，强化监管约束

（二十一）强化信贷约束。对于存在以下情形的融资平台，各银行一律不得新发放任何形式的贷款：一是信贷分类结果为"压缩类"的；二是借款人为异地融资平台的；三是所在地区地方政府债务规模达到或超出限额的；四是地方政府以直接或间接形式为新增贷款提供担保承诺的；五是以学校、医院、公园等公益性资产作，为抵质押品的；六是以无合法土地使用权证的土地预期出让收入承诺作为质押的；七是存量贷款担保抵押、贷款合同等方面整改不到位的；八是资产负债率和现金流覆盖率不符合规定要求的。

……

《中国银监会关于加强2013年地方政府融资平台贷款风险监管的指导意见》（2013年4月9日，银监发〔2013〕10号）

一、总体要求

（一）严格把握定义。地方政府融资平台是指由地方政府出资设立并承担连带还款责任的机关、事业、企业三类法人。

……

三、控制总量

（七）控制平台贷款总量。按照"保在建、压重建、控新建"的基本要求，继续坚持总量控制。各银行业金融机构法人不得新增融资平台贷款规模。

四、优化结构

（八）实施平台层级差异化管理。新增贷款应主要支持符合条件的省级融资平台、保障性住房和国家重点在建续建项目的合理融资需求。对于现金流覆盖率低于100%或资产负债率高于80%的融资平台，各银行要确保其贷款占本行全部平台贷款的比例不高于上年水平，并采取措施逐步减少贷款发放，加大贷款清收力度。

五、严控新增

（九）严格新发放平台贷款条件。融资平台新发放贷款必须满足六个前提条件：一是现金流全覆盖；二是抵押担保符合现行规定，不存在地方政府及所属事业单位、社会团体直接或间接担保，且存量贷款已在抵押担保、贷款期限、还款方式等方面整改合格；三是融资平台存量贷款中需要财政偿还的部分已纳入地方财政预算管理，并已落实预算资金来源；四是借款人为本地融资平台；五是资产负债率低于80%；六是符合《关于制止地方政府违法违规融资行为的通知》（财预〔2012〕463号）文件有关要求。

（十）控制平台贷款投向。对于"仍按平台管理类"，新发放贷款的投向主要为五个方面：一是符合《公路法》的收费公路项目；二是国务院审批或核准通过且资本金到位的重大项目；三是符合《关于加强土地储备与融资管理的通知》（国土资发〔2012〕162号）要求，已列入国土资源部名录的土地储备机构的土地储备贷款；四是保障性安居工程建设项目；五是工程进度达到60%以上，且现金流测算达到全覆盖的在建项目。

……

《国务院关于加强地方政府性债务管理的意见》（2014年9月21日，国发〔2014〕43号）

二、加快建立规范的地方政府举债融资机制

……

（四）加强政府或有债务监管。剥离融资平台公司政府融资职能，融资平台公司不得新增政府债务。地方政府新发生或有债务，要严格限定在依法担保的范围内，并根据担保合同依法承担相关责任。地方政府要加强对或有债务的统计分析和风险防控，做好相关监管工作。

《中国银监会关于规范银信类业务的通知》（2017年11月22日，银监发〔2017〕55号）

七、商业银行和信托公司开展银信类业务，应贯彻落实国家宏观调控政策，遵守相关法律法规，不得将信托资金违规投向房地产、地方政府融资平台、股票市场、产能过剩等限制或禁止领域。

（3）"两高一剩"

"两高一剩"企业融资限制情况参照本章"流动资金贷款"部分和第三章。

三、资产收益权转让与回购

（一）资产收益权的含义

虽然目前法律、部门规章、行业规定等都未对"资产收益权"进行明确定义，但金融实践中"资产收益权"已作为投资和交易的客体普遍存在，如信托公司的特定资产收益权信托产品、银行业金融机构间的信贷资产收益权转让交易、地方金融交易场所的应收账款收益权凭证产品等。资产收益权本质上是附属于基础资产的从属性权利，其来源于金融实践，是市场主体为提高交易效率，突破权利主体限制，切割整体权利而形成的财产性权利。

资产收益权转让是市场主体在基础资产归属不发生变动的情况下，以约定方式就获取基础资产未来收益的权利进行交易的行为。在资产收益权转让中，权利人不转让权利人对义务人所享有的权利，而仅仅转让权利中的收益部分，即原法律关系中的双方主体仍为原主体，权利人对外转让其中的收益权能并不改变其在原法律关系中的法律地位，且无须通知义务人，资产收益权的受让人因不在原法律关系中，也无权向原义务人主张权利。

（二）资产收益权的分类

根据基础资产的不同，实务中常见的资产收益权主要包括三类：一是以应收账款为基础资产的应收账款收益权；二是以特定项目未来一段时间内获得的收入为基础资产的项目收益权；三是以股东一定时间内获取公司的分红为基础资产的股权收益权。

1. 应收账款收益权

《物权法》规定应收账款属于权利的类型之一。2017年10月25日中国人民银行《应收账款质押登记办法》将应收账款界定为指权利人因提供一定的货物、服务或设施而获得的要求义务人付款的权利以及依法享有的其他付款请求权，包括现有的和未来的金钱债权，但不包括因票据或其他有价证券而产生的付款请求权，以及法律、行政法规禁止转让的付款请求权。具体而言，应收账款包括销售、出租产生的债权，提供服务或劳务产生的债权，基础设施和公用事业项目收益权，贷款或其他信用活动债权等以合同为基础的具有金钱给付内容的债权。

应收账款收益权并不是向应收账款债务人"收取收益"的权利，而是从应收账款债权人处获得收益的权利。在应收账款收益权转让过程中，"收取收益"的权能并未转让，对应收账款债务人而言，仅债权人享有请求其支付应收账款的权利，债务人对应收账款收益权受让人不负担任何义务，应收账款收益权受让人仅对转让人享有权利。

【规范性文件】

《应收账款质押登记办法》（2017年10月25日，中国人民银行令〔2017〕第3号）

第二条　本办法所称应收账款是指权利人因提供一定的货物、服务或设施而获得的要求义务人付款的权利以及依法享有的其他付款请求权，包括现有的和未来的金钱债权，但不包括因票据或其他有价证券而产生的付款请求权，以及法律、行政法规禁止转让的付款请求权。

本办法所称的应收账款包括下列权利：

（一）销售、出租产生的债权，包括销售货物，供应水、电、气、暖，知识产权的许可使用，出租动产或不动产等；

（二）提供医疗、教育、旅游等服务或劳务产生的债权；

（三）能源、交通运输、水利、环境保护、市政工程等基础设施和公用事业项目收益权；

（四）提供贷款或其他信用活动产生的债权；

（五）其他以合同为基础的具有金钱给付内容的债权。

2. 股权收益权

股权收益权是指取得与股权相关的下述收入的权利：目标股权在任何情形下的卖出收入；目标股权因送股、公积金转增、拆分股权等而形成的派生股权在任何情形下的卖出收入；因持有目标股权（含派生股权）而取得的股息红利或享有的未分配利润等；目标股权产生的其他任何收入。股权收益权可以独立于股权单独进行转让，最高人民法院在"五矿国际信托有限公司与广西有色金属集团有限公司营业信托纠纷案"中认为股权收益权转让属于当事人的真实意思表示，且未违反法律、行政法规的强制性规定，合法有效。北京市高级人民法院、江西省高级人民法院等地方高院在相关案件中也均未否认股权收益权转让的效力。

3. 项目收益权

项目收益权是指取得特定项目产生的现金流的权利，根据《应收账款质押登记办法》，项目收益权属于广义的应收账款债权，如能源、交通运输、水利、环境保护、市政工程等基础设施和公用事业项目（如污水处理项目）的收益权。特定项目收益权以未来一定时间内的收入作为基础资产，系将来金钱债权，其行使期间可确定，收益金额可能确定或浮动。

【规范性文件】

《中华人民共和国担保法》(1995 年 6 月 30 日)

第七十五条　下列权利可以质押：

(一) 汇票、支票、本票、债券、存款单、仓单、提单；

(二) 依法可以转让的股份、股票；

(三) 依法可以转让的商标专用权，专利权、著作权中的财产权；

(四) 依法可以质押的其他权利。

《最高人民法院关于适用〈中华人民共和国担保法〉若干问题的解释》(2000 年 12 月 8 日，法释〔2000〕44 号)

第五条　以法律、法规禁止流通的财产或者不可转让的财产设定担保的，担保合同无效。

以法律、法规限制流通的财产设定担保的，在实现债权时，人民法院应当按照有关法律、法规的规定对该财产进行处理。

第九十七条　以公路桥梁、公路隧道或者公路渡口等不动产收益权出质的，按照担保法第七十五条第（四）项的规定处理。

《国务院西部开发办关于西部大开发若干政策措施的实施意见》(2001 年 8 月 28 日，国务院西部开发办)

五、加大金融信贷支持

……

(十三) 扩大以基础设施项目收益权或收费权为质押发放贷款的范围。继续办好农村电网收益权质押贷款业务，开展公路收费权质押贷款业务，创造条件逐步将收费权质押贷款范围扩大到城市供水、供热、公交、电信等城市基础设施项目。对具有一定还贷能力的水利开发项目和城市环保项目（如城市污水处理和垃圾处理等），探索逐步开办以项目收益权或收费权为质押发放贷款的业务。

……

【相关案例】

福建甲银行股份有限公司福州五一支行诉乙污水处理有限公司、福州丙工程有限公司金融借款合同纠纷案〔一审：福州市中级人民法院（2012）榕民初字第661号，二审：福建省高级人民法院（2013）闽民终字第870号〕[1]

原告福建甲银行股份有限公司福州五一支行（以下简称甲银行五一支行）诉称：原告与被告乙污水处理有限公司（以下简称乙公司）签订单位借款合同后向被告贷款3000万元。被告福州丙工程有限公司（以下简称福州丙公司）为上述借款提供连带责任保证。原告甲银行五一支行、被告乙公司、福州丙公司、案外人长乐市建设局四方签订了《特许经营权质押担保协议》，福州丙公司以长乐市污水处理项目的特许经营权提供质押担保。因乙公司未能按期偿还贷款本金和利息，故诉请法院判令：乙公司偿还原告借款本金和利息；确认《特许经营权质押担保协议》合法有效，拍卖、变卖该协议项下的质物，原告有优先受偿权；将长乐市建设局支付给两被告的污水处理服务费优先用于清偿应偿还原告的所有款项；福州丙公司承担连带清偿责任。

被告乙公司和福州丙公司辩称：

长乐市城区污水处理厂特许经营权，并非法定的可以质押的权利，且该特许经营权并未办理质押登记，故原告诉请拍卖、变卖长乐市城区污水处理厂特许经营权，于法无据。

福州市中级人民法院一审判决：

福建甲银行股份有限公司福州五一支行于本判决生效之日起有权直接向长乐市建设局收取应由长乐市建设局支付给乙污水处理有限公司、福州丙工程有限公司的污水处理服务费，并对该污水处理服务费就本判

---

[1] 案例来源：最高人民法院发布的指导性案例53号。

决确定的债务行使优先受偿权。

福建省高级人民法院二审认为：

1. 关于污水处理项目特许经营权能否出质问题

污水处理项目特许经营权是对污水处理厂进行运营和维护，并获得相应收益的权利。污水处理厂的运营和维护，属于经营者的义务，而其收益权，则属于经营者的权利。由于对污水处理厂的运营和维护，并不属于可转让的财产权利，故讼争的污水处理项目特许经营权质押，实质上系污水处理项目收益权的质押。

关于污水处理项目等特许经营的收益权能否出质问题，应当考虑以下方面：其一，本案讼争污水处理项目《特许经营权质押担保协议》签订于2005年，尽管当时法律、行政法规及相关司法解释并未规定污水处理项目收益权可质押，但污水处理项目收益权与公路收益权性质上相类似。《最高人民法院关于适用〈中华人民共和国担保法〉若干问题的解释》第97条规定，"以公路桥梁、公路隧道或者公路渡口等不动产收益权出质的，按照担保法第七十五条第（四）项的规定处理"，明确公路收益权属于依法可质押的其他权利，与其类似的污水处理收益权亦应允许出质。其二，国务院办公厅2001年9月29日转发的《国务院西部开发办〈关于西部大开发若干政策措施的实施意见〉》中提出，"对具有一定还贷能力的水利开发项目和城市环保项目（如城市污水处理和垃圾处理等），探索逐步开办以项目收益权或收费权为质押发放贷款的业务"，首次明确可试行将污水处理项目的收益权进行质押。其三，污水处理项目收益权虽系将来金钱债权，但其行使期间及收益金额均可确定，其属于确定的财产权利。其四，在《中华人民共和国物权法》(以下简称《物权法》)颁布实施后，因污水处理项目收益权系基于提供污水处理服务而产生的将来金钱债权，依其性质亦可纳入依法可出质的"应收账款"的范畴。因此，讼争污水处理项目收益权作为特定化的财产权利，可以允许其出质。

2. 关于污水处理项目收益权质权的公示问题

对于污水处理项目收益权的质权公示问题，在《物权法》自2007年10月1日起施行后，因收益权已纳入该法第223条第6项的"应收账款"范畴，故应当在中国人民银行征信中心的应收账款质押登记公示系统进行出质登记，质权才能依法成立。由于本案的质押担保协议签订于2005年，在《物权法》施行之前，故不适用《物权法》关于应收账款的统一登记制度。因当时并未有统一的登记公示的规定，故参照当时公路收费权质押登记的规定，由其主管部门进行备案登记，有关利害关系人可通过其主管部门了解该收益权是否存在质押之情况，该权利即具备物权公示的效果。

本案中，长乐市建设局在《特许经营权质押担保协议》上盖章，且协议第7条明确约定"长乐市建设局同意为原告和福州丙公司办理质押登记出质登记手续"，故可认定讼争污水处理项目的主管部门已知晓并认可该权利质押情况，有关利害关系人亦可通过长乐市建设局查询了解讼争污水处理厂的有关权利质押的情况。因此，本案讼争的权利质押已具备公示之要件，质权已设立。

3. 关于污水处理项目收益权的质权实现方式问题

我国担保法和物权法均未具体规定权利质权的具体实现方式，仅就质权的实现作出一般性的规定，即质权人在行使质权时，可与出质人协议以质押财产折价，或就拍卖、变卖质押财产所得的价款优先受偿。但污水处理项目收益权属于将来金钱债权，质权人可请求法院判令其直接向出质人的债务人收取金钱并对该金钱行使优先受偿权，故无须采取折价或拍卖、变卖之方式。况且收益权均附有一定之负担，且其经营主体具有特定性，故依其性质亦不宜拍卖、变卖。因此，原告请求将《特许经营权质押担保协议》项下的质物予以拍卖、变卖并行使优先受偿权，不予支持。

根据协议约定，原告甲银行五一支行有权直接向长乐市建设局收取污水处理服务费,并对所收取的污水处理服务费行使优先受偿权。由于被告仍应依约对污水处理厂进行正常运营和维护,若无法正常运营,则将影响到长乐市城区污水的处理,亦将影响原告对污水处理费的收取,故原告在向长乐市建设局收取污水处理服务费时,应当合理行使权利,为被告预留经营污水处理厂的必要合理费用。

案例要点提示

由于污水处理项目收益权系基于提供污水处理服务而产生的将来金钱债权,依其性质亦可纳入依法可出质的"应收账款"的范畴。因此,污水处理项目收益权作为特定化的财产权利,可以允许其出质。而根据《最高人民法院关于适用〈中华人民共和国担保法〉若干问题的解释》第5条,以法律、法规禁止流通的财产或者不可转让的财产设定担保的,担保合同无效。因此,项目收益权属于可转让财产权利。

(三)资产收益权转让与回购业务模式

在实践中,以资产收益权转让与回购方式进行融资主要是以资产收益权为受让对象。交易结构通常为券商资管计划、银行理财、基金子公司资管计划等委托人投资于信托公司设立的信托计划,信托公司将委托资金用于购买融资人的应收账款收益权、股权收益权等,融资人承诺在未来特定时间溢价回购该收益权并以对应股权提供质押担保。该业务模式相关法律关系如下:其一,委托人与信托公司之间成立信托法律关系。其二,信托公司(受让方)与融资人(转让方)之间成立信托法律关系和回购法律关系。

根据2007年1月23日银监会《信托公司管理办法》规定,信托公司可以采用买入返售方式管理信托财产,根据《信托法》第14条规定,因管理运用信托财产所取得的财产也属于信托财产。另外,信托公司与融资人的收益权转让暨回购合同中普遍都会约定,"在信托公司取得特定资产收益权期间内,特定资产产生的任何收益均属于信托公司所有,归入信托财产",双方当事人均有设立信托的意思表示。因此信托公司购买收益权实质上属于信托法律关系而非信托贷款法律关系。收益权转让回购包含两层法律关系，一是受让方和转让方基于信托合同条款，转让特定股权收益权所形成的信托法律关系，二是转让方（回购方）和受让方之间基于收益权的回购合同形成的回购法律关系。

【规范性文件】

《中华人民共和国信托法》（2001年4月28日）

第十四条　受托人因承诺信托而取得的财产是信托财产。

受托人因信托财产的管理运用、处分或者其他情形而取得的财产，也归入信托财产。

法律、行政法规禁止流通的财产，不得作为信托财产。

法律、行政法规限制流通的财产，依法经有关主管部门批准后，可以作为信托财产。

《信托公司管理办法》（2007年1月23日，中国银行业监督管理委员会令2007年第2号）

第十九条　信托公司管理运用或处分信托财产时，可以依照信托文件的约定，采取投资、出售、存放同业、买入返售、租赁、贷款等方式进行。中国银行业监督管理委员会另有规定的，从其规定。

信托公司不得以卖出回购方式管理运用信托财产。

《信托公司集合资金信托计划管理办法》（2009年2月4日，中国银行业监督管理委员会令2009年第1号）

第二十六条　信托公司可以运用债权、股权、物权及其他可行方式运用信托资金。

信托公司运用信托资金，应当与信托计划文件约定的投资方向和投资策略相一致。

【相关案例】

中国民生信托—至信 308 号协鑫集成应收账款流动化集合资金信托计划

协鑫集成科技股份有限公司（以下简称"公司"或"协鑫集成"）为拓展融资渠道，盘活账面资产，拟与中国民生信托有限公司（以下简称"民生信托"）开展应收账款收益权转让及回购融资业务。公司将持有的对下游客户合计人民币 8.33 亿元的应收账款收益权转让给民生信托，同时民生信托发起成立规模为 5.05 亿元（最终以信托计划成立时实际募集金额为准，下同）、期限为 24 个月的应收账款流动化集合资金信托计划，将募集资金用于支付本次应收账款收益权受让款，到期后由公司溢价回购本次转让的应收账款收益权。

信托计划主要内容：

1. 名称：中国民生信托—至信 308 号协鑫集成应收账款流动化集合资金信托计划。

2. 规模：本信托计划预计募集规模为人民币 5.05 亿元，可分期发行。（其中含超募信托规模 1%，用于缴纳信保基金），最终以信托计划成立时实际募集金额为准。

3. 期限：本信托计划预定期限为 24 个月，自信托计划成立之日起开始计算，满 12 个月双方有权提前结束。

4. 支付方式：按季度支付。

5. 资金用途：定向用于受让协鑫集成应收账款收益权。

6. 退出方式：回购人履行回购义务：如果信托存续期间，若公司未能按约定回购，民生信托有权要求公司按照信托本金及利息之和（根据信托存续天数）对信托计划所有份额进行受让。

7. 增信措施

（1）应收账款质押：公司将持有的 8.33 亿元的应收账款质押给民生

信托，并在发生未能按约定回购等风险事件或信托计划终止时无条件受让本信托计划的受益权。

（2）资金监管：公司在监管银行开立监管账户，用于应收账款回款。若应收账款回款至监管账户，公司在提供新的应收账款质押情况下，可对回款申请使用。

（3）强制执行公证：本信托成立前，相关的《应收账款收益权转让及回购协议》等办理强制执行公证手续。

（四）收益权转让及回购业务需关注的问题

1. 资产收益权是否为适格的信托财产

根据《信托法》第 11 条规定，信托财产不能确定的，信托无效。但《信托法》并未对何为"可确定性"进行解释。从《信托法》的立法解释来看，信托是一种特殊的财产管理制度，其核心是信托财产。委托人设立信托，必须将一定的财产权委托给受托人，使受托人通过对信托财产的管理、运用或处分而发挥信托财产的经济功能，服务于受益人或特定的信托目的。信托关系的产生、信托当事人之间的权利义务都与信托财产及其信托财产的收益密切相关。因此，信托法规定设立信托必须有确定的信托财产。

设立信托，委托人所确定的财产应当是其实际所有的财产，而将来可能取得的财产不能作为信托财产。同时，作为信托标的的财产应当是积极财产，而包含债务的财产，不能作为信托财产。这是因为只有属于委托人合法所有的财产，在委托受托人进行管理、运用或处分过程中，财产权利明确，不存在导致信托无效或被申请撤销信托的情形，否则，信托关系不稳定，难以达到委托人设立信托的目的。特别是要防止恶意的委托人与受托人串通，利用信托从事侵占国家、集体或者他人财产的活动。

资产收益权不符合确定性特征未被认定为信托财产的，可能影响信托合同的效力。根据《信托法》第 11 条的规定，信托财产不能确定的，信托无效。根据《民法总则》和《合同法》，合同无效的，受托人应返还财产及孳息，有过错的一方应赔偿相对方损失，受托方对财产进行管理的有权要求支付管理费用。因此，如果信托被认定为无效，信托公司可能需要对投资者承担缔约过失责任，并返还财产及孳息，不能返还的折价补偿。

因此，应认真核查基础资产权属情况及权利负担情况。应收账款收益权转让回购业务项下应要求应收账款债务人确认应收账款的真实性，并承诺对应收账款不行使抵销权，应收账款回款账户应进行监管。股权收益权转让回购业务项下应核实对应的股票是否涉及对赌协议，避免被延长限售期或被冻结导致无法及时处置。

【规范性文件】

《中华人民共和国信托法》（2001年4月28日）

第十一条　有下列情形之一的，信托无效：

（一）信托目的违反法律、行政法规或者损害社会公共利益；

（二）信托财产不能确定；

（三）委托人以非法财产或者本法规定不得设立信托的财产设立信托；

（四）专以诉讼或者讨债为目的设立信托；

（五）受益人或者受益人范围不能确定；

（六）法律、行政法规规定的其他情形。

《中华人民共和国民法总则》（2017年3月15日）

第一百二十一条　没有法定的或者约定的义务，为避免他人利益受损失而进行管理的人，有权请求受益人偿还由此支出的必要费用。

第一百五十五条　无效的或者被撤销的民事法律行为自始没有法律约束力。

第一百五十七条　民事法律行为无效、被撤销或者确定不发生效力后，行为人因该行为取得的财产，应当予以返还；不能返还或者没有必要返还的，应当折价补偿。有过错的一方应当赔偿对方由此所受到的损失；各方都有过错的，应当各自承担相应的责任。法律另有规定的，依照其规定。

《中华人民共和国合同法》（1999年3月15日）

第五十八条　合同无效或者被撤销后，因该合同取得的财产，应当予以返还；不能返还或者没有必要返还的，应当折价补偿。有过错的一方应当赔偿对方因此所受到的损失，双方都有过错的，应当各自承担相应的责任。

【相关案例】

甲投资管理股份有限公司与乙国际信托股份有限公司等信托合同纠纷案［一审：(2015) 陕民二初字第00012号，二审：(2016) 最高法民终19号，再审：(2016) 最高法民申3605号］[①]

丁、戊两只有限合伙基金通过参与重组持有"恒逸××"股票11543568股。丁、戊与世纪××（即重组后的恒逸××）签署了业绩补偿协议，约定实际盈利数未能达到约定计算指标，则世纪××可以人民币1元的价格向丁、戊回购其持有的股份，减少注册资本。丁、戊3年内不得转让上述股份。

2011年8月，甲投资管理股份有限公司（甲公司）与天津丙股权投资管理有限公司（以下简称天津丙公司）等共9名合伙人组建了合伙企业即丙。

2012年2月，乙信托拟募集资金总计人民币3.1亿元购买丁和戊分别持有的900.4万股和253.96万股（合计为1154.36万股）恒逸××股票收益权。

2012年2月丙和乙信托签署《乙信托·丙一期分层式股票收益权投资集合资金信托合同》，出资人民币共计1.12亿元认购乙信托发行的次级信托单位，丙作为次级受益人。

2012年3月15日，乙信托分别与丁、戊签署了《股票收益权转让协议》，从丁、戊处受让其持有的恒逸××限售流通股股票在约定期间

[①] 案例来源：中国裁判文书网。

的收益权。标的股票均有3年的限售期，解禁日为2014年6月8日。标的股票收益权包括股票的处置收益及股票在约定收益期间所实际取得的股息及红利、红股、配售、新股认股权证等孳息；除上述收益权之外的表决权、监督权、知情权等其他股东权利均由出让方继续享有。乙信托还分别与丁、戊签署了《股票质押合同》，将标的股票质押在乙信托名下以担保《股票收益权转让协议》的履行，并于同年3月26日办理了相应的证券质押登记。为保证该《股票收益权转让协议》得到履行，丁、戊分别与国信证券签署了《股票托管服务与承诺协议》，将标的股票托管于国信证券指定席位。

2014年10月，标的股票禁售期届满之后，由于标的股票价格持续走低，且次级受益人未追加现金或追加股票，优先级信托单位兴业银行上海分行要求乙信托立即将持仓股票变现，变现所得用于清偿优先级受益人本息。

2014年10月13日、21日，乙信托分别解除了标的股票的质押登记，并全部出售。

2014年10月27日，乙信托将出售标的股票所得收益共计185141010.31元分配清算完毕，由于清算时信托财产尚不足以完全支付优先级受益人本金及收益，次级受益人丙分配为零。

甲公司以合伙人身份起诉要求判决乙信托与丙签订的《信托合同》无效，并要求返还信托认购款等。

案情主要争点为乙信托与丙签订的《信托合同》是否有效。

陕西省高级人民法院一审认为：

乙信托与丙签订的《信托合同》是双方真实意思表示，内容不违反法律规定，应为合法有效合同。甲公司关于该信托合同标的具有不确定性，应属无效合同的诉讼理由，与事实和法律相悖。

首先，乙信托设立高圣一期分层式股票收益权投资集合资金信托计划，是因丙提议而设立的，只有设立了信托计划乙信托才会给丁和戊支付转让款，购买信托标的。因此，对该《信托合同》项下标的"恒逸××"股票收益权能否进行投资的考察了解，是丙完成的并最终决定投资的，作为丙最大的合伙人甲公司应该对丙投资项目的内容是完全知情和掌握的，现在项目发生亏损后，甲公司以信托合同标的不确定为由，否认合同的效力，有违商业诚实信用原则。

其次，甲公司所称的标的股票在签订之时尚在业绩补偿期限内，标的股票处于可能被上市公司回购的状态，标的股票收益权不确定，信托合同无效的理由与该案事实不符。因该股票不确定性在整个信托计划执行期间并未发生，信托合同并没有因该股票的不确定性影响信托计划的正常执行，甲公司以可能发生的事实否认合同的效力与法相悖。实际上甲公司所称的标的股票的不确定性指的是，上市公司世纪××为了保护中小股东利益与资产重组方恒逸××集团、丁、戊签订了《关于业绩补偿的协议书》，内容就是如果该协议中的浙江恒逸××股份有限公司在每个会计年度盈利达不到约定指标，则世纪××可以依人民币1元的价格向恒逸××集团、丁、戊回购其持有的股份，其目的是减少"恒逸××"注册资本，以提高公司业绩，保护中小股东利益。而该补偿协议还约定，如发生协议上述的业绩补偿情形时，则世纪××应先向恒逸集团回购股份，当恒逸××集团持有的世纪××股份的数量少于补偿股份数量时，世纪××向丁、戊回购两方持有的世纪××股份。而在整个信托计划执行期间并没有发生世纪××回购丁和戊所持股份的情形，甲公司所称的不确定性并没有发生。信托合同的终结完全是受托人乙信托依据合同约定，在标的股票低于优先级受益人保本价之后，依据优先级受益人的指令变现清盘所致，纯属合同约定的商业风险造成，并没有受不确定性的影响终结信托合同的执行。

第三，该案信托财产应该是确定的，甲公司认为信托财产不确定是对法律的错误理解。《中华人民共和国信托法》（以下简称《信托法》）第2条规定："本法所称信托，是指委托人基于对受托人的信任，将其财产权委托给受托人，由受托人按委托人的意愿以自己的名义，为受益人的利益或者特定目的，进行管理或者处分的行为。"第7条规定："设立信托，必须有确定的信托财产，并且该信托财产必须是委托人合法所有的财产。本法所称财产包括合法的财产权利。"第14条规定："受托人因承诺信托而取得的财产是信托财产。受托人因信托财产的管理运用、处分或者其他情形而取得的财产，也归入信托财产。"在乙信托与甲公司订立信托合同时，信托合同中明确对受托人和委托人作了定义，受托人即为乙信托，委托人即为丙，受益人与委托人为同一人。根据双方合同的约定，基于对以上法律规定的准确理解，该案的信托财产应是委托人丙交付给受托人乙信托的112031000元资金，而不是用信托资金112031000元购买的丁和戊持有的恒逸××股票，因此信托财产是确定的。丁和戊在该案的信托法律关系中并不是委托人，其持有并转让给乙信托的股票是一种买卖法律关系，并不是委托法律关系，其转让的标的不是信托财产，其转让标的确定性与否，不影响信托合同的法律关系。

甲公司上诉称：

原审判决认为本案信托财产确定，是错误的。本案信托财产并不确定，涉诉两份《信托合同》无效。

其一，就本案中信托财产，原审判决认定错误。原审判决认为本案信托财产是丙交给乙信托的112031000元资金，这不符合《信托法》立法精神。按照该法第14条的规定，信托财产不仅包括受托人因承诺信托而取得的财产，而且包括因信托财产的管理运用、处分或者其他情形而取得的财产。本案中，因丙将信托资金交与乙信托而取得涉诉股票收益权，所以，信托财产已由信托资金转化为了涉诉股票收益权。相应的，本案中在确定信托财产是否确定时应针对涉诉股票收益权是否确定来进行。原审判决以信托资金是确定的就认定信托财产确定，是错误的。

其二，信托财产的确定应是其"所有权"的确定。本案中恒逸××集团、丁、戊与世纪××签订的《关于业绩补偿的协议书》对涉诉股票设定了权利负担，涉诉股票有被世纪××回购的可能。乙信托与丁、戊签订《股票收益权转让协议》《股票质押合同》会使世纪××回购受阻进而侵害社会公众股东利益，所以《股票收益权转让协议》存在无效的可能。正因为涉诉股票可能被回购以及《股票收益权转让协议》可能无效，所以本案中涉诉股票的所有权也就不确定，相应地，作为涉诉股票所有权权能之一的股票收益权也就不确定。

其三，原审判决以涉诉股票最终未发生被回购情形为由来否认信托财产的不确定性，不能成立。涉诉股票未实际发生被回购，也无法补正信托财产即涉诉股票收益权的不确定。

乙信托答辩称：

1. 甲公司对必须具备"确定"性的信托财产概念理解错误。《信托法》第7条、第11条、第14条的规定表明，信托财产"确定"只是信托设立时的要求，信托设立后在执行阶段无须"确定"性。本案信托设立的信托资金112031000元是确定的。

2. 本案中乙信托的财产损失是信托下正常风险所引起，该损失与涉诉股票的所有权不确定没有关系。

3. 涉诉股票的所有权并不存在"不确定"。其一，涉诉股票上乙信托已经设立了质押权，该物权优于世纪××享有的作为债权的回购权；其二，世纪××对涉诉股票享有的回购权实质是对世纪××小股东的补偿。即便发生回购情形，丁等可以在市场上购买相应数额股票来满足回购要求，不会导致涉诉股票不确定；其三，本案中事实上也没有发生回购情形。

4. 丙知道世纪光华可以回购涉诉股票这一公开事实，所以乙信托与丁等并不存在恶意串通。况且，本案中丙设立的目的就是投资涉诉股票，涉诉信托也是丙主动促成的，作为丙主要合伙人的甲公司的法定代表人直接主持了投资会议。甲公司提起本案诉讼是为了转嫁风险。

最高人民法院二审认为：

1. 丙按照涉诉两份《信托合同》认购信托单位而交付给乙信托的112031000元资金，因甲公司和乙信托、丙均认可其属于上述《信托合同》项下的信托财产，故本院对该112031000元资金属于受托人乙信托获得的信托财产予以确认。

因受托人管理运用、处分信托财产而取得的财产也应归入信托财产，而乙信托以上述资金从丁、戊处受让涉诉股票收益权系运用信托财产，故甲公司主张乙信托因此取得的涉诉股票收益权亦属于信托财产，本院予以支持。

原审判决认定乙信托从丁、戊取得的涉诉股票收益权不属于信托财产，有失妥当，本院予以纠正。

2. 信托法律关系中信托财产的确定是要求信托财产从委托人自有财产中隔离和指定出来，而且在数量和边界上应当明确，即，信托财产应当具有明确性和特定性，以便受托人为实现信托目的对其进行管理运用、处分。本案中，乙信托与丁、戊分别在相应《股票收益权转让协议》中约定，股票收益权内容包括丁持有的9003983股、戊持有的2539585股合计11543568股股票的处置收益及股票在约定收益期间所实际取得的股息及红利、红股、配售、新股认股权证等孳息。该约定明确了乙信托所取得的涉诉股票收益权的数量、权利内容及边界，已经使得乙信托取得的涉诉股票收益权明确和特定，受托人乙信托也完全可以管理运用该股票收益权。所以，信托财产无论是丙按照涉诉两份《信托合同》交付给乙信托的112031000元资金，还是乙信托以上述资金从丁、戊处取得的股票收益权，均系确定。

3. 在上述股票的收益权转让给乙信托后，上述承诺涉及的问题就是如果上述浙江恒逸××股份有限公司相关会计年度实际盈利未达标，涉诉股票世纪××回购权益就需与乙信托的收益权进行协调。涉诉股票需进行权益协调的问题，与股票收益权确定与否的问题，属不同法律问题，二者没有法律上的关联。涉诉股票权益协调可以按照法律的规定予以解决,权益协调并不当然导致乙信托丧失其所取得的股票收益权。本案中,因乙信托为保障股票收益权实现已取得了该股票的质押权,故,在涉诉股票上乙信托的权利优先于世纪××。而且,本案中世纪××也并未回购涉诉股票。所以,涉诉股票并未因世纪光华回购而使乙信托无法拥有股票收益权。甲公司提出的涉诉股票"所有权"不确定进而股票收益权也不确定之主张,实质是认为世纪××对涉诉股票的回购权益将使丁、戊无法拥有股票"所有权"进而乙信托无法享有股票收益权,如前所述,该主张缺乏法律依据,故难以成立。世纪××就涉诉股票享有的回购权益未对作为信托财产的股票收益权产生法律上的影响,甲公司以涉诉股票上存在世纪××回购权益为由否定《信托合同》效力,事实和法律依据均不充分,本院不予支持。

最高人民法院再审维持原判。

案例要点提示

信托财产并非仅指信托计划设立时委托人交付的财产,还包括信托公司管理运用信托财产所取得的财产。信托财产在信托计划全程均应符合"信托财产确定性"。信托财产确定性包括明确性和特定性两个方面。

明确性即信托财产在数量和边界上应当明确。如前述案例中《信托合同》约定:"股票收益权内容包括丁持有的9003983股、戊持有的2539585股合计11543568股股票的处置收益及股票在约定收益期间所实际取得的股息及红利、红股、配售、新股认股权证等孳息。"涉诉股票收益权的数量、权利内容及边界都已明确指定。

特定性即信托财产应从委托人自有财产中隔离和指定出来。如前述案例中股权收益权对应的恒逸××股票已在国信证券进行托管,并在登记机构办理了质押登记。

此外,信托财产上的权利负担并不必然影响信托财产的确定性,该权利负担属于或然性事项且未实际发生的,不作为信托财产确定性的考量依据。

2. 基础资产持有人处置基础资产或收益权

信托公司受让资产收益权后，基础资产仍然由融资人持有，对基础资产进行占有、使用、处分并实际实施收取收益的行为。为防止融资人在转让资产收益权后，处置基础资产，一般应以基础资产为转让回购合同提供抵质押担保，办理抵质押登记手续。由于融资人能够实际收取基础资产收益，因此应对融资人收取收益的行为进行规制，或要求收益支付人直接将收益支付至指定账户，通过第三方监管等方式，使收益特定化，防止融资人转移收益。

3. 强制执行公证无法实现

为提高债权实现效率，降低债权实现成本，信托公司和融资人通常会对收益权转让回购合同及相关担保合同办理强制执行公证，由公证处出具具有强制执行效力的债权文书公证书，赋予转让回购合同和担保合同强制执行效力。根据2000年9月1日《最高人民法院、司法部关于公证机关赋予强制执行效力的债权文书执行有关问题的联合通知》，公证机关赋予强制执行效力的债权文书应符合债权债务关系明确等条件。最高人民法院在2014年9月18日《关于〈赋予强执效力的含担保协议的公证债权文书能否强制执行〉的回复》和2015年5月5日《关于人民法院办理执行异议和复议案件若干问题的规定》中明确公证债权文书对主债务和担保债务同时赋予强制执行效力的，人民法院应予执行。从目前已公开的案例看，相关案件以股权收益权转让回购业务中最为常见，分歧的集中点在于资产收益权是否符合"债权债务关系明确"。其中，江西省高院认为股权收益权回购存在给付的内容、债权债务的标的、数额不明确的问题，不予执行公证债权文书。山东省高院则间接认可了股权收益权回购的债权数额和种类确定，同意执行公证债权文书。

【规范性文件】

《最高人民法院、司法部关于公证机关赋予强制执行效力的债权文书执行

有关问题的联合通知》(2000年9月1日，司发通〔2000〕107号)

一、公证机关赋予强制执行效力的债权文书应当具备以下条件：

（一）债权文书具有给付货币、物品、有价证券的内容；

（二）债权债务关系明确，债权人和债务人对债权文书有关给付内容无疑义；

（三）债权文书中载明债务人不履行义务或不完全履行义务时，债务人愿意接受依法强制执行的承诺。

《最高人民法院关于〈赋予强执效力的含担保协议的公证债权文书能否强制执行〉的回复》(2014年9月18日，(2014)执他字第36号)

人民法院对公证债权文书的执行监督应从债权人的债权是否真实存在并合法，当事人是否自愿接受强制执行等方面进行审查。《中华人民共和国民事诉讼法》第二百三十八条第二款规定，公证债权文书确有错误的，人民法院裁定不予执行，并将裁定书送达双方当事人和公证机关。现行法律、司法解释并未对公证债权文书所附担保协议的强制执行作出限制性规定，公证机构可以对附有担保协议债权文书的真实性与合法性予以证明，并赋予强制执行效力。

本案当事人泰安志高实业集团有限责任公司、淮南志高动漫文化科技发展有限责任公司、江东廷、岳洋、江焕溢等，在公证活动中，提交书面证明材料，认可本案所涉《股权收益权转让及回购合同》《支付协议》《股权质押合同》《抵押合同》《保证合同》等合同的约定，承诺在合同、协议不履行或不适当履行的情况下，放弃诉权，自愿直接接受人民法院强制执行。但当债权人申请强制执行后，本案担保人却主张原本由其申请的公证事项不合法，对公证机构出具执行证书提出抗辩，申请人民法院不予执行，作出前后相互矛盾的承诺与抗辩，有违诚实信用原则，不应予以支持。公证机构依法赋予强制执行效力的包含担保协议的公证债权文书，人民法院可以强制执行。

《最高人民法院关于人民法院办理执行异议和复议案件若干问题的规定》

(2015年5月5日，法释〔2015〕10号)

第二十二条 公证债权文书对主债务和担保债务同时赋予强制执行效力的，人民法院应予执行；仅对主债务赋予强制执行效力未涉及担保债务的，对担保债务的执行申请不予受理；仅对担保债务赋予强制执行效力未涉及主债务的，对主债务的执行申请不予受理。

人民法院受理担保债务的执行申请后，被执行人仅以担保合同不属于赋予强制执行效力的公证债权文书范围为由申请不予执行的，不予支持。

【相关案例】

四川甲有限公司申请执行公证债权文书案〔(2014)赣执审字第1号〕[①]

2012年5月31日江西乙投资担保有限公司（转让方）与四川甲有限公司（受让方）签订《股权收益权转让合同》，四川甲公司发行"四川信托·红利×号集合资金信托计划"，并以信托资金受让乙投资所合法持有的丙银行4600万股标的股权对应的收益权。双方就《股权收益权转让合同》办理了强制执行公证。

2012年5月31日乙投资与四川甲公司签订《股权质押合同》，以签署丙银行4600万股股权为《股权收益权转让合同》提供质押担保，并办理强制执行公证。保证人与四川甲公司签署《保证合同》并办理强制执行公证。

2014年7月18日，应四川甲公司申请，成都蜀都公证处出具了(2014)川成蜀证执字第×××号《执行证书》，执行标的为乙投资未支付的回购价款和迟延履行金。

江西省高级人民法院审理认为：

乙投资与四川甲公司《股权收益权转让合同》中，4600万股丙银行

---

① 案例来源：中国裁判文书网。

股权收益权,不仅包括股权卖出收入,还有股息红利、股权因分红、公积金转增、拆分股权等而形成的收入。因此,股权收益权的金额是一动态数额,取决于市场和丙银行的经营情况。虽然合同中约定,标的股权收益权金额不低于:标的股权收益权转让价款(15860万元)×(1+12.05%×信托实际存续天数÷365),但并非是一明确的金额。根据《最高人民法院关于人民法院执行工作若干问题的规定(试行)》第1条第2项第4目"执行机构负责执行下列生效法律文书:公证机关依法赋予强制执行效力的关于追偿债款、物品的债权文书"的规定,以及《最高人民法院、司法部关于公证机关赋予强制执行效力的债权文书执行有关问题的联合通知》第1条"公证机关赋予强制执行效力的债权文书应当具备以下条件:(一)债权文书具有给付货币、物品、有价证券的内容;(二)债权债务关系明确,债权人和债务人对债权文书有关给付内容无疑义"的规定,本案《股权收益权转让合同》不符合上述规定,给付的内容、债权债务的标的、数额不明确。

因此对四川省成都市蜀都公证处(2014)川成蜀证执字第×××号《执行证书》,不予执行。

泰安甲实业集团有限责任公司、淮南乙动漫文化科技发展有限责任公司等请求公司收购股份纠纷〔(2014)鲁执复议字第47号〕[①]

2012年7月3日申请执行人丙信托与被执行人甲实业公司、乙动漫公司、江某甲、岳某、江某乙分别签订了《股权收益权转让及回购合同》、《支付协议》、《股权质押合同》、《抵押合同》、《保证合同》,约定了各方当事人的权利、义务。各方当事人在合同、协议中,约定办理具有强制执行效力的债权文书公证,并承诺在不履行和不适当履行合同、协议义务时,自愿直接接受人民法院的强制执行。

---

① 案例来源:中国裁判文书网。

当日，各方当事人在西安市公证处办理了公证，西安市公证处出具了（2012）西证经字第××××号公证书。由于被执行人没有全部履行合同、协议中的义务，2013年8月16日，西安市公证处出具（2013）西证执字第×××号执行证书，执行标的为330708333.33元（截止到2013年8月14日），以及违约金、赔偿金、实现债权费用等相关费用。在出具执行证书过程中，西安市公证处向被执行人送达了《核实函》，被执行人未提出异议。申请执行人丙信托依据公证书、执行证书向法院申请强制执行。

被申请人提出异议称：

依照《中华人民共和国公证法》、《最高人民法院、司法部关于公证机关赋予强制执行效力的债权文书执行有关问题的联合通知》（下称《联合通知》）的相关规定，担保合同不在公证机关赋予强制执行效力的债权文书范围之内。《最高人民法院执行工作办公室关于中国银行海南省分行质押股权异议案的复函》（下称《复函》）也明确指出，公证机构所作出的赋予强制执行效力的债权文书不包括担保协议。故西安公证处于2013年7月3日对本案的《股权质押合同》、《抵押合同》、《保证合同》作出的（2012）西证经字第××××号具有强制执行效力的公证书，不符合法律规定。

济南铁路运输中级法院一审认为：

本案赋予强制执行效力的债权文书具有货币给付内容，债权债务关系明确，当事人在不履行义务或不完全履行义务时，有自愿接受依法强制执行的承诺，符合《联合通知》中关于公证机关赋予强制执行效力的债权文书应当具备的条件和范围。被执行人在收到公证书、执行证书后也没有提出异议。异议人提出担保合同不在公证机关赋予强制执行效力的债权文书范围，没有法律依据。该案的执行是否违背《复函》的精神，铁路中院审查认为，《复函》中的案例，是针对单就《抵押协议》作出的具有强制执行法律效力公证书的答复，而本案并不是单就《股权质押合同》《抵押合同》《保证合同》作出的具有强制执行法律效力的公证书，《股权质押合同》《抵押合同》《保证合同》在本案的公证文书中只是《股权收益权转让及回购合同》中的从属合同。本案与《复函》中的案例情况不同，不能参照适用。

甲公司和乙公司申请复议称：

公证机关的基本职能是证明而非审判。《联合通知》规定：公证机关赋予强制执行效力的债权文书应当具备的条件和范围是：债权债务关系明确，债权人和债务人对债权文书有关给付内容无疑义的借款合同、借用合同、无财产担保的租赁合同等。但涉及担保抵押合同的民事法律关系，涉及法律关系较为复杂，并不属于赋予强制执行效力的公证债权文书的范畴。《复函》明确规定公证的内容不包括担保协议。本案中《股权质押合同》《抵押合同》《保证合同》是基本借款所设立的担保合同，因此公证机关不应赋予强制执行效力。

山东省高级人民法院审理认为：

根据《中华人民共和国民事诉讼法》第238条第2款的规定，公证债权文书确有错误的，人民法院裁定不予执行。人民法院对公证债权文书的司法监督主要应围绕两个方面：一是债权人的债权是否真实存在并且合法。二是当事人是否自愿接受强制执行。只要公证债权文书能够反映债权合法存在，债权的数额和种类确定，当事人自愿接受强制执行的意思表示清楚，人民法院应当予以执行。本案，丙信托公司与甲实业公司、乙动漫公司、江某甲、岳某、江某乙分别签订了《股权收益权转让及回购合同》《支付协议》《股权质押合同》《抵押合同》《保证合同》，约定了各方当事人的权利、义务。各方当事人在合同、协议中，约定办理具有强制执行效力的债权文书公证，并承诺在不履行和不适当履行合同、协议义务时，自愿直接接受人民法院的强制执行。在出具执行证书过程中，西安市公证处向当事人送达了《核实函》，当事人未提出异议。说明其意思表示真实一致，合同、协议内容具体、明确。

案例要点提示

由于股权收益权有可能被认为金额是动态数额，取决于市场和股权所属目标公司的经营情况，为避免法院不予执行公证债权文书，可以在股权收益权转让回购合同中明确约定回购价款，避免采用"不低于"，"根据标的公司经营情况确定"等可能导致主债权本金金额浮动的表述。

4. 审慎核查中介机构推荐项目

由于非标业务涉及多个主体和业务环节，因此金融机构应审慎选择合作对象，对中介机构和其他机构推介的项目高标准、严要求地进行尽职调查，在收益权转让回购项目中尤其如此。如 2013 年某合资银行遭遇 10 亿元资管骗局，该银行作为出资人委托沪上某证券公司发起设立定向资产管理计划，计划投向某同业交流 QQ 聊天群获知的不拆包资产。2013 年 7 月 3 日上海证监局对该证券公司作出责令限期改正和暂停新增证券管理业务的行政处罚，行政处罚决定指出："公司在客户资产管理业务开展过程中，存在业务流程和操作规范未全面覆盖各个业务环节，未对定向资产管理业务形成有效的分级授权机制控制风险，定向资产管理业务投资运作中出现越权操作，未审慎选择合作对象，未认真进行尽职调查，未充分评估投资风险，未向委托人充分进行信息披露，未明确约定业绩报酬提取标准等情形。你公司未能做到勤勉尽责，客户资产管理业务相关内部控制不完善，业务管理混乱并导致相关业务出现风险。"

在"去通道化"的大趋势下，券商、信托都应对自己管理的资管计划、信托计划投向进行充分的尽职调查，否则将面临监管处罚，并对投资者承担赔偿责任。

四、"明股实债"

（一）"明股实债"的含义

"明股实债"（或称"名股实债"）即名为股权投资实为债权融资。银监会将其定义为"投资方在将资金以股权投资方式进行投资之前，与资金需求方签署一个股权回购协议，双方约定在规定期间内，由资金的使用方承诺按照一定的溢价比例，全额将权益投资者持有的股权全部回购的结构性股权融资安排"。中国证券投资基金业协会将其定义为："投资回报不与被投资企业的经营业绩挂钩，不是根据企业的投资收益或亏损进行分配，而是向投资者提供保本保收益承诺，根据约定定期向投资者支付固定收益，并在满足特定条件后由被投资企业赎回股权或者偿还本息的投资方式，常见形式包括回购、第三方收购、对赌、定期分红等。"

"明股实债"常见于房地产企业、地方政府融资平台和PPP项目，以股权投资名义为融资人提供资金支持，对银行、信托公司等机构而言可以避免授信额度占用；对其他提供融资的机构而言可以绕开贷款经营资质限制，变相发放贷款；对融资人而言能够优化资产负债表，因此在实践中被广泛采用。

【规范性文件】

《中国银监会办公厅关于加强信托公司房地产、证券业务监管有关问题的通知》(2008年10月28日，银监办发〔2008〕265号)

一、信托公司要严格按照《中国银行业监督管理委员会关于进一步加强房地产信贷管理的通知》(银监发〔2006〕54号)等有关法规从事房地产业务。

（一）严禁向未取得国有土地使用证、建设用地规划许可证、建设工程规划许可证、建筑工程施工许可证"四证"的房地产项目发放贷款，严禁以投资附加回购承诺、商品房预算团购等方式间接发放房地产贷款。申请信托公司贷款（包括以投资附加回购承诺、商品房预售回购等方式的间接贷款）的房地产开发企业资质应不低于国家建设行政主管部门核发的二级房地产开发资质，开发项目资本金比例应不低于35%（经济适用房除外）。

……

《证券期货经营机构私募资产管理计划备案管理规范第4号》（2017年2月13日）

一、证券期货经营机构设立私募资产管理计划，投资于房地产价格上涨过快热点城市普通住宅地产项目的，暂不予备案，包括但不限于以下方式：

（一）委托贷款；

（二）嵌套投资信托计划及其他金融产品；

（三）受让信托受益权及其他资产收（受）益权；

（四）以名股实债的方式受让房地产开发企业股权；

（五）中国证券投资基金业协会根据审慎监管原则认定的其他债权投资方式。

本规范所称名股实债，是指投资回报不与被投资企业的经营业绩挂钩，不是根据企业的投资收益或亏损进行分配，而是向投资者提供保本保收益承诺，根据约定定期向投资者支付固定收益，并在满足特定条件后由被投资企业赎回股权或者偿还本息的投资方式，常见形式包括回购、第三方收购、对赌、定期分红等。

（二）"明股实债"的交易结构

"明股实债"分为一般模式和有限合伙基金模式。

一般模式，即信托公司发行信托计划募集资金，由社会投资者直接认购或通过资管计划等认购该信托计划（由于银信理财合作业务资金不得投资于非上市公司股权，因此银行理财资金不得直接参与），信托计划直接注资或受让取得标的公司股权，成为标的公司股东并办理工商登记手续。标的公司定期向投资人分配固定收益（即利息），标的公司或其大股东或其他相关方承诺远期以固定金额回购投资人所持标的公司股权，第三方为回购义务和收益分配义务提供担保。

有限合伙基金模式（或称"产业基金模式"），即在一般模式中嫁接有限合伙基金，常见于基础设施建设项目。有限合伙基金模式能够通过融资取得项目资本金（详见本章"固定资产贷款"部分），并实现合理避税。该模式下信托公司不直接投资目标公司，而是作为有限合伙人（LP）与作为普通合伙人（GP）的目标公司的关联方发起设立有限合伙基金，基金财产部分投向目标公司股权，部分财产委托银行向目标公司发放委托贷款。为加入安全垫，该有限合伙基金可能会引入与目标公司有关联的大型企业作为劣后级 LP，承担合伙份额回购等义务，以确保优先级 LP 安全退出。

【相关案例】

深圳观澜新石桥城市更新股权投资项目集合资金信托计划

一、资金用途

认购前海瑞达基金管理公司发起设立的深圳前海神驰聚尊股权投资合伙企业（有限合伙）LP 份额，合伙企业受让深圳康鸿投资持有的恒泰实业 90% 股权，同时对深圳格局发放 7.491 亿银行委托贷款。

二、增信措施

1. 西安康国贸易以对康鸿的债权 1.5 亿资金认购劣后级，为信托优先资金本金及收益提供安全垫；

2. 央企施工单位中国中冶某集团公司 1.5 亿现金认购中间级；

3. 合伙企业持有恒泰实业 90% 股权，康鸿投资所持恒泰实业 10% 股权质押给合伙企业，并同意随同处置；

4. 张锐意持有的格局地产的 30% 股权向有限合伙提供质押担保；

5. 深圳恒泰实业名下 7799 平方米的红本厂房抵押；待土地款补缴完毕、新土地证下来后作为有限合伙向借款人格局地产发放的贷款进行抵押担保；

6. 深圳康居投资以及实际控制人沈秀凤对康鸿投资回购合伙企业持有的恒泰实业股权的义务，以及借款人格局地产归还贷款提供连带责任担保。

（三）"明股实债"需关注的问题

1."明股实债"是股权关系还是债权债务关系

"明股实债"表面上体现为股权投资法律关系和远期股权转让法律关系，实质上投资者并无长期持有股权的意图，作为投资人的信托公司后端对接的信托计划多为两年左右，信托公司将在信托计划到期前变现股权（或有限合伙基金份额），实现退出，因此"明股实债"实质上为借贷关系。司法实践中，法院可能会根据协议约定内容等具体情况，从促进交易、保护相对人信赖利益等角度出发，将"明股实债"认定为股权关系。如果"明股实债"被认定为股权投资关系，则投资人将无法对融资人主张债权。

【相关案例】

甲信托股份有限公司等诉湖州乙置业有限公司破产债权确认纠纷案[一审:（2016）浙0502民初1671号][①]

2011年4月12日、4月20日乙置业公司分别召开3次股东会（当时置业公司股东有纪某、丁某），股东会决议决定了向信托公司贷款2~2.5亿元。

2011年6月21日，经协商，甲信托公司与乙置业公司、纪某、丁某达成了受让股权的协议，并签订了《合作协议》，协议约定：由原告甲信托公司募集2~2.5亿元资金，其中14400万元分别用于受让纪某和丁某的股份，其余全部增入乙置业公司的资本公积金，股份转让后，原告将持有乙置业公司的80%股份。

---

① 案例来源：中国裁判文书网。

2011年6月24日,甲信托公司与纪某、丁某按照《合作协议》的约定,分别签订股权转让合同,纪某向甲信托公司有偿转让的股权占乙置业公司股本总数的56%,转让价格为10080万元;丁某向甲信托公司有偿转让的股权占乙置业公司股本总数的24%,转让价格为4320万元;股权转让合同还约定了纪某、丁某作为转让方,要保证转让的股权具有合法性、积极办理股权相关的转让手续等双方应尽的权利和享有的义务等内容。

同时,甲信托公司为了保证《合作协议》的履行,与纪某、丁某签订了股权质押合同,并办理了质押登记手续,纪某出质股权占乙置业公司股本总数的14%,丁某出质股权占乙置业公司股本总数的6%。乙置业公司为了保证《合作协议》的履行,以其土地使用权进行了抵押。

2011年9月9日,甲信托公司向乙置业公司汇入22048万元。2011年9月14日,甲信托公司向乙置业公司汇入430万元。其中股权转让款为14400万元,资本公积金为8078万元。

同月,乙置业公司向湖州市工商行政管理局进行了工商信息变更。甲信托公司依法持有了乙置业公司的80%股权。

2015年8月4日,湖州中院受理乙置业公司破产清算纠纷一案。甲信托公司向管理人申报了债权。

2015年12月24日,甲信托公司收到管理人作出的《债权审查通知书》,告知不予确认甲信托公司申报的债权,后甲信托公司提出债权审查异议,管理人经复审作出了《债权复审通知书》,告知甲信托公司维持不予确认的审查意见。故甲信托公司提起诉讼。

湖州市吴兴区人民法院认为:

首先在名实股东的问题上要区分内部关系和外部关系,对内部关系产生的股权权益争议纠纷,可以当事人之间的约定为依据,或是隐名股东,或是名股实债;而对外部关系上不适用内部约定,按照《中华人民共和国公司法》第32条第3款"公司应当将股东的姓名或者名称及其出资额向公司登记机关登记，登记事项发生变更的，应当办理变更登记，未经登记或者变更登记的，不得对抗第三人"之规定，第三人不受当事人之间的内部约定约束，而是以当事人之间对外的公示为信赖依据。本案不是一般的借款合同纠纷或股权转让纠纷，而是乙置业公司破产清算案中衍生的诉讼，本案的处理结果涉及乙置业公司破产清算案的所有债权人的利益，应适用公司的外观主义原则。即乙置业公司所有债权人实际（相对于本案双方当事人而言）均系第三人，对乙置业公司的股东名册记载、管理机关登记所公示的内容，即甲信托公司为持有乙置业公司80%股份的股东身份，乙置业公司之外的第三人有合理信赖的理由。而乙置业公司的股东会决议仅代表乙置业公司在签订《合作协议》、《股权转让协议》前有向甲信托公司借款的单方面意向，最终双方未曾达成借款协议，而是甲信托公司受让了纪某、丁某持有的乙置业公司股权，与纪某、丁某之间发生了股权转让的事实。如果甲信托公司本意是向乙置业公司出借款项的，乙置业公司从股东会决议来看亦是有向甲信托公司借款意向的，双方完全可以达成借款合同，并为确保借款的安全性，甲信托公司可以要求依法办理股权质押、土地使用权抵押、股东提供担保等法律规定的担保手续。如原告在××国际项目上不能进行信托融资的，则应依照规定停止融资行为。甲信托公司作为一个有资质的信托投资机构，应对此所产生的法律后果有清晰的认识，故甲信托公司提出的"名股实债"、"让与担保"等主张，与本案事实并不相符，其要求在破产程序中获得债权人资格并行使相关优先权利并无现行法上的依据，故本院对其主张依法不予采纳。

基于甲信托公司在乙置业公司中的股东身份，其出资并获得股东资格后不应再享有对破产企业的破产债权，甲信托公司要求行使对乙置业公司所有的湖州市西南分区××-C号地块国有土地使用权及在建工程享有抵押权，并以该抵押物折价或者以拍卖、变卖的价款优先受偿的请求，有悖法律，本院依法予以驳回。

案例要点提示

甲信托公司在设计业务结构时主要存在以下两个问题：一是将14400万元用于受让纪某和丁某的股份，其余全部增入乙置业公司的资本公积金，即融资资金全部用于名义上的股权投资；二是《抵押合同》载明的担保对象系甲信托公司与乙置业公司《合作协议》的履行，而《合作协议》的内容并非借贷合同，而为股权转让事宜。此外，根据《最高人民法院关于适用〈中华人民共和国公司法〉若干问题的规定（三）》第13条第1款之规定，股东未履行或者未全面履行出资义务，公司或者其他股东请求其向公司依法全面履行出资义务的，人民法院应予支持。因此，若"明股实债"被认定为股权投资，在公司股东未履行或者未全面履行出资义务时，投资人还可能需要承担补充出资义务，其他股东不能补足出资的，投资人还将承担连带责任。

因此，在实践中建议将融资款明确区分为股东出资和股东借款，并以协议形式固定，股东出资金额原则应尽量压缩，并通过修订公司章程的形式弥补出资金额较小带来的表决权不足等缺陷。在股权转让协议中约定回购条款或单独签订回购协议，约定大股东和相关担保方的回购义务，该回购义务不受企业经营状况和破产等因素的影响。抵押、保证等担保增信措施担保的对象应为股东借款的还款义务和第三方的回购义务，而非股权转让协议。

2. 在PPP项目中的限制

2017年2月27日财政部办公厅致函湖北省财政厅要求核查武汉市轨道交通8号线一期PPP项目不规范操作问题，函称该项目存在风险分配不当等问题。8号线一期项目采用BOT模式，项目公司负责项目投融资、建设、运营、管理、移交。该项目中招商银行股份有限公司、中国光大银行股份有限公司和汉口银行股份有限公司组成联合体作为社会资本中标方，以优先级出资人身份与武汉地铁集团（劣后级出资人）发起设立武汉地铁股权投资基金，武汉地铁集团作为基金管理人。该基金与武汉地铁集团、武汉地铁运营有限公司共同出资成立项目公司。由于中标社会资本方系金融机构，不可能具备地铁的建设、运营、管理等经验，优先劣后级的安排也使得中标联合体不实际承担项目运营管理风险，不符合风险共担原则。

中建政研董事长梁舰认为，本项目之所以被财政部公开点名，主要是因为以下三处硬伤：（1）该项目的交易模式实为"明股实债"，与财金〔2016〕90号文第5条"防止政府以固定回报承诺、回购安排、明股实债等方式承担过度支出责任"有直接冲突。（2）该项目的社会资本方采用基金方式进入项目公司，但由武汉地铁集团作为基金的劣后级出资人，项目的风险几乎都由政府方承担，与PPP的"风险共担，利益共享"基本内涵有较大冲突。（3）该项目将内部收益率和利率混为一谈，根据成交结果公示"预成交资本金财务内部收益率：按照中国人民银行最新发布的5年期以上银行贷款利率为基准下浮3%，浮动利率"，明股实债彰显无遗。[①]

因此，在PPP项目中，"明股实债"被绝对禁止。

【规范性文件】

《财政部关于进一步做好政府和社会资本合作项目示范工作的通知》（2015年6月25日，财金〔2015〕57号）

一、加快推进着批示范项目实施

……

（二）确保示范项目实施质量。要严格执行国务院和财政部等部门出台的一系列制度文件，科学编制实施方案，合理选择运作方式，认真做好评估论证，择优选择社会资本，加强项目实施监管。项目采购要严格执行《政府采购法》《政府和社会资本合作项目政府采购管理办法》（财库〔2014〕215号）

---

① 中国政府采购网：《财政部为何核查武汉轨交8号线一期PPP项目》http://www.ccgp.gov.cn/news/201703/t20170302_7964023.htm，最后访问时间：2017年7月15日。

等规定，充分引入竞争机制，保证项目实施质量。要发挥政府集中采购降低成本的优势，确定合理的收费标准，通过政府采购平台选择一批能力较强的专业中介机构，为示范项目实施提供技术支持。严禁通过保底承诺、回购安排、明股实债等方式进行变相融资，将项目包装成PPP项目。

……

《财政部关于在公共服务领域深入推进政府和社会资本合作工作的通知》（2016年10月11日，财金〔2016〕90号）

五、着力规范推进项目实施。各级财政部门要会同有关部门统筹论证项目合作周期、收费定价机制、投资收益水平、风险分配框架和政府补贴等因素，科学设计PPP项目实施方案，确保充分体现"风险分担、收益共享、激励相容"的内涵特征，防止政府以固定回报承诺、回购安排、明股实债等方式承担过度支出责任，避免将当期政府购买服务支出代替PPP项目中长期的支出责任，规避PPP相关评价论证程序，加剧地方政府财政债务风险隐患。要加强项目全生命周期的合同履约管理，确保政府和社会资本双方权利义务对等，政府支出责任与公共服务绩效挂钩。

《国务院关于开展第四次大督查的通知》（2017年5月30日，国发明电〔2017〕1号）

二、督查重点

……

（五）防范重点领域风险。防范化解不良资产风险，严密防范流动性风险，有效防控影子银行风险，防范处置债券违约风险情况。稳妥推进地方政府存量债务置换，降低政府债务成本，查处违法违规融资担保，严控"明股实债"等变相举债行为情况。防范、处置和打击非法集资情况。开展互联网金融风险专项整治等情况。规范企业走出去投资经营行为等情况。

……

3. 在房地产项目中的限制

由于通过"明股实债"模式可以绕开房地产企业融资的"四三二"限制条件，还可以向房地产企业提供资金以缴交土地出让金，因此在房地产融资中被大规模采用。但 2008 年以来，监管部门开始加大对"明股实债"的监管力度。2008 年 10 月 28 日《中国银监会办公厅关于加强信托公司房地产、证券业务监管有关问题的通知》规定，不得以投资附加回购承诺的方式间接向不符合"四三二"要求的房地产发放贷款。2009 年 9 月 3 日《中国银监会关于信托公司开展项目融资业务涉及项目资本金有关问题的通知》、2011 年 1 月 27 日《中国银行业监督管理委员会关于印发信托公司净资本计算标准有关事项的通知》要求信托公司以附加回购或回购选择权的方式向融资人提供贷款的，应按照融资类业务风险系数计算风险资本。2017 年《中国银监会办公厅关于印发〈2017 年信托公司现场检查要点〉的通知》则将信托公司"明股实债"业务情况列为检查重点。2017 年 11 月 22 日《中国银监会关于规范银信类业务的通知》进一步要求不得将信托资金违规投向房地产、地方政府融资平台、股票市场、产能过剩等限制或禁止领域。

【规范性文件】

《中国银监会办公厅关于加强信托公司房地产、证券业务监管有关问题的通知》（2008 年 10 月 28 日，银监办发〔2008〕265 号）

一、信托公司要严格按照《中国银行业监督管理委员会关于进一步加强房地产信贷管理的通知》（银监发〔2006〕54 号）等有关法规从事房地产业务。

（一）严禁向未取得国有土地使用证、建设用地规划许可证、建设工程规划许可证、建筑工程施工许可证"四证"的房地产项目发放贷款，严禁以投资附加回购承诺、商品房预算团购等方式间接发放房地产贷款。申请信托公司贷款（包括以投资附加回购承诺、商品房预售回购等方式的间接贷款）的房地产开发企业资质应不低于国家建设行政主管部门核发的二级房地产开发资质，开发项目资本金比例应不低于 35%（经济适用房除外）。

（二）严禁向房地产开发企业发放流动资金贷款，严禁以购买房地产开发企业资产附回购承诺等方式变相发放流动资金贷款，不得向房地产开发企业发放用于缴交土地出让价款的贷款。要严格防范对建筑施工企业、集团公司等的流动资金贷款用于房地产开发。

《中国银行业监督管理委员会关于印发信托公司净资本计算标准有关事项的通知》(2011年1月27日，银监发〔2011〕11号)

二、对于同时包含融资类和投资类业务的信托产品，信托公司在计算风险资本时应按照融资类和投资类业务风险系数分别计算风险资本。

融资类业务包括但不限于信托贷款、受让信贷或票据资产、附加回购或回购选择权、股票质押融资和准资产证券化等业务。

《中国银监会关于规范银信理财合作业务有关事项的通知》(2010年8月5日，银监发〔2010〕72号)

四、商业银行和信托公司开展融资类银信理财合作业务，应遵守以下原则：

（一）自本通知发布之日起，对信托公司融资类银信理财合作业务实行余额比例管理，即融资类业务余额占银信理财合作业务余额的比例不得高于30%。上述比例已超标的信托公司应立即停止开展该项业务，直至达到规定比例要求。

（二）信托公司信托产品均不得设计为开放式。上述融资类银信理财合作业务包括但不限于信托贷款、受让信贷或票据资产、附加回购或回购选择权的投资、股票质押融资等类资产证券化业务。

《中国银监会办公厅关于印发〈2017年信托公司现场检查要点〉的通知》(2017年4月，银监办便函〔2017〕667号)

是否通过股债结合、合伙制企业投资、应收账款收益权等模式变相向房地产开发企业融资规避监管要求，或协助其他机构违规开展房地产信托业务。

"股+债"项目中是否存在不真实的股权或债权，是否存在房地产企业以股东借款充当劣后受益人的情况，是否以归还股东借款名义变相发放流动资金贷款。

《中国银监会关于规范银信类业务的通知》（2017年11月22日，银监发〔2017〕55号）

七、商业银行和信托公司开展银信类业务，应贯彻落实国家宏观调控政策，遵守相关法律法规，不得将信托资金违规投向房地产、地方政府融资平台、股票市场、产能过剩等限制或禁止领域。

4.在其他拟通过融资取得项目资本金的项目中的限制

在信托公司直接投资项目公司股权的情况下，投资资金不得用于补充项目资本金要求。

【规范性文件】

《中国银监会关于信托公司开展项目融资业务涉及项目资本金有关问题的通知》（2009年9月3日，银监发〔2009〕84号）

二、信托公司不得将债务性集合信托计划资金用于补充项目资本金，以达到国家规定的最低项目资本金要求。前述债务性集合信托计划资金包括以股权投资附加回购承诺（含投资附加关联方受让或投资附加其他第三方受让的情形）等方式运用的信托资金。

信托公司按照《信托公司私人股权投资信托业务操作指引》开展私人股权投资信托业务时，约定股权投资附加回购选择权的情形不适用前款规定。

第五章

非标业务增信措施的常见风险及应对

增信措施，是指为提高产品或交易的安全性，确保债权能按时足额得到偿付而设置的一系列风险控制措施。基于非标业务的资产多样性和结构复杂性，增信措施得到了广泛而灵活的运用。常见的增信措施包括：担保增信、保险增信、票据增信、政府信用增信等；"暗保"措施包括：结构化分层、贷款债权转让、受益权转让、差额补足、让与担保等。

上述增信措施在不同业务结构中所体现出的优劣势也不尽相同。结构设计者在进行非标业务设计时，应综合考虑各种因素，充分预判项目运行过程中可能存在的风险，结合项目实际情况，引入多元化增信措施，规避风险，维护债权人利益。

一、与担保增信相关的问题

按照《担保法》规定，担保措施包括保证、抵押、质押、留置、定金等5类。非标业务中常用的担保措施为前三种，即保证、抵押和质押，大多数非标业务都会采用其中的一种或多种方式并用。

（一）保证

1. 概念

保证，是指保证人和债权人约定，当债务人不履行债务时，保证人按照约定履行债务或者承担责任的行为。保证分为一般保证和连带责任保证，一般保证人享有先诉抗辩权，连带责任保证不享有先诉抗辩权。一般保证情况下，债务人不履行债务时，债权人须先以诉讼或仲裁的方式向债务人主张权利，保证人在主合同纠纷未经审判或者仲裁，并就债务人财产依法强制执行仍不能履行债务前，对债权人可以拒绝承担保证责任。连带责任保证人不享有先诉抗辩权，债务人不履行债务时，债权人既可向债务人主张权利，也可向连带责任保证人主张权利，保证人不得以债权人未向债务人主张权利为由进行抗辩。因此，实践中普遍采用连带责任保证，而一般保证多见于政策性再担保公司所提供的再担保（详见本书第二章"非标业务中与融资担保公司相关的问题"部分）。

【规范性文件】

《中华人民共和国担保法》（1995年6月30日）

第十四条　保证人与债权人可以就单个主合同分别订立保证合同，也可以协议在最高债权额限度内就一定期间连续发生的借款合同或者某项商品交易合同订立一个保证合同。

第十五条　保证合同应当包括以下内容：

（一）被保证的主债权种类、数额；

（二）债务人履行债务的期限；

（三）保证的方式；

（四）保证担保的范围；

（五）保证的期间；

（六）双方认为需要约定的其他事项。

保证合同不完全具备前款规定内容的，可以补正。

第十六条　保证的方式有：

（一）一般保证；

（二）连带责任保证。

第十七条　当事人在保证合同中约定，债务人不能履行债务时，由保证人承担保证责任的，为一般保证。

一般保证的保证人在主合同纠纷未经审判或者仲裁，并就债务人财产依法强制执行仍不能履行债务前，对债权人可以拒绝承担保证责任。

有下列情形之一的，保证人不得行使前款规定的权利：

（一）债务人住所变更，致使债权人要求其履行债务发生重大困难的；

（二）人民法院受理债务人破产案件，中止执行程序的；

（三）保证人以书面形式放弃前款规定的权利的。

第十八条 当事人在保证合同中约定保证人与债务人对债务承担连带责任的，为连带责任保证。

连带责任保证的债务人在主合同规定的债务履行期届满没有履行债务的，债权人可以要求债务人履行债务，也可以要求保证人在其保证范围内承担保证责任。

2. 保证需关注的问题

根据《担保法》第13条规定，保证人与债权人应订立书面保证合同，保证合同的订立主要有以下三种形式：一是签订书面保证合同；二是保证人单独出具担保函；三是在主合同中约定保证条款或者保证人在保证人栏内签字或盖章，即主合同中约定保证条款的，保证人在主合同上签字或盖章，主合同未约定保证条款的，保证人在保证人栏内签字或盖章。保证应由适格主体作出并明确保证方式、保证对象、保证范围、保证期限等要素。

（1）主体不适格

如由国家机关、学校、幼儿园、医院等以公益为目的的事业单位、社会团体以及企业法人的分支机构（企业法人的分支机构有法人书面授权的可以在授权范围内提供保证）、职能部门作为保证人的，保证无效。民营医院、私立学校也不得作为保证人。

【相关案例】

田甲与付乙、何丙等民间借贷纠纷〔一审：(2014)威民二初字第3号，二审：(2016)鲁民终2096号〕[①]

2012年12月10日，田甲与付乙、何丙（付乙前妻，两人于2013年8月离婚）、丁学校、戊学校签订借款合同一份，约定付乙、何丙因个人应急需要向田甲借款200万元，借款期限自2012年12月10日至2013年3月10日。丁学校、戊学校为借款提供连带责任保证担保，保证范围为借款本金、利息、违约金、损害赔偿金和实现债权及担保权的诉讼费、律师代理费、保全担保费、调查取证费等一切费用。

山东省威海市中级人民法院一审认为：

根据《中华人民共和国担保法》第9条"学校、幼儿园、医院等以公益为目的的事业单位、社会团体不得为保证人"，《中华人民共和国民办教育促进法》第3条第1款"民办教育事业属于公益性事业，是社会主义教育事业的组成部分"、第5条第1款"民办学校与公办学校具有同等的法律地位"的规定，丁学校和戊学校属于以公益为目的的事业单位，依法不得为保证人，其担保行为无效。田甲要求丁学校和戊学校承担保证责任的诉讼请求，于法无据，一审法院不予支持。

山东高级人民法院二审认为：

一审法院根据《中华人民共和国民办教育促进法》第3条第1款"民办教育事业属于公益性事业，是社会主义教育事业的组成部分"、第5条第1款"民办学校与公办学校具有同等的法律地位"的规定，认定被上诉人丁学校属于以公益为目的的事业单位是正确的，根据《中华人民共和国担保法》第5条第2款"担保合同被确认无效后，债务人、担保人、债权人有过错的，应当根据其过错各自承担相应的民事责任"和第9条

---

① 案例来源：中国裁判文书网。

"学校、幼儿园、医院等以公益为目的的事业单位、社会团体不得为保证人"的规定认定被上诉人丁学校对外担保行为无效。

(2) 自然人及其配偶的保证责任承担

作为保证人的，其配偶未签属保证合同或仅在保证合同中签署"已知悉"、"无异议"等不能证明明确作出了同为保证人的意思表示的，不能成为保证人，在诉讼中法院亦不会判决配偶承担保证责任，在执行阶段配偶即无法成为被执行人。

【相关案例】

甲银行股份有限公司福州分行与福建乙贸易发展有限公司、福建丙贸易发展有限公司等金融借款合同纠纷案[①]

2012年11月29日，甲银行与乙公司签订1份《国内保理业务合同（有追索权）》。同日，甲银行分别与被告丁公司、林某、陈某签订了《最高额保证合同》，约定：为确保甲银行与债务人乙公司在一定期限内连续发生的多笔债权的履行，保证人林某、陈某愿意提供最高额保证担保，林某、陈某的配偶陈国某、郑莲某分别在《最高额保证合同》最后一段"甲方配偶确认：已知晓上述合同约定并对于甲方依据本合同承担保证责任（包括但不限于处分夫妻共同财产）不持任何异议（签字）："处签名并捺印。甲银行起诉要求保证人丁公司、林某、陈国某、陈某、郑莲某对乙公司的债务提供连带责任保证。

福州市中级人民法院一审认为：

被告陈国某、郑莲某分别作为被告林某、陈某的配偶在《最高额保证合同》最后一段"甲方配偶确认：已知晓上述合同约定并对于甲方依据本合同承担保证责任（包括但不限于处分夫妻共同财产）不持任何异

[①] 案例来源：中国裁判文书网。

议（签字）:"处签名并捺印，仅能说明其二人知悉各自配偶为被告乙公司的前述债务提供保证担保的事实，且不持异议，但并不能证明其二人明确作出了同为保证人的意思表示。故，根据《最高人民法院关于适用〈中华人民共和国婚姻法〉若干问题的解释（二）》第24条关于"债权人就婚姻关系存续期间夫妻一方以个人名义所负债务主张权利的，应当按夫妻共同债务处理。但夫妻一方能够证明债权人与债务人明确约定为个人债务，或者能够证明属于婚姻法第十九条第三款规定情形的除外"的规定，在现有证据无法证明本案存在上述条款规定的除外情形的情况下，被告陈国某、郑莲某应在夫妻共同财产范围内，分别对各自的配偶林某、陈某的债务承担共同偿还责任。

（3）未约定保证方式

未约定保证方式的，发生争议时裁判机构将依据保证合同的约定进行判断，如约定保证人在债务人不能偿还债务时承担保证责任，则可能被判定为一般保证责任，如约定保证人在债务人不能"到期"偿还债务时承担保证责任，则可能被判定为一般保证责任。为避免争议，建议直接明确一般保证或连带保证。

【相关案例】

最高人民法院公报案例：中国甲资产管理公司贵阳办事处与贵阳乙有限责任公司借款合同纠纷案[一审:(2007)黔高民二初字第35号，二审:(2008)民二终字第106号][①]

1989年10月6日到1993年10月15日，建行黔南中心支行与贵州丙化肥厂签订了多份《中国人民建设银行基本建设借款合同》，乙公司均

---

① 案例来源：http://gongbao.court.gov.cn/Details/3e0c5442220dd45f53e375cbce9d0f.html?sw=%EF%BC%882008%EF%BC%89%E6%B0%91%E4%BA%8C%E7%BB%88%E5%AD%97%E7%AC%AC106%E5%8F%B7

作为保证人在担保单位一栏中签章，合同中未明确约定保证方式。上述债权后转让给中国甲资产管理公司重庆办事处。乙公司表示贷款保证期已过，不再承担担保责任。

贵州省高级人民法院一审认为：

因上述合同均未明确约定保证人乙公司应承担的保证责任方式，根据最高人民法院《关于审理经济合同纠纷案件有关保证的若干问题的规定》第7条关于"保证合同没有约定保证人承担何种责任的，或者约定不明确的，视为保证人承担赔偿责任。当被保证人到期不履行合同时，债权人应当首先请求被保证人清偿债务。强制执行被保证人的财产仍不足以清偿其债务的，由保证人承担赔偿责任"的规定，以及最高人民法院《关于涉及担保纠纷案件的司法解释的适用和保证责任方式认定问题的批复》第2条关于"担保法生效前订立的保证合同中对保证责任方式没有约定或约定不明的，应当认定为一般保证"之规定，乙公司的保证责任方式应认定为一般保证。

甲公司上诉称：

一审法院认定5份借款合同的保证责任方式为一般保证不正确。根据最高法院《关于涉及担保纠纷案件的司法解释的适用和保证责任方式认定问题的批复》第2条"……保证合同中明确约定保证人在被保证人不履行债务时承担保证责任，且根据保证人订立合同的本意推定不出一般保证责任的，视为连带责任保证"的规定，借款合同中第5条均有"借款到期后，甲方如不能按期偿还，由担保单位代为偿还"的约定，并且1993年10月15日的借款合同被告人还出具有担保书，明确表示当借款人不履行还款责任时，代借款单位偿还借款本息。这4份合同符合上述批复第2条的规定，该4份合同被上诉人承担保证责任的方式为连带责任保证。

最高人民法院二审认为：

乙公司提供的保证在借款合同中有两种表述：一是"全部贷款到期，贷款方发出逾期通知3个月后，仍未归还，贷款方可以直接从借款方或担保方的各项投资和存款中扣收"。二是"贷款到期，借款方如不能按期偿还，由担保单位代为偿还，担保单位在接到黔南中心支行还款通知3个月后仍未归还，黔南中心支行有权从借款方或担保单位的投资或存款户中扣收，或委托其他金融机构扣收"。此外，乙公司向黔南中心支行出具《借款担保书》，承诺："当借款单位不能履行借款合同如期偿还借款本息条件时，本公司（厂）将无条件承担责任，保证按照借款合同的规定，代借款单位偿还所欠借款本息。"

区分连带责任保证和一般保证的重要标志就是保证人是否享有先诉抗辩权，即债权人是否必须先行对主债务人主张权利并经强制执行仍不能得到清偿时，方能要求保证人承担保证责任。

上述借款合同中的第一种表述，只要贷款达到约定期限仍未归还，即将担保方与借款方的责任一并对待，并未区分保证人应否在主债务人客观偿还不能，即先向主债务人主张权利不能后，方承担保证责任，因此，此处保证责任约定是清楚的，为连带责任保证。

上述借款合同中的第二种表述有"不能"字样，如单纯使用"不能"字样，则具有客观上债务人确无能力偿还借款的含义，此时保证人方承担保证责任可以认定为一般保证责任。但是，该"不能"字样是与"按期"结合在一起使用，则不能将其理解为确实无力偿还借款的客观能力的约定，仅是表明到期不能偿还即产生保证责任。因此，第二种表述亦应认定为连带保证责任。

至于乙公司为（93）年匀建贷字第2号借款合同提供的《借款担保书》则更为明确地将保证责任界定为无条件承担，亦为约定清楚的连带责任保证。

综上，本案讼争的保证责任为连带责任保证。

（4）未约定保证对象或保证对象不具有给付内容

未约定保证对象或保证对象不具有给付内容，保证可能不成立。被担保的主合同不能为未约定金额的合作协议、框架协议等。若确需签署保证合同的，应签订最高额保证合同，对合作双方在特定期间内发生的一系列债权债务关系提供连带责任保证。

【相关案例】

中国甲集团房地产开发有限公司与海口乙实业有限公司、海南丙实业有限公司借款合同纠纷案［一审：(2015)琼民二初字第6号，二审：(2016)最高法民终240号］[①]

2010年，甲房地产公司作为甲方与乙公司作为乙方签订《海南陵水××湾项目合作开发协议书》(以下简称《合作开发协议》)。约定：双方共同发起设立一家项目公司（甲房地产公司），负责海南省陵水黎族自治县（以下简称陵水县）××湾项目的开发建设；项目公司的注册资本为5000万元，其中甲房地产公司出资2550万元，占注册资本的51%；乙公司出资2450万元，占注册资本的49%。乙公司以其持有丙实业公司的全部股权对涉案项目融资承担连带担保责任。

2010年7月22日，甲房地产公司通过参加陵水县国土局举办的国有建设用地使用权挂牌出让活动竞买到陵水县××湾项目土地，成交总价为24.6972亿元。

2011年10月18日，陵水县国土局与甲房地产公司签订《国有建设用地使用权出让合同变更协议》，受让人变更为丙实业公司。

丙实业公司取得了涉案××湾项目土地的受让权，并在该土地上开发建设房地产项目，目前已开始销售项目房产。甲房地产公司在参加竞买涉案土地前，向陵水县国土局交纳了竞买保证金2.8亿元，竞买到土地后至土地受让权变更给丙实业公司期间，又陆续向陵水县国土局支付了土地出让金17.5486亿元，前后共支付了土地出让金20.3486亿元（含

[①] 案例来源：中国裁判文书网。

竞买保证金2.8亿元）。丙实业公司取得涉案土地受让权后，分别于2012年3月27日、7月27日向陵水县国土局支付了土地出让金5000万元、3.8486亿元，共计支付土地出让金4.3486亿元。至此，涉案土地出让金24.6972亿元已支付完毕。涉案土地使用权受让人变更为丙实业公司后，甲房地产公司曾于2012年7月24日向丙实业公司转款3.8486亿元，丙实业公司在庭审中承认收到该款，并将该款作为土地出让金支付给了陵水县国土局。

2011年7月11日，甲房地产公司作为甲方与乙公司作为乙方签订《股权转让协议书》。约定乙方自愿将其持有的丙实业公司49%股权溢价转让给甲方，转让价格为4900万元，其中包括乙方出资的注册资本金2450万元；经双方共同委托海南丁资产评估有限公司进行评估后协商溢价款2450万元。甲方经上报中国甲集团股份有限公司批准后，以4900万元的价格受让此股份。

2015年4月24日，甲房地产公司向海南高院提起诉讼称：为支付涉案××湾项目土地出让金，丙实业公司向甲房地产公司借款24.6972亿元，并向甲房地产公司出具《还款确认书》，承诺于2015年4月1日之前归还借款本金6000万元。丙实业公司未如期偿还款项。根据甲房地产公司与乙公司签订的《合作开发协议》的约定，乙公司以其持有丙实业公司的全部股权对涉案项目融资承担连带担保责任。2011年7月11日，乙公司转让其所持丙实业公司49%股权，股权转让款经生效判决确认为4900万元。故乙公司应当在4900万元的范围内就丙实业公司的上述债务承担连带担保责任。

海南省高级人民法院一审认为：

甲房地产公司向海南高院提交其与乙公司签订的《合作开发协议》，主张根据该协议第10条关于乙公司以其在项目公司的全部股权对项目融资承担连带担保责任的约定，乙公司应对丙实业公司本案6000万元的借款债务在4900万元的范围内承担连带清偿责任。从甲房地产公司的主张及所依据的上述合同条款内容来看,其主张乙公司承担的是股权质权担保责任。但是,该协议签订时丙实业公司尚未成立,即甲房地产公司所主张的债务人及质押财产涉案股权均尚未存在,同时债权人也不明确,也未约定对具体的债务进行担保。涉案的债务发生后,双方也未就该债务订立过担保合同。

同时,甲房地产公司提交的上述协议条款也未约定被担保债权的种类和数额、债务人履行债务的期限、质押财产交付的时间,也不具备《中华人民共和国物权法》第210条规定的质权合同的基本要素。而且,乙公司原享有的股权已转让给甲房地产公司,甲房地产公司受让该股权时也并未提出过其所主张的股权质权。

综上,甲房地产公司所依据的上述协议约定并不能证明双方已就涉案债务成立了担保合同关系,甲房地产公司主张其与乙公司就涉案债务存在担保合同关系,没有事实依据,海南高院不予采纳。根据《中华人民共和国物权法》第226条第1款"以基金份额、证券登记结算机构登记的股权出质的,质权自证券登记结算机构办理出质登记时设立;以其他股权出质的,质权自工商行政管理部门办理出质登记时设立"的规定,即使上述协议约定属于股权质押的合同条款,甲房地产公司所主张的质权也因并未依法办理出质登记,该质权也未设立。涉案的股权已转让给甲房地产公司,甲房地产公司受让该股权时也并未提出过其所主张的股权质权。此外,《中华人民共和国物权法》第170条规定:"担保物权人在债务人不履行到期债务或者发生当事人约定的实现担保物权的情形,依法享有就担保财产优先受偿的权利,但法律另有规定的除外。"第208条第1款规定:"为担保债务的履行,债务人或者第三人将其动产出质给债权人占有的,债务人不履行到期债务或者发生当事人约定的实现质权的情形,债权人有权就该动产优先受偿。"第229条规定:"权利质权除适用本节规定外,适用本章第一节动产质权的规定。"根据上述规定,为债务的履行设立权利质权担保的,债务人不履行到期债务或者发生当事人约定的实现质权的情形，债权人仅能享有就担保财产优先受偿的权利。甲房地产公司本案所主张的是股权质权担保，而非保证。故根据上述规定，即使甲房地产公司所主张的质权担保关系能够成立，其也仅能就质押物即涉案股权主张优先受偿权。综上所述，甲房地产公司主张其与乙公司就本案债务存在担保合同关系，并请求乙公司对该债务承担连带清偿责任，没有事实和法律依据，海南高院不予支持。

甲房地产公司上诉称：

原审判决对乙公司与甲房地产公司之间担保关系的认定不当。甲房地产公司与乙公司在《合作开发协议》中约定，乙公司以其在项目公司的全部股权对项目融资承担连带担保责任。该条款明确了乙公司承担保证责任的主债权为项目融资，类型为连带责任，范围是以其在丙实业公司的全部股权为限，符合《中华人民共和国担保法》第6条、第16条的规定，应为保证条款。保证合同关系不以双方办理登记为要件。连带保证责任不需保证人持有股权为条件，乙公司已转让股权不影响其承担连带保证责任。因此，上述保证条款合法有效，原审判决认定为股权质押条款属认定事实和适用法律错误。2011年7月11日乙公司转让其所持丙实业公司49%股权，另案（2015）琼民二终字第8号民事判决确认该股权转让款为4900万元。故乙公司应当在4900万元的范围内就丙实业公司的上述债务承担连带担保责任。

最高人民法院二审认为：

本院对《合作开发协议》中有关乙公司"以其在项目公司的全部股权对项目融资承担连带担保责任"的约定作如下分析：

第一，上述约定不符合担保合同的从属性特征。担保设立的目的是保障当事人合同法律关系中的债权的实现，基于担保关系的附随性，《中华人民共和国担保法》第5条明确规定，担保合同是主合同的从合同。因此，担保合同作为从合同，自身不能独立存在，必须以主合同的存在为前提和依据，并随着主合同产生、变更和消灭。本案二审中，甲房地产公司与乙公司确认《合作开发协议》签订时间为2010年7月，早于丙实业公司于2010年8月3日成立的时间节点，亦早于甲房地产公司在本案所主张的主合同即《借款合同》于2010年8月27日签订的时间节点。《合作开发协议》签约时，主债权即项目融资尚未发生，且《合作开发协议》关于项目融资的债务人、债权人、债权数额等均未约定的情况下，所谓的对项目融资的担保无从设立。故在甲房地产公司本案主张的主合同即《借款合同》尚未签订、债务人丙实业公司尚未设立、涉案债权债务关系亦未发生的情况下，甲房地产公司依据上述《合作开发协议》的约定主张乙公司与其之间存在担保法律关系，缺乏事实和法律依据。

第二，上述约定不具备保证合同的成立要件。《中华人民共和国担保法》第6条规定，"本法所称保证，是指保证人和债权人约定，当债务人不履行债务时，保证人按照约定履行债务或者承担责任的行为"；第15条规定："保证合同应当包括以下内容：（一）被保证的主债权种类、数额；（二）债务人履行债务的期限；（三）保证的方式；（四）保证担保的范围；（五）保证的期间；（六）双方认为需要约定的其他事项。保证合同不完全具备前款规定内容的，可以补正。"依照上述规定，保证合同是在保证人与债权人之间订立的；合同双方应就债权种类数额、担保范围等合同主要条款达成合意并予以书面确认；在保证合同不完全具备法定条款的情况下，合同双方可以也应当予以补正。其中，鉴于保证合同的类型和性质，其主要条款在有效确定保证人的保证责任方面，应当符合以下要求，如保证意思，保证人必须明确表达对某一债权债务愿意以自己的财产担保债务履行的意思表示；被担保主债权，即保证合同的标的，应当是特定化的、数额可以确定的、已经成立并合法有效的债权。《合作开发协议》有关乙公司"以其在项目公司的全部股权对项目融资承担连带担保责任"的约定，是以签约之时尚未成立、融资数额尚未确定、债权人债务人等基本要素均不特定的项目融资作为主债权，并缺少债务人履行债务的期限、保证担保的范围、保证的期间等基本要件，明显不符合保证合同的成立要件。因此，即使甲房地产公司关于 2010 年 8 月 27 日其与丙实业公司签订《借款合同》形成涉案债权的主张属实，鉴于该债权债务关系形成后直至本案诉讼时，甲房地产公司与乙公司并未对《合作开发协议》中的上述所谓的担保条款予以有效补正或者重新订立保证合同，故甲房地产公司依据上述《合作开发协议》的约定主张乙公司与其之间存在担保法律关系，缺乏事实和法律依据。

第三，上述约定在法律属性上当属意向性约定。从《合作开发协议》的合同名称和双方当事人签订该合同的主要目的看，该合同实为甲房地产公司与乙公司为合作开发海南省陵水县××湾项目签订的意在明确合作双方权利义务的协议，并非为设定债权人和担保人之间的担保权利义务而签订的合同。《合作开发协议》载明的乙公司"以其在项目公司的全部股权对项目融资承担连带担保责任"的合同条款，系双方合作开发相关项目中对于双方权利义务的安排，在法律属性上可以认定为合作双方就将来发生的融资行为预先作出的由乙公司提供担保的意向性约定。但该意向的落实，尚需具体融资事项发生后由具体融资方与乙公司另行签订符合担保合同成立要件的合同。即只有在担保合同成立后才可能产生乙公司的担保法律责任。故甲房地产公司在没有证据证明其与乙公司对涉案债权签订有担保合同的情况下，仅依据上述《合作开发协议》的约定主张乙公司与其之间存在担保法律关系，缺乏事实和法律依据。

综上，甲房地产公司关于乙公司应当对甲房地产公司与丙实业公司之间的涉案借款债务承担连带保证责任的主张，本院不予支持。

（5）未约定保证范围

未约定保证范围的可能对担保的范围是否包括利息、违约金、为实现债权所支出的律师费等合理费用发生争议。一些保证合同中约定"被担保的金额为人民币××元，担保的范围包括本金、利息、违约金以及为实现债权发生的合理费用（包括但不限于诉讼费、律师费、差旅费、公证费等）"，则有可能被认定为载明的被担保金额即为本金、利息、违约金、费用等之总和，而事实上该金额一般仅为本金金额。因此应注意保证范围的表述，例如，明确"被担保的本金金额为人民币××元"。

（6）同时存在多个保证人

同时存在多个保证人的，应明确各保证人之间存在连带的连带保证关系，即保证人间的连带和保证人与债务人间的连带并存，债务人不履行债务时，债务人可向任一保证人主张权利。合同中可以表述为："不论债务人或第三方是否为主债权提供其他任何形式的担保或债权人对该等担保予以任何程度的豁免，保证人均对担保范围内的全部债权承担担保责任，并且同意由债权人在各项担保中自主选择实现担保权利的顺序和额度。"

（7）保证合同的独立性

保证合同系从合同，依附于主合同而存在，在普通保证的情况下，根据《担保法》第5条，主合同无效，担保合同无效。担保合同另有约定的，按照约定。在最高额保证情况下，即便无此约定，最高额保证亦不因主合同无效而无效。

因此，为避免主合同被认定为无效，建议在保证合同中明确约定，保证合同具有独立性，不因主合同无效而无效。例如："本合同独立于主合同，主合同因任何原因无效，不影响本合同的效力。保证人在本合同项下应付之连带保证责任及于主合同债务人在主合同无效后的法律责任（包括但不限于返还及赔偿损失等）。"

但保证合同的独立性约定可能不会被法院接受，例如，"在湖南甲股份有限公司与中国乙银行长沙华顺支行等借款担保纠纷上诉案"（一审：(2006)湘高法民二初字第10号，(2007)民二终字第117号）中，最高人民法院即认为：独立担保条款是否有效的问题，乙银行华顺支行与甲公司签订的两份《保证合同》的第14条均明确约定"本合同的效力独立于主合同，不因主合同的无效而无效"，根据《中华人民共和国担保法》第5条之规定，上述条款明显属于独立担保条款。本院的审判实务已明确表明，考虑到独立担保责任的异常严厉性，以及使用该制度可能产生欺诈和滥用权利的弊端，尤其是为了避免严重影响或动摇我国担保法律制度体系的基础，独立担保只能在国际商事交易中使用，不能在国内市场交易中运用。但应当看到，本院否定独立担保在国内交易市场中的运用之目的，在于维护《担保法》第5条第1款所规定的我国担保制度的从属性规则，因此，不能在否定担保的独立性的同时，也否定担保的从属性。

【规范性文件】

《中华人民共和国担保法》（1995年6月30日）

第五条　担保合同是主合同的从合同，主合同无效，担保合同无效。担保合同另有约定的，按照约定。

担保合同被确认无效后，债务人、担保人、债权人有过错的，应当根据其过错各自承担相应的民事责任。

【相关案例】

最高人民法院公报案例：甲轮胎股份有限公司与乙银行股份有限公司天津分行、河北丙股份有限公司借款担保合同纠纷案[一审：(2006)津高民二初字第0045号，二审：(2007)民二终字第36号][①]

2004年6月18日，甲公司与丙公司签订《互保合同》，约定互相为对方的银行贷款提供信用担保，担保数额为单笔本金不超过人民币7000万元整，担保总额不得高于人民币2亿元整。

2005年5月，基于上述的互保合同，乙银行与甲公司签署了《最高额保证合同》。甲公司向乙银行承诺，为丙公司自2005年5月16日至2006年5月16日期间发生的最高额度为人民币7000万元的授信提供担保。保证方式为连带责任担保。

2005年5月至2005年10月间，乙银行与丙公司之间发生4笔融资业务。分别是2005年5月16日借款2000万元，2005年6月7日借款

---

① 案例来源：http://www.njucasereview.com/web/judicial/public/court/20120603/051345.shtml

730万元，2005年10月21日借款2170万元，2005年10月25日银行承兑汇款3000万元。

由于丙公司和甲公司未能履行还款及担保责任，乙银行于2006年7月11日向甲公司邮寄承担连带责任保证通知函，要求甲公司对上述债务承担连带保证责任。丙公司仍拒不偿还欠款，甲公司亦未履行保证责任，乙银行遂诉至天津市高级人民法院，请求判令丙公司和甲公司偿付所欠贷款本金7000万元及相应利息。

天津市高级人民法院一审认为：

本案双方争议的焦点是甲公司的保证责任问题，甲公司主张乙银行明知丙公司财务状况恶化仍向其发放巨额贷款，并从中骗取甲公司担保，甲公司不应承担担保责任。从本案的实际情形分析，现有证据确实能够证明，丙公司的财务状况已经严重恶化，但甲公司并无证据证明乙银行明知的事实，现有证据亦不能证明，乙银行与丙公司恶意串通骗取甲公司担保的事实成立。本案甲公司的担保行为是基于其与丙公司之间的互保协议而为，其意思表示是真实有效的。在保证人不能够证明债权人与债务人恶意串通骗取保证人担保的前提下，保证人理应按照保证合同的约定履行保证责任。综上，甲公司此项主张缺乏证据予以证明，其主张的事实依据不足，不能成立，该院不予采信。

甲公司上诉称：

本案所涉3100万元银行承兑汇票无真实交易背景。2005年5月19日，乙银行为丙公司开立银行承兑汇票，收款人为丁科技有限公司。但据工商调查材料显示，在2004年被吊销后，丁科技有限公司已不具有生产经营资格，但是，丙公司在明知丁科技有限公司无经营资质的情况下恶意申请开立银行承兑汇票，而乙银行在丙公司没有任何真实交易背景的情况下，为其开立银行承兑汇票，现该笔资金去向不明。

最高人民法院二审认为：

本案中银行承兑汇票项下即便不存在真实交易背景、票据基础关系无效，该汇票仍因符合《票据法》相关规定应为有效。即便乙银行与丙公司之间的汇票承兑协议因不具有真实交易背景，违反 HC0413 号《银行承兑汇票承兑协议》第 4 条约定"……其申请的承兑汇票是以真实交易为基础，所签订的相关交易合同合法有效"，汇票承兑协议无效，乙银行仍有权对其因有效票据关系而进行的承兑所产生的债务，对丙公司主张损害赔偿，即对丙公司仍享有债权。而《最高额保证合同》中甲公司向乙银行承诺，对 2005 年 5 月 16 日至 2006 年 5 月 16 日期间乙银行向丙公司授信而形成的一系列债权提供最高额 7000 万元的最高额保证。该合同并未排除因乙银行与丙公司合同无效而形成的债权提供保证。

（二）抵押

1. 概念

抵押，是指债务人或者第三人不转移对抵押财产的占有，将该财产作为债权的担保。债务人不履行债务时，债权人有权以该财产折价或者以拍卖、变卖该财产的价款优先受偿。抵押财产包括不动产和交通运输工具、机器、设备、原材料等动产。抵押的形式分为最高额抵押和一般抵押。最高额抵押是指抵押人为一定期间内将要连续发生的债权提供抵押担保，一般抵押只针对单笔债务提供抵押担保。

【规范性文件】

《中华人民共和国物权法》（2007 年 3 月 16 日）

第一百八十条 债务人或者第三人有权处分的下列财产可以抵押：

（一）建筑物和其他土地附着物；

（二）建设用地使用权；

（三）以招标、拍卖、公开协商等方式取得的荒地等土地承包经营权；

（四）生产设备、原材料、半成品、产品；

（五）正在建造的建筑物、船舶、航空器；

（六）交通运输工具；

（七）法律、行政法规未禁止抵押的其他财产。

抵押人可以将前款所列财产一并抵押。

第二百零三条　为担保债务的履行，债务人或者第三人对一定期间内将要连续发生的债权提供担保财产的，债务人不履行到期债务或者发生当事人约定的实现抵押权的情形，抵押权人有权在最高债权额限度内就该担保财产优先受偿。

《中华人民共和国担保法》（1995年6月30日）

第三十三条　本法所称抵押，是指债务人或者第三人不转移对本法第三十四条所列财产的占有，将该财产作为债权的担保。债务人不履行债务时，债权人有权依照本法规定以该财产折价或者以拍卖、变卖该财产的价款优先受偿。

前款规定的债务人或者第三人为抵押人，债权人为抵押权人，提供担保的财产为抵押物。

第三十四条　下列财产可以抵押：

（一）抵押人所有的房屋和其他地上定着物；

（二）抵押人所有的机器、交通运输工具和其他财产；

（三）抵押人依法有权处分的国有的土地使用权、房屋和其他地上定着物；

（四）抵押人依法有权处分的国有的机器、交通运输工具和其他财产；

（五）抵押人依法承包并经发包方同意抵押的荒山、荒沟、荒丘、荒滩等荒地的土地使用权；

（六）依法可以抵押的其他财产。

抵押人可以将前款所列财产一并抵押。

第三十七条　下列财产不得抵押：

（一）土地所有权；

（二）耕地、宅基地、自留地、自留山等集体所有的土地使用权，但本法第三十四条第（五）项、第三十六条第三款规定的除外；

（三）学校、幼儿园、医院等以公益为目的的事业单位、社会团体的教育设施、医疗卫生设施和其他社会公益设施；

（四）所有权、使用权不明或者有争议的财产；

（五）依法被查封、扣押、监管的财产；

（六）依法不得抵押的其他财产。

2.抵押需关注的问题

（1）通过出让方式取得的土地使用权抵押

应关注出让土地是否已经取得土地使用权证书、土地使用剩余年限、抵押土地未来开发计划、该土地上未来是否会增加新的附着物等。根据《担保法》第55条之规定，土地上新增的房屋不属于抵押物，在处置时土地和新增的房屋将一并处分，但债权人不得就新增附着物优先受偿。因此可以考虑要求抵押人出具承诺函，承诺满足在建工程抵押条件时办理在建工程抵押登记，符合房屋抵押登记条件时办理房屋抵押登记手续。

接受土地抵押时特别应注意土地的开发情况，审慎接受光地抵押。根据我国土地管理相关法律规定，出现闲置土地满2年未动工开发等法定情形，土地管理部门可依法收回国有建设用地使用权，且只需通知抵押权人，抵押权人无从行使救济手段，一旦抵押人未及时开发土地导致土地被强制无偿收回，抵押权将可能灭失。

【规范性文件】

《中华人民共和国担保法》（1995年6月30日）

第五十五条　城市房地产抵押合同签订后，土地上新增的房屋不属于抵押物。需要拍卖该抵押的房地产时，可以依法将该土地上新增的房屋与抵押物一同拍卖，但对拍卖新增房屋所得，抵押权人无权优先受偿。

依照本法规定以承包的荒地的土地使用权抵押的，或者以乡（镇）、村企业的厂房等建筑物占用范围内的土地使用权抵押的，在实现抵押权后，未经法定程序不得改变土地集体所有和土地用途。

《中华人民共和国城市房地产管理法》（2009年8月27日）

第二十六条　以出让方式取得土地使用权进行房地产开发的，必须按照土地使用权出让合同约定的土地用途、动工开发期限开发土地。超过出让合同约定的动工开发日期满一年未动工开发的，可以征收相当于土地使用权出让金百分之二十以下的土地闲置费；满二年未动工开发的，可以无偿收回土地使用权；但是，因不可抗力或者政府、政府有关部门的行为或者动工开发必需的前期工作造成动工开发迟延的除外。

《闲置土地处置办法》（2012年6月1日，国土资源部令第53号）

第十四条　除本办法第八条规定情形外，闲置土地按照下列方式处理：

（一）未动工开发满一年的，由市、县国土资源主管部门报经本级人民政府批准后，向国有建设用地使用权人下达《征缴土地闲置费决定书》，按照土地出让或者划拨价款的百分之二十征缴土地闲置费。土地闲置费不得列入生产成本；

（二）未动工开发满两年的，由市、县国土资源主管部门按照《中华人民共和国土地管理法》第三十七条和《中华人民共和国城市房地产管理法》第二十六条的规定，报经有批准权的人民政府批准后，向国有建设用地使用权人下达《收回国有建设用地使用权决定书》，无偿收回国有建设用地使用权。闲置土地设有抵押权的，同时抄送相关土地抵押权人。

《城镇国有土地使用权出让和转让暂行条例》（1990年5月19日，国务院令第55号）

第十七条　土地使用者应当按照土地使用权出让合同的规定和城市规划的要求，开发、利用、经营土地。

未按合同规定的期限和条件开发、利用土地的，市、县人民政府土地管理部门应当予以纠正，并根据情节可以给予警告、罚款直至无偿收回土地使用权的处罚。

【相关案例】

海南甲开发有限公司与××县人民政府土地行政处罚纠纷上诉案［一审：(2007)海南行初字第8号，二审：(2007)琼行终字第143号］[1]

2005年1月4日，××县政府在《海南日报》上发布《无偿收回土地使用权告知通知书》，拟无偿收回甲公司××国用（1995）字第×××号《国有土地使用证》项下的土地使用权。

第三人中国乙银行海南省分行营业部（以下简称省乙银行营业部）于同年1月24日书面向××县国土环境资源局提出异议，并于同年2月28日向该局递交了《关于对××县政府拟无偿收回海南天然甲开发有限公司土地使用权的盘活方案》。××县政府和××县国土环境资源局对第三人省乙银行营业部提出的异议的递交的盘活方案不予采纳。

2006年3月17日，××县政府再次在《海南日报》上发布《无偿收回土地使用权告知通知书》。该通知书发布后，甲公司于同年3月27日要求举行听证。同年5月24日，××县国土环境资源局召集甲公司和第三人举行听证。××县政府经审查认为，甲公司不能充分说明其不存在闲置土地的事实，因此于2006年7月4日作出×府〔2006〕××号《决定》，甲公司不服，遂向海南中院提起行政诉讼。

海南省中级人民法院一审认为：

1995年9月8日，原××县土地管理局与甲公司就本案讼争土地签订的《国有土地使用权出让合同》约定，甲公司须在1996年11月8

---

[1] 案例来源：https://www.itslaw.com/detail?judgementId=38f4cf31-ab55-4398-bb12-266cbd5cb1ff&area=1&index=4&sortType=1&count=7&conditions=searchWord%2B%E5%8F%AF%E4%BB%A5%E6%97%A0%E5%81%BF%E6%94%B6%E5%9B%9E%E5%9C%9F%E5%9C%B0%E4%BD%BF%E7%94%A8%E6%9D%83%2B1%2B%E5%8F%AF%E4%BB%A5%E6%97%A0%E5%81%BF%E6%94%B6%E5%9B%9E%E5%9C%9F%E5%9C%B0%E4%BD%BF%E7%94%A8%E6%9D%83&conditions=searchWord%2B%E6%8A%B5%E6%8A%BC%E6%9D%83%2B1%2B%E6%8A%B5%E6%8A%BC%E6%9D%83&conditions=courtLevel%2B2%2B12%2B%E9%AB%98%E7%BA%A7%E4%BA%BA%E6%B0%91%E6%B3%95%E9%99%A2

日前完成地上建筑面积不少于可建总面积的25%的建筑工程量,且甲公司应于1997年11月8日前竣工,但甲公司自1995年10月5日取得××国用(1995)字第×××号《国有土地使用证》后,并未依照出让合同约定的动工开发期限对本案讼争土地进行开发建设。××县政府依据《海南省闲置建设用地处置规定》(以下简称《处置规定》)第3条第1项的规定作出×府〔2006〕××号《决定》,认定甲公司闲置本案讼争土地并决定无偿收回,其认定事实清楚,适用法律、法规正确。

第三人省乙银行营业部称××县政府在作出×府〔2006〕××号《决定》前,未通知其参与闲置土地处置方案的拟订工作属程序违法,其理由不能成立。××县政府在作出×府〔2006〕××号《决定》前,虽然未将2005年1月4日在《海南日报》发布的《无偿收回土地使用权告知通知书》(以下简称《告知通知书》)直接送达给第三人省乙银行营业部,但第三人省乙银行营业部事后从其他渠道知悉后,分别于同年1月24日和2月28日以抵押人的身份向××县国土环境资源局提出了书面异议并递交了《关于对××县政府拟无偿收回海南天然甲开发有限公司土地使用权的盘活方案》,但因××县政府认为第三人省乙银行营业部提出的理由不成立,没有采纳其处置意见,并且××县政府于2006年3月17日再次在《海南日报》发布《无偿收回其土地使用权告知通知书》后,××县国土环境资源局已根据甲公司的申请于同年5月24日召集甲公司和第三人省乙银行营业部举行了听证。由此可见,第三人省乙银行营业部实际已参与了闲置土地的处置,并在事实上行使了《闲置土地处置办法》第13条所规定的土地抵押权人能够行使的各项权利。××县政府虽然没有将《告知通知书》直接送达给第三人省乙银行营业部,程序上存在瑕疵,但此瑕疵并未对×府〔2006〕××号《决定》的合法性及第三人省乙银行营业部的知情权、异议权和参与权产生什么影响。

第三人省乙银行营业部向海南省高级人民法院述称:

××县政府无偿收回××国用(1995)字第×××号土地使用权

是我行贷款抵押物，我部抵押合法有效，应受法律保护，根据法律的规定，只要主债权未消灭，抵押权也不会消灭，当事人在合同中约定的担保期间对担保物不具有约束力，×府〔2006〕××号文认定事实与实际不符，在作出该决定时程序违法，××县政府无偿收回我行贷款抵押物将造成国有资产严重损失。

海南省高级人民法院二审认为：

××县政府依据《海南省闲置建设用地处置规定》第3条第1项"以出让方式取得国有土地使用权进行开发建设，超过出让合同约定的动工开发期限满两年未动工开发的闲置建设用地，县级以上人民政府可以无偿收回土地使用权"的规定，认为××国用（1995）字第×××号《国有土地使用证》项下的土地属于闲置土地并决定无偿收回，作出×府〔2006〕××号《决定》属于认定事实清楚，适用法律、法规正确。

原审第三人省乙银行营业部称××县政府决定无偿收回××国用（1995）字第×××号土地使用证下的土地使用权将造成自己财产损失的主张，本院认为不属于本案审查的范围。

（2）通过划拨方式取得的土地使用权抵押

一是核查土地划拨是否已经取得政府土地管理部门和房产管理部门的批文。根据2003年4月16日《最高人民法院关于破产企业国有划拨土地使用权应否列入破产财产等问题的批复》，以划拨的土地使用权为标的物设定抵押，除依法办理抵押登记手续外，还应经具有审批权限的人民政府或土地行政管理部门批准，否则应认定抵押无效。如果以划拨土地使用权和附着于该土地上的建筑物一并抵押的，土地使用权抵押未履行法定审批手续的，应认定抵押无效。如果仅以附着于划拨土地的建筑物抵押的，抵押有效。

二是应关注政府无偿收回抵押土地的风险。根据土地管理相关法律法规规定，政府土地管理部门在特定情形下，报经原批准用地的政府或者有批准权的政府批准，可以收回划拨土地使用权，但应对其地上建筑物、其他附着物给予适当补偿。因此，在接受房产抵押时还应查看土地权证，核实土地取得方式，避免应划拨土地被无偿收回后抵押权落空，而转化为"适当补偿"的权利。由于补偿款项系由政府向原土地所有权人划付，且该权利不属于确定权利，抵押权人既难于请求政府向抵押权人指定的账户划款，也难于请求法院向政府发出协助执行通知，无法有效控制补偿款项。

三是核算实现抵押权时处置土地所得价款扣除出让金后剩余部分是否足以覆盖债权金额。根据《担保法》第56条、《城市房地产管理法》第51条之规定，以划拨土地抵押或将划拨土地与地上建筑物一并抵押的，处置抵押物时，应先将所得价款扣除土地出让金后，由抵押权人优先受偿

【规范性文件】

《城镇国有土地使用权出让和转让暂行条例》（1990年5月19日，国务院令第55号）

第四十七条 无偿取得划拨土地使用权的土地使用者，因迁移、解散、撤销、破产或者其他原因而停止使用土地的，市、县人民政府应当无偿收回其划拨土地使用权，并可依照本条例的规定予以出让。

对划拨土地使用权，市、县人民政府根据城市建设发展需要和城市规划的要求，可以无偿收回，并可依照本条例的规定予以出让。

无偿收回划拨土地使用权时，对其地上建筑物、其他附着物，市、县人民政府应当根据实际情况给予适当补偿。

《中华人民共和国担保法》（1995年6月30日）

第五十六条 拍卖划拨的国有土地使用权所得的价款，在依法缴纳相当于应缴纳的土地使用权出让金的款额后，抵押权人有优先受偿权。

《最高人民法院关于破产企业国有划拨土地使用权应否列入破产财产等问题的批复》（2003年4月16日，法释〔2003〕6号）

二、企业对其以划拨方式取得的国有土地使用权无处分权，以该土地使

用权为标的物设定抵押，除依法办理抵押登记手续外，还应经具有审批权限的人民政府或土地行政管理部门批准。否则，应认定抵押无效。如果企业对以划拨方式取得的国有土地使用权设定抵押时，履行了法定的审批手续，并依法办理了抵押登记，应认定抵押有效。根据《中华人民共和国城市房地产管理法》第五十条和《中华人民共和国担保法》第五十六条的规定，抵押权人只有在以抵押标的物折价或拍卖、变卖所得价款缴纳相当于土地使用权出让金的款项后，对剩余部分方可享有优先受偿权。但纳入国家兼并破产计划的国有企业，其用以划拨方式取得的国有土地使用权设定抵押的，应依据国务院有关文件规定办理。

三、国有企业以关键设备、成套设备、厂房设定抵押的效力问题，应依据法释〔2002〕14号《关于国有工业企业以机器设备等财产为抵押物与债权人签订的抵押合同的法律效力问题的批复》办理。

国有企业以建筑物设定抵押的效力问题，应区分两种情况处理：如果建筑物附着于以划拨方式取得的国有土地使用权之上，将该建筑物与土地使用权一并设定抵押的，对土地使用权的抵押需履行法定的审批手续，否则，应认定抵押无效；如果建筑物附着于以出让、转让方式取得的国有土地使用权之上，将该建筑物与土地使用权一并设定抵押的，即使未经有关主管部门批准，亦应认定抵押有效。

《中华人民共和国土地管理法》（2004年8月28日）

第五十八条 有下列情形之一的，由有关人民政府土地行政主管部门报经原批准用地的人民政府或者有批准权的人民政府批准，可以收回国有土地使用权：

（一）为公共利益需要使用土地的；

（二）为实施城市规划进行旧城区改建，需要调整使用土地的；

（三）土地出让等有偿使用合同约定的使用期限届满，土地使用者未申请续期或者申请续期未获批准的；

（四）因单位撤销、迁移等原因，停止使用原划拨的国有土地的；

(五) 公路、铁路、机场、矿场等经核准报废的。

依照前款第（一）项、第（二）项的规定收回国有土地使用权的，对土地使用权人应当给予适当补偿。

《中华人民共和国城市房地产管理法》(2009年8月27日)

第五十一条　设定房地产抵押权的土地使用权是以划拨方式取得的，依法拍卖该房地产后，应当从拍卖所得的价款中缴纳相当于应缴纳的土地使用权出让金的款额后，抵押权人方可优先受偿。

【相关案例】

中国甲资产管理公司济南办事处与山东省济南乙采购供应站、山东省丙集团有限公司、山东省丁公司借款担保合同纠纷 ［一审：(2006) 鲁民二初字第27号，二审：(2006) 民二终字第153号］[①]

2003年12月26日，槐荫戊银行与乙采购站签订《借款合同》，约定乙采购站向槐荫戊银行借款1380万元，期限11个月，月利率4.425‰，按月结息。

2003年2月20日，乙采购站与槐荫戊银行签订《最高额抵押合同》，约定乙采购站以自有的房产为2003年3月1日至2006年3月1日期间发生1200万元贷款余额范围内，设定抵押担保，并于同年2月26日在济南市房产管理局办理了抵押登记。该抵押房产所占用的土地使用期限为长期，没有交纳土地出让金，为国有划拨土地使用权。

2004年3月27日，槐荫戊银行与乙采购站签订《借款合同》。约定乙采购站向槐荫戊银行借款1200万元，期限12个月，月利率4.425‰，按月结息。2004年4月30日，槐荫戊银行与乙采购站签订《借款合同》。约定乙采购站向槐荫戊银行借款3830万元，期限12个月，月利率4.8675‰，按月结息。

---

① 案例来源：http://www.njucasereview.com/web/judicial/public/court/20120603/051610.shtml

2005年7月23日,中国戊银行山东省分行与甲公司济南办事处签订《债权转让协议》,约定将包括上述3笔债权在内的债权转让给甲公司济南办事处。

山东省高级人民法院一审认为:

债务人乙采购站与槐荫戊银行签订的《最高额抵押合同》约定,乙采购站以自有的房产为2003年3月1日至2006年3月1日发生的借款,在余额不超过1200万元的最高额范围内提供抵押担保,并在房产管理局办理了抵押登记。由于抵押房产坐落于国有划拨土地使用权之上,抵押合同未经土地管理部门审批或登记,故该抵押合同无效。甲公司济南办事处主张对抵押的房产享有优先受偿权,该院不予支持。

甲公司济南办事处上诉称:

抵押合同依法办理了抵押登记,手续是合法有效的,理应受法律保护。乙采购供应站与槐荫戊银行签订《借款合同》与《最高额抵押担保合同》,以乙采购供应站自有房产提供抵押。根据《城市房地产管理法》第61条和《担保法》第42条的规定,山东省人民政府鲁政字1996第68号《关于同意工商行政管理部门对以企业厂房等建筑物签订抵押合同进行登记管理的批复》,鲁政字2002第267号《关于对企业房产等建筑物抵押登记主管机关进行调整的通知》,指定房地产交易主管部门为对企业以厂房等建筑物进行抵押登记的主管机关,之前已经在工商行政管理部门进行抵押物登记的,确认有效。

最高人民法院二审认为:

本案当事人签订合同约定仅以自有房产设定抵押并办理房屋抵押登记,并未涉及土地使用权一并抵押的情况,该事实与《最高人民法院关于破产企业国有划拨土地使用权应否列入破产财产等问题的批复》规定的情形不符,《最高额抵押合同》系各方当事人真实意思表示,其内容不违反我国法律和行政法规的禁止性规定,且房屋抵押已办理登记手续,抵押人是否就国有土地使用权另行办理抵押登记手续不影响该《最高额抵押合同》的效力，本院认定该《最高额抵押合同》合法有效，抵押权成立。

（3）在建工程抵押

①明确抵押物包括在建工程和土地使用权

在抵押合同中应明确抵押物的范围以及担保债权的范围，并办妥抵押登记，避免实现抵押权时因范围约定不明而产生纠纷。特别是以在建工程抵押的，应明确抵押物的范围包括在建工程和土地使用权，而不仅仅是在建工程本身。虽然《物权法》第182条规定："以建筑物抵押的，该建筑物占用范围内的建设用地使用权一并抵押。以建设用地使用权抵押的，该土地上的建筑物一并抵押。抵押人未依照前款规定一并抵押的，未抵押的财产视为一并抵押。"《中华人民共和国城市房地产抵押管理办法》第11条规定："以在建工程已完工部分抵押的，其土地使用权随之抵押。"第3条规定，在建工程抵押范围包括土地使用权和在建工程的投入资产，但若抵押合同中未约定土地使用权一并抵押或未办理相应的抵押登记手续，土地使用权抵押仍可能落空。例如，江苏高院认为，合同中如果未约定将土地使用权一并抵押的，在建工程抵押不包含土地使用权抵押。

【相关案例】

甲银行股份有限公司连云港分行与连云港乙建材有限公司、许翠某等金融借款合同纠纷［一审：(2012)连商初字第0177号，二审：(2013)苏商终字第0217号］[①]

2012年4月11日，甲银行连云港分行与乙建材公司签订《小企业流动资金借款合同》。双方约定：乙建材公司向甲银行连云港分行借款1800万元。

同日，甲银行连云港分行就该笔1800万元贷款分别与乙建材公司签

---

① 案例来源：中国裁判文书网。

订《抵押合同》。《抵押合同》约定乙建材公司以其坐落于连云港经济开发区大浦工业区310国道北侧房地产，建筑面积14481平方米及附着物、构筑物为上述借款提供抵押担保。

2012年4月12日，甲银行连云港分行、乙建材公司就大浦工业区310国道北侧乙建材公司厂房一期1#、2#、3#楼办理了房屋抵押预告（在建工程）登记证明，证号为连房开字第K00024×××号。

2012年4月19日，甲银行连云港分行向乙建材公司足额发放贷款1800万元本金。乙建材公司仅支付2012年4月21日之前的利息2132元。

甲银行连云港分行诉称乙建材公司以位于连云港市开发区大浦工业区310国道北侧的土地使用权及地上房地产和在建工程为该笔贷款提供抵押担保，要求就该抵押物拍卖、变卖、所得价款优先受偿。被告辩称乙建材公司的土地使用权没有办理抵押登记，不能进行优先受偿。

连云港市中级人民法院一审认为：

乙建材公司提供抵押担保，应在抵押担保范围内承担清偿责任。虽甲银行连云港分行认为建筑物抵押，其占有范围内的国有土地使用权也一并抵押，但因双方仅就在建工程部分办理抵押登记，而未办理登记的国有土地使用权部分不发生物权效力，故甲银行连云港分行仅有权对已办理登记的在建工程享有优先受偿权。

甲银行连云港分行上诉称：

原审判决认定甲银行连云港分行对未办理登记的国有土地使用权不享有抵押权，仅对已办理抵押登记的在建工程享有优先受偿权，属于适用法律错误。《中华人民共和国物权法》第182条规定："以建筑物抵押的，该建筑物占用范围内的建设用地使用权一并抵押。以建设用地使用权抵押的，该土地上的建筑物一并抵押。抵押人未依照前款规定一并抵押的，未抵押的财产视为一并抵押。"《中华人民共和国城市房地产抵押管理办法》第11条规定："以在建工程已完工部分抵押的，其土地使用权随之抵押。"尽管甲银行连云港分行与乙建材公司仅就在建工程办理了抵押登记，未就土地使用权办理抵押登记，但根据上述法律规定，在建工程占用范围内的国有土地使用权应视为一并抵押。因此，甲银行连云港分行对该国有土地使用权享有抵押权，有权就该国有土地使用权在抵押担保范围内优先受偿。

江苏省高级人民法院二审认为：

本案中，甲银行连云港分行、乙建材公司签订的合同中明确是以在建工程的价值为案涉借款设定担保物权，并未约定以土地使用权一并作为借款未能清偿时的担保财产。因房地分离抵押是当事人之间基于意思自治而作出的选择，而甲银行连云港分行在提供借款时仅以在建工程作为抵押财产，其判断依据以抵押物现有的交换价值担保债务的履行，故应认定甲银行连云港分行在缔约时已有明确的法律预期，即是以办理在建工程的抵押登记而享有优先受偿权，故甲银行连云港分行只能在自己登记的在建工程价值范围内优先受偿。

②明确抵押物包括已完工和未完工部分

在建工程抵押并非仅仅以办理抵押登记时已完工部分作为抵押，还应纳入未来完工部分。填写抵押合同、抵押合同附件抵押物清单、抵押申请材料时，应认真审核建设规划文件，逐个填列每个单元房号及对应的规划建筑面积，避免未来完工部分脱保。无法就未完工部分办理抵押登记的，应收取抵押人的权利凭证，并签署协议。

【相关案例】

浙商甲信托股份有限公司、浙江乙集团有限公司金融借款合同纠纷[一审：（2015）浙杭商初字第50号，二审：（2016）浙民终718号][①]

---

① 案例来源：中国裁判文书网。

2014年3月10日,甲信托公司与乙集团公司签订了《信托贷款合同》1份,约定:甲信托公司同意向乙集团公司提供19500万元的贷款,资金专项用于乙××山居项目(二期)后续工程建设。

2014年3月10日、12月11日,乙集团公司与甲信托公司分别签署《抵押合同》3份,约定将乙集团公司开发建设的××山居项目(二期)在建工程以及该部分在建工程所对应的土地使用权、位于金华市回溪街西侧、解放西路以南、五一路以北的锦绣金华5#地块土地使用权抵押给甲信托公司,为其履行《信托贷款合同》项下的全部债务提供抵押担保。合同签订后,双方办理了在建工程抵押登记手续及他项权证。其中浙金信(抵)字HY-2014-×××号-1抵押合同和所涉抵押房产他项权证附记中均载明:土地证号金市国用2014第103-02×××号,共计99套,债权数额19500万元,建筑面积10338.06平方米。截至诉讼当时,仅50套已完工房屋办理了他项权证。

2014年3月13日,甲信托公司成立了乙××山居项目集合资金信托计划,并以信托计划项下信托资金于2014年3月13日、3月25日、3月26日、4月4日共向乙集团公司发放了19500万元的信托贷款。

2014年8月26日,甲信托公司宣布乙集团公司在《信托贷款合同》项下的信托贷款于2014年8月31日提前到期,并要求乙集团公司归还信托贷款本金、支付贷款利息,并要求实现抵押权。

杭州市中级人民法院一审认为:

甲信托公司主张的抵押物优先受偿权,应以已办理抵押登记手续的范围为限,甲信托公司仅对附表列明的50套在建工程具有抵押权。

甲信托公司上诉称:

一审法院判决认定甲信托公司仅对附表列明的50套在建工程具有抵押权,这是对在建工程抵押的物权属性及相关法律规定的重大理解错误。

1. 在建工程的物权属性为土地使用权上添附,在建工程抵押包括已完工部分，也包括已经规划确定的将来要建设的物权整体，且具有不可分性。从物权属性而言，在建工程属于土地使用权上之添附，是一个不断增加物权内容的动态过程，其物权的内容随着不断的添附而增加。因此，对于在建工程而言，其对应的物权内容不仅仅包括已完工部分，亦应当包含已经规划确定的将来要建设的物权整体。故在建工程抵押的范围当然是既包括已完工部分，又包括已经规划确定的将来要建设的物权整体。并且，因在建工程的不可区分性，在建工程抵押本身亦不可区分。值得说明的是，在本案中，在建工程及抵押等物权概念及相关法律理解问题会对本案判决产生重要影响。因此，于本案上诉期间，甲信托公司特别邀请了包括江平、杨立新、崔建远等6位国内物权法专家学者，其中不乏我国《物权法》起草小组的组长及核心成员。这些专家在论证意见中，均支持甲信托公司的前述观点。该等专家意见虽不具有法律约束力，但是可以作为解释立法目的的重要参考依据。

2. 我国现有的法律体系，也早已经明确了在建工程及在建工程抵押的前述属性。《最高人民法院关于适用〈中华人民共和国担保法〉若干问题的解释》第47条规定："以依法获准尚未建造的或者正在建造中的房屋或者其他建筑物抵押的，当事人办理了抵押物登记，人民法院可以认定抵押有效。"《城市房地产抵押管理办法》第3条第5款规定："本办法所称在建工程抵押，是指抵押人为取得在建工程继续建造资金的贷款，以其合法方式取得的土地使用权连同在建工程的投入资产，以不转移占有的方式抵押给贷款银行作为偿还贷款履行担保的行为。"以上两法规都通过对在建工程抵押的定义明确指明，在建工程抵押的内容是既包括已经在造的房屋，也包括尚未建造的部分。除此之外，我国《房屋登记办法》第60条规定，申请在建工程抵押权设立登记的，应当提交的材料必须包含建设工程规划许可证。而第62条规定，在建工程竣工并经房屋所有权初始登记后，当事人应当申请将在建工程抵押权登记转为房屋抵押权登记。上述规定实际上是对在建工程抵押的内容进行了再次明确，即规划明确的尚未建造的部分也属于抵押范围。如果在建工程抵押仅仅是包括抵押时已经造好的部分的，那么该法规所明确的"在建工程竣工后，将在建工程抵押权登记转为房屋抵押权登记"将无从谈起。一审法院在判决中仅认定甲信托公司对附表列明的50套在建工程具有抵押权，实质上是混淆了在建工程与房屋所有权的物权属性，将在建工程整体进行了"创造性"的区分。这样的区分，不仅仅是对在建工程物权属性的根本误读，更是直接造成了甲信托公司抵押权益的重大减损。值得提出的是，我国担保立法的宗旨是"保障债权实现"，债权人如同时作为抵押权人时，其地位在同等条件下优于债务人及担保人，在债权人的利益与债务人、担保人的利益发生冲突时，应以担保法立法宗旨为法律解释依据，债权人的利益应居于优先受保护的地位。

根据当事人办理的抵押登记手续，抵押登记的类型就是在建工程抵押，其抵押的范围即应当包括金市国用（2014）第103-02×××号土地使用权上已经规划明确的全部在建工程。本次在建工程抵押登记的范围即应当包括金市国用（2014）第103-02×××号土地使用权上已经规划明确的总建筑面积为140826.28平方米的全部在建工程。包括9幢叠排（14#楼、15#楼、16#楼、17#楼、18#楼、19#楼、20#楼、21#楼、22#楼），4栋高层（G5楼、G6楼、G7楼、G8楼）；酒店部分包括14栋独栋客房，3栋花园客房，垃圾收集站和公厕。这些在建工程，都应当属于抵押登记所明确的抵押权范围。

浙江省高级人民法院二审认为：

甲信托公司上诉主张其享有优先受偿权的为××山居项目地块的土地使用权及其上在建工程。对此，案涉抵押系在建工程抵押，根据《中华人民共和国物权法》第187条的规定，以本法第180条第1款第1项至第3项规定的财产或第5项规定的正在建造也即以建筑物及其他地上附着物、建设用地使用权、土地承包经营权和正在建造的建筑物等不动产和不动产物权设定抵押的，应当办理抵押登记，抵押权自登记时设立。

本案中，浙金信（抵）字HY-2014-×××号-1抵押合同虽然约定抵押物为××山居项目（二期）项下位于金华安地镇安地村地块的土地使用权及其上在建工程，但至诉讼时，除已解除抵押的商品房外，办理抵押登记手续的仅有50套商品房，应当依法认定这些已办理抵押登记的房产设立了抵押权。

甲信托公司提出其申请办理的为案涉项目在建工程抵押，系登记机关原因导致未能办理其他土地使用权的抵押登记，故其享有优先受偿权的不以登记的抵押物为限，而应为××山居项目地块的土地使用权及其上在建工程。对此，根据最高人民法院《最高人民法院关于适用〈中华人民共和国担保法〉若干问题的解释》第59条的规定，当事人办理抵押登记手续时，因登记部门的原因致使无法办理抵押物登记，抵押人向债权人交付权利凭证的，可以认定债权人对该财产有优先受偿权。本案中，并无证据显示乙集团公司向甲信托公司交付了土地使用权证，故甲信托公司主张对××山居项目地块的土地使用权及其上在建工程享有优先受偿权，缺乏事实和法律依据。

③关注工程款支付情况

根据《合同法》和2002年6月20日最高人民法院《关于建设工程价款优先受偿权问题的批复》，承包人就建设工程的价款享有优先于抵押权的优先受偿权。因此，抵押的在建工程是否存在或未来可能存在拖欠工程款的情形将影响抵押权的实现。抵押权人在接受在建工程抵押前应做好尽职调查工作，在项目开展过程中时刻关注在建工程的进展，尤其是工程款的按时支付情况。在放款前应要求承包人签署自愿放弃工程款优先受偿权的承诺函，承诺对象最好应包括融资提供方、建设单位和业主单位。

【规范性文件】

《中华人民共和国合同法》（1999年3月15日）

第二百八十六条 发包人未按照约定支付价款的，承包人可以催告发包人在合理期限内支付价款。发包人逾期不支付的，除按照建设工程的性质不宜折价、拍卖的以外，承包人可以与发包人协议将该工程折价，也可以申请人民法院将该工程依法拍卖。建设工程的价款就该工程折价或者拍卖的价款优先受偿。

《最高人民法院关于建设工程价款优先受偿权问题的批复》（2002年6月20日，法释〔2002〕16号）

一、人民法院在审理房地产纠纷案件和办理执行案件中，应当依照《中华人民共和国合同法》第二百八十六条的规定，认定建筑工程的承包人的优先受偿权优于抵押权和其他债权。

【相关案例】

大连甲建设有限公司与大连乙房地产开发有限公司建设工程施工合同纠纷［一审：(2015)辽民一初字第00009号，二审：(2016)最高法民终532号］[①]

2012年6月27日，甲公司于2012年7月8日与乙公司签订了《建设工程施工合同》，合同约定工程承包范围为建筑、装饰、采暖、给排水、电气（消防、通风、弱电等专业预埋）施工，开工日期2012年7月10日，竣工日期2013年11月30日，合同工期508天。

2013年11月，乙公司作为借款人与委托人北京丙资产管理有限公司、受托行丁银行大连分行三方签订《委托贷款合同》1份，主要内容为：由委托人北京丙资产管理有限公司提供贷款资金，委托行按照指定的贷款对象、用途、金额、期限、利率等发放给借款人，并协助收回贷

---

① 案例来源：中国裁判文书网。

款。委托贷款金额为人民币2亿元（以实际金额为准）。

2013年11月18日，甲公司向丁银行大连分行、北京丙资产管理有限公司、乙公司出具的书面《承诺函》载明：（1）无论借款人现在及以后是否欠付我公司上述项目在建工程的工程款，我公司自愿放弃上述《抵押合同》中约定的在建工程的优先受偿权。（2）承诺期限自本承诺书签订之日起至借款人履行完毕《贷款合同》项下贷款期限和展期期限内的全部义务之日止。（3）承诺书一经签发不可撤销。

辽宁省高级人民法院一审认为：

依据甲公司出具给乙公司等的《承诺书》，甲公司放弃了涉案《抵押合同》中约定在建工程优先受偿权，该承诺有自本承诺书签订之日起至借款人履行完毕《贷款合同》项下贷款期限和展期期限内的全部义务之日止的限制，但甲公司、乙公司均未提供证据证明《贷款合同》项下义务履行完毕，不予支持甲公司的主张。

甲公司上诉称：

尽管甲公司出具的《承诺书》载明，无论乙公司现在及以后是否欠付上述项目在建工程的工程款，甲公司自愿放弃上述《抵押合同》中约定的在建工程优先受偿权。但甲公司放弃涉案工程优先受偿权是为乙公司取得贷款而作出的，不是真实意思表示。甲公司仅对丁银行大连分行放弃优先受偿权，并未针对乙公司、戊公司放弃优先受偿权。而且甲公司放弃优先受偿权的范围仅限于乙公司向丁银行大连分行贷款提供的抵押财产范围，不影响甲公司放弃范围之外的优先受偿权。另外，建设工程优先受偿权是法定权利，不能通过约定放弃，甲公司放弃优先受偿权的《承诺书》无效。原审判决依据甲公司出具的《承诺书》认定甲公司放弃涉案工程优先受偿权错误。

最高人民法院二审认为：

本案中，甲公司出具的《承诺书》明确载明，无论乙公司现在及以后是否欠付甲公司在建工程的工程款，其自愿放弃上述《抵押合同》中约定的在建工程的优先受偿权。本承诺书一经签发不可撤销。该《承诺书》是甲公司的真实意思表示，不违反法律、行政法规的强制性规定，合法有效。甲公司上诉称该《承诺书》是为了乙公司取得贷款作出的，不是其真实意思表示。但其作为专业建筑企业，应当知道出具《承诺书》的法律后果，而且，其也没有证据证明在出具《承诺书》时存在欺诈、胁迫、乘人之危等违背真实意愿的情形，应当为出具《承诺书》的行为负责。因此，甲公司该项上诉请求，证据不足，不应支持。甲公司上诉主张该《承诺书》是其针对丁银行大连分行出具的，并不是针对乙公司、戊公司出具的，该《承诺书》对乙公司、戊公司不产生效力。但乙公司是涉案工程的建设单位，该《承诺书》也明确载明承诺对象包括乙公司，《承诺书》一经作出，即对乙公司产生效力。在甲公司明确放弃优先受偿权之后，再次提起诉讼主张涉案工程优先受偿权，违反了《承诺书》的约定，也违背了诚实信用原则，依法不应支持。

甲公司放弃优先受偿权不违反法律规定。《中华人民共和国民事诉讼法》第13条规定，当事人有权在法律规定的范围内处分自己的民事权利和诉讼权利。建设工程优先受偿权是法律赋予建设工程施工人的法定权利，属于具有担保性质的民事财产权利。作为民事财产权利，权利人当然可以自由选择是否行使，当然也应当允许其通过约定放弃。而且，放弃优先受偿权并不必然侵害建设工程承包人或建筑工人的合法权益，承包人或建筑工人的合法权益还可通过其他途径的保障予以实现。因此，甲公司关于优先受偿权属于法定权利，不能通过约定放弃的上诉理由，于法无据，不应支持。

④在建工程建成竣工后及时办理房地产抵押登记

根据建设部2001年8月15日《城市房地产抵押管理办法》第34条的规定，以预售商品房或者在建工程抵押的，抵押的房地产在抵押期间竣工的，当事人应当在抵押人领取房地产权属证书后，重新办理房地产抵押登记并签署补充协议。未及时办理房地产抵押登记不会导致抵押担保无效，但可能无法通过实现担保物权程序处置抵押物。

【相关案例】

中国甲银行乌鲁木齐市河南路支行与新疆乙实业有限公司上诉案［一审：(2005) 新民二初字第 11 号，二审：(2007) 民二终字第 61 号］[①]

1998 年 7 月 21 日至 2001 年 12 月 29 日，乙公司与甲银行河南路支行先后签订了 14 份《抵押担保借款合同》。甲银行河南路支行先后发放贷款本金共计 9440 万元。截止到 2004 年 3 月 21 日，乙公司共欠甲银行河南路支行贷款本金 9440 万元，利息 17315718.36 元。

甲银行河南路支行和乙公司于 1997 年 11 月 12 日、1999 年 9 月 29 日及 2000 年 9 月 29 日在乌鲁木齐高新技术开发区土地管理局和土地房产局申请在建工程抵押登记，开发区土地局和开发区土地房产局同意双方的申请，并办理登记。

2000 年 12 月 19 日，乙公司取得了编号为乌政房字（2000）第 0070×××号的"公房产权证"。

后甲银行河南路支行起诉要求依法判令甲银行河南路支行对乙公司设定抵押的财产和权益优先受偿。

新疆维吾尔自治区高级人民法院一审认为：

2000 年 9 月 29 日，双方第三次向相关部门提出在建工程抵押登记

[①] 案例来源：https://www.itslaw.com/detail?judgementId=ac8f2c1e-6d2c-4ff5-a806-89abe2170be8&area=1&index=1&sortType=1&count=41&conditions=searchWord%2B%E5%BD%93%E4%BA%8B%E4%BA%BA%E5%BA%94%E5%BD%93%E5%9C%A8%E6%8A%B5%E6%8A%BC%E4%BA%BA%E9%A2%86%E5%8F%96%E6%88%BF%E5%9C%B0%E4%BA%A7%E6%9D%83%E5%B1%9E%E8%AF%81%E4%B9%A6%E5%90%8E%EF%BC%8C%E9%87%8D%E6%96%B0%E5%8A%9E%E7%90%86%E6%88%BF%E5%9C%B0%E4%BA%A7%E6%8A%B5%E6%8A%BC%E7%99%BB%E8%AE%B0%2B%2B%E5%BD%93%E4%BA%8B%E4%BA%BA%E5%BA%94%E5%BD%93%E5%9C%A8%E6%8A%B5%E6%8A%BC%E4%BA%BA%E9%A2%86%E5%8F%96%E6%88%BF%E5%9C%B0%E4%BA%A7%E6%9D%83%E5%B1%9E%E8%AF%81%E4%B9%A6%E5%90%8E%EF%BC%8C%E9%87%8D%E6%96%B0%E5%8A%9E%E7%90%86%E6%88%BF%E5%9C%B0%E4%BA%A7%E6%8A%B5%E6%8A%BC%E7%99%BB%E8%AE%B0

并获批准后，乙公司于 2000 年 12 月 19 日取得公房产权证。建设部《城市房地产抵押管理办法》第 34 条第 2 款规定："以预售商品房或者在建工程抵押的，登记机关应当在抵押合同上作记载。抵押的房地产在抵押期间竣工的，当事人应当在抵押人领取房地产权属证书后，重新办理房地产抵押登记。"但在乙公司取得的公房产权证上未见有该房屋已经抵押的他项权利登记。因此根据《中华人民共和国担保法》（以下简称《担保法》）的规定，甲银行河南路支行与乙公司签订的《担保借款合同》有效，但由于双方办理的抵押登记存在瑕疵，与建设部的规定不符，因此其抵押登记的效力不能对抗其他第三人。因此，河南路支行对乙公司的抵押物不享有优先受偿的权利。

甲银行河南路支行上诉称：

本案中涉及的在建工程抵押登记，是在乌鲁木齐高新技术产业开发区土地规划房产局办理的，抵押的范围是在建工程乙大厦的土地使用权，面积 6505.9 平方米，和抵押时已经建成并开始实际使用的在建工程，面积 35343.62 平方米。在抵押登记办理过程中，登记机关将抵押人乙公司的土地使用权证和其他有关建设手续原件留存在登记机关至今，并在登记完成后，向甲银行和乙公司颁发"乌鲁木齐高新技术产业开发区房地产抵押登记表"（以下简称"房地产抵押登记表"）。且该登记表中抵押登记机关分别加盖了"土地房产局国有土地抵押权专用章"、"土地管理局国有土地使用权专用章"，并在该抵押登记机关的登记文件中记载，该抵押登记表中记载了抵押登记的具体内容，发生公示的效果，系登记管理机关对在建工程和相应的土地使用权进行抵押登记，设定了他项权利。（2002）新民初字第 54 号民事判决已经发生法律效力，对涉及本案争议的房产抵押登记的事实予以认定。而在本案中又作出完全否定的认定，后一判决是明显违反民事诉讼法的有关规定的。因此，乙大厦在建工程抵押登记有效，甲银行河南路支行对乙大厦享有抵押权。

最高人民法院二审认为：

甲银行河南路支行对乙公司抵押的财产和权益所享有的抵押权是否真实有效，以及甲银行河南路支行对该财产和权益或对其进行拍卖所获的价款是否享有优先受偿权取决于双方签订的担保合同是否真实有效和双方是否就该财产在抵押登记机关进行了有效的抵押登记。

本案涉及的3次抵押登记，均有抵押登记机关颁发的"房地产抵押登记表"，且该登记表中分别加盖有"土地房产局国有土地抵押权专用章"、"土地管理局国有土地使用权专用章"，并在该抵押登记机关的登记文件中记载，应认为登记管理机关对在建工程和相应的土地使用权进行抵押登记的行为已经完成，设定了他项权利，具有公信力，并产生公示的效果。

根据一审查明的事实，该登记至今没有撤销。甲银行河南路支行与乙公司的抵押合同中也已明确约定以在建工程已完工部分进行抵押，根据一审法院的调查笔录显示，该院曾经在2006年6月29日到开发区土地规划房产局，对本案涉及的乙大厦抵押手续问题向抵押登记的经办人张某、林某进行调查，被调查人均表示当时开发区没有他项权利证书，只要在抵押登记表上盖章即为办理了抵押登记。另据一审法院从乌鲁木齐市城乡建设档案馆调取的档案资料显示，"房地产抵押登记表"始终在档案中，并未作废或者注销。

上述事实表明，在建工程抵押手续完备，唯一瑕疵是基于当时新疆维吾尔自治区乌鲁木齐市开发区的特殊情况，没有办理他项权利证书，但该瑕疵不足以影响在建工程抵押的效力，应认定抵押成立并生效。一审法院在认定抵押合同生效的同时，根据建设部《城市房地产抵押管理办法》第34条第2款即"以预售商品房或者在建工程抵押的，登记机关应当在抵押合同上作记载。抵押的房地产在抵押期间竣工的，当事人应当在抵押人领取房地产权属证书后，重新办理房地产抵押登记"，并根据《担保法》的规定，认为在乙公司取得的公房产权证上未见有该房屋已经抵押的他项权利登记，因双方办理的抵押登记存在瑕疵，与建设部的规定不符,因此该抵押登记的效力不能对抗其他第三人,甲银行河南路支行对乙公司的抵押物不享有优先受偿权的认定错误,应予纠正。

《城市房地产抵押管理办法》属于部门规章,《担保法》的法律位阶高于该部门规章,应当优先适用。本案所涉3次抵押,均包括在建工程已完工部分以及土地使用权的抵押,根据《最高人民法院关于适用〈中华人民共和国担保法〉若干问题的解释》第47条的规定,以依法获准尚未建造的或者正在建造中的房屋或者其他建筑物抵押的,当事人办理了抵押物登记,人民法院可以认定抵押有效。

根据《担保法》第36条第2款规定,以出让方式取得的国有土地使用权抵押的,应当将抵押时该国有土地上的房屋同时抵押。乙公司在乌鲁木齐市房产登记机关办理了乙大厦的房产证以后,抵押人和抵押权人未按照《城市房地产抵押管理办法》第34条第2款规定重新办理房产抵押登记,并不必然导致抵押权消灭。抵押权仅因抵押权的实现、抵押关系的解除和抵押物灭失等法定事由而消灭。因此,在土地使用权抵押和在建工程抵押并未解除,且抵押物没有灭失的情况下,应视为抵押延续,具有对抗第三人的效力。

根据《担保法》第33条规定,抵押人对乙大厦拍卖所得价款,依法享有优先受偿的权利。抵押权人在抵押人将在建竣工项目于2000年12月19日在市房产部门办理该房产证前的3个月即9月29日,还在开发区房地产部门办理了续押登记。该房产被法院查封后,抵押人客观上也无法继续重新办理房产抵押登记。因此,对在建工程完工后未按照《城市房地产抵押管理办法》规定继续办理房产抵押登记,抵押人不存在主观过错。

(4)重复抵押、超额抵押

重复抵押是指同一抵押财产上存在多个债权。根据《担保法》第35条规定,同一抵押财产设定抵押权后,如有剩余价值的,可以其余额再抵押,但同一抵押财产所担保的数个债权总额不得超过该抵押财产的价值。《最高人民法院关于适用〈中华人民共和国担保法〉若干问题的解释》第51条规定,抵押人担保的债权超出抵押物价值的,超出部分不享有优先受偿权。因此法律认可重复抵押,也认可超额抵押的效力,只是超额部分不具有优先受偿的效力。

在司法实践中,一些法院将上述司法解释第51条理解为,办理抵押登记时抵押物的评估价值小于所担保的债权的,则抵押物折价或拍卖、变卖后,抵押权人仅就与原评估价值相当的本金及利息、违约利息等享有优先受偿权。此类判决虽值得商榷,但作为既定事实仍对现实具有指导意义,从风险覆盖和缓释角度,也建议接受评估价值足以覆盖贷款本息的抵押物。

【规范性文件】

《中华人民共和国担保法》(1995年6月30日)

第三十五条 抵押人所担保的债权不得超出其抵押物的价值。

财产抵押后,该财产的价值大于所担保债权的余额部分,可以再次抵押,但不得超出其余额部分。

第五十四条 同一财产向两个以上债权人抵押的,拍卖、变卖抵押物所得的价款按照以下规定清偿:

(一)抵押合同已登记生效的,按照抵押物登记的先后顺序清偿;顺序相同的,按照债权比例清偿;

(二)抵押合同自签订之日起生效的,该抵押物已登记的,按照本条第(一)项规定清偿;未登记的,按照合同生效时间的先后顺序清偿,顺序相同的,按照债权比例清偿。抵押物已登记的先于未登记的受偿。

《最高人民法院关于适用〈中华人民共和国担保法〉若干问题的解释》(2000年12月8日,法释〔2000〕44号)

第五十条 以担保法第三十四条第一款所列财产一并抵押的,抵押财产的范围应当以登记的财产为准。抵押财产的价值在抵押权实现时予以确定。

第五十一条 抵押人所担保的债权超出其抵押物价值的，超出的部分不具有优先受偿的效力。

【相关案例】

海南甲投资有限公司与海南省乙工业总公司、海南丙涤纶厂借款合同纠纷案［一审：(2013) 海南一中民初字第 128 号，二审：(2014) 琼民二终字第 32 号］[①]

1998 年 8 月 28 日，涤纶厂与琼海丁银行签订《人民币资金借款合同》，向琼海丁银行借款人民币 1600 万元，双方于同日签订《(贷款)抵押合同》，以"抵押物清单"所列之财产设定抵押，抵押担保的贷款 1600 万元。抵押物为机器设备和 628、629 号工业用地使用权，评估价值 550.72 万元。

涤纶厂和琼海丁银行共同向琼海市国土局提交的《关于办理贷款抵押登记的申请》载明以 628、629 号土地及地上建筑物抵押的贷款金额为 700 万元，在双方共同向琼海市工商局提交的《关于办理贷款抵押登记的协议书》中则载明以机械设备抵押的贷款金额为 900 万元，两部分抵押物抵押的贷款总额正是本案贷款总额 1600 万元。

海南省第一中级人民法院一审认为：

抵押权人有权就抵押土地在 700 万元贷款本金及利息、违约利息的额度内享有优先受偿权。

涤纶厂上诉认为：

本案抵押合同项下抵押物包括动产和不动产，均为 1600 万元的贷款合同的抵押物。只是在办理抵押物抵押登记时，人为地将 1600 万元贷款分为 900 万元和 700 万元两部分，分别办理抵押登记。不代表抵押贷款双方对原借款合同及贷款抵押合同作了修改。原审判决关于甲公司主

[①] 案例来源：中国裁判文书网。

张对涉案的两块土地享有优先受偿权应以700万元贷款本息为限的认定错误。

海南省高级人民法院二审认为：

无论是动产还是土地均不能单独足额为1600万元提供担保，双方当事人根据其各自价值分别为1600万元中的900万元和700万元设立了抵押并经相关部门核准分别办理了抵押登记。虽然628、629号土地的评估价值是550.72万元，但双方申请抵押登记时是包含了土地及地上建筑物的。因此，628、629号土地设定抵押的贷款金额是700万元。但依据《最高人民法院关于适用〈中华人民共和国担保法〉若干问题的解释》第51条规定，抵押人所担保的债权超出其抵押物价值的，超出的部分不具有优先受偿的效力。本案土地抵押时的评估价值是550.72万元，设定的抵押贷款额是700万元，超出部分不具有优先受偿权。

因此，判决抵押权人就国有土地使用权折价或拍卖、变卖后的价款在550.72万元贷款本金及利息、违约利息（计算标准同上）的额度内优先受偿。

案例要点提示

海南省高级人民法院判决认为，在设立抵押时抵押物的评估价值不得低于被担保的债权，否则抵押权人仅在抵押物当时的评估价值范围内就本金及相应利息等获得优先受偿。但根据《担保法司法解释》第50条，抵押财产的价值在抵押权实现时予以确定，而非在评估时确认。该判决对《担保法司法解释》第51条进行了不恰当的解答，有违促进交易、尊重当事人意思自治的精神。按照其裁判逻辑，以评估价值500万元的抵押物为1000万元债权提供抵押担保，即便抵押物拍卖成交价为1000万元，债权人也仅能在500万元本金及相应利息范围内获得优先受偿，而以评估价值为1100万元的抵押物为1000万元债权提供抵押担保，则债权人即可在1000万元本金及相应利息范围内获得优先受偿，有违公平，也将进一步加重中小微企业的融资困难。

(三) 质押

1. 概念

质押分为动产质押和权利质押。动产质押，是指债务人或者第三人将其动产移交债权人占有，将该动产作为债权的担保，债务人不履行债务时，债权人有权以该动产折价或者以拍卖、变卖该动产的价款优先受偿。权利质押，是指以所有权之外的财产权为标的物设定的质押，权利质押主要以债权、股权和知识产权中的财产权利为质押标的。在非标业务中，较为常见的是应收账款质押、股权质押和票据质押。

【规范性文件】

《中华人民共和国物权法》（2007年3月16日）

第二百二十三条　债务人或者第三人有权处分的下列权利可以出质：

（一）汇票、支票、本票；

（二）债券、存款单；

（三）仓单、提单；

（四）可以转让的基金份额、股权；

（五）可以转让的注册商标专用权、专利权、著作权等知识产权中的财产权；

（六）应收账款；

（七）法律、行政法规规定可以出质的其他财产权利。

《中华人民共和国担保法》（1995年6月30日）

第六十三条　本法所称动产质押，是指债务人或者第三人将其动产移交债权人占有，将该动产作为债权的担保。债务人不履行债务时，债权人有权依照本法规定以该动产折价或者以拍卖、变卖该动产的价款优先受偿。

前款规定的债务人或者第三人为出质人，债权人为质权人，移交的动产为质物。

第七十五条　下列权利可以质押：

（一）汇票、支票、本票、债券、存款单、仓单、提单；

（二）依法可以转让的股份、股票；

（三）依法可以转让的商标专用权，专利权、著作权中的财产权；

（四）依法可以质押的其他权利。

第七十八条　以依法可以转让的股票出质的，出质人与质权人应当订立书面合同，并向证券登记机构办理出质登记。质押合同自登记之日起生效。

股票出质后，不得转让，但经出质人与质权人协商同意的可以转让。出质人转让股票所得的价款应当向质权人提前清偿所担保的债权或者向与质权人约定的第三人提存。

以有限责任公司的股份出质的，适用公司法股份转让的有关规定。质押合同自股份出质记载于股东名册之日起生效。

2. 股权质押需关注的问题

（1）上市公司股票质押

与一般公司股权质押相比，上市公司股票质押优势明显：一是上市股票透明度高，一旦股价下跌至预设价格或预期无法担保债务的履行时，质权人能够实时知晓，并可采取要求债务人补充担保物或及时平仓等手段保障自身权益；二是股票估值较公允，上市公司股价通过市场交易情况反映，股价走向趋势相对稳定；三是上市公司股票流动性、变现能力强，当实现质权条件成就时，可通过证券交易市场处置质押股票，变现受偿。

根据股票是否可上市流通，上市公司股票分为流通股和非流通股。股权分置改革后，国家放开了非流通股的上市交易限制，但此类股票在上市流通应遵守一定的限售期，限售期届满后方可上市流通。此外，根据《证券法》及相关法律法规，上市公司公开发行股票前已发行的股票、上市公司董监高持有的本公司股票、上市公司定向增发产生的股票等也应遵守限售期的相关规定。流通受限股票即限售股，为避免效力风险和处置风险，原则不应接受限售股质押，确需接受的，应关注相关风险。

【规范性文件】

《中华人民共和国公司法》（2013年12月28日）

第一百四十一条 发起人持有的本公司股份，自公司成立之日起一年内不得转让。公司公开发行股份前已发行的股份，自公司股票在证券交易所上市交易之日起一年内不得转让。

公司董事、监事、高级管理人员应当向公司申报所持有的本公司的股份及其变动情况，在任职期间每年转让的股份不得超过其所持有本公司股份总数的百分之二十五；所持本公司股份自公司股票上市交易之日起一年内不得转让。上述人员离职后半年内，不得转让其所持有的本公司股份。公司章程可以对公司董事、监事、高级管理人员转让其所持有的本公司股份作出其他限制性规定。

《中华人民共和国证券法》（2014年8月31日）

第九十八条 在上市公司收购中，收购人持有的被收购的上市公司的股票，在收购行为完成后的十二个月内不得转让。

《上市公司股权分置改革管理办法》（2005年9月4日，证监发〔2005〕86号）

第二十四条 非流通股股东未完全履行承诺之前不得转让其所持有的股份。但是受让人同意并有能力代其履行承诺的除外。

《上市公司证券发行管理办法》（2006年5月6日，中国证券监督管理委员会令第30号）

第三十八条 上市公司非公开发行股票，应当符合下列规定：

（一）发行价格不低于定价基准日前二十个交易日公司股票均价的百分之九十；

（二）本次发行的股份自发行结束之日起，十二个月内不得转让；控股股东、实际控制人及其控制的企业认购的股份，三十六个月内不得转让；

（三）募集资金使用符合本办法第十条的规定；

（四）本次发行将导致上市公司控制权发生变化的，还应当符合中国证监会的其他规定。

《关于上市公司实施员工持股计划试点的指导意见》（2014年6月20日，中国证券监督管理委员会公告〔2014〕33号）

（六）员工持股计划的持股期限和持股计划的规模

1. 每期员工持股计划的持股期限不得低于12个月，以非公开发行方式实施员工持股计划的，持股期限不得低于36个月，自上市公司公告标的股票过户至本期持股计划名下时起算；上市公司应当在员工持股计划届满前6个月公告到期计划持有的股票数量。

《上市公司收购管理办法》（2014年10月23日，中国证券监督管理委员会令第108号）

第七十四条第一款　在上市公司收购中，收购人持有的被收购公司的股份，在收购完成后12个月内不得转让。

《上市公司股权激励管理办法》（2016年7月13日，中国证券监督管理委员会令第126号）

第二十二条　本办法所称限制性股票是指激励对象按照股权激励计划规定的条件，获得的转让等部分权利受到限制的本公司股票。

限制性股票在解除限售前不得转让、用于担保或偿还债务。

《上市公司重大资产重组管理办法》（2016年9月8日，中国证券监督管理委员会令第127号）

第四十六条　特定对象以资产认购而取得的上市公司股份，自股份发行结束之日起12个月内不得转让；属于下列情形之一的，36个月内不得转让：

（一）特定对象为上市公司控股股东、实际控制人或者其控制的关联人；

（二）特定对象通过认购本次发行的股份取得上市公司的实际控制权；

（三）特定对象取得本次发行的股份时，对其用于认购股份的资产持续拥有权益的时间不足12个月。

属于本办法第十三条第一款规定的交易情形的，上市公司原控股股东、原实际控制人及其控制的关联人，以及在交易过程中从该等主体直接或间接受让该上市公司股份的特定对象应当公开承诺，在本次交易完成后 36 个月内不转让其在该上市公司中拥有权益的股份；除收购人及其关联人以外的特定对象应当公开承诺，其以资产认购而取得的上市公司股份自股份发行结束之日起 24 个月内不得转让。

《上市公司非公开发行股票实施细则》（2017 年 2 月 15 日，中国证券监督管理委员会公告〔2017〕5 号）

第九条　发行对象属于下列情形之一的，具体发行对象及其定价原则应当由上市公司董事会的非公开发行股票决议确定，并经股东大会批准；认购的股份自发行结束之日起 36 个月内不得转让：

（一）上市公司的控股股东、实际控制人或其控制的关联人；

（二）通过认购本次发行的股份取得上市公司实际控制权的投资者；

（三）董事会拟引入的境内外战略投资者。

第十条　发行对象属于本细则第九条规定以外的情形的，上市公司应当在取得发行核准批文后，按照本细则的规定以竞价方式确定发行价格和发行对象。发行对象认购的股份自发行结束之日起 12 个月内不得转让。

《深圳证券交易所股票上市规则》（2014 年 10 月 19 日，深证上〔2014〕378 号）

5.1.6　发行人向本所提出其首次公开发行的股票上市申请时，控股股东和实际控制人应当承诺：自发行人股票上市之日起三十六个月内，不转让或者委托他人管理其直接或者间接持有的发行人公开发行股票前已发行的股份，也不由发行人回购其直接或者间接持有的发行人公开发行股票前已发行的股份。

……

《上海证券交易所股票上市规则》（2014 年 10 月 17 日，上证发〔2014〕65 号）

5.1.5 发行人向本所申请其首次公开发行股票上市时，控股股东和实际控制人应当承诺：自发行人股票上市之日起三十六个月内，不转让或者委托他人管理其直接和间接持有的发行人首次公开发行股票前已发行股份，也不由发行人回购该部分股份。

……

①限售股质押的效力

关于上市公司限售股质押效力问题，学界一直以来争议不断。有观点认为，上市公司限售股在限售期内属于不可转让的股份，因此不得用于质押。也有观点认为，限售不等于禁止转让，只是在限售期内不得转让，并非禁止转让的财产，以此等股份质押仅仅是为了担保，不涉及股份转让，因此限售股可以质押。

本书认为，根据《物权法》第223条和《担保法》第75条，可以转让的股权可以出质。根据《物权法》第209条，法律、行政法规禁止转让的动产不得出质。根据《最高人民法院关于适用〈中华人民共和国担保法〉若干问题的解释》第103条第1款，以股份有限公司的股份出质的，适用《公司法》有关股份转让的规定。根据《公司法》第141条，发起人持有的股份自公司成立1年内不得转让，公开发行前已发行股份上市交易之日起1年内不得转让，董监高任职时每年转让股份不得超过所持股份的25%且上市1年内不得转让，离职后半年内不得转让。

因此法律、行政法规禁止转让的股票不得出质，否则质押可能无效。而以证监会、上交所、深交所部门规章和行业规定禁止转让的股票出质的，效力应不受影响。

以法律、行政法规禁止转让的股票出质的，并不当然导致质押无效。2004年4月15日《最高人民法院执行工作办公室关于上市公司发起人股份质押合同及红利抵债协议效力问题请示案的复函》认为，《公司法》对发起人股份转让的期间限制，应当理解为是对股权实际转让的时间的限制，而不是对达成股权转让协议的时间的限制，不应以该股份在设定质押时依法尚不得转让为由确认质押合同无效。但如果处置质押股票时，股票仍处于股份转让限制期间的，则可能影响质权效力和质权实现。

实践中，将限售股作为质押标的十分普遍。在股票质押式回购业务中，根据 2015 年 3 月 16 日中国证券业协会《证券公司股票质押式回购交易业务风险管理指引（试行）》第 18 条，上市公司董事、监事、高级管理人员持有的限售股可以作为股票质押式回购交易的标的证券。深圳证券交易所在其股票质押式回购交易会员业务指南中明确，A 股股票、基金及债券等固定收益类证券或其他经深交所和中国结算认可的证券均可作为股票质押式回购交易的标的证券。《中国结算深圳分公司证券质押业务指南》也允许办理限售股的质押登记。

【规范性文件】

《最高人民法院执行工作办公室关于上市公司发起人股份质押合同及红利抵债协议效力问题请示案的复函》（2004 年 4 月 15 日，〔2002〕执他字第 22 号）

一、关于本案发起人股份质押合同效力的问题，基本同意你院的第二种意见。《公司法》第 147 条规定对发起人股份转让的期间限制，应当理解为是对股权实际转让的时间的限制，而不是对达成股权转让协议的时间的限制。本案质押的股份不得转让期截止到 2002 年 3 月 3 日，而质押权行使期至 2005 年 9 月 25 日才可开始，在质押权人有权行使质押权时，该质押的股份已经没有转让期间的限制，因此不应以该股份在设定质押时依法尚不得转让为由确认质押合同无效。

《证券公司股票质押式回购交易业务风险管理指引（试行）》（2015 年 3 月 16 日，中证协发〔2015〕54 号）

第十八条 上市公司董事、监事、高级管理人员持有的根据相关规则被锁定的证券、国有股、金融股、含税的个人解除限售股等特殊证券作为标的证券的，证券公司应当识别和评估其特有风险，并建立相匹配的风险管理制度。

标的证券为上市公司董事、监事、高级管理人员持有的根据相关规则被锁定的证券的，证券公司应当对其当年度已减持的数量和比例、仍可减持的数量和比例等进行动态评估；标的证券为国有股或金融股的，证券公司应当核查融入方是否已按相关规定获得相关主管部门的批准或备案。

《深圳证券交易所股票质押式回购交易会员业务指南》（2015年4月）

一、标的证券

股票质押回购的标的证券为本所上市交易、挂牌的A股股票、基金及债券等固定收益类证券。

B股股票、暂停上市的A股股票、进入退市整理期的A股股票、没有完成股改的非流通股股票、股权激励限售股、中小企业私募债券暂不纳入标的证券范围。

《中国结算深圳分公司证券质押业务指南》（2013年5月23日）

三、业务流程

……

（二）委托证券公司远程办理

……

6. 本公司形式审核通过并成功登记的，本公司在成功登记当日（限售股）或次一交易日（无限售流通股）将电子证明反馈给证券公司，并统一在成功登记的次一交易日将加盖公章的书面证明材料寄往申请人指定的邮寄地址。

②限售股的变现

流通股具有较强的变现能力，限售股在限售期内处置困难，不得通过交易所的交易系统公开转让，包括集合竞价和大宗交易方式转让。根据中国证券登记结算公司2011年10月1日《证券非交易过户业务实施细则》第2条，上市公司A股股票（不含非流通股）可在中国证券登记结算公司办理非交易过户登记。根据《中国结算深圳分公司证券非交易过户业务指南》第3条，证券非交易过户业务包括证券协议转让（含行政划拨）。从规定来看，中国证券登记结算公司允许上市公司限售股办理协议转让非交易过户。

但深交所2016年11月4日《深圳证券交易所上市公司股份协议转让业务办理指引》规定，协议转让的股票必须是无限售流通股，排除了限售股的协议转让。上交所2013年9月30日《上海证券交易所上市公司股份协议转让业务办理指南》规定，协议转让股份应不存在司法冻结等限制转让的情形，法律对于拟进行的股份转让无禁止性规定。上交所对除法律规定外的限售股是否可以协议转让并未给出明确态度，但从2013年9月百视通（600637）限售股协议转让情况来看，上交所对限售股协议转让持肯定态度，但并未形成具体规范。

鉴于中国证券登记结算公司办理股份协议转让业务需以证券交易所出具的确认文件为前提，根据上述规则，限售股特别是深圳证券交易所上市的限售股，无法通过协议转让流通。

因此，实现质权条件成就时，上市公司限售股质权人只能通过司法程序拍卖、变卖质押股票。根据2000年1月10日《最高人民法院执行办公室关于执行股份有限公司发起人股份问题的复函》，法院强制执行不受发起人股份3年内不得转让的限制，但股份受让人应当继续遵守限售规定。根据上交所、深交所、中国结算公司2006年8月14日《上市公司流通股协议转让业务办理暂行规则》第13条，因司法强制执行或自然人继承、遗赠或者法人丧失法人资格涉及股份变动的，申请人应当提供有效的股权归属证明文件，并按照结算公司的有关规定办理相关手续。虽然证监会2017年5月26日《上市公司股东、董监高减持股份的若干规定》要求因司法强制执行、执行股权质押协议导致控股股东和持股5%以上股东（以下统称大股东）、董监高减持股份，以及股东减持其持有的公司首次公开发行前发行的股份、上市公司非公开发行的股份，应按照该规定办理，但由于其系部门规章，禁止和限制减持相关规定无法阻碍司法执行。

因此，通过司法强制的方式可以实现限售股转让。但通过司法强制方式取得限售股的，继受取得的股东亦承接原股东的限售义务。

综上所述，在进行产品结构和风控措施设计时，应严格区分不同的限售股类型，充分考虑限售股质押的风险，尽量采取多元化的担保措施保障融资安全。同时，应关注股票基本面，尽量选择上市时间较长、资产状况良好、业绩增长稳定的上市公司股票。

【规范性文件】

《上市公司流通股协议转让业务办理暂行规则》（2006年8月14日）

第十三条　因司法强制执行或自然人继承、遗赠或者法人丧失法人资格涉及股份变动的，申请人应当提供有效的股权归属证明文件，并按照结算公司的有关规定办理相关手续。

《证券非交易过户业务实施细则（适用于继承、赠与、依法进行的财产分割、法人资格丧失等情形）》（2011年7月1日）

第二条　登记在本公司开立的证券账户中的A股股票（不含非流通股）、债券、基金（限于证券交易所场内登记的份额，下同）、权证等证券，因发生证券继承、赠与、依法进行的财产分割、法人资格丧失等情形之一涉及证券持有人变更的，作为过出方和过入方（以下统称申请人）可以申请办理非交易过户登记。……

《中国结算深圳分公司证券非交易过户业务指南》（2016年6月20日）

第三条　本指南所称证券非交易过户业务包括因证券协议转让（含行政划拨）、法人资格丧失、继承（含遗赠，下同）、离婚财产分割、向基金会捐赠、公司合并与分立、合格境外机构投资者错误交易产生的证券非交易过户、证券公司定向资产管理业务所涉证券划转和社保基金证券账户所持证券划转等。

《上市公司股份协议转让业务办理指引》（2016年11月4日，深证上〔2016〕769号）

第六条　上市公司股份转让应当符合以下要求：

（一）转让协议依法生效；

（二）协议双方为自然人或者依法设立并有效存续的法人、其他组织；

（三）协议双方自然人本人、法定代表人、负责人或者其合法授权的代表向本所提出履行协议的申请；

（四）拟转让股份的性质为无销售条件流通股，法律、行政法规、部门规章、规范性文件及本所业务规则另有规定的除外；

（五）依法须经行政审批方可进行的股份转让，已经获得有关部门的批准；

（六）转让双方须披露相关信息的，已经依法合规履行信息披露义务；

（七）转让双方须申请豁免要约收购的，已经取得豁免；

（八）中国证监会以及本所规定的其他要求。

《最高人民法院执行办公室关于执行股份有限公司发起人股份问题的复函》（2000年1月10日，〔2000〕执他字第1号）

福建省高级人民法院：

你院报我办的〔1998〕闽经初执字第19号请示收悉。经研究，答复如下：

同意你院的意见。《公司法》第一百四十七条中关于发起人股份在3年内不得转让的规定，是对公司创办者自主转让其股权的限制，其目的是为防止发起人借设立公司投机牟利，损害其他股东的利益。人民法院强制执行不存在这一问题。被执行人持有发起人股份的有关公司和部门应当协助人民法院办理转让股份的变更登记手续。为保护债权人的利益，该股份转让的时间应从人民法院向有关单位送达转让股份的裁定书和协助执行通知书之日起算。该股份受让人应当继受发起人的地位，承担发起人的责任。

（2）非上市股份公司股权质押

非上市股份有限公司股权质押在现实中存在质押困难。根据《物权法》第226条，以基金份额、证券登记结算机构登记的股权出质的，质权自证券登记结算机构办理出质登记时设立，以其他股权出质的，质权自工商行政管理部门办理出质登记时设立。因此，非上市股份公司股权质押应自工商行政管理部门办妥出质登记时设立。根据 2016 年 4 月 29 日国家工商行政管理总局《工商行政管理机关股权出质登记办法》，负责出质股权所在公司登记的工商行政管理机关是有限责任公司、股份有限公司股权出质登记机关。

但实践中多地工商行政管理部门根据国务院 2016 年 2 月 6 日《公司登记管理条例》规定拒绝办理股份有限公司股权质押。按照《公司登记管理条例》第 2 条和第 34 条，有限责任公司和股份有限公司设立、变更、终止应办理公司登记，有限责任公司股东变更或者股份有限公司发起人改变姓名或者名称的应在变更之日起 30 日内申请变更登记。但并未规定股份有限公司股东变更应办理变更登记，因此工商行政管理部门不予办理股份有限公司的股权变更登记和质押登记。根据《物权法》规定，未在工商行政管理部门办理出质登记的，质权不成立。因此，实践中应加强与工商行政管理部门沟通，争取办妥质押登记。

工商行政管理部门坚决不予办理的，应收取质押人股金证或出资证明书等出资证明文件，并要求质押股权对应的目标公司在股东名册上记载质押事项。但根据《最高人民法院关于适用〈中华人民共和国担保法〉若干问题的解释》第 59 条，当事人办理抵押物登记手续时，因登记部门的原因致使其无法办理抵押物登记，抵押人向债权人交付权利凭证的，可以认定债权人对该财产有优先受偿权。但是，未办理抵押物登记的，不得对抗第三人。

【规范性文件】

《中华人民共和国物权法》（2007 年 3 月 16 日）

第二百二十六条 以基金份额、股权出质的，当事人应当订立书面合同。以基金份额、证券登记结算机构登记的股权出质的，质权自证券登记结算机构办理出质登记时设立；以其他股权出质的，质权自工商行政管理部门办理出质登记时设立。

基金份额、股权出质后，不得转让，但经出质人与质权人协商同意的除外。出质人转让基金份额、股份所得的价款，应当向质权人提前清偿债务或者提存。

《最高人民法院关于适用〈中华人民共和国担保法〉若干问题的解释》（2000年12月8日，法释〔2000〕44号）

第五十九条　当事人办理抵押物登记手续时，因登记部门的原因致使其无法办理抵押物登记，抵押人向债权人交付权利凭证的，可以认定债权人对该财产有优先受偿权。但是，未办理抵押物登记的，不得对抗第三人。

《公司登记管理条例》（2016年2月6日，国务院令第666号）

第三十三条　公司变更类型的，应当按照拟变更的公司类型的设立条件，在规定的期限内向公司登记机关申请变更登记，并提交有关文件。

第三十四条　有限责任公司变更股东的，应当自变更之日起30日内申请变更登记，并应当提交新股东的主体资格证明或者自然人身份证明。

有限责任公司的自然人股东死亡后，其合法继承人继承股东资格的，公司应当依照前款规定申请变更登记。

有限责任公司的股东或者股份有限公司的发起人改变姓名或者名称的，应当自改变姓名或者名称之日起30日内申请变更登记。

《工商行政管理机关股权出质登记办法》（2016年4月29日，国家工商行政管理总局令第86号）

第二条　以持有的有限责任公司和股份有限公司股权出质，办理出质登记的，适用本办法。已在证券登记结算机构登记的股份有限公司的股权除外。

第三条　负责出质股权所在公司登记的工商行政管理机关是股权出质登记机关（以下简称登记机关）。

各级工商行政管理机关的企业登记机构是股权出质登记机构。

（3）有限责任公司股权质押

应特别注意有限责任公司股权质押流程，否则可能导致不发生质权效力。根据《物权法》第226条，以有限责任公司股权出质的，质权自工商行政管理部门办理出质登记时设立。但《担保法》第78条基于有限责任公司的人合性，规定以有限责任公司的股份出质的，适用公司法股份转让的有关规定。质押合同自股份出质记载于股东名册之日起生效。根据《公司法》第71条关于有限责任公司股权转让的规定，股东向股东以外的人转让股权，应当经其他股东过半数同意。

《物权法》关于有限责任公司股权出质的规定与《担保法》《公司法》存在差异。司法实践中，一些法院认为，根据新法优于旧法的原则，《物权法》出台后，《担保法》与之相冲突的规定应参照《物权法》执行，只要签订了书面质押合同并在工商部门办妥了质押登记，即可视为质权设立。也有法院认为，关于股权出质登记法律适用问题，《担保法》第78条第3款和《公司法》第71条第2款规定的是质押合同生效的条件，即股东将股权出质事宜提请其他股东过半数同意，并在记载于股东名册时质押合同生效。《物权法》第226条第1款规定的是质权的办理程序和生效时间，《物权法》《担保法》《公司法》3部法律均现行有效，只是从不同角度对公司股权质押进行了规定，并不存在彼此冲突的情形。

因此，从审慎角度出发，有限责任公司股东以其持有的该公司股权质押的，应先经该公司股东会过半数股东同意（公司章程对股权转让另有规定的从其规定），而后将股权质押事项记载于股东名册，并由工商行政管理部门办妥质押登记后，质权成立。

【规范性文件】

《中华人民共和国物权法》（2007年3月16日）

第二百二十六条　以基金份额、股权出质的，当事人应当订立书面合同。以基金份额、证券登记结算机构登记的股权出质的，质权自证券登记结算机构办理出质登记时设立；以其他股权出质的，质权自工商行政管理部门办理出质登记时设立。

基金份额、股权出质后，不得转让，但经出质人与质权人协商同意的除外。出质人转让基金份额、股权所得的价款，应当向质权人提前清偿债务或者提存。

《中华人民共和国担保法》(1995年6月30日)

第七十八条 以依法可以转让的股票出质的，出质人与质权人应当订立书面合同，并向证券登记机构办理出质登记。质押合同自登记之日起生效。

股票出质后，不得转让，但经出质人与质权人协商同意的可以转让。出质人转让股票所得的价款应当向质权人提前清偿所担保的债权或者向与质权人约定的第三人提存。

以有限责任公司的股份出质的，适用公司法股份转让的有关规定。质押合同自股份出质记载于股东名册之日起生效。

《中华人民共和国公司法》(2013年12月28日)

第七十一条 有限责任公司的股东之间可以相互转让其全部或者部分股权。

股东向股东以外的人转让股权，应当经其他股东过半数同意。股东应就其股权转让事项书面通知其他股东征求同意，其他股东自接到书面通知之日起满三十日未答复的，视为同意转让。其他股东半数以上不同意转让的，不同意的股东应当购买该转让的股权；不购买的，视为同意转让。

经股东同意转让的股权，在同等条件下，其他股东有优先购买权。两个以上股东主张行使优先购买权的，协商确定各自的购买比例；协商不成的，按照转让时各自的出资比例行使优先购买权。

公司章程对股权转让另有规定的，从其规定。

【相关案例】

连城县甲管理局与连城乙化工有限公司行政登记再审复查与审判监督行政裁定书［二审：(2014)岩行终字第5号，再审判决：(2015)闽行申字第360号］①

---

① 案例来源：中国裁判文书网。

连城县人民法院一审认为：

根据《中华人民共和国物权法》第226条、《工商行政管理机关股权出质登记办法》第3条规定，连城甲管理局是办理辖区内登记的公司出质股权的登记机关，负有为董某及丙公司申请办理股权质押登记的法定职权，权源有据。董某登记持有在乙公司的20%股权，当事人均无异议。

1. 关于股权出质登记法律适用的理解。股权出质属于我国《物权法》规定的担保物权范畴。我国《物权法》实施后，股权出质设立的法定要求为当事人订立书面合同、办理出质登记。而在我国《物权法》实施前的法定要求为适用公司股份转让应经其他股东过半数同意，质押合同自股份出质记载于股东名册之日生效。可见，针对股权出质同一位阶的前、后法在形式及效力要求方面作出了不同的规定。由此而产生的法律适用上，我国《物权法》第178条明确了担保法与物权法规定不一致时，适用物权法的规定。从我国《物权法》规定的股权出质而言，体现了《物权法》发挥物的效用的立法宗旨。因此，本案应适用《物权法》的有关规定。

2. 关于申请办理股权出质登记材料的要求。2008年10月1日施行的《工商行政管理机关股权出质登记办法》系国家工商总局为规范股权出质登记行为而专门制定的部门规章，在不与上位法相抵触情况下应予遵循。该办法第6条、第7条规定，出质人、质权人应共同提出，设立登记时应提交申请人签字的《股权出质设立登记申请书》、股东名册复印件、质权合同、身份证明复印件等。本案中，董某、丙公司已根据要求提交了相关材料，符合法定的形式要求。

3. 关于股权出质登记程序是否违法。申请人应对申请材料的真实性、质权合同的合法性、出质股权能的完整性负责。本案股权出质登记的核心，是第三人董某是否具有依法可以转让和出质的股权。从本案查明的事实看，乙公司内部股东虽前后有所变化，但董某始终登记持有在乙公司20%的股权，该股权并未依法受到限制，董某以持有的20%股权申请股权出质设立登记，符合《物权法》的规定。连城甲管理局提交的证据中体现董某身份证号码有误、通知书盖章问题确实存在，但综观全案，董某与丙公司申请股权出质登记的意思表示清楚明确，并已完成了整个股权出质设立登记的行为，丙公司亦实际发放了贷款，其中存在的瑕疵不足以影响本案股权出质登记的效力。《工商行政管理机关股权出质登记办法》第15条规定登记机关应将股权出质登记事项完整、准确地记载于股权出质登记簿，并依法公开，这属于对完成设立登记后对登记机关的后续要求，公众可以通过查阅了解股权出质登记情况。综上，连城甲管理局依据《物权法》的有关规定，为董某、丙公司办理股权出质登记于法有据，乙公司的诉请不予支持。

龙岩市中级人民法院二审认为：

1. 关于股权出质登记法律适用的理解问题。《担保法》第78条及《公司法》第71条第2款的规定在《物权法》第226条中并未作规定，故并不存在冲突之情形。且我国《担保法》是目前仍然有效的调整担保物权的特别法，在其已作规定而我国《物权法》没有不同规定时，根据法律适用原则仍应遵从该规定。《工商行政管理机关股权出质登记办法》是为执行上述现行有效的法律制定的部门规章。法律有规定而在部门规章中未作相应规定的，理应遵从法律规定。因此，乙公司主张连城甲管理局在质权设立登记审查时不仅要适用我国《物权法》及《工商行政管理机关股权出质登记办法》的相关规定，还应适用我国《担保法》第78条第3款和我国《公司法》第71条第2款的规定的理由成立。

2. 关于连城甲管理局在办理股权出质设立登记时是否尽了审慎审查义务问题。按审慎审查原则，行政登记审查时应"尽到合理注意义务"。连城甲管理局在履行登记审查职责时，应依《中华人民共和国担保法》、《中华人民共和国公司法》的相关规定，对申请人董某申请办理股权出质设立登记时，是否提供已经其他股东过半数同意的证明材料、出质人所出质的股权是否可以转让和出质进行审查。从二审查明的事实看，在董某与丙公司申请股权出质设立登记时提供的申请材料中，并无经其他股东过半数同意其股权出质的证明材料，且2011年9月22日出质人董某、质权人丙公司出具的股权出质设立登记申请书中填写的董某身份证号码与董某身份证复印件不一致。董某所提供的乙公司股东名册与私营企业登记基本情况表及附页所显示的股东情况不一致，也没有注明出具时间。上述问题，连城甲管理局履行审查职责时均未发现。可见，乙公司主张连城甲管理局未尽审慎审查义务的理由成立，依法予以采纳。连城甲管理局以申请人提供的材料齐全为由主张其已尽形式审查义务，是对自身办理登记行为时应尽职责理解错误所致。

3. 关于连城甲管理局未将董某股权出质登记事项记载于股权出质登记簿进行公示也未记载于股东名册上、在出具给申请人的"股权出质设立登记通知书"上盖行政许可专用章是否影响其出质登记的效力问题。股权出质设立登记与股权质押的公示是两个不同的行为。质权应自工商行政管理部门办理出质登记时设立。《工商行政管理机关股权出质登记办法》第14条规定："登记机关对登记申请应当当场办理登记手续并发给登记通知书。通知书加盖登记机关的股权出质登记专用章。"股权登记机关发给申请人"登记通知书"时质权即设立。《工商行政管理机关股权出质登记办法》第15条规定："登记机关应当根据申请将股权出质登记事项完整、准确地记载于股权出质登记簿，并依法公开，供社会公众查阅、复制。"将股权出质登记事项记载于股权出质登记簿是股权质押的公示形式，不属于质权设立的法定程序，因此，乙公司未将董某的股权出质登记事项记载于股权出质登记簿上属于工作不规范，但不影响质权的设立。

福建省高级人民法院再审认为：

1. 关于股权出质登记法律适用问题。我国《担保法》第78条第3款及我国《公司法》第71条第2款规定了股东将其股权出质应当经其他股东过半数同意的实质要件及质押合同生效时间。我国《物权法》第226条第1款规定了质权设立的生效时间。该3部法律均是现行有效的，从不同角度对公司股权质押进行了规定,并不存在彼此冲突的情形。原二审判决关于连城甲管理局在质权设立登记审查时不仅要适用我国《物权法》及《工商行政管理机关股权出质登记办法》,还应适用我国《担保法》第78条第3款和我国《公司法》第71条第2款规定的分析并无不当。

2. 连城甲管理局在办理股权出质登记时是否尽了审慎审查义务。连城甲管理局办理股权质押登记时对申请材料应尽到审慎审查义务。出质人董某、质权人丙公司出具的股权出质设立登记申请书中填写的董某身份证号码与董某的身份证复印件不一致。董某所提供的乙公司股东名册没有注明日期,与私营企业登记基本情况表及附页所显示的股东情况相比,人数上多了股东"黄某"。股东人数的不同对董某持有的公司股权比例将可能产生影响,从而影响出质股权的数额,而出质股权的数额是股权出质登记的法定事项。连城甲管理局办理本案股权出质时未注意到上述问题。连城甲管理局关于其已尽到审慎审查义务的理由不成立。

案例要点提示

《公司法》之所以规定有限责任公司的股份转让需经其他股东过半数同意,是考虑到有限责任公司的人合性,为现有股东以外的人成为公司股东设立门槛,而以有限责任公司的股权出质只是为了担保债务的履行,并非将股份转让给其他人,要求经股东过半数同意未免太严格。因此,有限责任公司股权出质适用《担保法》和《公司法》关于股份转让之规定有失偏颇。但鉴于司法实践中各地法院对有限责任公司股权出质的观点各异,本书认为,为确保有限责任公司的股权质押不落空,应确保股权质押具备3个要件:其他股东过半数同意、记载于股东名册、办理工商登记。

特别应注意该股东名册必须符合公司法的相关规定,为融资等目的特地制作的股东名册不能使质权合同生效。根据《公司法》第32条,有限责任公司应当置备股东名册,记载股东的姓名或者名称及住所、股东的出资额、出资证明书编号。2016年4月29日《工商行政管理机关股权出质登记办法》规定，申请股权出质设立登记，应当提交的材料包括：记载有出质人姓名（名称）及其出资额的有限责任公司股东名册复印件或者出质人持有的股份公司股票复印件（均需加盖公司印章）。但是，实践中绝大多数有限公司从未制备股东名册，工商部门在办理质押登记时也从未要求提供股东名册。

为解决此类问题，早期的做法是对于没有制备股东名册的企业，现场指导其制备，并记载质押事宜，加盖企业公章后复印，再由企业在复印件上加盖公章，并注明与原件一致。但上海市高级人民法院在"东至县国有资产委员会与中国建设银行股份有限公司上海市分行金融借款合同纠纷"一案中认为金融机构需要对股东名册的真实性和合理性进行审查，以"建行上海分行持有的东至华源股东名册不符合公司法的有关规定，故该股东名册并不具有证明力"为由，作出了涉讼权利质押不发生法律效力的认定。因此，结合目前的实际案例，为避免产生风险，应该要求企业在办理质押登记时，出具股东名册并提交工商部门。

【规范性文件】

《中华人民共和国公司法》（2013年12月28日）

第三十二条　有限责任公司应当置备股东名册，记载下列事项：

（一）股东的姓名或者名称及住所；

（二）股东的出资额；

（三）出资证明书编号。

记载于股东名册的股东，可以依股东名册主张行使股东权利。

公司应当将股东的姓名或者名称向公司登记机关登记；登记事项发生变更的，应当办理变更登记。未经登记或者变更登记的，不得对抗第三人。

《工商行政管理机关股权出质登记办法》（2016年4月29日，国家工商行政管理总局令第86号）

第七条　申请股权出质设立登记，应当提交下列材料：

（一）申请人签字或者盖章的《股权出质设立登记申请书》；

（二）记载有出质人姓名（名称）及其出资额的有限责任公司股东名册复印件或者出质人持有的股份公司股票复印件（均需加盖公司印章）；

（三）质权合同；

（四）出质人、质权人的主体资格证明或者自然人身份证明复印件（出质人、质权人属于自然人的由本人签名，属于法人的加盖法人印章，下同）；

（五）国家工商行政管理总局要求提交的其他材料。

指定代表或者共同委托代理人办理的，还应当提交申请人指定代表或者共同委托代理人的证明。

【相关案例】

李甲、王丙财产损害赔偿纠纷案［一审：(2014)南中法民初字，二审：(2017)川民终515号］[①]

2011年9月28日，李甲作为甲方于与乙方陈乙签订《借款合同》，约定借款600万元，丙方（王丙）对乙方（陈乙）未按本协议约定清偿借款所产生的一切债务承担全部责任，丙方以西藏丁（集团）有限公司的股份作为担保，王丙在"担保丙方"栏签字。

南充市中级人民法院一审认为：

《中华人民共和国物权法》第15条规定："当事人之间订立有关设立、变更、转让和消灭不动产物权的合同，除法律另有规定或者合同另有约定外，自合同成立时生效；未办理物权登记的，不影响合同效力。"该规定将物权变动的原因和结果进行了区分，物权变动的原因行为独立于物权变动的结果行为，结合《中华人民共和国物权法》第226条第1款"以基金份额、股权出质的，当事人应当订立书面合同。以基金份额、证券

[①] 案例来源：中国裁判文书网。

登记结算机构登记的股权出质的，质权自证券登记结算机构办理出质登记时设立；以其他股权出质的，质权自工商行政管理部门办理出质登记时设立"和《中华人民共和国合同法》第44条关于"依法成立的合同，自成立时生效"之规定，王丙自愿以其持有的西藏丁（集团）有限公司的股份为陈乙向李甲的借款债务承担担保责任，该担保是王丙的真实意思表示，且不违反法律、行政法规的强制性规定，故该担保条款经双方当事人签字即生效，即案涉股权质押条款自成立时生效，尽管用于出质的股份没有记载于股东名册，案涉质权亦未到工商行政管理部门办理出质登记，但并不能否定案涉股权质押合同已生效的事实。《中华人民共和国合同法》第107条规定，当事人一方不履行合同义务或者履行合同义务不符合约定的，应当承担继续履行、采取补救措施或者赔偿损失等违约责任。但因李甲所举证据不能充分证明其遭受损失的具体数额，故其应当承担举证不能的不利后果。因此，李甲在本案中要求王丙承担违约损失赔偿责任的理由不成立，不予支持。

四川省高级人民法院二审认为：

关于案涉质押合同关系是否成立及效力问题。根据本案事实，案涉《借款合同》中载明："丙方（王丙）对乙方（陈乙）未按本协议约定清偿借款所产生的一切债务承担全部责任，丙方以西藏丁（集团）有限公司的股份作为担保。"因此，担保人王丙以其持有的西藏丁（集团）有限公司的股份为陈乙借款进行质押担保的意思表示明确，即王丙以股权质押的方式担保。出借人李甲、借款人陈乙、担保人王丙均在该《借款合同》上签名，因此，就案涉借款进行质押担保是合同当事人的真实意思表示，根据《中华人民共和国合同法》第32条"当事人采用合同书形式订立合同的，自双方当事人签字或者盖章时合同成立"的规定，本案当事人之间的股权质押合同（条款）自2011年9月28日三方当事人签字成立。

根据《中华人民共和国合同法》第44条"依法成立的合同，自成立时生效。法律、行政法规规定应当办理批准、登记等手续生效的，依照其规定"，以及《中华人民共和国担保法》第78条第3款"以有限责任公司的股份出质的，适用公司法股份转让的有关规定。质押合同自股份出质记载于股东名册之日起生效"的规定，本案双方当事人均确认西藏丁（集团）有限公司的股东名册并未记载案涉股份出质情况。因此，本案虽然当事人就股权质押达成一致意思表示，并写入《借款合同》，但仅具备了本案权利质押的合同（条款）成立要件。同时该质押条款也不具有完整的质押内容，仅是双方当事人同意进行股权质押的意思表示。根据《中华人民共和国合同法》第44条、《中华人民共和国担保法》第78条第3款的规定，以有限责任公司股份出质的质押合同属于法律规定的应当办理登记手续后生效的合同。因此，案涉质押合同（条款）并未生效。一审判决认定案涉股权质押合同自成立时生效，适用法律错误，本院依法予以纠正。

进一步讲，有限公司的股东将其股份出质，出质的结果可能造成股份的转让，所以《中华人民共和国公司法》对股份转让的限制必然制约股份质押。一方面法律规定股份质押合同自股份出质记载于股东名册之日起生效，是为了防止以股份质押规避法律对股份转让的限制，保护其他股东的合法权利（如优先购买权等）；另一方面有限责任公司是人合公司，由相互信任的主体合资建立，人合因素是公司正常运转的基础，如果因股份出质而更换股东，其他股东不一定信任，必然损害其他股东的合法权利。因此，以有限公司股份出质，不经过法律规定程序（股份转让相应程序）记载于公司股东名册，可能损害其他股东合法权利，其出质合同不受法律保护，依法不发生法律效力。

3. 应收账款质押需关注的问题

应收账款是指权利人因提供一定的货物、服务或设施而获得的要求义务人付款的权利，包括现有的和未来的金钱债权及其产生的收益，但不包括因票据或其他有价证券而产生的付款请求权。根据《物权法》第228条,以应收账款出质的,当事人应当订立书面合同,质权自信贷征信机构办理出质登记时设立。

(1) 应收账款质押的主要风险

一是虚假权利风险,即质押的应收账款不存在,或已清偿。二是债务人抗辩风险,即出质人未履行基础合同项下义务,债务人拒绝支付应收账款,应收账款质权出现不确定性。三是诉讼时效风险,即应收账款债权已超过诉讼时效,成为自然债务。四是债务人行使抵销权的风险,即债务人与出质人互负同种债务,债务人行使抵销权导致应收账款不存在。五是应收账款失控风险,应收账款因其债务人支付而结清,应收账款债务人向应收账款债权人账户支付全部应还款项即视为应收账款已结清,质权消灭,若未约定应收账款监管账户或虽有约定但债务人仍向出质人其他账户划付款项,则质权人不再享有应收账款质权,但应收账款债务人有过错的,应该承担赔偿责任。

(2) 办理应收账款质押时需关注的问题

一是对拟质押的应收账款进行全面尽调,要求出质人提供应收账款的基础交易文件,严格审核基础合同的真实性,并要求应收账款债务人出具债权确认书,确认应收账款真实存在。为确保债权确认书的真实有效,应于应收账款债务人工作场所通过核保核签方式取得,不得接受出质人直接提供的债权确认书。实践中某金融机构工作人员因违反业务规定擅自接受出质人提供虚假应收账款债权确认书且未核实应收账款真实性,未落实授信条件,造成国有资产损失2000万元,最终以渎职罪被判处有期徒刑5年。

二是充分调查核实出质人是否已履行完毕应收账款基础合同项下义务,债务人是否存在实质性抗辩理由等。为避免发生此类风险,最好由应收账款债务人在债权确认书中承诺,不以任何理由抗辩应收账款履行,不对该应收账款行使抵销权,同意到期应收账款直接划转至债权人指定监管账户等。

三是关注应收账款债务人的偿债能力,债务人的偿债能力直接关系到应收账款未来是否能成为有效的还款来源。

（3）收费权质押需关注的问题

收费权系基于基础资产产生的收益权，属于特殊的应收账款，可以用于质押。详见本书第四章"项目收益权"部分。

① 了解基础资产情况

鉴于收费权项下的基础资产持有人可能是政府，收费权系由政府实际所有并委托企业行使，因此应首先明确收费权的权利主体。其次，收费权是对未来服务的收费，具有不稳定性，价值评估比较困难，受国家政策、产业环境影响明显，政策的调整可能导致收费权被撤销。因此，应关注剩余收费期限，实地调查并通过收费权有关主管部门或登记机关了解收费权所依附的基础设施情况，如设备是否老化，是否具有持续经营收费能力，是否已被抵押、扣押或采取其他强制措施。

【相关案例】

上海甲银行股份有限公司太原分行与山西乙化工新材料有限公司、山西丙新能源科技集团有限公司等借款合同纠纷案［一审：(2016) 晋民初40号］[①]

2015年12月22日，甲银行太原分行与乙化工签署两份流动资金借款合同，约定共向原告借款本金11405万元，结算方式为按季度结算，并约定了利率、借款期限及在借款人出现违约的情形下原告有权宣布贷款提前到期并要求清偿。

为担保原告上述债权的实现，丙新能源、丁风景区公司各自与甲银行太原分行签署应收账款最高额质押合同，分别以丁风景区经营权、丁风景区门票收费权向甲银行太原分行提供质押担保，均依法进行了应收账款登记。后因乙化工不能还款而成诉。

---

① 案例来源：中国裁判文书网。

被告辩称丁经营权归丁风景区公司所有,丙新能源无权以丁风景区的经营权与原告签订质押合同。丁风景区门票收费权已经质押给戊资产公司,甲银行太原分行不享有优先受偿权。

山西省高级人民法院一审认为:

关于原告甲银行太原分行对被告丁风景区的经营所得款是否享有优先受偿权的问题。本院认为,被告丙新能源与被告丁风景区是两个不同的主体,虽然丙新能源是丁风景区的大股东,但其仍无权对丁风景区的经营权进行质押担保,其行为属于无权处分,在丁风景区不予追认的情况下,被告丙新能源与原告甲银行太原分行签订的《最高额质押合同》属无效合同。故原告甲银行太原分行对丁风景区的经营所得款不享有优先受偿权。

关于原告甲银行太原分行对被告丁风景区的门票收入款是否享有优先受偿权的问题。根据原告甲银行太原分行与被告丁风景区公司签订的《最高额质押合同》,并且该质押已经办理质押登记,原告甲银行太原分行对被告丁风景区的门票收入款享有优先受偿权。被告丁风景区主张其已经将门票收益权向戊资产管理公司进行了质押,原告甲银行太原分行不再享有优先受偿权。本院认为,并不否认戊资产管理公司质押权的成立,在戊资产管理公司实现其质押权后,原告甲银行太原分行享有对门票收入款的优先受偿权。

②取得收费权主管部门同意并办理质押登记

根据《物权法》第228条和中国人民银行《应收账款质押登记办法》,应收质押应在信贷征信机构办理出质登记。但应收账款质押登记系通过互联网自助办理,并无实质性监管措施。另一方面,收费权多来自于行政主管部门的许可,或由行政主管部门授权出质人管理,为保证质权安全性,确保在将来实现质权时能得到当地主管部门的配合,建议质权人应取得主管部门许可,并在人民银行征信系统办理质押后,在当地主管部门办理质押登记。

【规范性文件】

《中华人民共和国物权法》（2007年3月16日）

第二百二十八条 以应收账款出质的，当事人应当订立书面合同。质权自信贷征信机构办理出质登记时设立。

应收账款出质后，不得转让，但经出质人与质权人协商同意的除外。出质人转让应收账款所得的价款，应当向质权人提前清偿债务或者提存。

《最高人民法院关于适用〈中华人民共和国担保法〉若干问题的解释》（2000年12月8日，法释〔2000〕44号）

第九十七条 以公路桥梁、公路隧道或者公路渡口等不动产收益权出质的，按照担保法第七十五条第（四）项的规定处理。

《国务院关于收费公路项目贷款担保问题的批复》（1999年4月26日，国务院国函〔1999〕28号文批复）

交通部、人民银行：

你们《关于收费公路项目贷款担保有关问题的请示》（交财发〔1999〕48号）收悉。现批复如下：

公路建设项目法人可以用收费公路的收费权质押方式向国内银行申请抵押贷款，以省级人民政府批准的收费文件作为公路收费权的权力证书，地市级以上交通主管部门作为公路收费权质押的登记部门。质权人可以依法律和行政法规许可的方式取得公路收费权，并实现质押权。

有关公路收费权质押的具体管理办法由交通部、人民银行联合制订。

《应收账款质押登记办法》（2017年10月25日，中国人民银行令〔2017〕第3号）

第四条 中国人民银行征信中心（以下简称征信中心）是应收账款质押的登记机构。

征信中心建立基于互联网的登记公示系统（以下简称登记公示系统），办理应收账款质押登记，并为社会公众提供查询服务。

第八条　应收账款质押登记由质权人办理。质权人办理质押登记前，应与出质人签订登记协议。登记协议应载明如下内容：

（一）质权人与出质人已签订质押合同；

（二）由质权人办理质押登记。

质权人也可以委托他人办理登记。委托他人办理登记的，适用本办法关于质权人办理登记的规定。

第十三条　在登记期限届满前 90 日内，质权人可以申请展期。

质权人可以多次展期，展期期限按年计算，每次不得超过 30 年。

【相关案例】

中国丙银行股份有限公司安庆石化集贤支行与安庆甲学院、安庆市乙高校后勤服务有限公司借款合同纠纷案 [一审：(2013) 宜民二初字第 00063 号，二审：(2014) 皖民二终字第 00426 号][1]

2002 年 12 月 24 日，安庆甲学院作为甲方与乙方安庆市安庆甲学院新校区乙后勤服务有限公司签订 1 份《协议书》，约定：根据银发（2002）220 号《中国人民银行、教育部关于进一步解决学生公寓等高校后勤服务设施建设资金问题的若干意见》和《合作协议书》精神，为方便乙方向银行申请新校区后勤社会化建设项目质押借款，甲方同意在合作有效期内将所拥有的安庆甲学院新校区一期学生公寓（1号、2号、3号公寓）收费权转让给乙方。

2003 年 4 月 10 日，丙银行城建办事处与乙公司订立《固定资产借款合同》（简称《借款合同》），约定：借款种类为固定资产借款；借款用途为建设大学生公寓及后勤服务设施；借款金额为人民币 2700 万元；借款的担保方式为收费权质押。

2003 年 4 月 10 日，为确保《借款合同》项下借款人的义务得到切

---

[1] 案例来源：中国裁判文书网。

实履行，丙银行城建办事处与乙公司订立《权利质押合同》约定，本合同所担保的主债权为丙银行依据主合同发放的贷款，金额为人民币2700万元，本合同项下用于出质的权利详见《出质权利清单》。《出质权利清单》所载内容如下：名称栏为安庆甲学院新校区大学生公寓及后勤服务收费权；数量栏为学生公寓1号、2号、3号；估计栏为4600万元。

同日，丙银行城建办事处向乙公司发放贷款2700万元。

2003年6月16日，丙银行城建办事处和乙公司，并经安庆甲学院和县人民政府同意，签订《合作协议》。

2003年9月2日，安徽省教育厅向安庆甲学院下发《关于同意用学生公寓收费权进行质押贷款的批复》，同意安庆甲学院用新校区学生公寓（1号、2号、3号学生公寓）收费权进行质押贷款。

后因乙公司不能归还贷款而成诉。

安庆市中级人民法院一审认为：

从中国人民银行、教育部银发（2002）220号《关于进一步解决学生公寓等高等学校后勤服务设施建设资金问题的若干意见》来看，作为我国高等院校后勤社会化改革背景下的产物，大学生公寓收费权一度曾广泛存在，其具体是指公寓的投资方通过取得公寓竣工后一定期限内的经营收益来收回投资的一种权利，本质上是一种经营收益权。我国现行法律法规中对其属性及法律地位尚无明确规定，从性质上看，大学生公寓经营收益权应当归属于我国担保法司法解释中的不动产收益权。《最高人民法院关于适用〈中华人民共和国担保法〉若干问题的解释》第97条规定，"以公路桥梁、公路隧道或者公路渡口等不动产收益权出质的，按照担保法第七十五条第（四）项的规定处理"，该司法解释明确将不动产收益权纳入了可出质的权利范畴。为此，依据担保法及其司法解释的规定，案涉的学生公寓收费权可以作为权利质押的标的。

案涉学生公寓收费权质押合同是否生效及生效要件的认定标准，是本案审理的核心问题。根据担保法的规定，质押分为动产质押和权利质押两类，尽管质押合同的标的不同，其生效要件有所不同，但相关生效要件在实质上是一致的，即均强调财产的移转占有。该要求是"物权变动须公示"这一民法基本理论的具体体现，也是保护债权人利益、保护善意取得该动产或权利的第三人利益以及维护社会交易安全的必要。在法律未明确规定大学生公寓经营收益权可质押的情况下，为落实国务院（国办发（2000）1号）相关规定而制定的银发（2002）220号文件，可作为权利质押的依据。该文件中明确规定，商业银行与借款人就学生公寓收费权质押签订的质押合同须经省级教育行政部门审批和统一登记，自登记之日起生效。该规定作为中国人民银行和教育部联合下发的针对大学生公寓等高校后勤服务设施质押贷款的文件，对本案质押合同具有直接约束力。同时，该规定也是对担保法中质押合同生效要件之原则性规定和物权变动基本法理的具体化和明晰化。本案中安徽省教育厅向安庆师院下发的《关于同意用学生公寓收费权进行质押贷款的批复》（教秘计（2003）285号），应视为涉案的质押合同履行了审批和登记手续。安庆师院已经按照合作协议约定将质押合同所涉质物（即乙公司经营收益）存入丙银行集贤支行控制的专用账户，故本案中质物已发生移转占有。综上所述，从质物移转占有方面来看，本案质押合同已具备生效要件，丙银行集贤支行取得的质权应受法律保护。

安徽省高级人民法院二审认可一审法院对收费权质押的设立及生效的观点。

(4) 应收账款质权实现需关注的问题

我国《物权法》和《担保法》规定质权实现方式为折价或以拍卖、变卖的价款优先受偿，但对权利质权如何实现没有明确规定，实现质权条件成就时，质权人是否有权直接向应收账款债务人收取应收账款尚存疑虑。《最高人民法院关于适用〈中华人民共和国担保法〉若干问题的解释》第106条规定，质权人行使质权时，出质人、出质债权的债务人拒绝的，质权人可起诉出质人或出质债权的债务人。但是该条规定仅赋予了质权人起诉出质债权债务人的权利，并没有赋予质权人向出质债权的债务人直接收取应收账款的权利。司法实践中，有的法院判决应收账款债务人直接向质权人支付应收账款；有的法院认为债务人直接向质权人支付应收账款无合同依据，不予支持；有的法院则认为质权人应通过将应收账款折价或以拍卖、变卖的价款优先受偿。

例如，在"甲银行股份有限公司天津分行与天津市乙商贸有限公司金融借款合同纠纷（一审：（2015）津高民二初字第0020号，二审：（2015）民二终字第179号）"中，一审天津高院和二审最高人民法院都仅判决"甲银行天津分行对上述应收账款在欠款本息范围内享有优先受偿权"，并未裁判实现优先受偿权的方式，移交执行时可能存在问题。

在"中国甲银行股份有限公司巴音郭楞蒙古自治州分行与巴州乙石油专用管制造有限公司、无锡丙石油专用管制造有限公司、朴丁金融借款合同纠纷案（一审：（2014）新民二初字第49号）"中，新疆省高级人民法院则裁判认为"中国甲银行股份有限公司巴音郭楞蒙古自治州分行有权就巴州乙石油专用管制造有限公司质押的2014年1月1日至2016年9月1日期间因销售货物、提供劳务发生的所有应收账款折价或者以拍卖、变卖该质押财产所得价款优先受偿"，明确了实现优先受偿权的方式。

在"上海甲数据通信技术有限公司与乙银行股份有限公司绍兴分行、绍兴丙光电技术有限公司金融借款合同纠纷案（一审：（2013）浙绍商外初字第85号，二审：（2013）浙商外终字第158号，再审：（2014）民申字第1432号）"中，最高人民法院又认为，乙银行绍兴分行与丙公司共同签发《应收账款回款付款通知书》并送达给《权利质押合同》所涉应收账款的债务人即甲公司，甲公司在《应收账款回款付款通知书（回执）》中同意并承诺将《应收账款回款付款通知书》所列账款按时足额付至乙银行绍兴分行指定账户，因此在丙公司不履行判决债务时，甲公司应按《应收账款回款付款通知书》的约定履行付款义务。

在最高人民法院指导案例53号"福建甲银行股份有限公司福州五一支行

诉乙污水处理有限公司、福州丙工程有限公司金融借款合同纠纷案（一审案号：（2012）榕民初字第661号，二审案号：（2013）闽民终字第870号）"中，二审法院福建省高级人民法院基于收费权类应收账款的不宜拍卖变卖的特殊性认为，我国担保法和物权法均未具体规定权利质权的具体实现方式，仅就质权的实现作出一般性的规定，即质权人在行使质权时，可与出质人协议以质押财产折价，或就拍卖、变卖质押财产所得的价款优先受偿。但污水处理项目收益权属于将来金钱债权，质权人可请求法院判令其直接向出质人（福州丙工程有限公司）的债务人（长乐市建设局）收取金钱并对该金钱行使优先受偿权，故无须采取折价或拍卖、变卖之方式。况且收益权均附有一定之负担，且其经营主体具有特定性，故依其性质亦不宜拍卖、变卖。因此，原告请求将《特许经营权质押担保协议》项下的质物予以拍卖、变卖并行使优先受偿权，不予支持。根据协议约定，原告海峡银行五一支行有权直接向长乐市建设局收取污水处理服务费，并对所收取的污水处理服务费行使优先受偿权。

但前述指导案例公布后，最高人民法院在相关案件中又认为，应收账款质权人无权请求应收账款债务人直接向其支付案涉应收账款。

【规范性文件】

《最高人民法院关于适用〈中华人民共和国担保法〉若干问题的解释》（2000年12月8日，法释〔2000〕44号）

第一百零六条 质权人向出质人、出质债权的债务人行使质权时，出质人、出质债权的债务人拒绝的，质权人可以起诉出质人和出质债权的债务人，也可以单独起诉出质债权的债务人。

【相关案例】

甲银行（中国）有限公司广州珠江新城支行、烟台乙包装有限公司金融借款合同纠纷[一审案号：（2014）烟商初字第242号，二审案号：

(2016) 鲁民终 1674 号，再审案号：(2017) 最高法民申 1572 号]①

2013 年 7 月 8 日，烟台乙公司与广州丙公司签订基本供货合同，约定广州丙公司向烟台乙公司提供货物。

2014 年 4 月 28 日、29 日、30 日，烟台乙公司分别给广州丙公司出具收货凭证 5 份，载明烟台乙公司确认已收妥与广州丙公司的基本供货合同项下对应的货品，货品金额共计 40450758 元。

2014 年 5 月 4 日，甲银行广州分行向广州丙公司出具银行信贷函，约定了"借款人签署形式和内容为甲银行广州分行接受的应收账款转让协议，将相关应收账款权益全部转让给甲银行广州分行以持续保障借款人适当、准时履行及遵守银行信贷函或其他融资文件所载的一切义务"的内容，且上述内容约定在银行信贷函的担保条款中。

2014 年 5 月 9 日，甲银行广州分行与广州丙公司签署贷款合同，甲银行广州分行同意按照贷款合同的条款和条件，向广州丙公司提供本金总额为 7430 万元的贷款。

2014 年 5 月 9 日，甲银行广州分行与广州丙公司签订应收账款转让协议，作为甲银行广州分行按贷款合同的条款及条件为广州丙公司提供贷款的先决条件，协议约定"广州丙公司向甲银行广州分行转让应收账款以持续保障广州丙公司履行贷款合同义务"。应收账款转让事宜向烟台乙公司进行了通知。

针对上述应收账款转让协议，烟台乙公司向甲银行广州分行出具有关基础合同应收账款转让的确认函，其上载明：甲银行广州分行，我公司已收悉应收账款债权转让通知书，我公司确认通知书所述应收账款债权（包括其全部附属权利）已全部转让给贵行，贵行为上述应收账款债权的合法受让人，我公司确保按通知书要求及时、足额付款至贵行的指定账户。

---

① 案例来源：中国裁判文书网。

广州市中级人民法院一审认为：

从银行信贷函及应收账款转让协议的上述约定内容看，广州丙公司将其对烟台乙公司的应收账款转让给甲银行广州分行，是向甲银行广州分行提供担保，担保广州丙公司向甲银行广州分行履行借款合同的义务。因此，银行信贷函及应收账款转让协议约定的广州丙公司将其对烟台乙公司的应收账款转让给甲银行广州分行，应认定为广州丙公司将其对烟台乙公司的应收账款出质给甲银行广州分行的质押担保，系双方当事人的真实意思表示，且符合法律规定，质押合同依法成立并有效。

甲银行广州分行上诉认为：

本案的法律关系应当为应收账款债权转让并非应收账款质押担保，其作为受让人自广州丙公司处受让了对烟台乙公司的应收账款。其受让涉案应收账款支付的对价是向广州丙公司发放贷款的承诺，故烟台乙公司应当向其支付涉案应收账款。

广东省高级人民法院二审认为：

本案法律关系应为应收账款质押，并非广州丙公司上诉主张的应收账款转让。一审法院认定无误。应收账款作为质押物，其所有权亦应当属于广州丙公司。甲永亨银行新城支行对该应收账款享有优先受偿权，但无权直接以质押物偿还债务。

最高人民法院再审认为：

甲永亨银行新城支行与广州丙公司之间形成的是应收账款质押法律关系，甲永亨银行新城支行据此可以请求确认其对案涉应收账款享有优先受偿权，但不能直接对案涉应收账款主张所有权。

案例要点提示

各地法院对应收账款质权的实现方式观点各异，甚至最高人民法院也表现出了不同态度。因此质权人可否要求应收账款债务人直接向其履行债务尚存不确定性。为避免应收账款质权实现困难，建议在质押合同和应收账款债权确认书中明确约定出质人不能履行债务时，应收账款债务人应直接向质权人支付应收账款，并在起诉时将应收账款债务人列为当事方要求其履行支付应收账款的义务。

4. 动产质押需关注的问题

动产质押，是指债务人或者第三人将其动产移交债权人占有，将该动产作为债权的担保。债务人不履行债务时，债权人有权以该动产折价或者以拍卖、变卖该动产的价款优先受偿。动产质押无须办理质押手续，动产物权的设立和转让，自交付时发生效力。但船舶、航空器和机动车等物权的设立、变更、转让和消灭，未经登记，不得对抗善意第三人。

为实现动产交付，质权人通常会委托第三方监管机构代为监管，并指定出质人将质物存入第三方监管机构仓库。质权人、出质人、监管机构3方签署监管协议，约定监管费用由出质人承担。但在融资发生风险，出质人无力支付监管费用时，监管机构有权对质物行使留置权，或要求解除监管协议。因此，建议在监管协议中明确，监管费用由出质人支付，监管机构不得以出质人未支付监管费用为由要求解除监管协议，监管费用在债权人处置质物实现债权时优先支付给监管人。

【相关案例】

甲发展股份有限公司郑州物流中心与河南乙铝业有限公司、中国丙银行股份有限公司长葛支行合同纠纷案［一审：(2015) 长民初字第00511号，二审：(2015) 许民终字第1405号］[①]

2013年8月29日，乙公司与长葛丙银行签订《商品融资合同》，当日甲公司、乙公司、长葛丙银行3方签订《商品融资质押监管协议》，协议约定乙公司同意将其享有所有权的货物质押给长葛丙银行，双方均同

---

① 案例来源：中国裁判文书网。

意将质物交由甲公司监管，乙公司同意接受委托。

2014年4月28日，甲公司于向长葛丙银行发出告知函，告知协议已到期，要求解除监管协议。长葛丙银行回函称解除监管责任的唯一条件是收到长葛丙银行出具的《解除质押监管通知书》。因此，在解除条件达到之前，甲公司必须依照《协议》约定严格履行监管义务。

长葛市人民法院一审认为：

根据《协议》第3条监管期间第3项之约定，乙公司收到《解除质押监管通知书》时监管期间方中止，虽然乙公司于2014年4月合同到期后以后不再履行《监管协议》约定的义务，但按照监管协议的约定，解除协议的条件未成就，所以该协议应继续履行。

甲公司上诉称：

本案中乙公司已明确表示其已在2014年4月与甲公司解除了合同，并拒绝交纳保管费，合同的权利和义务都是对等的，甲公司在长达1年多的时间内未得分文的监管费，确仍要履行监管义务，如果长葛丙银行一直未出具解押通知，就不能解除合同，违背公平正义。

许昌市中级人民法院二审认为：

依据《中华人民共和国合同法》第94条规定，当事人一方迟延履行主要债务，经催告后在合理期限内仍未履行，当事人一方迟延履行债务或者有其他违约行为致使不能实现合同目的，当事人可以解除合同。本案中甲公司、乙公司、长葛丙银行3方签订商品融资质押监管协议，合同约定甲公司收到长葛丙银行出具的《解除质押监管通知书》时，监管期间终止，甲公司监管责任解除。首先，甲公司作为质物监管人签订合同的目的系获得监管费用，而自2014年4月起，作为合同约定支付监管费用的乙公司并未支付监管费用，甲公司已将解除合同意愿明确告知长葛丙银行，长葛丙银行作为质权人并未对相关监管费用协商解决，仅以不符合合同约定单方不同意解除。其次，本案商品融资质押监管协议约定的单方解除合同的条件，对于甲公司来说显失公平。再次，长葛丙银行与乙公司商品融资合同已到期，乙公司并未履行还款义务，长葛丙银行与乙公司商品融资合同纠纷已经作出生效判决，长葛丙银行作为质权人权利依法已能得到保护，本案的商品融资质押监管协议缺乏履行必要性。综上，甲公司主张解除商品融资质押监管协议本院予以支持。

二、与保险增信相关的问题

近年来，为了鼓励国家金融创新，推动解决小微企业融资难问题，国家相关部门先后出台了若干指导意见，规范我国现代保险服务业的发展。2014年8月，国务院颁布了《关于加快发展现代保险服务业的若干意见》，提出要积极发展适应科技创新的保险产品和服务，加快发展小微企业信用保险和贷款保证保险、个人消费贷款保证保险。2015年1月，中国保险监督管理委员会、工业和信息化部、商务部联合发布了《关于大力发展信用保证保险服务和支持小微企业的指导意见》，专门针对信用保证保险作出了规定。随着国家政策文件的出台及社会创新发展，信用保证保险作为增信方式，越来越频繁地出现在公众视野。然而，信用保证保险不同于保证担保，其有独特的适用规则，不能简单套用保证担保的规则。

（一）信用保证保险的含义

信用保证保险，是指以信用风险为保险标的的保险。在业务习惯上，因投保人在信用关系中的身份不同，分为信用保险和保证保险。信用保险，是一项企业用于风险管理的保险产品，是指权利人向保险人投保债务人的信用风险的一种保险，如果债务人不履行义务，保险人在承保范围内承担赔偿责任。信用保险的投保人、被保险人为权利人，常见的信用保险险种有一般商业信用保险和进出口信用保险。保证保险，是指被保证人根据权利人的要求投保自己信用的一种保险。保证保险的投保人为义务人、被保险人为权利人，常见的保证保险险种有合同保证保险、产品保证保险和忠诚保证保险等。

信用保险和保证保险的相同之处在于，信用保险和保证保险都以信用风险作为保险标的都是保险人对债务人的作为或不作为致使权利人遭受损失负赔偿责任的保险。

信用保险和保证保险的不同之处在于：一是保险合同涉及的当事人不同。信用保险合同的当事人是保险人和权利人，权利人既是投保人又是被保险人；而保证保险合同的当事人为保险人与被保证人、权利人三方，被保证人为投保人，权利人为被保险人。二是保险人承担的风险不同。保证保险属于担保行为，保险人出借的仅是保险公司的信用，保险人一般会采取反担保而不承担实质性风险；而信用保险中，保险人承担的是实质性风险，保险合同规定的是保险事故发生后，保险人在向被保险人履行赔偿责任后，只是获得向被保证人追偿的权利。

【规范性文件】

《中华人民共和国保险法》（2015年4月24日）

第九十五条　保险公司的业务范围：

（一）人身保险业务，包括人寿保险、健康保险、意外伤害保险等保险业务；

（二）财产保险业务，包括财产损失保险、责任保险、信用保险、保证保险等保险业务；

（三）国务院保险监督管理机构批准的与保险有关的其他业务。

保险人不得兼营人身保险业务和财产保险业务。但是，经营财产保险业务的保险公司经国务院保险监督管理机构批准，可以经营短期健康保险业务和意外伤害保险业务。

保险公司应当在国务院保险监督管理机构依法批准的业务范围内从事保险经营活动。

《信用保证保险业务监管暂行办法》（2017年7月11日，保监财险〔2017〕180号）

第二条　本办法所称信用保证保险，是指以信用风险为保险标的的保险，分为信用保险（出口信用保险除外）和保证保险。信用保险的投保人、被保险人为权利人；保证保险的投保人为义务人、被保险人为权利人。

本办法所称履约义务人，是指信用保险中的信用风险主体以及保证保险中的投保人。

本办法所称网贷平台信保业务，是指保险公司与依法设立并经省级地方金融监管部门备案登记、专门从事网络借贷信息中介业务活动的金融信息中介公司（以下简称网贷平台）合作，为网贷平台上的借贷双方提供的信保业务。

本办法所称保险公司，是指财产保险公司。

（二）保证保险的法律性质

一直以来，保监会及最高人民法院对于保证保险的性质及法律适用存在争议，即保证保险项下发生保险事故时，保险人应当承担保险责任还是保证责任。

1999年，保监会就中国工商银行郴州市苏仙区支行与中保财产保险有限公司郴州市苏仙区支公司保证保险合同纠纷一案，给最高人民法院《关于保证保险合同纠纷案的复函》中称，信用保证保险属于保险法律关系，不适用《担保法》。而最高人民法院对保证保险系属保证抑或保险的观点并不统一。

2000年8月，最高人民法院在给湖南省高级人民法院的关于《中国工商银行郴州市苏仙区支行与中保财产保险有限公司湖南省郴州市苏仙区支公司保证保险合同纠纷一案的请示报告》的复函中称，保证保险实质是保险人对债权人的一种担保行为，在企业借款保证保险合同中，因企业破产或倒闭，银行向保险公司主张权利，应按借款保证合同纠纷处理，适用有关担保的法律。可见，在同一案件中，保监会和最高人民法院意见不一致。此外，在"中国平安保险（集团）股份有限公司与深圳市三九汽车发展有限公司借款及保证保险合同纠纷案"、"中国建设银行股份有限公司葫芦岛分行诉中国人民保险股份有限公司葫芦岛分公司保证保险合同纠纷案"中，最高人民法院都认为，双方当事人保证的意思表示真实，虽然借用了保险合同的形式，但实质仍是保证合同，应适用有关担保的法律。

2010年6月，最高人民法院在给辽宁高院的《关于保证保险合同纠纷案件法律适用问题的答复》中称，应依据当事人意思自治原则确定合同的性质，如果在相关协议、合同中，保险人没有作出任何担保承诺的意思表示，虽然所涉保险单名为保证保险单，但性质上应属于保险合同。但最高人民法院在"中国建设银行股份有限公司葫芦岛分行诉中国人民保险股份有限公司葫芦岛分公司保证保险合同纠纷案中"，却认为保证保险合同应适用《担保法》相关规定，前述答复相矛盾。

各地方法院对保证保险纠纷的性质也持不同的观点。广东高院、广西高院、黄山中院、景德镇中院、徐州中院等法院倾向于认为保证保险合同的性质为保险合同，应适用保险法相关规定[1]。温州中院则依据最高人民法院对湖南省高级人民法院关于《中国工商银行郴州市苏仙区支行与中保财产保险有限公司湖南省郴州市苏仙区支公司保证保险合同纠纷一案的请示报告》的复函，认为汽车消费贷款保证保险纠纷为保证合同纠纷，应适用有关担保的法律规定[2]。

目前，对于保证保险纠纷应适用保险法还是担保法相关法律，理论界和实务界均未形成统一的认识，一旦发生争议，法院将面临保险合同与债权合同是否属于独立合同，应适用《担保法》还是《保险法》进行裁判的问题。

【规范性文件】

《中国保险监督管理委员会关于保证保险合同纠纷案的复函》（1999年8

---

[1] 广东高院（2012）粤高法审监民再字第54号民事判决书、广西高院（2012）桂民四终字第8号民事判决书、景德镇中院（2006）景民一终字第36号民事判决书、徐州中院（2016）苏03民终6762号民事判决书。
[2] 温州中院（2010）浙温商终字第975号民事判决书。

月30日，保监法〔1999〕16号）

一、此案所涉及的纠纷属于保证保险合同纠纷。保证保险是财产保险的一种，是指由作为保证人的保险人为作为被保证人的被保险人向权利人提供担保的一种形式，如果由于被保险人的作为或不作为不履行合同义务，致使权利人遭受经济损失，保险人向被保险人或受益人承担赔偿责任。保证保险合同与保证合同的区别在于，保证合同是保证人为担保债务人履行债务而与债权人订立的协议，其当事人是主合同的债权人和保证人，被保险人不是保证合同的当事人。保证保险合同的当事人是债务人（被保证人）和保险人（保证人），债权人一般不是保证保险合同的当事人，可以作为合同的第三人（受益人）。在该案中，天字号矿与郴县保险公司之间签订了保证保险合同，因此，他们之间由履行该项合同之间所引起的纠纷，属于保险合同纠纷，应按保险合同的约定确定保险人是否应承担赔偿责任。

二、此案不适用《保险法》或《担保法》，而应适用1983年发布的《财产保险合同条例》。《保险法》于1995年10月1日开始实施，对于此前发生的保险合同纠纷并不具有追溯力；此案所涉及的纠纷属保险合同纠纷，不在《担保法》的适用范围之内。

《最高院对湖南省高级人民法院关于〈中国工商银行郴州市苏仙区支行与中保财产保险有限公司湖南省郴州市苏仙区支公司保证保险合同纠纷一案的请示报告〉的复函》（2000年8月28日，〔1999〕经监字第266号）

一、保证保险是由保险人为投保人向被保险人（即债权人）提供担保的保险，当投保人不能履行与被保险人签订合同所规定的义务，给被保险人造成经济损失时，由保险人按照其对投保人的承诺向被保险人承担代为补偿的责任。因此，保证保险虽是保险人开办的一个险种，其实质是保险人对债权人的一种担保行为。在企业借款保证保险合同中，因企业破产或倒闭，银行向保险公司主张权利，应按借款保证合同纠纷处理，适用有关担保的法律。

《最高人民法院关于保证保险合同纠纷案件法律适用问题的答复》（2010

年6月24日,〔2006〕民二终字第43号)

辽宁省高级人民法院:

你院《关于保证保险问题的请示报告》[〔2006〕辽高法疑字第4号]收悉。经研究答复如下:

汽车消费贷款保证保险是保险公司开办的一种保险业务。在该险种的具体实施中,由于合同约定的具体内容并不统一,在保险公司、银行和汽车销售代理商、购车人之间会形成多种法律关系。在当时法律规定尚不明确的情况下,应依据当事人意思自治原则确定合同的性质。你院请示所涉中国建设银行股份有限公司葫芦岛分行诉中国人民保险股份有限公司葫芦岛分公司保证保险合同纠纷案,在相关协议、合同中,保险人没有作出任何担保承诺的意思表示。因此,此案所涉保险单虽名为保证保险单,但性质上应属于保险合同。同意你院审判委员会多数意见,此案的保证保险属于保险性质。

【相关案例】

中国甲保险(集团)股份有限公司与深圳市乙汽车发展有限公司借款及保证保险合同纠纷 [一审:(2003)高民初字第98号,二审:(2004)民二终字第38号][1]

1998年7月22日,丙银行营业部与乙公司、甲保险签订《销售协议》,约定:丙银行营业部同意向乙公司提供贷款,支持其分期付款销售汽车业务。甲保险承诺向丙银行营业部提供《分期付款购车保险》,投保人为乙公司,被保险人和第一受益人为丙银行营业部,承保的金额与期限同丙银行营业部向乙公司贷款合同所载额度(含利息、罚息)与期限一致。

1998年8月20日,上述三方又签订《附加协议》,约定:丙银行营业部同意向乙公司提供1.5亿元人民币贷款,期限3年。乙公司从支用第

---

[1] 案例来源:中国裁判文书网。

一笔贷款之日起,每3个月偿还一次贷款本金。丙银行营业部同意贷款循环使用,即按期归还的贷款可再次使用,但总期限不得超过3年。乙公司同意《贷款支用申请表》经丙银行营业部、甲保险双方审核方可支用贷款。乙公司同意作为投保人向甲保险购买《分期付款购车保险》,丙银行营业部为被保险人和第一受益人。若乙公司未按照约定偿还贷款本金或利息并逾期2个月,丙银行营业部即视乙公司丧失付款能力,有权向甲保险提出索赔申请,甲保险承诺在45日内就乙公司未偿还丙银行营业部的本息向丙银行营业部进行理赔结案。

1998年8月26日,丙银行营业部与乙公司签订借款合同。关于借款的担保,双方约定对于本合同项下的借款全部债务,由乙公司向甲保险投保"分期付款购车保险",丙银行营业部为被保险人和第一受益人。甲保险在乙公司循环贷款的购车贷款使用申请表上均签署同意意见。

后中国丙银行对乙公司所欠本息进行催收。对于乙公司未偿还所欠本息的事实,中国建设银行已告知甲保险,并同时向甲保险提出索赔申请。甲保险未进行理赔。故成诉。

北京市高级人民法院一审认为:

在《附加协议》中,甲保险承诺若乙公司未按照约定偿还贷款本金或利息并逾期2个月,甲保险在45日内就乙公司未偿还丙银行营业部的本息向丙银行营业部进行理赔结案。甲保险在《附加协议》签订后向乙公司签发分期付款购车保险单,并收取乙公司保费。据此,应认定甲保险与乙公司之间保险合同关系已依法成立,该保险合同的性质为保证保险合同。一审法院判决甲保险在保险金额即人民币192972669元的范围内对乙公司的上述欠款及逾期利息向丙银行营业部承担赔偿保险金的责任。

甲保险上诉认为:

尽管甲保险在乙公司提交的《购车贷款使用申请表》上签署"同意"意见,但这是依据《附加协议》约定而履行的程序性义务,并不能说明甲公司同意对循环贷款承担保险赔付责任。甲保险不应对循环贷款承担保险赔偿责任。而且，丙银行营业部明知投保人乙公司没有按照保险合同约定开设专用结转账户（即D账户），贷款不在协议约定的资金运作系统内运行时，仍置贷款风险于不顾，向乙公司发放贷款。丙银行营业部的过错以及乙公司没有按照约定开立账户、回笼资金等，共同增大了保险标的的风险，双方未尽到及时通知保险人甲保险的法定义务，更未积极采取措施防止事故发生，因此甲保险不予承担保险赔偿责任。

最高人民法院二审认为：

本案系借款及保证保险合同纠纷。在三方当事人订立的《销售协议》、《附加协议》中均载明了甲保险对乙公司的贷款本金、利息及可能发生的罚息承担保证责任的意愿；且在《分期付款购车保险单》中，甲保险将该项保证责任明确在192972669元范围之内。在此情况下，丙银行营业部根据合同约定，履行了向乙公司发放1.5亿元贷款的义务。双方关于保证的意思表示真实，据此丙银行营业部与甲保险之间形成了保证合同关系。本案上述主、从合同法律关系的构建方式借用了保险合同的形式，虽有别于传统的借款担保合同关系的模式，但两者的本质相同。该保证合同记载的内容明确且不违反法律，应为有效合同。原审判决对本案合同性质的认定并无不当。

（三）债权受让人的索赔问题

以信用保证保险作为增信措施的，需关注债权转让情形下受让人是否有权直接向保险公司主张赔偿责任。根据《保险法》第49条，保险标的转让的，被保险人或者受让人应当及时通知保险人（货物运输保险合同和另有约定的合同除外），保险标的的受让人承继被保险人的权利和义务。信用保证保险的保险标的是义务人是否履行义务的信用风险，被保险人持有的债权转让给第三人后，义务人履行义务的信用风险也随之转移至受让人承受。因此，按照《保险法》的规定，被保险人应通知保险公司，保险公司有权视危险程度增加情况提高保险费或者解除合同。因转让导致保险标的危险程度显著增加而发生的保险事故，保险人不承担赔偿保险金的责任。

《保险法》及保险法司法解释并未规定转让保险标的必须经过保险人同意。在信用保证保险项下，由于保险标的为债务人的信用风险，债务人的信用风险并不因债权人变化而变化，因此法理上可以认为，债权转让的，仅通知保险公司即可，不过目前尚无司法案例。在实践中，若债权转让未通知保险公司，且保险公司未同意继续承保的，债权受让人以本人名义申请保险理赔时保险公司普遍以被保险人与保险合同不一致为由拒绝理赔。另一方面，在司法实务中，有法院认为在协议约定的保险期限内未经保险人同意，被保险人不能转让保险利益，但在保险期限届满之后，被保险人将其应获得的保险权益在保险合同到期后转让给第三人，实质上属于债权转让，受让人有权直接向保险公司索赔。

因此，为避免保险落空，建议在债权转让前通知保险公司，要求保险公司修改保险单。

【规范性文件】

《中华人民共和国保险法》（2015年4月24日）

第十二条　人身保险的投保人在保险合同订立时，对被保险人应当具有保险利益。

财产保险的被保险人在保险事故发生时，对保险标的应当具有保险利益。

人身保险是以人的寿命和身体为保险标的的保险。

财产保险是以财产及其有关利益为保险标的的保险。

被保险人是指其财产或者人身受保险合同保障，享有保险金请求权的人。投保人可以为被保险人。

保险利益是指投保人或者被保险人对保险标的具有的法律上承认的利益。

第四十九条　保险标的转让的，保险标的的受让人承继被保险人的权利和义务。

保险标的转让的,被保险人或者受让人应当及时通知保险人,但货物运输保险合同和另有约定的合同除外。

因保险标的转让导致危险程度显著增加的,保险人自收到前款规定的通知之日起三十日内,可以按照合同约定增加保险费或者解除合同。保险人解除合同的,应当将已收取的保险费,按照合同约定扣除自保险责任开始之日起至合同解除之日止应收的部分后,退还投保人。

被保险人、受让人未履行本条第二款规定的通知义务的,因转让导致保险标的危险程度显著增加而发生的保险事故,保险人不承担赔偿保险金的责任。

【相关案例】

甲财产保险股份有限公司广东分公司与中国乙资产管理公司广州办事处、广东丙汽车有限公司、某投资管理有限公司借款、保证保险合同纠纷［一审:(2004)穗中法民二初字第255号,二审:(2010)粤高法民二终字第40号,再审:(2012)粤高法审监民再字第54号］[1]

2000年5月24日,丁银行广州分行为授信人,丙公司为被授信人签订了《购车贷款授信合同》。该合同项下授信总额为人民币2000万元。额度有效期自2000年5月23日至2001年5月23日止该合同项下所有债权债务及由此产生的所有费用全部结清为止。

2000年5月29日,以甲保险广东公司为保险人,以丁银行广州分行为被保险人,以丙公司为投保人,三方签订了1份《购车贷款履约保证保险协议书》,约定除该协议第4条的规定外,因投保人不履行《购车贷款授信合同》项下的还款义务,造成被保险人损失,丁银行广州分行按年度向甲保险广东公司索赔,即丁银行广州分行在每个业务年度的12月1日之前向甲保险广东公司提出当年度内丙公司应偿还丁银行广州分

---

[1] 案例来源:中国裁判文书网。

行贷款而未偿还部分的本息,甲保险广东公司应于接到完整的索赔资料后的7个工作日内予以赔偿。

截至2003年6月14日,该笔贷款共逾期本金2083100元及相应的利息。上述2000万元贷款逾期本金共计7645187.43元及相应的利息。

2002年12月20日,丁银行广州分行向丙公司、甲保险广东公司等发出《贷款逾期催收通知书》及《丙公司逾期贷款情况通报》等文件,甲保险广东公司"丁某"签收了上述文件。

2002年12月23日,丁银行广州分行向甲保险广东公司提交索赔文件,"丁某"在文件上签收。经催收后,丙公司仍未清偿逾期的贷款本金及利息。甲保险广东公司也未承担相应的保证责任和保险赔偿责任。

2008年11月27日,丁银行广州分行将本案《购车贷款授信合同》项下的债权及与该债权相关的全部从权利转让给中国戊资产管理公司广州办事处。2009年8月4日,中国戊资产管理公司广州办事处又将上述权利转让给乙公司广州办。

甲保险广东公司辩称:

《购车贷款履约保证保险协议》第10条第2款规定:"本保证保险项下的所有权利及利益只能由被保险人享有,不可转让给被保险人以外的第三方,如发生转让,不管何种原因,从转让之时起,保险人对被保险人所承担的保险责任即告终止。"现丁银行广州分行将该保险权利及利益转让给中国戊资产管理公司广州分公司,现又转让给了乙公司广州分公司,因此,甲保险广东公司不应承担保险责任。

广州市中级人民法院一审认为:

关于乙公司广州办的诉讼主体资格问题。在本案诉讼过程中,丁银行广州分行将本案所涉债权转让给中国戊资产管理公司广州办事处,以及中国戊资产管理公司广州办事处再转让给乙公司广州办的行为,符合金融资产管理公司收购、管理、处置国有银行不良资产的相关的法律、法规的规定。乙公司广州办是否将本案债权已出让给新的受让人,并不影响其继续作为本案的原告进行诉讼。乙公司广州办具备本案的诉讼主体资格。

关于甲保险广东公司应否对丙公司的债务承担保证保险责任问题。法院认为，该《购车贷款履约保证保险协议书》约定的保险期限为自保险单签发之日起至投保人按《购车贷款授信合同》规定还清最后一期贷款为止。第一期贷款的保险单签发的日期为2000年6月2日，最后一期贷款清偿日期为2003年7月25日。而丁银行广州分行将该保险合同项下的权益转让给中国戊资产管理公司广州分公司的时间是2008年11月27日。即在该保险合同的有效期内，丁银行广州分行并未将该保险合同项下的权益转让。丁银行广州分行与中国戊资产管理公司广州分公司的债权转让行为发生于本案保险事故发生之后，在该保险合同有效期内，其相关权益仍属丁银行广州分行所有。至于丁银行广州分行将其应获得的保险权益在保险合同到期后转让给第三人，则不再受该保险协议条款的制约。因此，甲保险广东公司主张其因保险权益已转让给第三人，不应再承担保险责任的抗辩缺乏事实和法律依据，法院不予支持。

甲保险广东公司上诉称：

一审判决关于丁银行广州分行、戊资产管理公司广州办事处、乙广州办之间转让保险合同合法有效的认定错误，依据2003年1月1日起施行的《中华人民共和国保险法》第34条的规定，因丁银行转让保险权益未依法取得甲保险广东公司同意，上述保险权益转让行为因违法违约而无效。丁银行将保险标的转让给戊资产管理公司广州办事处的时间是2008年11月27日，因此保险标的是否可以转让要依据我国当时生效并具体实施的旧《保险法》即2003年1月1日起施行的《中华人民共和国保险法》，该《保险法》第34条明确规定："保险标的的转让应当通知保险人，经保险人同意继续承保后，依法变更合同。"因此，当保险合同发生转让，被保险人发生变更时，必须及时通知保险人以使其有机会评价风险是否发生变化，如果由于被保险人变化而使风险增加时，保险人有权提高保险费或解除合同，这也是保险合同区别于其他普通债权或担保合同的特殊之处。且《购车贷款履约保证保险协议书》第10条第2款明确约定"本保证项下的所有权利及利益只能由被保险人享有，不可转让给被保险人以外的第三方，如发生转让，不管何种原因，从转让之时起，保险人对被保险人所承担的保险责任即告终止"。即本案保险权益只能由被保险人也就是丁银行专享，不可转让给第三方。可见，丁银行广州分行、中国戊资产管理公司广州办事处、乙广州办之间关于相关银行债权及所谓保险权益的转让根本没有征得甲保险广东公司同意，既违反了约定，也违反了原《保险法》第34条的规定，这些转让行为均属于违法无效行为。

广东省高级人民法院二审认为：

《购车贷款履约保证保险协议书》约定的保险期限为自保险单签发之日起至投保人按《购车贷款授信合同》规定还清最后一期贷款为止。涉案的保险单签发日期为2000年6月2日，最后一期贷款清偿日期为2003年7月25日。即在协议约定的保险期限内，本保证保险项下的所有权利及利益只能由被保险人丁银行广州分行享有，不可转让给被保险人以外的第三方。2008年11月27日丁银行广州分行将该保险合同项下的权益转让给中国戊资产管理公司广州分公司，是在该保险协议约定的期限届满之后。丁银行广州分行将其应获得的保险权益在保险合同到期后转让给第三人，实质上属于债权转让。这种债权不属于与身份密切相关的债权，转让该债权并无法律禁止性规定。二审法院维持一审判决。

再审法院（广东高院）再审予以维持二审判决。

（四）赔款受让人的索赔问题

保险事故发生时，一般由投保人、被保险人或受益人向保险公司主张赔偿责任。但在实务中经常发生被保险人与债权人二方，或被保险人、债权人与保险公司三方签署《赔款转让协议》，将其保险理赔权委托给债权人行使的情况。

以信用保险参与保理融资业务对接非标产品为例，债权人与债务人、保险公司之间存在信用保证保险关系，债权人将债权转让给保理公司，而后保理公司再转让给资产管理计划。资管计划管理人与原债权人、保险公司签署三方《赔款转让协议》，约定发生保险事故时，管理人有权代原债权人向保险公司申请理赔，理赔款项直接支付给管理人。但管理人并不必然实际取得索赔权。保险公司往往会主张《赔款转让协议》仅授权申请人可以代被保险人提出索赔，并未将被保险人在保险合同中的权利义务转让给申请人，因此申请人只能以被保险人的名义而不能以自己的名义提出索赔。

北京大学企业与公司法研究中心曾组织甘培忠、崔建远等专家学者针对某案件中保险索赔主体资格是否可转让问题出具过专家认证意见，意见认为：通过签署《赔款转让协议》，被保险人将其保险理赔权委托给债权人行使，保险公司也同意这种委托，因此，债权人有权向保险公司行使理赔请求权。但是，这种理赔请求权并非当然存在，仅当发生保险合同约定的保险事故时，这种理赔权才从不确定变成确定的请求权，这种请求权转让才具有实质意义。因此，如保险事故已经发生，债权人在《赔款转让协议》项下获得的对保险公司的理赔请求权已成就，其依据《赔款转让协议》向保险公司提出索赔符合三方签署协议的真实意思表示。但裁判机构并未采纳该专家认证意见。

本书认为，保险索赔权转让属于当事人意思自治范畴，赔款受让人能否以本人名义向保险公司索赔应依据《赔款转让协议》的约定确定。

【相关案例】

甲银行股份有限公司合肥分行与中国乙保险公司安徽分公司保险合同纠纷［一审：(2011)合民二初字第00027号，二审：(2012)皖民二终字第00101号］[①]

---

① 案例来源：http://www.ahcourt.gov.cn/sitecn/mskf/51044.html

2008年8月27日，丙公司向乙保险安徽分公司投保了短期乙保险，乙保险安徽分公司向丙公司签发了《短期乙保险综合保险单》，被保险人为丙公司，保险范围为全部非信用证支付方式的出口，保险人在保单约定范围内承保因买方破产、无力偿付债务、拖欠货款等风险引起的直接损失；保单有效期自2008年8月27日至2009年8月26日。

2008年11月24日、12月2日、12月12日，甲银行合肥分行、乙保险安徽分公司、丙公司三方签订了《赔款转让协议》及《赔款转让补充协议》，约定：

1. 在保单有效期内，丙公司与买方的出口贸易项下发生保险责任范围内的损失，丙公司授权乙保险安徽分公司将按照保单规定理赔后应付给丙公司的赔款直接全额支付给甲银行合肥分行，同时乙保险安徽分公司的赔偿责任终止。

2. 关于索赔，如发生保险责任范围内的损失，应由丙公司直接向乙保险安徽分公司索赔，因丙公司怠于行使索赔权致使甲银行合肥分行利益受到损害的，丙公司应对此承担责任。

乙保险安徽分公司也接受以下两种索赔方式：丙公司委托甲银行合肥分行索赔；丙公司向甲银行合肥分行转让索赔权，由甲银行合肥分行索赔。在丙公司委托甲银行合肥分行索赔的方式下，丙公司与甲银行合肥分行另行签订书面委托代理协议授权甲银行合肥分行向乙保险安徽分公司行使索赔权，同时丙公司须向甲银行合肥分行提供丙公司签字盖章后的《委托代理协议》等；在丙公司向甲银行合肥分行转让索赔权的方式下，丙公司须与甲银行合肥分行另行签订书面转让协议并向甲银行合肥分行提供丙公司签字盖章后的《委托代理协议》等交甲银行合肥分行留存，甲银行合肥分行将上述文件（包括协议及盖章单证）的接收情况书面通知乙保险安徽分公司并附复印件，自乙保险安徽分公司收到该通知之日起，索赔权转让对乙保险安徽分公司发生效力。

2008年11月28日，甲银行合肥分行与丙公司签订《代理索赔协议》，约定丙公司授权甲银行合肥分行在发生保险责任范围内损失时代理丙公司向乙保险安徽分公司申报可损、行使索赔权，所得赔偿直接转让给甲银行合肥分行。

2011年2月18日，甲银行合肥分行诉至原审法院，请求判令乙保险安徽分公司立即支付截至2011年2月22日的保险赔款2860421.47美元。

安徽省合肥市中级人民法院一审认为：

本案争议焦点首先在于认定甲银行合肥分行在本案中是否具备诉讼主体资格。根据《短期乙保险综合保险单》，丙公司既是投保人，也是被保险人，其保险标的是出口贸易项下的因买方拖欠货款等风险引起的直接损失。故在发生保险责任范围内的损失时，理应由丙公司向乙保险安徽分公司索赔。现甲银行合肥分行以自己名义依据保险合同纠纷起诉乙保险安徽分公司，要求乙保险安徽分公司承担保险赔偿责任，突破保险合同相对性原则，必须要有事实依据和法律依据，否则不符合起诉条件。

首先，根据《乙保险项下贸易融资协议》，甲银行合肥分行向丙公司融资前提是丙公司将保险单项下的有关赔款权益转让给甲银行合肥分行。鉴于此，三方签订的《赔款转让协议》约定由丙公司授权乙保险安徽分公司将按照保单规定理赔后应付给丙公司的理赔款直接支付给甲银行合肥分行，因保险法律关系与出口贸易融资法律关系相互独立，上述赔款转让的约定也仅仅是针对保险合同项下的赔款支付对象作出变更，即乙保险安徽分公司本应向丙公司支付的赔款根据丙公司的授权直接向甲银行合肥分行支付，法律性质上应属于向第三人履行，其法律后果并不必然导致甲银行合肥分行具有本案保险合同项下的索赔权。

其次，《赔款转让协议》同时约定了转让索赔权以及委托索赔的两种方式，并对该两种索赔方式所具备的条件作出明确约定，丙公司若向甲银行合肥分行转让索赔权，则应由丙公司与甲银行合肥分行签订索赔权转让协议并书面通知乙保险安徽分公司，索赔权转让才发生效力。但甲银行合肥分行并未提交其与丙公司签订的索赔权转让协议，不能证明丙公司已将本案保险合同项下的保险索赔权转让给甲银行合肥分行。而实际上甲银行合肥分行与丙公司签订的是《代理索赔协议》，协议中明确约定丙公司授权甲银行合肥分行在发生保险责任范围内损失时代理丙公司行使索赔权，而非授权甲银行合肥分行以自己名义索赔。在甲银行合肥分行代理丙公司索赔的情形下，甲银行合肥分行的身份仅仅是丙公司的委托代理人，应以被代理人丙公司的名义起诉乙保险安徽分公司行使索赔权，甲银行合肥分行现以自己名义起诉，无事实和法律依据。故裁定驳回甲银行合肥分行的起诉。

安徽省高级人民法院采纳一审观点并维持一审裁定。

案例要点提示

赔款受让人能否以本人名义向保险公司索赔应依据《赔款转让协议》的约定确定。

若赔款转让协议约定，"若发生保险责任范围内的损失，甲方（被保险人）授权乙方（保险公司）将应付给被保险人的理赔款直接全额支付给丙方（受让人）"。该约定表明保险公司因被保险人的授权可以为某种行为，并不意味着受让人据此享有某种权利。

若赔款转让协议约定："乙方（保险公司）应按照本协议约定，将应付给甲方（被保险人）的赔款直接全额支付至丙方（受让人）指定账户。因过错未按本协议约定支付赔款的，乙方应承担相应赔偿责任。"该约定也只是表明保险公司应对甲方履行支付赔款义务，并不意味着受让人对保险公司享有请求权。

若赔款转让协议约定："如发生保险责任范围内损失，应由甲方（被保险人）直接向乙方（保险公司）索赔。因甲方怠于行使索赔权及未履行保险单下被保险人的各项义务致使丙方（受让人）利益受到损害的，甲方应对此承担责任。乙方也接受甲方委托丙方索赔的索赔方式：在甲方委托丙方索赔的方式下，甲方需与丙方另行签订书面委托代理协议，授权丙方向乙方行使索赔权,同时甲方需向丙方提供甲方签字盖章后的委托代理协议书。"该约定表明索赔权可以通过两种方式行使,一是被保险人直接向保险公司申请;二是被保险人委托受让人向保险公司申请,但索赔权仍然归属于被保险人,而非转让给了受让人。在被保险人委托受让人索赔的情形下,受让人只是代理被保险人进行索赔,在代理关系下,代理人必须以被代理人的名义申请索赔或提起诉讼、仲裁,而无权以自己名义要求保险公司履行义务。

综上所述,本书认为,只有在《赔款转让协议》明确约定"赔款受让人可以其本人名义向保险公司索赔"的情况下,赔款受让人才取得索赔权。如仅约定被保险人委托赔款受让人行使索赔权,则受让人不得以自己名义向保险公司索赔和提起诉讼或仲裁。

(五)保证保险中反担保的效力问题

保险人为降低履行赔付责任后无法向投保人行使追索权的风险,可能会要求投保人为其提供反担保。为保证保险的保险人提供反担保,即投保人或者第三人为保险人将来可能产生的对投保人的追偿权的实现,提供保证担保或以其他财产权利提供抵押或者质押担保的行为。有观点认为,担保须以一项确定的债权为前提,而保证保险中投保人系为未来可能存在也可能不存在的债权提供反担保,具有不确定性,因此,所谓的反担保不具有担保的效力。也有观点认为,为保证保险人的追索权提供反担保未违反法律、行政法规规定,只要担保人和保险人意思表示真实,且保证保险所依据的基础合同关系有效,就应当认定反担保为有效[①]。目前暂未查到保证保险反担保无效的案例。本书认为,投保人或第三人为保险人提供反担保的行为未违反法律的禁止性规定,担保人与保险人之间的保证保险反担保合同对各方当事人有

---

① 孙伟:《为保证保险的保险人提供担保(反担保)是否有效》,载《上海律师》2015年第07期。

约束力。

综上所述，本书认为，由于保险增信涉及保险法领域，多数业务人员并不熟悉，且保险合同多采用保险公司制式文本，对被保险人和保险标的存在诸多限制。因此，宜将保险增信作为辅助风险控制措施，而非主要风险控制手段。

三、与票据增信相关的问题

当前票据质押增信已广泛运用于各类融资业务。票据质押应关注票据质权的设立条件及未进行设质背书可能存在的风险，关注票据质权如何实现、票据质押协议中的管辖约定是否适用于票据纠纷等问题。

（一）票据质权的设立条件

根据《物权法》第224条和《担保法》第76条，以汇票、支票、本票、债券、存款单、仓单、提单出质的，当事人应当订立书面合同，质权自权利凭证交付质权人时设立。根据以上规定，票据质权设立条件为"质押合同＋票据交付"。

根据《票据法》第35条之规定，票据质押应当以背书记载"质押"字样。根据《最高人民法院关于审理票据纠纷案件若干问题的规定》第55条，以汇票设定质押时，出质人在汇票上只记载了"质押"字样未在票据上签章，或者出质人未在汇票、粘单上记载"质押"而另行签订质押合同、质押条款的，不构成票据质押。因此，票据质押设立条件为背书记载"质押"字样，即设质背书。

因此，质权设立原则上应满足签订书面质押合同、设质背书和票据交付3个条件。但也有部分法院和学者认为根据《最高人民法院关于适用〈中华人民共和国担保法〉若干问题的解释》第98条，没有背书记载"质押"字样只是对抗要件，而非质权成立要求。

【规范性文件】

《中华人民共和国物权法》（2007年3月16日）

第二百二十四条 以汇票、支票、本票、债券、存款单、仓单、提单出质的，当事人应当订立书面合同。质权自权利凭证交付质权人时设立；没有权利凭证的，质权自有关部门办理出质登记时设立。

《中华人民共和国担保法》（1995年6月30日）

第七十六条 以汇票、支票、本票、债券、存款单、仓单、提单出质的，应当在合同约定的期限内将权利凭证交付质权人。质押合同自权利凭证交付之日起生效。

《中华人民共和国票据法》（2004年8月28日）

第三十五条 背书记载"委托收款"字样的，被背书人有权代背书人行使被委托的汇票权利。但是，被背书人不得再以背书转让汇票权利。

汇票可以设定质押；质押时应当以背书记载"质押"字样。被背书人依法实现其质权时，可以行使汇票权利。

《最高人民法院关于审理票据纠纷案件若干问题的规定》（2000年11月21日，法释〔2000〕32号）

第五十五条 依照票据法第三十五条第二款的规定，以汇票设定质押时，出质人在汇票上只记载了"质押"字样未在票据上签章的，或者出质人未在汇票、粘单上记载"质押"字样而另行签订质押合同、质押条款的，不构成票据质押。

《最高人民法院关于适用〈中华人民共和国担保法〉若干问题的解释》（2000年12月8日，法释〔2000〕44号）

第九十八条 以汇票、支票、本票出质，出质人与质权人没有背书记载"质押"字样，以票据出质对抗善意第三人的，人民法院不予支持。

【相关案例】

黑龙江甲能源有限责任公司、乙银行股份有限公司青岛分行票据追索权纠纷 [一审：(2014) 青金商初字第 601 号，二审：(2017) 鲁民终 49 号][①]

2014 年 4 月 10 日，乙银行青岛分行与丙公司、案外人青岛丁商贸有限公司签订编号《公司客户委托贷款合同》1 份，约定：青岛丁商贸有限公司委托乙银行青岛分行向丙公司发放贷款人民币 900 万元。

同日，乙银行青岛分行与丙公司签订《汇票质押合同》1 份，约定：丙公司以商业承兑汇票 1 张为乙银行青岛分行与其签订《公司客户委托贷款合同》项下的债权提供质押担保，票据付款人为甲公司，收款人为青岛戊商贸有限公司，汇票第一被背书人为丙公司，汇票第二被背书人为乙银行山东路支行。

2014 年 5 月 15 日，甲公司出具《声明》1 份，内容为：我公司开出商业承兑汇票 1 张，付款人：黑龙江甲能源有限责任公司，收款人：青岛戊商贸有限公司，由于收款人青岛戊商贸有限公司不慎将此票遗失，并已向公安机关报警，此票作废，我公司拒绝支付此张商业承兑汇票。

2014 年 5 月 16 日，己银行哈尔滨分行南岗支行向乙银行青岛分行出具拒绝付款理由书 1 份，拒付理由为："收款人票据遗失，出票人拒绝支付。"

青岛市中级人民法院一审认为：

乙银行青岛分行与丙公司、案外人青岛丁商贸有限公司签订的《公司客户委托贷款合同》及乙银行青岛分行与丙公司签订的《汇票质押合同》均是当事人的真实意思表示，其内容不违反法律法规的规定，合法有效。丙公司按约将涉案汇票交付给乙银行青岛分行，根据《中华人民

[①] 案例来源：中国裁判文书网。

共和国物权法》第224条规定:"以汇票、支票、本票、债券、存款单、仓单、提单出质的,当事人应当订立书面合同。质权自权利凭证交付质权人时设立;没有权利凭证的,质权自有关部门办理出质登记时设立。"因此,乙银行青岛分行取得涉案汇票的质权。甲公司抗辩乙银行青岛分行未经背书取得涉案票据,不是票据法上的票据持有人,一审法院认为,根据《最高人民法院关于适用〈中华人民共和国担保法〉若干问题的解释》第98条规定:"以汇票、本票出质,出质人与质权人没有背书记载'质押'字样,以票据出质对抗善意第三人的,人民法院不予支持。"背书记载"质押"字样是票据质权的对抗要件,并非取得要件。本案诉争汇票未记载"质押"字样,故质权人不得以其质权对抗善意第三人,但乙银行青岛分行作为票据持有人通过书面质押合同,以合法方式取得汇票,可以证明其享有票据质权。

山东省高级人民法院二审认为:

关于乙银行青岛分行是否享有涉案承兑汇票的票据权利问题。本院认为,本案中的涉案汇票形式完备,各项必要记载事项齐全,背书连续,符合《中华人民共和国票据法》第22条之规定,应为有效票据。乙银行青岛分行与丙公司签订的《汇票质押合同》系当事人的真实意思表示,其内容不违反法律法规的规定,合法有效,丙公司依照该合同约定涉案汇票交付给乙银行青岛分行,乙银行青岛分行依法取得涉案汇票的质权。票据质押时出质人虽然并不因此而转让票据权利,但是当出质人到期未能履行债务或者票据先于债权履行期届满,债权人不能获得清偿时,必须以票据全额优先清偿债权人的债权额,即此时票据权利应当而且必须转让给质权人来行使,质权人行使票据权利以使自己获得清偿或保全票据权利不使出质人受到损失,票据质权的最终实现以质权人行使票据权利为必要。本案中,在涉案汇票到期日之时,乙银行青岛分行提示付款被拒绝,此时,乙银行青岛分行为实现其质权以自己的名义行使相应的票据权利,根据《中华人民共和国票据法》第

61 条第 1 款之规定,依法向作为出票人甲公司及作为背书人的丙公司行使票据追索权符合法律规定。一审法院据此认定甲公司和丙公司连带承担给付涉案汇票款并无不当。甲上诉主张乙银行青岛分行应享有的是质权而非票据权利并无法律依据,本院不予支持。

(二)票据的持有人

资产管理计划等产品可以作为票据市场参与者参与票据交易,但不能直接作为票据记载的当事人(如背书人、被背书人等)。资产管理计划等产品参与票据市场交易的,应由其管理人代表其行使票据权利,如代为背书、被背书,代为行使追索权等。根据中国人民银行《票据交易管理办法》,资产管理计划、信托计划等投资产品可参与票据交易,非法人类参与者开展票据交易,由其资产管理人代表其行使票据权利,并以受托管理的资产承担相应的民事责任。

【规范性文件】

《票据交易管理办法》(2016 年 12 月 5 日,中国人民银行公告〔2016〕第 29 号)

第五条 票据市场参与者是指可以从事票据交易的市场主体,包括:

(一)法人类参与者。指金融机构法人,包括政策性银行、商业银行及其授权的分支机构,农村信用社、企业集团财务公司、信托公司、证券公司、基金管理公司、期货公司、保险公司等经金融监督管理部门许可的金融机构。

(二)非法人类参与者。指金融机构等作为资产管理人,在依法合规的前提下,接受客户的委托或者授权,按照与客户约定的投资计划和方式开展资产管理业务所设立的各类投资产品,包括证券投资基金、资产管理计划、银行理财产品、信托计划、保险产品、住房公积金、社会保障基金、企业年金、养老基金等。

(三)中国人民银行确定的其他市场参与者。

第九条　非法人类参与者开展票据交易，由其资产管理人代表其行使票据权利并以受托管理的资产承担相应的民事责任。资产管理人从事资管业务的部门、岗位、人员及其管理的资产应当与其自营业务相互独立。

（三）票据的质权人

根据《票据法》第4条，持票人行使票据权利，应当按照法定程序在票据上签章，并出示票据。基于票据的文义性和流通性，票据系以其票面记载事项确认当事人之间的权利义务关系。故票据权利人行使票据权利一般应以其被记载于票据为前提。

但在非标业务中，为实现破产隔离或实现产品持有票据等目的，通行的做法是，非标产品（如券商资管计划）管理人代产品与银行签订《票据服务协议》，委托银行代理作为票据质权人，接受质押背书并实际持有票据，协议约定票据质权实际归产品享有。

根据《票据法》第5条之规定，票据当事人可以委托其代理人在票据上签章。银行作为代理人在质押票据上签章符合法律规定。根据《民法总则》第162条的规定，代理人在代理权限内，以被代理人名义实施的民事法律行为，对被代理人发生效力。银行作为票据质押代理人，代表质权人在票据上签章，不享有实质上的质权，质权人仍为管理人，因票据质押产生的责任也应当由管理人承担。因此，发生票据质权纠纷时，原则上应当由管理人主张权利。

但基于票据的文义性和保护票据流通过程中相关方的信赖利益，产品（或管理人）可能不会被认定为票据质权人，而提供票据服务的银行则有可能被认定为票据质权人。目前某高级人民法院已作出此判决，但尚处于上诉阶段，等待最高人民法院开庭审理。

一方面，《票据法》第31条规定，以背书转让的汇票，背书应当连续。持票人以背书的连续证明其汇票权利，非经背书转让而通过其他方式取得汇票的，应依法举证证明汇票权利。但银行已通过背书方式从前手取得票据权利，管理人则无从再自前手取得票据权利。

另一方面，根据 2008 年 12 月 16 日《最高人民法院关于审理票据纠纷案件若干问题的规定》第 55 条的规定，以汇票设定质押时，出质人在汇票上只记载了"质押"字样未在票据上签章的，或者出质人未在汇票、粘单上记载"质押"字样而另行签订质押合同、质押条款的，不构成票据质押。管理人因未在票据上签章，而系另行签订了质押合同，故也可能因此被认定为不构成质押。

因此，如果确需采用该票据质押模式的，建议在背书中注明银行的代理地位，并披露实际质权人。

【规范性文件】

《中华人民共和国民法总则》（2017 年 3 月 15 日）

第一百六十二条　代理人在代理权限内，以被代理人名义实施的民事法律行为，对被代理人发生效力。

《中华人民共和国票据法》（2004 年 8 月 28 日）

第四条　票据出票人制作票据，应当按照法定条件在票据上签章，并按照所记载的事项承担票据责任。

持票人行使票据权利，应当按照法定程序在票据上签章，并出示票据。

其他票据债务人在票据上签章的，按照票据所记载的事项承担票据责任。

本法所称票据权利，是指持票人向票据债务人请求支付票据金额的权利，包括付款请求权和追索权。

本法所称票据责任，是指票据债务人向持票人支付票据金额的义务。

第五条　票据当事人可以委托其代理人在票据上签章，并应当在票据上表明其代理关系。

没有代理权而以代理人名义在票据上签章的，应当由签章人承担票据责任；代理人超越代理权限的，应当就其超越权限的部分承担票据责任。

第三十一条　以背书转让的汇票，背书应当连续。持票人以背书的连续，证明其汇票权利；非经背书转让，而以其他合法方式取得汇票的，依法举证，证明其汇票权利。

前款所称背书连续，是指在票据转让中，转让汇票的背书人与受让汇票的被背书人在汇票上的签章依次前后衔接。

《最高人民法院关于审理票据纠纷案件若干问题的规定》（2000年11月14日　法释〔2000〕32号）

第五十五条　依照票据法第三十五条第二款的规定，以汇票设定质押时，出质人在汇票上只记载了"质押"字样未在票据上签章的，或者出质人未在汇票、粘单上记载"质押"字样而另行签订质押合同、质押条款的，不构成票据质押。

（四）票据质权的实现

1. 质权实现的时间

票据到期时间直接影响票据质权的实现方式，实践中票据到期日可能早于或晚于主债权的到期日。

票据到期日早于主债权到期日，主债权尚未届清偿期，债权人无权要求债务人履行义务，也无法要求实现质权。根据《物权法》第225条和《担保法》第77条，票据先于主债权到期的，质权人可以兑现或者提货，并与出质人协议提前清偿债务或者提存。票据到期日晚于主债权到期日的，当债务人未按约履行债务时，由于票据尚未到期，质权人只有持有至到期后才能行使票据权利。

因此，业务中一般要求质押票据到期日不得晚于主债权到期日，并在质押合同中约定质权人有权收取票据款项并提存。

【规范性文件】

《中华人民共和国物权法》（2007年3月16日）

第二百一十四条　质权人在质权存续期间，未经出质人同意，擅自使用、处分质押财产，给出质人造成损害的，应当承担赔偿责任。

第二百二十五条　汇票、支票、本票、债券、存款单、仓单、提单的兑现日期或者提货日期先于主债权到期的，质权人可以兑现或者提货，并与出质人协议将兑现的价款或者提取的货物提前清偿债务或者提存。

《中华人民共和国担保法》（1995年6月30日）

第七十七条　以载明兑现或者提货日期的汇票、支票、本票、债券、存款单、仓单、提单出质的，汇票、支票、本票、债券、存款单、仓单、提单兑现或者提货日期先于债务履行期的，质权人可以在债务履行期届满前兑现或者提货，并与出质人协议将兑现的价款或者提取的货物用于提前清偿所担保的债权或者向与出质人约定的第三人提存。

2. 质权实现的方式

根据《票据法》第35条，票据质权人依法实现其质权时，可以行使票据权利。根据《票据法》第4条，票据权利是指持票人向票据债务人请求支付票据金额的权利，包括付款请求权和追索权。因此，债务人到期不履行债务时，票据质权人可以直接向票据债务人行使付款请求权和追索权，质权人对票据债务人的支付的款项享有优先受偿权。具体而言，票据质权人可以通过以下途径实现质权：首先，质权人向票据付款人提示付款。其次，如果质权人向付款人提示付款后，付款人拒付的，质权人应当自收到被拒绝承兑或者被拒绝付款的有关证明之日起3日内，将被拒绝事由书面通知其前手，并可向背书人、出票人以及票据的其他债务人等所有前手行使票据追索权，但质权人需提供被拒绝承兑或被拒绝付款的证明。

根据《票据法》第62条、第65条之规定，拒绝证明由承兑人或付款人出具，持票人不能出具拒绝证明或其他合法证明的，丧失对其前手的追索权。即承兑人或付款人出具的拒绝证明为票据追索权的形式要件，持票人行使追索权时必须提供拒绝证明或其他合法证明，否则丧失对除承兑人或付款人以外的票据债务人的追索权。若因承兑人或者付款人死亡、逃匿、被依法宣告破产或者因违法被责令终止业务活动无法取得拒付证明的，可依法取得医院或有关单位出具的死亡证明，司法机关出具的逃匿证明，公证机关出具的具有拒绝证明效力的文书，持票人也凭此可以行使追索权。司法实践中，若持票人未提供拒绝证明或其他合法证明，法院一般认定持票人丧失对前手的追索权。

此外，在实践中也可能发生此类情形，即票据付款人同意付款——如在电子商业汇票系统中注明"同意付款"，但实际上却未付款。由于此时电子商业汇票系统显示付款人同意付款，所以持票人无法取得票据被拒绝付款的有关证明。在这种情况下，持票人以付款人未实际付款为由向票据前手追索可能存在困难。

【规范性文件】

《中华人民共和国票据法》（2004 年 8 月 28 日）

第四条　票据出票人制作票据，应当按照法定条件在票据上签章，并按照所记载的事项承担票据责任。

持票人行使票据权利，应当按照法定程序在票据上签章，并出示票据。

其他票据债务人在票据上签章的，按照票据所记载的事项承担票据责任。

本法所称票据权利，是指持票人向票据债务人请求支付票据金额的权利，包括付款请求权和追索权。

本法所称票据责任，是指票据债务人向持票人支付票据金额的义务。

第三十五条　背书记载"委托收款"字样的，被背书人有权代背书人行使被委托的汇票权利。但是，被背书人不得再以背书转让汇票权利。

汇票可以设定质押；质押时应当以背书记载"质押"字样。被背书人依法实现其质权时，可以行使汇票权利。

第五十三条　持票人应当按照下列期限提示付款：

（一）见票即付的汇票，自出票日起一个月内向付款人提示付款；

（二）定日付款、出票后定期付款或者见票后定期付款的汇票，自到期日起十日内向承兑人提示付款。

持票人未按照前款规定期限提示付款的，在作出说明后，承兑人或者付款人仍应当继续对持票人承担付款责任。

通过委托收款银行或者通过票据交换系统向付款人提示付款的，视同持票人提示付款。

第五十四条　持票人依照前条规定提示付款的，付款人必须在当日足额付款。

第六十一条　汇票到期被拒绝付款的，持票人可以对背书人、出票人以及汇票的其他债务人行使追索权。

汇票到期日前，有下列情形之一的，持票人也可以行使追索权：

（一）汇票被拒绝承兑的；

（二）承兑人或者付款人死亡、逃匿的；

（三）承兑人或者付款人被依法宣告破产的或者因违法被责令终止业务活动的。

第六十二条　持票人行使追索权时，应当提供被拒绝承兑或者被拒绝付款的有关证明。

持票人提示承兑或者提示付款被拒绝的，承兑人或者付款人必须出具拒绝证明，或者出具退票理由书。未出具拒绝证明或者退票理由书的，应当承担由此产生的民事责任。

第六十三条　持票人因承兑人或者付款人死亡、逃匿或者其他原因，不能取得拒绝证明的，可以依法取得其他有关证明。

第六十五条　持票人不能出示拒绝证明、退票理由书或者未按照规定期限提供其他合法证明的，丧失对其前手的追索权。但是，承兑人或者付款人仍应当对持票人承担责任。

第六十六条　持票人应当自收到被拒绝承兑或者被拒绝付款的有关证明之日起三日内，将被拒绝事由书面通知其前手；其前手应当自收到通知之日起三日内书面通知其再前手。持票人也可以同时向各汇票债务人发出书面通知。

未按照前款规定期限通知的，持票人仍可以行使追索权。因延期通知给其前手或者出票人造成损失的，由没有按照规定期限通知的汇票当事人，承担对该损失的赔偿责任，但是所赔偿的金额以汇票金额为限。

在规定期限内将通知按照法定地址或者约定的地址邮寄的，视为已经发出通知。

第六十八条　汇票的出票人、背书人、承兑人和保证人对持票人承担连带责任。

持票人可以不按照汇票债务人的先后顺序，对其中任何一人、数人或者全体行使追索权。

持票人对汇票债务人中的一人或者数人已经进行追索的，对其他汇票债务人仍可以行使追索权。被追索人清偿债务后，与持票人享有同一权利。

《票据管理实施办法》（2011年1月8日，国务院令第588号）

第二十七条　票据法第六十二条所称"拒绝证明"应当包括下列事项：

（一）被拒绝承兑、付款的票据的种类及其主要记载事项；

（二）拒绝承兑、付款的事实依据和法律依据；

（三）拒绝承兑、付款的时间；

（四）拒绝承兑人、拒绝付款人的签章。

票据法第六十二条所称"退票理由书"应当包括下列事项：

（一）所退票据的种类；

（二）退票的事实依据和法律依据；

（三）退票时间；

（四）退票人签章。

第二十八条　票据法第六十三条规定的"其他有关证明"是指：

（一）医院或者有关单位出具的承兑人、付款人死亡的证明；

（二）司法机关出具的承兑人、付款人逃匿的证明；

（三）公证机关出具的具有拒绝证明效力的文书。

【相关案例】

中国甲银行股份有限公司厦门分行与唐山乙钢铁有限公司票据追索权纠纷案［一审：(2013) 厦民初字第811号，二审：(2014) 闽民终字第93号］[①]

乙公司与丙公司签订3份《工矿产品购销合同》，丙公司为履行该3份合同的付款义务，向乙公司签发了3张商业承兑汇票。该3张票据上记载：付款人、承兑人、出票人为丙公司，收款人为乙公司。

厦门甲银行、乙公司、丙公司分别于2011年5月24日、2012年6月7日签订《票据代理贴现业务合作协议》和《办理买方付息票据贴现业务合作协议》各两份，约定由乙公司委托丙公司代为办理贴现业务，乙公司授予丙公司的代理权限包括丙公司以其名义与厦门甲银行签订《贴现协议》，并承诺承担丙公司代理行为的法律后果。

2012年3月26日、2012年6月7日、2012年6月12日，丙公司代理乙公司分别与厦门甲银行签订《商业汇票贴现协议》3份，其中第6.1条约定，汇票贴现后厦门甲银行即有权根据票据法等有关法律规定行使票据项下的权利，如果已贴现的商业汇票遭拒付，乙公司应向厦门甲银行承担支付责任。

2012年3月26日、2012年6月7日、2012年6月12日丙公司以乙公司的名义与厦门甲银行分别签订《商业汇票贴现协议》，厦门甲银行经审核后同意贴现。

上述3笔贴现业务到期后，厦门甲银行向出票人即丙公司提示付款，同时对该3笔贴现进行垫款，实际垫付款项为1098万元。

---

① 案例来源：中国裁判文书网。

厦门市中级人民法院一审认为：

根据《中华人民共和国票据法》第62条第1款的规定："持票人行使追索权时，应当提供被拒绝承兑或者被拒绝付款的有关证明。"业已生效的（2013）厦民初字第225号民事判决判令丙公司向厦门甲银行偿还该行就本案3张讼争票据所支出的贴现款，该判决现已进入执行程序，丙公司尚未履行该判决确定的还款义务。一审法院作出的（2013）厦民初字第225号民事判决可以证明丙公司拒绝付款的事实，故厦门甲银行向乙公司行使追索权的条件已经成就。

福建省高级人民法院二审认为：

讼争商业汇票被丙公司拒绝付款，有已生效的一审法院（2013）厦民初字第225号民事判决、厦门甲银行强制执行申请书等为据。乙公司与厦门甲银行签订的3份《商业汇票贴现协议》均约定"如果已贴现的商业汇票遭拒付，甲方（乙公司）将按本协议的约定向乙方（厦门甲银行）承担支付责任"。故厦门甲银行诉请乙公司支付相关票款及利息有合同依据。

（五）票据纠纷的管辖

根据《民事诉讼法》第25条和《最高人民法院关于审理票据纠纷案件若干问题的规定》第6条之规定，因票据纠纷提起的诉讼，由票据支付地或者被告住所地人民法院管辖。但若票据质押合同约定的管辖法院与前述规定不一致，或双方协议选择仲裁，则可能对主管和管辖发生争议。

笔者代理的多起案件中，质权人向票据支付地或者被告住所地法院起诉行使追索权时，法院立案庭都曾对管辖问题提出质疑，认为票据追索权纠纷亦应按票据质押合同确定管辖。例如，票据质押合同约定："凡因本协议引起的或与本协议有关的任何纠纷，由各方协商解决，协商不成的，任何一方有权将上述争议提交中国国际经济贸易仲裁委员会，按照申请仲裁时该会现行有效的仲裁规则进行仲裁。"法院即认为票据追索权纠纷案应由中国国际经济贸易仲裁委员会管辖。

但从法理上分析，票据追索权纠纷和票据质押纠纷属于不同的法律关系，票据质押合同对管辖的约定不应适用于票据追索权纠纷。最高人民法院、上海市第二中级人民法院、广州市中级人民法院等在相关案件中均持该观点。

【规范性文件】

《中华人民共和国民事诉讼法》（2017年6月27日）

第二十五条　因票据纠纷提起的诉讼，由票据支付地或者被告住所地人民法院管辖。

《最高人民法院关于审理票据纠纷案件若干问题的规定》（2008年12月16日）

第六条　因票据权利纠纷提起的诉讼，依法由票据支付地或者被告住所地人民法院管辖。

票据支付地是指票据上载明的付款地，票据上未载明付款地的，汇票付款人或者代理付款人的营业场所、住所或者经常居住地，本票出票人的营业场所，支票付款人或者代理付款人的营业场所所在地为票据付款地。代理付款人即付款人的委托代理人，是指根据付款人的委托代为支付票据金额的银行、信用合作社等金融机构。

【相关案例】

中国甲银行股份有限公司南通分行与乙国际能源集团忻州有限公司、江苏丙企业发展股份有限公司票据追索权纠纷 [一审:（2014）苏商辖初字第3号，二审:（2014）民二终字第221号][1]

2013年3月25日，甲银行南通分行与丙公司签订《综合授信合同》

---

[1] 案例来源：中国裁判文书网。

约定，丙公司在本合同约定的授信有效期限内可向甲银行南通分行使用的最高授信额度为 3 亿元，其中授信种类包括贷款、汇票贴现等。2013 年 9 月 17 日、9 月 24 日、9 月 25 日、10 月 9 日、10 月 10 日、10 月 11 日，丙公司作为付款人分别开具收款人为乙忻州公司，金额为 5000 万元、4000 万元、5000 万元、4000 万元、3000 万元、2000 万元的商业承兑汇票。

在上述票据开具的当日，甲银行南通分行与丙公司分别签订《商业汇票贴现协议》，约定丙公司向甲银行南通分行申请汇票贴现。该协议附丙公司与乙忻州公司签订的《煤炭供需合同》。上述商业汇票贴现后，甲银行南通分行将票据贴现款汇入乙忻州公司账户。上述《票据代理贴现业务合作协议》、《综合授信合同》、《商业汇票贴现协议》均约定：协议未尽事宜，任何一方均可向甲银行南通分行住所地人民法院提起诉讼。

甲银行南通分行起诉认为，丙公司申请贴现的 6 张商业汇票到期后，丙公司未能付款，甲银行南通分行向丙公司提示付款，并向乙忻州公司发出追索通知书，但丙公司、乙忻州公司均未履行付款义务。丙公司是商业承兑汇票的付款人和承兑人，具有相应的付款义务；而乙忻州公司作为背书人和贴现申请人，在付款人拒绝付款时，亦负有支付票据金额的义务。

乙忻州公司以丙公司法定代表人李某因涉嫌挪用资金罪于 2014 年 5 月 29 日被山西省五寨县人民检察院批捕，现在山西省五寨县被监视居住为由，请求将本案移送山西省高级人民法院审理。

江苏省高级人民法院认为：甲银行南通分行依据《票据代理贴现业务合作协议》等合同，以丙公司、乙忻州公司未按约履行支付票据款项义务为由提起本案诉讼，本案系合同纠纷。甲银行南通分行与丙公司、乙忻州公司签订的《票据代理贴现业务合作协议》，以及甲银行南通分行与丙公司签订的《综合授信合同》、《商业汇票贴现协议》均约定：协议未尽事宜，任何一方均可向甲银行南通分行住所地人民法院提起诉讼。上述管辖约定不违反有关级别管辖和专属管辖的规定，属合法有效，应作为本案管辖权确定的依据。甲银行南通分行的住所地属于江苏省高级人民法院辖区，甲银行南通分行向该院提起诉讼，该院作为当事人协议管辖法院对本案享有管辖权。故裁定驳回乙忻州公司对本案提出的管辖权异议。

乙忻州公司上诉称：

本案属于票据纠纷，应由票据支付地或者被告住所地人民法院管辖，不应适用有关协议管辖的规定，一审法院关于本案属于合同纠纷且适用协议管辖的认定错误。丙公司的法定代表人李某因涉嫌刑事犯罪，已经在山西省忻州市五寨县境内被采取刑事强制措施，被告乙忻州公司住所地在山西省，由山西省高级人民法院审理本案有利于各方当事人参加诉讼，也有利于查明案件事实。

最高人民法院二审认为：

根据被上诉人甲银行南通分行的起诉请求，本案属于票据追索权纠纷，一审裁定按照合同纠纷确定管辖不当，上诉人乙忻州公司主张本案应当按照票据纠纷确定管辖应予支持。《中华人民共和国民事诉讼法》第25条规定："因票据纠纷提起的诉讼，由票据支付地或者被告住所地人民法院管辖。"该法第21条第3款还规定："同一诉讼的几个被告住所地、经常居住地在两个以上人民法院辖区的，各该人民法院都有管辖权。"作为本案被告之一的丙公司住所地在江苏省南通市，且本案的诉讼标的额为2.3亿元本金及相应利息，符合江苏省高级人民法院管辖第一审民商事案件的标准，因此，江苏省高级人民法院依法对本案享有管辖权。

上海甲钢铁集团有限公司与乙银行股份有限公司上海分行票据追索权纠纷［一审：（2015）宝民二（商）初字第1458号，二审：（2015）

沪二中民六（商）终字第313号]①

上海二中院认为，本案系被上诉人根据票据法上的票据权利行使票据追索权纠纷。票据追索权纠纷与基础合同中的当事人不尽相同，因此本案《权利质押合同》中的管辖约定，不适用本案票据纠纷。根据相关规定，应当由票据支付地或者被告住所地法院管辖。上诉人住所地在原审法院辖区，原审法院对本案具有管辖权。

甲银行股份有限公司上海分行与乙国际能源集团华南有限公司票据保证纠纷[一审：(2015) 穗天法金民初字第270-1号，二审：(2015) 穗中法立民终字第3621号]②

上诉人乙国际能源集团华南有限公司上诉认为：

原审法院对本案没有管辖权。根据《人民币流动资金贷款合同》第17条第2款及《权利质押合同》第17条第2款规定，凡因本合同产生的及与本合同有关的争议，应协商解决，协商不成的，向甲银行上海分行所在地人民法院提起诉讼。可见本案属于《中华人民共和国民事诉讼法》第34条协议管辖的情况。既然本案属于与上述两合同有关的争议，则应依约定由上海市浦东新区人民法院管辖。

广州中院二审认为：

本案是因被上诉人持有由上诉人出具的5张商业承兑汇票到期后向上诉人发出托收申请遭拒付而引起的纠纷，属于票据保证纠纷，根据《中华人民共和国民事诉讼法》第25条的规定，由票据支付地或者被告住所地人民法院管辖。上诉人住所地在广州市天河区珠江新城华夏路10号某中心写字楼第36层02、03单元，即原审法院辖区内，原审法院对本案有管辖权。

---

① 案例来源：中国裁判文书网。
② 案例来源：中国裁判文书网。

因此，本书认为，票据质押合同中关于管辖或仲裁的约定，不应适用于票据纠纷。首先，从票据质押合同的约束力来看，质押合同当事人为出质人和质权人，质押合同中关于管辖或仲裁的约定仅对合同当事人有效，但票据纠纷发生在票据持有人、票据付款人、票据背书人之间，不应以出质人和质权人双方约定的管辖或仲裁约束其他相关方。其次，从票据质权纠纷和票据纠纷的性质来看，票据质押法律关系属于物权纠纷，而票据纠纷是指票据付款请求权纠纷和追索权纠纷，属于债权纠纷，二者性质不同，属不同的法律关系，票据质押合同中关于管辖或仲裁的约定，不应适用于票据纠纷。

四、与政府信用相关的问题

政府作为国家机关，代表国家信用，具有比一般担保更强的公信力。在早期的非标业务中，特别是地方融资平台公司融资项目中，政府担保被大量采用。但根据《担保法》第 8 条规定，国家机关不得为保证人，因此政府以《担保函》、《承诺函》、《安慰函》等各种形式做出担保行为均属无效。不过基于对政府信用的高度认同，金融机构都选择性忽视了《担保法》的规定。

1. 地方政府不得违规提供担保

2014 年新《预算法》和《国务院关于加强地方政府性债务管理的意见》（即"国务院 43 号文"）出台后，政府为企业融资提供担保被严令禁止。根据新《预算法》和国务院 43 号文规定，地方政府依法担保的范围仅限《担保法》规定的范围，除此之外，地方政府及其所属部门不得为任何单位和个人的债务以任何方式提供担保。

2015 年 12 月，时任财政部部长楼继伟在《国务院关于规范地方政府债务管理工作情况的报告》中提到，"一些地方政府仍然违规举债，或为企业举债违规提供担保承诺等；个别金融机构继续为地方政府违规举债提供支持，并要求政府进行担保"，并指出"已经发生的或有债务，外债转贷合法担保的依然有效，违法违规担保的由政府、债务人与债权人共同协商，重新修订合同，明确责任，依法解除担保关系"。

2016年6月29日，楼继伟在十二届全国人大常委会第21次会议上作《国务院关于2015年中央决算的报告》时，再次强调"坚决禁止各种变相、违规举债和担保行为。地方政府只能通过发行政府债券方式举债和为外债转贷提供担保，除此之外不得以任何方式举债，也不得为任何单位和个人的债务以任何方式提供担保"。

2016年8月31日，楼继伟在十二届全国人大常委会第22次会议报告2016年预算执行情况时，强调"将加强对地方政府举债行为的监督，强化对违规举债担保行为的查处和问责"。

2017年4月26日，财政部、发展改革委、司法部、人民银行、银监会、证监会联合发布《关于进一步规范地方政府举债融资行为的通知》，指出各省级政府应尽快组织一次地方政府及其部门融资担保行为摸底排查，全面改正地方政府不规范的融资担保行为。

为了响应国家政策，各地政府均要求严控地方债务，禁止违规担保。2014年12月，常州市天宁区财政局发函称，按照《国务院关于加强地方政府性债务管理的意见》文件规定，"14天宁债"不属于政府性债务，政府不承担偿还责任。贵州省财政厅2015年要求贵州各地严格执行《预算法》，严禁违法违规提供担保承诺的行为。2016年5月、6月，贵州被财政部内部点名批评，指出遵义等地方违规出具担保函、承诺函[①]。2016年10月，贵州省安顺市、正安县等地方政府财政局纷纷收回、撤销其所出具的"政府承诺函"[②]。而后多地政府官员因违规担保被追责。2017年8月，宁乡县政府直接声明其在2015年1月1日以前出具的所有担保函、承诺函全部作废（后该声明被撤回）。

---

① 杜涛：《贵州地方政府撤回"承诺函"，原是"非法婚姻"》，http://www.eeo.com.cn/2016/1013/292562.shtml，最后访问时间：2017年12月10日。
②《贵州各级财政局撤销违规担保承诺函》，http://finance.caixin.com/2016-10-13/100996289.html，最后访问时间：2017年12月10日。

禁止地方变相违规举债担保已成为当前地方债务管理工作的重中之重。目前地方政府已不可能为企业融资提供任何形式的担保，出具任何带有"保证还款""纳入财政预算"等字样的函件，甚至拒绝以股东身份在当地国有公司对外担保的决议上加盖公章。

【规范性文件】

《中华人民共和国担保法》（1995年6月30日）

第八条 国家机关不得为保证人，但经国务院批准为使用外国政府或者国际经济组织贷款进行转贷的除外。

《中华人民共和国预算法》（2014年8月31日）

第三十五条 地方各级预算按照量入为出、收支平衡的原则编制，除本法另有规定外，不列赤字。

经国务院批准的省、自治区、直辖市的预算中必需的建设投资的部分资金，可以在国务院确定的限额内，通过发行地方政府债券举借债务的方式筹措。举借债务的规模，由国务院报全国人民代表大会或者全国人民代表大会常务委员会批准。省、自治区、直辖市依照国务院下达的限额举借的债务，列入本级预算调整方案，报本级人民代表大会常务委员会批准。举借的债务应当有偿还计划和稳定的偿还资金来源，只能用于公益性资本支出，不得用于经常性支出。

除前款规定外，地方政府及其所属部门不得以任何方式举借债务。

除法律另有规定外，地方政府及其所属部门不得为任何单位和个人的债务以任何方式提供担保。

国务院建立地方政府债务风险评估和预警机制、应急处置机制以及责任追究制度。国务院财政部门对地方政府债务实施监督。

《国务院关于加强地方政府性债务管理的意见》（2014年9月21日，国发〔2014〕43号）

二、加快建立规范的地方政府举债融资机制

……

（四）加强政府或有债务监管。剥离融资平台公司政府融资职能，融资平台公司不得新增政府债务。地方政府新发生或有债务，要严格限定在依法担保的范围内，并根据担保合同依法承担相关责任。地方政府要加强对或有债务的统计分析和风险防控，做好相关监管工作。

【相关案例】

甲银行（香港）有限公司诉乙经贸企业集团公司等担保合同纠纷［一审：(2007)穗中法民四初字第 17 号］[①]

1996 年 4 月 8 日，被告乙经贸集团向丙银行香港分行出具《不可撤销担保书》，其中称：承贵行同意向丁公司提供下列银行便利：一般开出信用证额度共港币 4000 万元，包括其项下之信托提货额度共港币 2000 万元。我单位现在此无条件及不可撤销地向贵行提供持续的不可撤销担保，保证借款人按贵行之要求偿还一切因上述银行便利而引致之全部应偿还款项，包括本金、利息、费用及其他应付款项。

1996 年 4 月 8 日，被告市人民政府向丙银行香港分行出具《承诺函》，称：我市人民政府知悉贵行同意向我驻港附属机构丁公司提供及/或继续提供下列银行便利/贷款（下称"银行便利/贷款"）：一般开出信用证额度共港币 4000 万元，包括其项下之信托提货额度共港币 2000 万元；我市人民政府在此承诺以下事项：(1) 我市人民政府同意贵行向借款人提供及/或继续提供上述的融资安排。(2) 我市人民政府将尽力维持借款人的存在及如常营运。(3) 我市人民政府将竭尽所能，确使借款人履行其在贵行所使用的银行便利/贷款的责任及义务。并在贵行要求时，全部承担借款人的有关责任和义务。(4) 如借款人不能按贵行要求偿还就上述银行便利/贷款下产生的任何债务时，我市人民政府将负责

---

① 案例来源：中国裁判文书网。

解决借款人拖欠贵行的债务，不让贵行在经济上蒙受任何损失。

1996年4月8日，丙银行香港分行与丁公司签订《顾客协议》，丁公司同时向丙信托储蓄商业银行有限公司香港分行出具《可循环使用信托收据协议》，对银行交付其已押给银行作为其支付银行金额总数不超过港币2000万元的附属担保的货物和所有权文件所享有的权利作了约定。1998年9月24日，丁公司向丙信托储蓄商业银行有限公司香港分行（即丙银行香港分行）出具《可循环使用信托收据协议》，对银行交付其已押给银行作为其支付银行金额总数不超过港币2150万元的附属担保的货物和所有权文件所享有的权利再次作了约定。

因丁公司未能还款，原告遂于2006年12月20日向本院提起民事诉讼要求两被告承担担保责任。

广州市中级人民法院审理认为：

在该《承诺函》中，被告市人民政府明确表示在银行要求时全部承担借款人的有关责任和义务，该意思表示符合中国担保法关于保证的规定，故被告市人民政府出具的《承诺函》应认定为担保函，被告市人民政府与原告之间形成保证合同关系。因被告市人民政府为国家机关，依照《中华人民共和国担保法》第8条关于国家机关不得为保证人的规定，被告市人民政府出具的《承诺函》应为无效。

2. 地方政府可否承诺协助追偿债务

根据《最高人民法院关于交通银行香港分行与港云基业有限公司、云浮市人民政府等借款担保合同纠纷上诉一案〈承诺函〉是否构成担保问题的请示的复函》之规定，对于政府出具的承诺函是否构成我国《担保法》意义上的保证，应由法院根据出具承诺函的背景情况、承诺函的内容以及查明的其他事实情况作出认定。因此地方政府可以承诺协助债权人追回债务，但不得对追偿效果作出任何保证，不得对政府形成任何或有债务。

【规范性文件】

《最高人民法院关于交通银行香港分行与港云基业有限公司、云浮市人民政府等借款担保合同纠纷上诉一案〈承诺函〉是否构成担保问题的请示的复函》(2006 年 10 月 11 日)

广东省高级人民法院：

你院[2004]粤高法民四终字第 153 号《关于交通银行香港分行与港云基业有限公司、云浮市人民政府等借款担保合同纠纷上诉一案〈承诺函〉是否构成担保问题的请示》收悉。经研究，答复如下：

对于云浮市人民政府出具的《承诺函》是否构成我国《担保法》意义上的保证，应由你院根据云浮市人民政府出具《承诺函》的背景情况、《承诺函》的内容以及查明的其他事实情况作出认定；

在对外担保的案件中，我国境内公民个人向境外债权人提供的担保，若存在最高人民法院《关于适用〈中华人民共和国担保法〉若干问题的解释》第六条规定之情况，应依法认定为无效。本案中我国境内公民赖斌、陈兢向交通银行香港分行提供的担保是否存在上述情况，应由你院依法审查。

五、与结构化分层相关的问题

按照提供增信的主体不同，增信措施分为内部增信和外部增信。外部增信即第三方担保，如保证、抵押、质押等。内部增信即通过产品结构调整，重新分配现金流，采取优先/次级结构化分层安排、利率调整选择权、回售权、差额补足承诺等方式，保障投资人资金安全退出。

结构化分层是非标业务中常见的内部增信措施。根据《关于加强信托公司结构化信托业务监管有关问题的通知》第 1 条之规定，结构化信托业务是指信托公司根据债权人不同的风险偏好对信托受益权进行分层配置，按照分层配置中的优先与劣后安排进行收益分配，使具有不同风险承担能力和意愿的债权人通过投资不同层级的受益权来获取不同的收益并承担相应风险的集合资金信托业务。

依此类推,可以将非标业务中的结构化分层定义为,根据投资者的风险偏好,对非标产品进行优先与劣后的分层,在还本付息、损失分配等方面,优先受益人享有优先权。分层结构将原本应支付给劣后受益人的本金和利息用来提供信用增级,使劣后受益人先于优先受益人承担风险,从而保障优先受益人的本息偿付。

结构化分层是成本较低的增信方式,在非标产品运作中,结构化项目需关注次级产品认购情况。非标产品的结构化分层设计需要明确劣后档是否系第三方/原始权益人真正参与,认购人是否真实出资,同时也应客观评价偿付顺序对优先级资金偿付所起的覆盖担保作用,尤其是结构分层的有效性以及在不同压力下,非标产品现金流对于各档产品的还本付息能力的评价。

非标产品的结构化分层设计还需关注相关法律、行政法规及规章是否对结构化分层的比例进行了限制。而即将出台的《关于规范金融机构资产管理业务的指导意见》将可能对目前证监会、银监会关于结构化分层的比例进行大规模调整。

【规范性文件】

《关于加强信托公司结构化信托业务监管有关问题的通知》(2010年2月5日)

一、结构化信托业务是指信托公司根据投资者不同的风险偏好对信托受益权进行分层配置,按照分层配置中的优先与劣后安排进行收益分配,使具有不同风险承担能力和意愿的投资者通过投资不同层级的受益权来获取不同的收益并承担相应风险的集合资金信托业务。

本通知中,享有优先受益权的信托产品投资者称为优先受益人,所有享有劣后受益权的投资称为劣后受益权投资者称为劣后受益人。

《中国银监会办公厅关于加强信托公司房地产信托业务监管有关问题的通知》(2010年2月11日，银监办发〔2010〕54号)

二、信托公司以结构化方式设计房地产集合资金信托计划的，其优先和劣后受益权配比比例不得高于3:1。

《中国银监会办公厅关于进一步加强信托公司风险监管工作的意见》(2016年3月18日，银监办发〔2016〕58号)

二、加强风险监测分析，提高风险识别和防控能力

（一）切实加强信用风险防控

1. 完善资产质量管理。各银监局要督促信托公司将承担信用风险的固有非信贷资产、表外资产及信托资产纳入资产质量管理体系。固有业务不仅要加强贷款五级分类管理，还要重点关注与接盘信托风险项目相关的表内各项投资、应收款项和表外担保等资产风险分类情况。信托业务要重点关注融资类信托资产、风险责任划分不清的事务管理类融资性信托资产、投资类信托所涉非标债权资产、结构化信托产品优先级资产的风险分类情况，尤其是相关逾期信托项目风险情况，要将已发生风险的信托项目及时纳入信托风险项目要素表监测。

……

（三）充分重视市场风险防控

……

2. 加强信托业务市场风险防控。各银监局要督促信托公司依法合规开展股票投资等信托业务，配备专业管理团队和信息系统支持，建立健全风险管理和内控机制，切实做好风险揭示、尽职管理和信息披露。督促信托公司合理控制结构化股票投资信托产品杠杆比例，优先受益人与劣后受益人投资资金配置比例原则上不超过1:1，最高不超过2:1，不得变相放大劣后级受益人的杠杆比例。

《证券期货经营机构私募资产管理业务运作管理暂行规定》(2016年7月14日，中国证券监督管理委员会公告〔2016〕13号)

第四条　证券期货经营机构设立结构化资产管理计划，不得违背利益共享、风险共担、风险与收益相匹配的原则，不得存在以下情形：

（一）直接或者间接对优先级份额认购者提供保本保收益安排，包括但不限于在结构化资产管理计划合同中约定计提优先级份额收益、提前终止罚息、劣后级或第三方机构差额补足优先级收益、计提风险保证金补足优先级收益等；

（二）未对结构化资产管理计划劣后级份额认购者的身份及风险承担能力进行充分适当的尽职调查；

（三）未在资产管理合同中充分披露和揭示结构化设计及相应风险情况、收益分配情况、风控措施等信息；

（四）股票类、混合类结构化资产管理计划的杠杆倍数超过1倍，固定收益类结构化资产管理计划的杠杆倍数超过3倍，其他类结构化资产管理计划的杠杆倍数超过2倍；

（五）通过穿透核查结构化资产管理计划投资标的，结构化资产管理计划嵌套投资其他结构化金融产品劣后级份额；

（六）结构化资产管理计划名称中未包含"结构化"或"分级"字样；

（七）结构化资产管理计划的总资产占净资产的比例超过140%，非结构化集合资产管理计划（即"一对多"）的总资产占净资产的比例超过200%。

《关于规范金融机构资产管理业务的指导意见（征求意见稿）》（2017年11月17日）

二十、【分级产品设计】以下产品不得进行份额分级。

（一）公募产品。

（二）开放式私募产品。

（三）投资于单一投资标的私募产品，投资比例超过50%即视为单一。

（四）投资债券、股票等标准化资产比例超过50%的私募产品。

分级私募产品的总资产不得超过该产品净资产的140%。分级私募产品应当根据所投资资产的风险程度设定分级比例（优先级份额/劣后级份额，中间级份额计入优先级份额）。固定收益类产品的分级比例不得超过3:1，权益类产品的分级比例不得超过1∶1，商品及金融衍生品类产品、混合类产品的分级比例不得超过2∶1。发行分级资产管理产品的金融机构应当对该资产管理产品进行自主管理，不得转委托给劣后级投资者。

分级资产管理产品不得直接或者间接对优先级份额认购者提供保本保收益安排。

本条所称分级资产管理产品是指存在一级份额以上的份额为其他级份额提供一定的风险补偿，收益分配不按份额比例计算，由资产管理合同另行约定的产品。

【相关案例】

华润信托—华威1号集合资金信托计划B类（劣后级）[①]

一、发行规模

9.56亿元。其中A类（优先级）5.7亿元，B类（劣后级）3.86亿元。

二、期限

A类（优先级）"2+1+1"年；B类（劣后级）"3+1"年（信托到期后，受托人有权继续延期）。

三、认购起点

100万元起，其中认购A类（优先级）或B类（劣后级）均以10万及其整数倍递增。投资者可选择单独认购A类（优先级）或B类（劣后级），也可选择同时认购A类（优先级）和B类（劣后级）

四、A类份额信托利益分配方式

每半年分配一次收益（首次分配日为2013年9月），到期分配投资本金和剩余信托利益（根据项目情况，可随时提前分配部分本金）。

预期年化收益率8.5%／年。

[①] 《华润信托—华威1号集合资金信托计划B类（劣后级）》，http://trust.10jqka.com.cn/t000025514/xt120752/，最后访问时间：2017年5月20日。

五、B 类信托利益分配方式

在 A 类（优先级）份额结束后，每半年分配一次收益，到期分配投资本金和剩余信托利益。

预期年化收益率（计算基数为投资者交付 B 类的信托资金）按照基本假设条件测算，B 类年化回报率为 17.37%/ 年（测算值）。

六、资金用途

本信托计划资金用于认购深圳市华威欣城一号投资合伙企业（有限合伙）LP 份额，并最终用于与上海万科合作开发"上海虹桥大都会"地产项目（以下简称"本项目"）。

七、产品优势

1. 项目情况（略）

2. 风险提示：本信托计划属股权投资类产品，不保证盈利，也不保证投资者本金不受损失。投资者在作出购买决策前，应仔细阅读信托文件，并与财富管理经理充分沟通，在充分理解本信托计划相应信托受益权风险和评估自身承受能力的基础上，审慎作出投资决策。

六、与债权转让相关的问题

债权转让，是指第三方承诺在债务人到期不能归还贷款本息的情况下按债权人要求受让债权（或收益权）。根据《合同法》第 79 条之规定，债权人可以将合同的权利全部或者部分转让给第三人，但应通知债务人，否则对债务人不发生效力。因此法律层面上允许债权转让。但基于金融机构债权的特殊性，2001 年 7 月 30 日《中国人民银行办公厅关于商业银行借款合同项下债权转让有关问题的批复》认为，由贷款而形成的债权及其他权利只能在具有贷款业务资格的金融机构之间转让，未经许可，银行不得将其债权转让给非金融企业。但根据 2009 年 2 月 5 日中国银监会向广东银监局出具的《中国银行业监督管理委员会关于商业银行向社会投资者转让贷款债权法律效力有关问题的批复》，商业银行可向金融机构以外的社会投资者转让贷款债权，受让主体无须具备从事贷款业务的资格。

《中国人民银行办公厅关于商业银行借款合同项下债权转让有关问题的批复》效力级别属于部门规范性文件，不影响债权转让效力。另一方面，《中国银行业监督管理委员会关于商业银行向社会投资者转让贷款债权法律效力有关问题的批复》符合情势变更的原则，也适应金融改革的方向，向社会投资者非批量转让贷款债权，并无不当。实践中也大量存在银行等机构向社会投资者转让债权的情况。

为避免国有资产流失，根据《中国银行业监督管理委员会关于商业银行向社会投资者转让贷款债权法律效力有关问题的批复》，"银行向社会投资者转让贷款债权，应当采取拍卖等公开形式"。若社会投资者全额受让贷款债权的，由于不存在国有资产流失问题，无须通过拍卖等形式确定公允价值。若社会投资者拟折价受让贷款债权，则必须通过拍卖等公开形式，否则可能因损害国家利益被认定为转让无效。

鉴于债权金融机构多为国有企业，因此以远期债权转让方式增信的，应明确未来的转让价款不得低于债权之全部，包括本金、利息、复利、违约金、损害赔偿金及债权人为实现债权所支付的费用等，否则即有可能被认定为折价转让，损害国家利益，导致债权转让被撤销。

【规范性文件】

《中华人民共和国合同法》（1999年3月15日）

第五十二条　有下列情形之一的，合同无效：

（一）一方以欺诈、胁迫的手段订立合同，损害国家利益；

（二）恶意串通，损害国家、集体或者第三人利益；

（三）以合法形式掩盖非法目的；

（四）损害社会公共利益；

（五）违反法律、行政法规的强制性规定。

《中国人民银行办公厅关于商业银行借款合同项下债权转让有关问题的批复》(2001年7月30日，银办函〔2001〕648号)

中国人民银行上海分行：

你分行《关于商业银行将借款合同项下债权转让给非金融机构的行为是否妥当的请示》（上海银发〔2001〕124号）收悉。现批复如下：

根据《合同法》第七十九条关于合同债权转让的规定，商业银行贷款合同项下的债权及其他权利一般原则上是可以转让的，但由于金融业是一种特许行业，金融债权的转让在受让对象上存在一定的限制。按照我国现行法律法规的规定，放贷收息（含罚息）是经营贷款业务的金融机构的一项特许权利。因此，由贷款而形成的债权及其他权利只能在具有贷款业务资格的金融机构之间转让。未经许可，商业银行不得将其债权转让给非金融企业。

《贷款通则》（1996年6月28日，中国人民银行令1996年2号）

第三十七条　不良贷款的催收和呆帐贷款的冲销：

信贷部门负责不良贷款的催收，稽核部门负责对催收情况的检查。贷款人应当按照国家有关规定提取呆帐准备金，并按照呆帐冲销的条件和程序冲销呆帐贷款。

未经国务院批准，贷款人不得豁免贷款。除国务院批准外，任何单位和个人不得强令贷款人豁免贷款。

《中国银行业监督管理委员会关于商业银行向社会投资者转让贷款债权法律效力有关问题的批复》（2009年2月25日，银监办发〔2009〕24号）

广东银监局：

你局《关于商业银行将债权转让给个人有关问题的请示》（粤银监报〔2009〕5号）收悉。经研究，现就有关问题批复如下：

一、对商业银行向社会投资者转让贷款债权没有禁止性规定，转让合同具有合同法上的效力。

社会投资者是指金融机构以外的自然人、法人或者其他组织。

二、转让具体的贷款债权，属于债权人将合同的权利转让给第三人，并非向社会不特定对象发放贷款的经营性活动,不涉及从事贷款业务的资格问题,受让主体无须具备从事贷款业务的资格。

三、商业银行向社会投资者转让贷款债权,应当建立风险管理制度、内部控制制度等相应的制度和内部批准程序。

四、商业银行向社会投资者转让贷款债权,应当采取拍卖等公开形式,以形成公允的价格,接受社会监督。

五、商业银行向社会投资者转让贷款债权,应当向银监会或其派出机构报告,接受监管部门的监督检查。

《最高人民法院印发〈关于审理涉及金融不良债权转让案件工作座谈会纪要〉的通知》(2009年3月30日,法发〔2009〕19号)

六、关于不良债权转让合同无效和可撤销事由的认定

会议认为,在审理不良债权转让合同效力的诉讼中,人民法院应当根据合同法和《金融资产管理公司条例》等法律法规,并参照国家相关政策规定,重点审查不良债权的可转让性、受让人的适格性以及转让程序的公正性和合法性。金融资产管理公司转让不良债权存在下列情形的,人民法院应当认定转让合同损害国家利益或社会公共利益或者违反法律、行政法规强制性规定而无效。

(一)债务人或者担保人为国家机关的;

(二)被有关国家机关依法认定为涉及国防、军工等国家安全和敏感信息的以及其他依法禁止转让或限制转让情形的;

(三)与受让人恶意串通转让不良债权的;

(四)转让不良债权公告违反《金融资产管理公司资产处置公告管理办法(修订)》规定,对依照公开、公平、公正和竞争、择优原则处置不良资产造成实质性影响的;

(五)实际转让的资产包与转让前公告的资产包内容严重不符,且不符合《金融资产管理公司资产处置公告管理办法(修订)》规定的;

(六)根据有关规定应经合法、独立的评估机构评估,但未经评估的;或

者金融资产管理公司与评估机构、评估机构与债务人、金融资产管理公司和债务人以及三方之间恶意串通，低估、漏估不良债权的；

（七）根据有关规定应当采取公开招标、拍卖等方式处置，但未公开招标、拍卖的；或者公开招标中的投标人少于三家（不含三家）的；或者以拍卖方式转让不良债权时，未公开选择有资质的拍卖中介机构的；或者未依照《中华人民共和国拍卖法》的规定进行拍卖的；

（八）根据有关规定应当向行政主管部门办理相关报批或者备案、登记手续而未办理，且在一审法庭辩论终结前仍未能办理的；

（九）受让人为国家公务员、金融监管机构工作人员、政法干警、金融资产管理公司工作人员、国有企业债务人管理人员、参与资产处置工作的律师、会计师、评估师等中介机构等关联人或者上述关联人参与的非金融机构法人的；

（十）受让人与参与不良债权转让的金融资产管理公司工作人员、国有企业债务人或者受托资产评估机构负责人员等有直系亲属关系的；

（十一）存在其他损害国家利益或社会公共利益的转让情形的。

在金融资产管理公司转让不良债权后，国有企业债务人有证据证明不良债权根本不存在或者已经全部或部分归还而主张撤销不良债权转让合同的，人民法院应当撤销或者部分撤销不良债权转让合同；不良债权转让合同被撤销或者部分撤销后，受让人可以请求金融资产管理公司承担相应的缔约过失责任。

【相关案例】

济宁甲建材有限公司与邹城市乙经贸有限公司等债权转让合同纠纷 [一审：(2013) 鲁商终字第 264 号，二审：(2013) 鲁商终字第 264 号，再审：(2015) 民申字第 2494 号][1]

丙公司与农信社于 2010 年 5 月 20 日签订借款合同，合同约定：丙

---

[1] 案例来源：中国裁判文书网。

公司向农信社借款1500万元，月利率为5.175‰，借款期限为2010年5月20至2012年5月18日，逾期还款加收50%的利息。

自2011年4月27日至2012年4月23日期间，丙公司多次向农信社借款，金额共计1500万元。借款人未按期偿还上述借款。

2012年5月24日，农信社与乙公司签订《债权转让协议书》，将上述债权转让给乙公司。协议签订后，农信社向各被告送达了债权转让通知书。

山东省济宁市中级人民法院一审认为：

债权转让行为符合我国合同法有关债权转让的规定，该债权转让协议对各债务人均具法律约束力，丙公司、甲公司、翟某、张某应向乙公司履行偿还贷款义务。

山东省高级人民法院二审认为：

乙公司与农信社签订的《债权转让协议》上加盖了双方单位公章，该协议依法成立。双方签订《债权转让协议》约定的条款是其真实意思表示，且不违反法律、行政法规强制性规定，应为有效。

理由是：第一，我国法律规定没有关于商业银行不得将其借款合同项下债权转让给非金融企业的禁止性规定；第二，中国人民银行办公厅（银办函（2001）648号）批复中关于禁止商业银行将债权转让非金融企业的规定及银监会办公厅（银监办发（2009）24号）批复中关于转让债权必须通过拍卖方式及向银监会或者派出机构报告的规定不属于法律、行政法规强制性规定；第三，乙公司受让债权为一般债权，其行使权利行为并不属于经营商业银行业务；第四，农信社将其债权等价转让给乙公司，与银监办发（2009）24号批复中关于转让债权必须通过公开拍卖、价格公允精神并不相悖，不会造成国有资产的流失，不会导致金融秩序的混乱。因此，甲公司上诉主张乙公司作为非金融机构企业与农信社签订的《债权转让协议》无效没有法律依据，本院不予支持。

最高人民法院再审认为：

农信社与乙公司签订《债权转让协议》转让其对丙公司的债权，符合《中华人民共和国合同法》第79条的规定。乙公司以代丙公司向农信社清偿贷款的方式取得本案债权，不违反法律规定。乙公司代丙公司还款的行为与乙公司与农信社之间的债权转让行为之间并无矛盾，《债权转让协议》是有效的。甲公司所称的中国人民银行和中国银行业监督管理委员会的批复并非法律和行政法规，原审法院关于农信社等价受让债权的行为不属于经营商业银行业务、不会造成国有资产流失的认定是正确的。

七、与收益权转让相关的问题

具体见本书第四章"资产收益权转让与回购"部分。

八、与差额补足相关的问题

差额补足又称差额支付，是指权利人到期未获约定金额的收益或债务清偿款项时，由支付收益或清偿债务义务人以外的第三人对权利人应获未或之差额进行补足的行为。差额补足的表现形式包括差额补足义务人单方出具承诺函，相关方共同签署差额补足协议或在其他协议中约定差额补足条款。

1. 差额补足中的一般保证与连带保证

根据《担保法》，担保方式包括保证、抵押、质押、留置和定金。差额补足从字面上看不属于法定担保方式，因此许多差额补足承诺人（如上市公司等）排斥保证担保，却乐于通过差额补足方式提供增信，认为差额补足承诺不构成担保，会计上可以不记入或有负债事项，亦无须按《公司法》和公司章程规定提交内部有权机构决议。2011年3月31日《中国银监会关于切实做好2011年地方政府融资平台贷款风险监管工作的通知》中也提到："对于还款来源不足、主要依靠政府财政支持的融资平台，应积极协调地方政府和平台客户协商补签相关还款差额补足协议。"可以合理推断，银监会当时也并未将地方政府的差额补足义务归入政府担保。

但根据《担保法》第6条的规定，保证是指保证人和债权人约定，当债务人不履行债务时，保证人按照约定履行债务或者承担责任的行为。差额补足符合《担保法》规定的保证之内涵，实质上属于保证担保。因此在接受差额补足承诺时应对其系属一般保证或连带保证进行判断。差额补足承诺文件不可能直接载明"一般保证差额补偿"或"连带保证差额补偿"，否则既显怪异，又与担保人使用差额补偿概念的初衷相违背。所以只能通过差额补足承诺文件的内容判断担保的性质。

一般保证的差额补足约定的内容如"贷款合同项下，债务人不能履行债务的，承诺人承诺对债权人未获清偿部分进行补足"。连带保证差额补足的约定内容如"贷款合同项下，债务人到期不能履行债务的，承诺人承诺对债权人到期未获清偿部分进行补足"。区分的核心在于是债务人"不能履行义务"还是"到期不能履行义务"。最高人民法院在"中国信达资产管理公司贵阳办事处与贵阳开磷有限责任公司借款合同纠纷案"中即裁判认为："如单纯使用'不能'字样，则具有客观上债务人确无能力偿还借款的含义，此时保证人方承担保证责任可以认定为一般保证责任。但是，该'不能'字样是与"按期"结合在一起使用，则不能将其理解为确实无力偿还借款的客观能力的约定，仅是表明到期不能偿还即产生保证责任。"（具体见本章"与担保增信相关的问题"）因此，在实务中应特别关注差额补足承诺文件的此类关键表述。

具有保证性质的差额补足承诺应根据《公司法》等相关法律、法规、规范性文件和公司章程的规定履行内部决策程序。

【规范性文件】

《中华人民共和国担保法》（1995年6月30日）

第二条　在借贷、买卖、货物运输、加工承揽等经济活动中，债权人需要以担保方式保障其债权实现的，可以依照本法规定设定担保。

本法规定的担保方式为保证、抵押、质押、留置和定金。

第六条 本法所称保证，是指保证人和债权人约定，当债务人不履行债务时，保证人按照约定履行债务或者承担责任的行为。

【相关案例】

《青岛特锐德电气股份有限公司关于为产业基金提供差额补足义务的公告》

本公司及董事会全体成员保证信息披露的内容真实、准确、完整，没有虚假记载、误导性陈述或重大遗漏。

一、担保情况概述

为积极响应国家发展新能源汽车的国家战略，支持新能源汽车产业发展，同时为加快公司新能源汽车充电业务的布局，青岛特锐德电气股份有限公司拟与青岛巨峰科技创业投资有限公司、交银国际信托有限公司、上海锦傲投资管理有限公司、北京金汇兴业投资管理有限公司共同投资设立山东省特来电充电产业发展基金合伙企业（有限合伙）。基金的目标总认缴出资额为人民币10.02亿元，其中公司作为有限合伙人以自有资金认缴出资1亿元，巨峰科创作为有限合伙人认缴出资1.5亿元，交银国信作为优先级有限合伙人认缴出资7.5亿元，上海锦傲作为普通合伙人认缴出资100万元，金汇兴业作为普通合伙人认缴出资100万元。

本次拟签订的《差额补足协议》中约定，公司控股股东青岛德锐投资有限公司作为第一顺位差额补足方对优先级合伙人在投资期间的预期投资收益及实缴出资额负有差额补足的义务、特锐德作为第二顺位差额补足方对优先级合伙人在投资期间的预期投资收益及实缴出资额负有差额补足的义务。公司本次提供差额补足义务属于实质意义上的担保行为，本次担保的最高额度不超过10.02亿元，具体担保金额以实际发生的差额计算结果为准。

2.差额补足义务履行期限

根据《担保法》第25条的规定，一般保证的保证人与债权人未约定保证期间的，保证期间为主债务履行期届满之日起 6 个月。在合同约定的保证期间和前款规定的保证期间，债权人未对债务人提起诉讼或者申请仲裁的，保证人免除保证责任。根据《担保法》第 26 条的规定，连带责任保证的保证人与债权人未约定保证期间的，债权人有权自主债务履行期届满之日起 6 个月内要求保证人承担保证责任。在合同约定的保证期间和前款规定的保证期间，债权人未要求保证人承担保证责任的，保证人免除保证责任。

鉴于差额补足的保证属性，应在差额补足承诺文件中明确约定提供差额补足义务的期间为主合同项下债务履行期限届满之日后两年止。

3. 差额补足与债务承担

若差额补足人承诺"在债务人到期未履行债务时对差额部分承担连带还款责任"，则属于第三人加入债务，构成并存的债务承担。差额补足被认定为连带保证或并存的债务承担对债权人实体权利无实质影响。

应特别注意，债权人、债务人和差额补足人三方签署《差额补足协议》，约定"在债务人到期未履行债务时，由差额补足人代为清偿"的，由于三方已达成合意同意在条件成就时由差额补足人代为履行债务，可能构成债务转移，债权人不能再向债务人主张债权。

【相关案例】

最高人民法院公报案例：甲公司石家庄办事处与乙公司等借款担保合同纠纷［一审：(2005) 冀民二初字第 2 号，二审：(2005) 民二终字第 200 号］[①]

1993 年 10 月 20 日，冀州丙玻璃钢厂与中国丁银行河北省分行（以下简称丁银行）签订外汇借款合同，借款金额 182 万美元。

乙公司为该笔贷款向丁出具《不可撤销现汇担保书》，载明："本保

[①] 案例来源：http://www.njucasereview.com/web/judicial/public/court/20120529/124728.shtml

证书保证归还借款方在借款合同项下不按期偿还的全部或部分到期借款本息,并同意在接到贵行书面通知后十四天内代为偿还借款方所欠借款本息和费用。本保证书自签发之日生效,至还清借款方所欠的全部借款本息和费用时自动失效。"

1995年11月25日,河北戊玻璃钢厂向省建行出具《承诺书》,内容为:"河北省冀县戊玻璃钢厂根据《外汇借款合同》从贵行借款182万美元,为此我公司郑重承诺:我公司对归还该笔贷款本息承担连带还款责任,并放弃一切抗辩权。本承诺书为《外汇借款合同》的补充,具有同等的法律效力。"

借款到期后,借款人和担保人均未偿还。

河北省高级人民法院一审认为:

被告乙公司出具的不可撤销现汇担保书是其真实意思表示,且其担保主体资格合法,根据有关司法解释规定,应认定保证合同是成立并且生效的。担保书中未明确约定担保责任方式,但根据担保书的承诺,担保人承担责任的条件是被担保人"不按期偿还"时,应当认定保证人乙公司承担的是连带保证责任。

河北戊玻璃钢厂向丁承诺,对归还该笔贷款本息承担连带还款责任,并放弃一切抗辩权。根据承诺书的内容,河北戊玻璃钢厂为冀州玻璃钢厂向丁贷款提供了担保,丁业已接受。河北戊玻璃钢厂所承担的应为担保责任。

最高人民法院二审法院认为:

河北戊玻璃钢厂的行为应当定性为上诉人甲公司石办所主张的保证人增加,还是定性为债务人的增加,本院认为,二者在案件的实质处理上并无不同,只是在性质上有所不同:保证系从合同,保证人是从债务人,是为他人债务负责;并存的债务承担系独立的合同,承担人是主债务人之一,是为自己的债务负责,也是单一债务人增加为二人以上的共同债务人。判断一个行为究竟是保证,还是并存的债务承担,应根据具体情况确定。如承担人承担债务的意思表示中有较为明显的保证含义，可以认定为保证；如果没有，则应当从保护债权人利益的立法目的出发，认定为并存的债务承担。因此本案中，根据承诺书的具体内容以及向河北戊玻璃钢厂的催收通知中的担保人身份的注明，对河北戊玻璃钢厂的保证人身份有较为明确的表示与认可，上诉人甲公司石办主张的此行为系保证人增加的上诉理由，于法有据，本院予以支持。

4. 差额补足与流动性支持

流动性支持与差额补足类似，在特定触发条件成就时，流动性支持义务人应按约定支付流动性支持价款。流动性支持函应明确约定支付流动性支持款项的触发条件，即借款人未按照合同约定还本付息或产品持有人未按时收到本金和收益，不应留给义务人主观判断的空间。如"11蒙奈伦"企业债违约后，包商银行的流动性支持一直是争议所在。2011年1月12日，奈伦集团和包商银行签署了《流动性支持贷款协议》，包商银行承诺在适当条件下，为奈伦集团提供流动性支持贷款协议，用于债券本息偿付。但在违约发生前后，包商银行都未提供流动性支持，该流动性支持由于被添加了过多的前置条件，根本起不到任何实质增信作用。

九、与让与担保相关的问题

相关司法解释及法律理论和实践中确认的非典型担保物权包括优先权、所有权保留和让与担保。让与担保，分为前让与担保和后让与担保。前让与担保系通过转让标的物的所有权的方式作为债权的担保，债务人或第三人将其财产转让给债权人，若债务人不能履行债务，则债权人得就该财产受偿，若债权获得清偿，则债权人返还财产。前让与担保中债务人或第三人并无实际让渡不动产所有权的意思，仅是让渡物权期待权。后让与担保是以签订买卖合同的方式作为债权的担保，为担保债权实现，债务人或第三人与债权人签订针对特定财产的买卖合同,若债务人不能履行债务,则买卖合同生效,若债务人按期履行债务,则买卖合同不生效。常见的让与担保如房产让与、股权让与等。

《物权法》和《担保法》将担保分为人保和物保,担保物权又分为抵押权、质权和留置权,让与担保不属于前述有名担保。但2015年8月6日《最高人民法院关于审理民间借贷案件适用法律若干问题的规定》第24条规定:"当事人以签订买卖合同作为民间借贷合同的担保,借款到期后借款人不能还款,出借人请求履行买卖合同的,人民法院应当按照民间借贷法律关系审理,并向当事人释明变更诉讼请求。当事人拒绝变更的,人民法院裁定驳回起诉。按照民间借贷法律关系审理作出的判决生效后,借款人不履行生效判决确定的金钱债务,出借人可以申请拍卖买卖合同标的物,以偿还债务。就拍卖所得的价款与应偿还借款本息之间的差额,借款人或者出借人有权主张返还或补偿。"即最高人民法院认可让与担保。《最高人民法院关于审理民间借贷案件适用法律若干问题的规定》的法理意涵应可类推适用于非民间借贷案件。

另外,根据《物权法》第186条、第211条和《最高人民法院关于适用〈中华人民共和国担保法〉若干问题的解释》第57条的规定,禁止流押、流质。

因此,让与担保的债权人只能通过处置担保物实现债权,债权人与担保人关于债权未受清偿时,担保标的物所有权归属于债权人的约定无效。

在实践中,针对不同的担保物,可以选择不同的让与担保方式。如房产、股权等涉及转让变更登记和高额转让税费的担保物,可采用后让与担保的方式,并同时办理抵质押登记手续。存货等不易毁损灭失的动产,可以采用前让与担保的方式。

【规范性文件】

《中华人民共和国物权法》(2007年3月16日)

第一百八十六条 抵押权人在债务履行期届满前,不得与抵押人约定债务人不履行到期债务时抵押财产归债权人所有。

第二百一十一条 质权人在债务履行期届满前,不得与出质人约定债务人不履行到期债务时质押财产归债权人所有。

《最高人民法院关于适用〈中华人民共和国担保法〉若干问题的解释》(2000年12月8日,法释〔2000〕44号)

第五十七条 当事人在抵押合同中约定,债务履行期届满抵押权人未受清偿时,抵押物的所有权转移为债权人所有的内容无效。该内容的无效不影响抵押合同其他部分内容的效力。

债务履行期届满后抵押权人未受清偿时,抵押权人和抵押人可以协议以抵押物折价取得抵押物。但是,损害顺序在后的担保物权人和其他债权人利益的,人民法院可以适用合同法第七十四条、第七十五条的有关规定。

《最高人民法院关于审理民间借贷案件适用法律若干问题的规定》(2015年8月6日,法释〔2015〕18号)

第二十四条 当事人以签订买卖合同作为民间借贷合同的担保,借款到期后借款人不能还款,出借人请求履行买卖合同的,人民法院应当按照民间借贷法律关系审理,并向当事人释明变更诉讼请求。当事人拒绝变更的,人民法院裁定驳回起诉。

按照民间借贷法律关系审理作出的判决生效后,借款人不履行生效判决确定的金钱债务,出借人可以申请拍卖买卖合同标的物,以偿还债务。就拍卖所得的价款与应偿还借款本息之间的差额,借款人或者出借人有权主张返还或补偿。

【相关案例】

王某、赵丙某与赵丙某、郑某等股东资格确认纠纷案[一审:不明,二审:(2015)冀民二终字第53号,再审:(2015)民申字第3620号][1]

---

[1] 案例来源:中国裁判文书网。

甲公司、乙公司、殷某、王某签署《三方协议》，甲公司向殷某、王某申请借款。2012年12月1日赵丙某与殷某、王某签订《协议书》，约定乙公司将所持甲公司股权办理至殷某、王某名下作为债权的担保。

最高人民法院再审认为：

根据甲公司、乙公司、殷某、王某签署的《三方协议》，以及2012年12月1日赵丙某与殷某、王某签订的《协议书》的约定，甲公司股权办理至殷某、王某名下系作为债权的担保，而非真正的股权转让；殷某、王某虽在工商登记中记载为甲公司的股东，但仅为名义股东，而非实际股东。此种通过转让标的物的所有权来担保债权实现的方式属于非典型担保中的让与担保，殷某、王某可以依据约定主张担保权利，但其并未取得股权。原一、二审判决将案涉担保方式认定为股权质押有误，本院予以纠正。但其确认殷某、王某并非甲公司股东，而赵丙某、郑某为甲公司股东，裁判结果并无不当。

黑龙江甲房地产开发有限公司与贾乙等民间借贷纠纷 [一审:(2014)绥中法民二商初字第33号，二审:(2015)黑高商终字第74号，再审:(2015)民申字第3051号][1]

甲开发公司于2012年9月5日、9月21日向李丙分别借款300万元，口头约定月利率3分，并分别为李丙出具借据两张。同时，甲开发公司将自己开发的××名苑的19套房产在房产部门以李丙名义办理了商品房预售登记，并签订了相应房产的《商品房买卖合同》，作为上述借款的担保。

2012年10月10日，甲开发公司向贾乙借款150万元，口头约定月利率3分，并于同日为贾乙出具借据1份。同时，甲开发公司将××名苑的7套房产在房产部门以贾乙名义办理了商品房预售登记，并签订了

---

[1] 案例来源：中国裁判文书网。

相应房产的《商品房买卖合同》，为此笔借款担保。

2013年4月10日，李丙与甲开发公司达成还款协议，协议约定：为保证甲开发公司按时还款，甲开发公司保证对开发楼盘销售收入优先用于偿还借款，如借款到期或欠息超过1个月，已经办理预售登记的19套房产归李丙所有，抵顶借款。

同日，贾乙亦与甲开发公司达成了还款协议，协议约定：为保证甲开发公司按时还款，甲开发公司保证对开发楼盘销售收入优先用于偿还借款，如借款到期或欠息超过1个月，已经办理预售登记的7套房产归李丙所有，抵顶借款。

绥化市中级人民法院一审认为：

双方当事人从形式上虽然签订的是《商品房买卖合同》，但实质是甲开发公司为担保债务而将担保标的物财产权转移给贾乙、李丙的让与担保。甲开发公司用其名下房产为借款担保是其真实意思表示，不违反法律、法规的强制性规定，故双方形成的让与担保合法有效。在双方达成让与担保协议后，为所涉房产在房产部门分别办理了贾乙、李丙名下的商品房预售登记，已具有公示作用，能够起到对抗善意第三人的法律效力。故在甲开发公司不能按期清偿债务时，应由贾乙、李丙对案涉已办理预告登记的房产清算后所得的价款偿还借款本金及利息。因此，一审法院判决：如甲开发公司未按前款规定的期限清偿借款本金及利息，则由贾乙、李丙对案涉担保物清算后所得的价款受偿。

黑龙江省高级人民法院二审认为：

双方当事人签订《还款协议》的同时，又签订了《商品房买卖合同》，根据各方当事人在诉讼中的意思表示及甲开发公司出具的还款承诺书可以确定，该买卖合同的目的不是贾乙、李丙取得标的物房屋的所有权，而是对其借款债权提供担保，该合同不具有独立性，系以债权债务合同的产生为前提，伴随着债务的清偿和消灭而消灭，具有从属性，属于借款债权债务合同的从合同，因此，案涉《商品房买卖合同》性质应为一种担保合同。

虽然案涉房屋未进行抵押，债权人贾乙、李丙亦未占有该房屋，不具有"让与担保"概念中事先将担保标的物的所有权等权利转移于担保权人的特征，而是后转移所有权，但二者的区别亦仅在于所有权转移的先后次序，其他方面基本相同，故根据目前的相关理论研究，案涉《商品房买卖合同》担保的性质应认定为"后让与担保"，亦属于一种非典型担保。

虽然《担保法》和《物权法》中未明确规定该种担保形式，但其并不属于《中华人民共和国合同法》规定的合同无效的情形，亦不违反《物权法》第15条所确立的原因行为与物权变动行为相区分原则，属于当事人之间的真实意思表示，依契约自由原则，应承认该种非典型担保合同的效力。

虽然《还款协议》中约定甲开发公司到期不能偿还借款本息，案涉房屋归贾乙、李丙所有，以及甲开发公司承诺到期不能偿还利息，将案涉房屋交与贾乙、李丙出售等，但此种将担保财产直接交由担保权人所有以消灭双方的债权债务关系的约定，排除了担保物实现时对担保财产的清算程序，存在因市场变化而产生实质不公的可能性，违反了禁止流质契约的法律原则。

因此，原审法院判决担保权人贾乙、李丙对案涉24套房屋清算后的价款受偿案涉借款的方式消灭双方的债权债务关系并无不当。

黑龙江甲房地产开发有限公司申请再审认为：

1. 一、二审判决适用法律错误。本案由借贷、房屋买卖两个法律关系组成，从法律关系上讲二者是完全独立的，但从事情的前因后果上又有关联。甲开发公司欠贾乙、李丙借款，同时甲开发公司与贾乙、李丙签订了《商品房买卖合同》，向其出具了《购房票据》，并在建设部门办理了房屋买卖预告登记，债权人贾乙、李丙凭以上3个程序完全可以对抗第三人。房屋产权已经转移，贾乙、李丙已经成为24套房屋的所有权人，甲开发公司以房抵债的民事法律行为已经生效，贾乙、李丙没有诉讼的必要。一、二审判决认定本案借贷关系、房屋买卖关系系从属关系是不客观的，一、二审法院自创《中华人民共和国担保法》未规定并禁止的"让与担保"和"后让与担保"两种担保方式，违反了《中华人民共和国宪法》、《中华人民共和国担保法》、《中华人民共和国物权法》的强制性规定，是违法的错误判决。

2. 一、二审判决认定以案涉24套房屋清算后的价款受偿案涉借款本息，显失公平、公正。案涉房屋产权已属于贾乙、李丙，如通过法院拍卖，经过几次流拍，强行压低房屋价格，使24套房屋全部以合法形式归贾乙、李丙支配，这是贾乙、李丙的一个阴谋，而帮其得以实现的是一、二审法院。事实上双方在每个《商品房买卖合同》中已经约定了价款，按照现在价格重新清算，严重侵害了甲开发公司的合法财产权益。

最高人民法院再审认为：

当事人以签订买卖合同作为民间借贷合同的担保，人民法院按照民间借贷法律关系审理作出的判决生效后，借款人不履行生效判决确定的金钱债务，出借人可以申请拍卖买卖合同标的物，以偿还债务。就拍卖所得的价款与应偿还借款本息之间的差额，借款人或者出借人有权主张返还或补偿。本案中，案涉房屋不属于法律、行政法规禁止担保的财产，且已办理了商品房预售登记，具有公示作用以及对抗第三人的效力，能够限制该担保房屋的转让或其他处分。但《还款协议》约定将担保房屋直接交由李丙、贾乙所有以消灭双方债权债务关系，排除了对担保财产的清算程序，存在因市场变化而产生实质不公的可能，以及当事人通过虚假诉讼转移责任财产、规避国家政策的可能，因此应以担保房屋清算后所得的价款进行受偿。案涉房屋的清算及贾乙、李丙对清算后所得价款的受偿，应以法律允许的方式进行。一、二审法院依据李丙、贾乙的诉请，判决在甲开发公司未按期清偿借款本金及利息的情况下，由贾乙、李丙对案涉担保房屋清算后所得的价款受偿并无明显不当。

十、溢价回购

溢价回购是指投资方与回购方约定,在将来某一时间或发生约定的情形时回购方以约定的溢价款回购投资方持有的目标公司股权、基金份额等。常见的溢价回购模式如股权回购。

股权回购情形包括:(1)公司股东作为债务人或担保方,将其持有的公司股权转让给投资方,并约定在未来以特定价格回购股权。(2)公司作为融资人实施增资扩股,公司实际控制人或控股股东承诺在未来回购新加入投资方的股权,确保投资方不受损失。

1.股权溢价回购约定的效力

投资方与目标公司股东关于特定条件满足时,目标公司股东应溢价回购股权的约定,属于正常的商事交易活动,为当事人意思自治范畴,在法律、行政法规对股权转让无限制、禁止性规定的情况下,应属有效。由于回购条款多记载于投资协议或投资协议的补充协议,因此应确保主合同不存在可能导致合同无效的情形,避免溢价回购目的无法实现。也可在相关协议中约定溢价回购条款具有独立性,回购义务人在任何情况下不能免除支付溢价的义务。

【相关案例】

蓝乙、宜都丙特种渔业有限公司、湖北丁有限公司与苏州甲投资中心(有限合伙)其他合同纠纷案[一审:(2013)鄂民二初字第00012号,二审:(2014)民二终字第111号][1]

2008年12月1日,湖北丁公司在湖北省宜都市工商行政管理局登记注册宜都丙公司,注册资本200万元,湖北丁公司作为独资法人股东

---

[1] 案例来源:中国裁判文书网。

持有宜都丙公司 100% 的股份。

2010 年 10 月 19 日，甲投资中心作为甲方、蓝乙作为乙方、宜都丙公司作为丙方、湖北丁公司作为丁方，共同签署了《投资协议书》，协议约定：乙方和丁方承诺将对丙方进行增资，本次增资后丁方占丙方增资后股份总数的 51%；甲方向丙方投资 7000 万元取得丙方本次增资后股份总数 34.3% 的股份；第三方投资者向丙方投资 3000 万元取得丙方本次增资后股份总数 14.7% 的股份。

同日，《投资协议书》四方主体即甲方甲投资中心、乙方蓝乙、丙方宜都丙公司、丁方湖北丁公司又共同签署 1 份《补充协议》，约定：除非甲方另以书面形式同意延长，如果丙方自本次投资完成之日起至 2014 年 12 月 31 日的期间内丙方未完成公开发行股票和上市，则甲方可于 2014 年 12 月 31 日后随时要求丙方、乙方及丁方受让甲方持有的全部或部分丙方股份，乙方和丁方承诺予以受让，乙方及丁方受让价款计算公式如下：受让价款 = 甲方总投资额 × $(1+8\%)^n$ - 甲方入股期间从丙方获得的业绩补偿 - 甲方届时因已转让部分丙方股份所取得的收入（含已分红的收入）。

湖北省高级人民法院一审认为：

本案的争议焦点是：蓝乙、湖北丁公司是否应以《补充协议》约定价款受让甲投资中心所持有的宜都丙公司 49% 的股份，以及蓝乙、湖北丁公司在本案中应否赔偿因其违约造成甲投资中心的损失。

从本案诉讼的成因分析，其性质属于股权投资过程中投资方与融资方签订协议进行溢价增资，当投资方预期投资利益无法达到时，触发投资方行使退出权利条款所引发的案件。该类纠纷中，股权投资方与被投资方出于对未来不确定因素的考量，通常根据协议设定预期目的实现与否来约定由投资方或者融资方实现一定的权利或义务。所设条件的内容包括对所投资公司的财务绩效、利润实现和公司能否实现上市等方面。由于投资方最初以溢价方式对被投资方进行增资而成为新股东，则原股东在此种情况下首先将获得该溢价部分的相对股东权益。一旦企业运营的实际绩效达到预期，原股东还可能实现再次获利。故投资方为化解自身商业风险，通常会与原股东协商签订相应条款，约定在预期盈利目标无法实现时，重新确定双方的股权比例。该条款本身因商事交易的利益平衡而产生，以当事人意思自治为前提，具有其合理性。

本案四方当事人签订的《补充协议》中所设定的投资方退出条款类型属于股权回购，即如果被投资公司发生预设情形时，投资方可要求原始股东及关联义务人按协议约定溢价回购投资者股份。案涉《投资协议书》及《补充协议》系各方当事人的真实意思表示，协议内容不违反法律、行政法规禁止性规定，应为合法有效。

《补充协议》中约定的特定情形出现时甲投资中心有权要求蓝乙、湖北丁公司承担股份回购义务的条款以及蓝乙、湖北丁公司所作出的受让承诺，均属民事主体在缔约过程中应当充分认识的商业风险，与协议中的相关股权奖励条款相对应，未超过其合理预期，亦不违反法律法规的禁止性规定。故合同约定情形出现时，负有契约义务的当事人依法应当按约定履行自己的承诺。蓝乙、宜都丙公司、湖北丁公司虽在庭审中援引《中华人民共和国合同法》第39条、第40条提出《补充协议》条款无效的抗辩主张，但因本案《补充协议》退出条款不存在单方制定，且蓝乙、宜都丙公司、湖北丁公司未参与协商的情形存在，故不属于《中华人民共和国合同法》关于格式条款效力规制的范畴。

最高人民法院二审认为：

《补充协议》中有关两种情形下被投资方股东应当回购股份的承诺清

晰而明确，是当事人在《投资协议书》外特别设立的保护投资人利益的条款，属于缔约过程中当事人对投资合作商业风险的安排。该条款与《投资协议书》中的相关股权奖励条款相对应，系各方当事人的真实意思表示。案涉协议关于在一定条件下被投资方股东回购股份的内容不违反国家法律、行政法规的禁止性规定，不存在《中华人民共和国合同法》第52条所规定的有关合同无效的情形。诉争协议系各方当事人专为此次交易自愿达成的一致约定，并非单方预先拟定或者反复使用，不属于我国合同法所规定的格式合同或者格式条款，不存在显失公平的问题。因此，原审判决认定案涉《补充协议书》与《补充协议》，包括在一定条件下被投资方股东回购股份的承诺等内容合法有效正确，本院予以维持。

2. 特殊主体的股权转让限制

股权溢价回购应以股权无转让限制为前提，否则回购目的将可能无法顺利实现。根据2014年2月19日国务院《中外合资经营企业法实施条例》第14条、第20条，合营者向第三者转让股权的，须经合营各方同意，且需经审批机构审批。根据1997年5月28日外经贸部、工商总局《外商投资企业投资者股权变更的若干规定》第二条、第三条及第二十二条，中外合资经营企业、中外合作经营企业、外资企业的股权变更应当经原审批机关批准，否则变更无效。

【规范性文件】

《中华人民共和国中外合资经营企业法实施条例》（2014年2月19日，国务院令第648号）

第十四条 合营企业协议、合同和章程经审批机构批准后生效，其修改时同。

第二十条　合营一方向第三者转让其全部或者部分股权的，须经合营他方同意，并报审批机构批准，向登记管理机构办理变更登记手续。

合营一方转让其全部或者部分股权时，合营他方有优先购买权。

合营一方向第三者转让股权的条件，不得比向合营他方转让的条件优惠。

违反上述规定的，其转让无效。

《外商投资企业投资者股权变更的若干规定》（1997年5月28日，〔1997〕外经贸法发第267号）

第二条　本规定所称的外商投资企业投资者股权变更，是指依照中国法律在中国境内设立的中外合资经营企业、中外合作经营企业、外资企业（以下统称为企业）的投资者或其在企业的出资（包括提供合作条件）份额（以下称为股权）发生变化。包括但不限于下列主要原因导致外商投资企业投资者股权变更：

（一）企业投资者之间协议转让股权；

（二）企业投资者经其他各方投资者同意向其关联企业或其他受让人转让股权；

（三）企业投资者协议调整企业注册资本导致变更各方投资者股权；

（四）企业投资者经其他各方投资者同意将其股权质押给债权人，质权人或受益人依照法律规定和合同约定取得该投资者股权；

（五）企业投资者破产、解散、被撤销、被吊销或死亡，其继承人、债权人或其他受益人依法取得该投资者股权；

（六）企业投资者合并或者分立，其合并或分立后的承继者依法承继原投资者股权；

（七）企业投资者不履行企业合同、章程规定的出资义务，经原审批机关批准，更换投资者或变更股权。

第三条　企业投资者股权变更应遵守中国有关法律、法规，并按照本规定经审批机关批准和登记机关变更登记。未经审批机关批准的股权变更无效。

第二十二条　香港、澳门、台湾地区的公司、企业和其他经济组织或者个人在中国其他地区投资举办的企业投资者股权变更，参照本规定办理。

【相关案例】

绍兴甲商城发展有限公司、绍兴乙有限责任公司与黄某股权转让合同纠纷 [一审：(2007) 绍中民二初字第60号，二审：(2009) 浙商外终字第65号，再审：(2011) 民申字第22号]①

丙贸易公司系于1997年5月16日在香港特别行政区登记成立，公司法律地位为个人独资企业。该企业于1999年5月1日结业，结业前东主为黄某。1997年9月1日，原绍兴乙公司与丙贸易公司、绍兴市sgh房地产开发实业公司（以下简称实业公司）签订《绍兴甲商城发展有限公司合同》1份，约定：原绍兴乙公司、丙贸易公司及实业公司共同投资创办合资经营企业；合资公司的名称为"绍兴甲商城发展有限公司"。浙江省人民政府于1997年9月16日颁发了中华人民共和国台港澳侨投资企业批准证书，该批准证书确认的投资者是原绍兴乙公司、丙贸易公司和实业公司。

2002年5月30日，绍兴乙公司与丙贸易公司签订协议书1份，约定：经双方确认，丙贸易公司在绍兴戊酒店有限公司、甲商城的股份（股权）将全部转让给绍兴乙公司。2003年7月16日，丙贸易公司与绍兴乙公司签订办理股权转让协议1份，约定：丙贸易公司自愿将在甲商城的股权（股份）全部转让给绍兴乙公司，归绍兴乙公司所有，绍兴乙公司同意受让。

---

① 案例来源：中国裁判文书网。

上述协议签订后，甲商城的股东未就上述协议事项修改相应的合营合同和公司章程，也未报审批机关审批。

绍兴市中级人民法院一审认为：

本案双方当事人在庭审中均表示同意适用中国法律，据此，中华人民共和国内地法律应作为处理本案争议的准据法。《最高人民法院关于适用〈中华人民共和国公司法〉若干问题的规定（一）》第1条规定："公司法实施后，人民法院尚未审结的和新受理的民事案件，其民事行为或事件发生在公司法实施以前的，适用当时的法律法规和司法解释。"原《中华人民共和国公司法》第18条规定："外商投资的有限责任公司适用本法，有关中外合资经营企业、中外合作经营企业、外资企业的法律另有规定的，适用其规定。"因此，本案应优先适用《中华人民共和国中外合资经营企业法》和《中华人民共和国中外合资经营企业法实施条例》及《中华人民共和国合同法》等法律法规。

根据查明的事实，甲商城系中外合资经营企业，而对于中外合资经营企业的股权转让，我国法律均有明确的规定。《中华人民共和国合同法》第44条第2款规定："法律、行政法规规定应当办理批准、登记等手续生效的，依照其规定。"《最高人民法院关于适用〈中华人民共和国合同法〉若干问题的解释（一）》第9条规定："依照合同法第四十四条第二款的规定，法律、行政法规规定合同应当办理批准手续，或者办理批准、登记等手续才生效，在一审法庭辩论终结前当事人仍未办理批准手续的，或者仍未办理批准、登记等手续的，人民法院应当认定该合同未生效。"《中华人民共和国中外合资经营企业法实施条例》第20条规定："合营一方向第三者转让其全部或部分股权的，须经合营他方同意，并经审批机构批准，向登记管理机构办理变更登记手续。违反上述规定的，其转让无效。"上述条款属于法律法规对合同生效条件作出的规定。即中外合资企业的股权转让必须经其他股东同意，且必须办理批准和登记手续。而未经其他股东同意，未办理批准和登记手续的，股权转让合同不发生法律效力。虽然本案中没有证据证明甲商城的另一股东实业公司对丙贸易公司与绍兴乙公司之间的股权转让提出异议，但在丙贸易公司与绍兴乙公司签订协议书后，甲商城并未依法办理相关的批准和登记手续，丙贸易公司仍为甲商城的股东。故丙贸易公司与绍兴乙公司签订的协议书依法应认定未生效，该协议书对当事人不具有法律约束力。

浙江省高级人民法院二审认为：

虽然本案当事人签订的股权转让合同系各方意思表示一致，股权转让合同依法成立，但合同成立并不必然能够产生当事人预期的法律效果，若对合同的生效要件当事人有约定或法律有规定，则应当从其约定或规定。在本案中，由于甲商城的投资者具有港资因素，其股东转让股权时，根据《中华人民共和国中外合资经营企业法实施条例》第20条的规定，应当办理批准登记手续才能生效。但当事人并未依据上述规定办理相应的批准登记手续，本案股权转让合同的生效条件不成就，原审法院确认其未生效，并无不当。上诉人甲商城、绍兴乙公司提出"原判对本案股权转让协议书依法应认定未生效错误"的上诉理由，不能成立。上诉人甲商城、绍兴乙公司提出"原审法院认定丙贸易公司系甲商城股东错误"的上诉理由，不能成立。丙贸易公司与绍兴乙公司签订股权转让协议虽为双方当事人真实意思表示，但该合同要产生当事人预期的法律效果，还必须履行《中华人民共和国中外合资经营企业法实施条例》规定的批准登记手续，而本案当事人未依据上述规定办理相应的批准登记手续，本案股权转让合同的生效条件不成就。丙贸易公司对甲商城出资并签署公司章程，且工商登记亦记载其股东身份及出资额，原审法院据此确认丙贸易公司具有甲商城的股东身份，符合法律规定。原判认定事实清楚，适用法律正确，审判程序合法，实体处理并无不当。

最高人民法院再审认为：

丙贸易公司与绍兴乙公司系甲商城股东，双方签订股权转让协议系公司股东对内转让股权的行为。根据《外商投资企业投资者股权变更的若干规定》及《中华人民共和国中外合资经营企业法实施条例》的规定，该股权转让协议需经审批机关批准和登记机关变更登记。但双方签订股权转让协议后，甲商城未就上述协议事项报审批机关审批。综上，应当认定丙贸易公司与绍兴乙公司的股权转让协议未生效，不发生股权转让的效力，丙贸易公司仍是甲商城股东。

第六章

非标业务项目文本需关注的问题

非标业务项目文本（以下简称"项目文本"），是指非标项目开展过程中所形成的各种文字记录。以对主体的约束力为标准，项目文本可分为具有外部约束力的文本和不具有外部约束力的文本。具有外部约束力的文本主要包括各类决议、协议/合同、指令、通知、往来函件等，不具有外部约束力的文本主要包括内部流程性文件、调查底稿、项目报告、内部纪要等。本章要探讨的项目文本，仅限于具有外部约束力的文本。

项目文本是项目的落脚点，所有项目最终必然会形成项目文本，其重要性不言而喻。与项目相关的各类要素，包括主体信息、交易安排、风控方式、违约处理等，均须完整地体现在项目文本中。项目文本既是项目的记录，又是项目运行的规则，也是厘定各项目参与方权利、义务及责任的主要依据。无论项目方案如何完善、风控手段如何严密，若最终不能准确、清晰、完整地将项目各类相关要素落实在项目文本中，项目方案、风控手段等便形同虚设，甚至可能造成重大损失。

一、项目文本清单

项目文本拟定前，一般会根据项目方案和交易结构拟定项目文本清单，为项目文本的撰写做好准备。项目文本清单一般包括文件编号、文件名称、签署主体、主要内容、签署节点、备注信息等。

（一）文件编号

文件编号是指为了便于文件管理、防止错漏等，对文件按序号进行的编排。文件编号可采取分组排序的方式进行,同一主旨内容的文件分为同一组,组内再列序,如"A-1、A-2……B-1、B-2……"。

以"证信"合作委托贷款为例,可将项目协议文件按照资管计划端(A类)、信托计划端(B类)、底层贷款端(C类)进行分类,其中资管计划端的《集合资产管理计划资产管理合同》、《集合资产管理计划说明书》、《托管合同》等可按业务逻辑顺序分列为 A-1、A-2、A-3。信托计划端的《信托合同》、《信托计划说明书》、《保管协议》等可按业务逻辑顺序分列为 B-1、B-2、B-3。底层贷款端的《股东会决议》、《信托贷款合同》、《保证合同》等可分列为 C-1、C-2、C-3。

(二)文件名称

文件名称是指所需文本的全称及简称。文件名称应能体现文件主旨并应遵循法律法规及交易习惯,如《××项目产品说明书》、《××公司股东会决议》等。文本简称应当统一,整套项目文件中对同一文件的简称应完全相同,避免歧义。

(三)签署主体

签署主体是指应在相应文件上签署(盖章或签字)的相关主体。签署主体包括项目参与方及项目参与方内设的有权机构,如担保人、管理人、托管人、担保人的股东会等。不同的项目文件对签署主体的要求不同,如决议类文件一般要求出具决议的股东会或董事会成员签字并由公司加盖公章,协议类文件一般由协议参与方共同签字盖章。具体签署要求将在下文详述。

(四)主要内容

主要内容是指拟定文本所应记载或体现的核心内容,如决议要点、流程概要等,主要内容是对项目方案和交易结构的进一步分解和细化,是对具体文本内容的概括说明。

（五）签署节点

签署节点是指根据项目进度安排，对各文本签署时间、签署顺序所做的预备性安排，签署节点可以是绝对时间，也可以是相对时间，如"T+15日、T+30日……"或"《××公司股东会决议》签署后5日"。

（六）备注信息

备注信息是指与文本清单相关，但未能归入上述名目的其他事项，如文本的替代安排以及需特别强调的事项等。

项目文本清单拟定后，即可根据该清单着手开展项目文件的准备工作。

二、项目文本的类型和特点

根据文本内容的不同，可将项目文本分为3类：决议类文本、协议类文本和预留类文本。

决议类文本，是指项目参与方的有权机构按照法定或公司章程规定的程序，就开展融资或提供增信等重大事项作出决定或决议的书面载体，如股东（大）会决议、董事会决议、合伙人决议等。

协议类文本，是指项目参与方就项目开展各方面内容达成一致意思表示的书面载体，如合同/协议、说明书、标准条款、备忘录等。

预留类文本，是指项目参与方为项目运行制备并经各方认可，但暂未填写具体内容的格式性文本，如指令样式、通知函样式、确认函样式等。

非标业务项目文本有两个特点：一是项目文本的种类繁多，尤其金融产品嵌套的项目。以"证信"结构项目为例，项目文本不仅涵盖资产管理端、信托产品端文本，还包括信托投向底层资产的投资端文本。二是项目文本的个性化较强。非标项目业务模式非常灵活，无论是资金流转路径还是项目增信方式均丰富多样，有些项目甚至将多种路径或增信方式组合叠加使用，导致项目文本个性化突出，增加了项目文本之间借鉴的难度，也对文本制定者的专业性提出了更高的要求。

三、决议类文本需关注的问题

决议类文本是项目参与方的有权机构就开展融资或提供增信等重大事项作出决定或决议的书面载体。决议类文本是项目必备文件，若决议类文本存在瑕疵，轻则易生纠纷，重则导致相关协议或行为无效，因此应予以特别关注。

（一）决议主体方面

决议类文本应当由项目参与方的有权机构作出，该有权机构即为作出决议的主体。由于项目参与主体法律性质不同，不同参与方的有权机构也不尽相同。参与方为有限责任公司的，有权作出相关决议的主体通常为股东会或董事会；参与方为有限合伙企业的，有权作出相关决议的主体通常为合伙人会议（"合伙人会议"并非《合伙企业法》规定的法定机构，习惯上合伙企业一般会设置由全体合伙人组成的"合伙人会议"作为合伙企业的决议机构，此处借用该称谓指代全体合伙人，下同）等。

在非标业务实践中，应当关注项目参与方对法定或约定的需由有权机构出具决议的事项，是否已经取得相关决议。应取得而未取得的，该决议事项存在被认定为无效的法律风险。在审核某事项是否已经取得有权机构的决议时，首先应对作出决议的主体是否为"有权机构"作出准确判断。

判断项目参与方的有权机构可从以下两方面着手：一是查阅与项目参与方成立、运行有关的法律法规，如《公司法》《合伙企业法》《企业国有资产法》《全民所有制工业企业法》等，这些法律规定了相关参与方的内部治理结构，并对该主体参与相关事项的决议机构和决议程序作了规定。例如，根据《公司法》第36条及第98条的规定，有限责任公司和股份有限公司的权力机构分别是股东会和股东大会；根据《企业国有资产法》第11条、第45条的规定，国有独资企业、国有独资公司存在与关联方订立财产转让、借款协议、为关联方提供担保等行为时，应当经国有资产监督管理机构同意。二是查阅项目参与方内部章程性、授权性文件，如公司章程、合伙协议、股东会对董事会的授权文件等，在法律允许范围内，有权机构可以授权其他机构行使相应职权。如《公司法》第66条规定，国有资产监督管理机构可以授权国有独资公司董事会行使股东会的部分职权。

【规范性文件】

《中华人民共和国公司法》（2013年12月28日）

第三十六条 有限责任公司股东会由全体股东组成。股东会是公司的权力机构，依照本法行使职权。

第六十六条 国有独资公司不设股东会，由国有资产监督管理机构行使股东会职权。国有资产监督管理机构可以授权公司董事会行使股东会的部分职权，决定公司的重大事项，但公司的合并、分立、解散、增加或者减少注册资本和发行公司债券，必须由国有资产监督管理机构决定；其中，重要的国有独资公司合并、分立、解散、申请破产的，应当由国有资产监督管理机构审核后，报本级人民政府批准。

前款所称重要的国有独资公司，按照国务院的规定确定。

第九十八条 股份有限公司股东大会由全体股东组成。股东大会是公司的权力机构，依照本法行使职权。

《中华人民共和国企业国有资产法》（2008年10月28日）

第十一条 国务院国有资产监督管理机构和地方人民政府按照国务院的规定设立的国有资产监督管理机构，根据本级人民政府的授权，代表本级人民政府对国家出资企业履行出资人职责。

国务院和地方人民政府根据需要，可以授权其他部门、机构代表本级人民政府对国家出资企业履行出资人职责。

代表本级人民政府履行出资人职责的机构、部门，以下统称履行出资人职责的机构。

第四十五条　未经履行出资人职责的机构同意，国有独资企业、国有独资公司不得有下列行为：

（一）与关联方订立财产转让、借款的协议；

（二）为关联方提供担保；

（三）与关联方共同出资设立企业，或者向董事、监事、高级管理人员或者其近亲属所有或者实际控制的企业投资。

（二）决议程序方面

决议程序合法合规是决议得以生效的内在要求。决议程序合法合规，是指作出决议的过程符合法定或规定的流程和形式等要求。决议程序包括但不限于会议召集程序、出席人数、表决方式等。

最常见的决议是股东会或股东大会决议、董事会决议。根据《公司法》第22条第2款的规定，股东会或股东大会、董事会的会议召集程序、表决方式违反法律、行政法规或者公司章程的，股东可以自决议作出之日起60日内，请求人民法院撤销。因此，若股东会或股东大会、董事会作出决议的程序存在瑕疵，则可能直接导致相关决议被撤销，从而影响该决议的效力。

1.召集程序

股东会或股东大会会议。有限责任公司首次股东会会议由出资最多的股东召集和主持，其余股东会会议由董事会或执行董事召集。股份有限公司股东大会会议一般由董事会召集，董事长主持；董事会不能履行或者不履行职责的，由监事会召集和主持；监事会不召集和主持的，连续90日以上单独或者合计持有公司10%以上股份的股东可以自行召集和主持。股东会或股东大会会议召开前，应当按照《公司法》或公司章程的规定提前通知全体股东。

董事会会议。有限责任公司或股份有限公司的董事会会议由董事长召集和主持；董事长不能履行职务或者不履行职务的，由副董事长召集和主持；

副董事长不能履行职务或者不履行职务的，由半数以上董事共同推举一名董事召集和主持。

2. 出席人数

《公司法》对股东会或股东大会会议的出席人数没有限制，对有限责任公司董事会会议的出席人数没有限制，但规定了股份有限公司董事会会议应有过半数的董事出席方可举行。公司章程中一般会规定具体议定事项股东（大）会会议、董事会会议的最低出席人数或比例。

3. 表决方式

有限责任公司股东会会议的议事方式和表决程序一般由公司章程规定，但是涉及修改公司章程、增加或者减少注册资本的决议，以及公司合并、分立、解散或者变更公司形式的决议需经代表 2/3 以上表决权的股东通过。股份有限公司股东大会的决议必须经出席会议的股东所持表决权过半数通过，但是涉及修改公司章程、增加或者减少注册资本的决议，以及公司合并、分立、解散或者变更公司形式的决议需经出席会议的股东所持表决权的 2/3 以上通过。

有限责任公司董事会议事方式和表决程序一般由公司章程规定，股份有限公司董事会作出决议必须经全体董事的过半数通过。

尽管《公司法》第 22 条规定了股东会或股东大会、董事会的会议召集程序、表决方式违反法律、行政法规或者公司章程的，作出的决议属于可撤销的决议。但根据 2017 年 8 月 25 日《最高人民法院关于适用〈中华人民共和国公司法〉若干问题的规定（四）》的规定，股东会或股东大会、董事会会议召集程序或表决方式仅有轻微瑕疵，对决议不产生实质影响的，决议不因此而被撤销。即便股东会或者股东大会、董事会决议被人民法院判决确认无效或者撤销的，公司依据该决议与善意相对人形成的民事法律关系也不受影响。因此，为避免决议被撤销后影响法律关系效力，相对人应要求公司严格按照公司法和公司章程作出决议，避免因未尽善意注意义务，导致已形成的法律关系被认定为无效。

【规范性文件】

《中华人民共和国公司法》(2013 年 12 月 28 日)

第二十二条 公司股东会或者股东大会、董事会的决议内容违反法律、行政法规的无效。

股东会或者股东大会、董事会的会议召集程序、表决方式违反法律、行政法规或者公司章程，或者决议内容违反公司章程的，股东可以自决议作出之日起六十日内，请求人民法院撤销。

股东依照前款规定提起诉讼的，人民法院可以应公司的请求，要求股东提供相应担保。

公司根据股东会或者股东大会、董事会决议已办理变更登记的，人民法院宣告该决议无效或者撤销该决议后，公司应当向公司登记机关申请撤销变更登记。

《最高人民法院关于适用〈中华人民共和国公司法〉若干问题的规定（四）》(2017 年 8 月 25 日，法释〔2017〕16 号)

第四条 股东请求撤销股东会或者股东大会、董事会决议，符合公司法第二十二条第二款规定的，人民法院应当予以支持，但会议召集程序或者表决方式仅有轻微瑕疵，且对决议未产生实质影响的，人民法院不予支持。

第五条 股东会或者股东大会、董事会决议存在下列情形之一，当事人主张决议不成立的，人民法院应当予以支持：

（一）公司未召开会议的，但依据公司法第三十七条第二款或者公司章程规定可以不召开股东会或者股东大会而直接作出决定，并由全体股东在决定文件上签名、盖章的除外；

（二）会议未对决议事项进行表决的；

（三）出席会议的人数或者股东所持表决权不符合公司法或者公司章程规定的；

（四）会议的表决结果未达到公司法或者公司章程规定的通过比例的；

（五）导致决议不成立的其他情形。

第六条　股东会或者股东大会、董事会决议被人民法院判决确认无效或者撤销的，公司依据该决议与善意相对人形成的民事法律关系不受影响。

（三）决议内容方面

1. 决议内容应合法合规

决议内容合法合规是决议生效的基本要求。根据《公司法》第22条的规定，如果决议内容违反法律、行政法规，可能导致决议无效；如果决议内容违反公司章程的规定，可能导致决议被撤销。决议内容违反法律、行政法规规定，大致可概括为3类情形，一是决议内容违反法律原则，如违反公序良俗原则；二是决议内容违反有限责任公司本质，如违反股东平等原则、违反股东有限责任原则；三是决议内容违反强行法规定，如违反股权转让规定等。

在制定项目方案和交易结构时，参与方已经对项目所有环节的合法合规性进行了考量，如果项目方案和交易结构本身不存在合规方面的问题，决议内容通常也不会出现合规性瑕疵。但是，个别情况下，由于项目方案和交易结构制定的疏忽或对法律、法规存在理解上的偏差，相关项目方案或交易结构可能确实存在此前未发现的瑕疵。因此在拟定或审核决议内容时，仍应对决议内容的合法合规性进行考量。

【相关案例】

曹某与济南甲快餐有限责任公司等公司决议效力确认纠纷［一审：(2014) 槐商初字第463号，二审：(2015) 济商终字第459号］[1]

1993年1月1日，曹某与宋某签订私营企业合伙协议，共同兴办并经营管理甲公司，双方同时制定了公司章程。1993年3月10日，经济南市工商行政管理局注册登记，甲公司正式成立，宋某任法定代表人。

---

[1] 案例来源：中国裁判文书网。

同年11月30日，曹某出具终止合伙协议书言明："自一九九三年，宋某与曹某合伙经营甲公司以来，因曹某家庭问题等原因，无法与宋某继续合伙经营，为此，自即日起曹某自愿提出终止合伙经营合同，甲公司所有的债权债务均与曹某无关，特此声明。"1994年4月23日，甲公司出具收条1张，载明收到曹某1993年1月1日合伙投资15万元整，以房屋使用权作价。1994年11月14日，宋某、康某共同签订了决议决定，由于甲公司股东人数较少，只设1名执行董事，不设董事会，由宋某任执行董事并兼任公司经理；注册资本由原来51万元增加为286元，已经验资单位证明，其中原股东曹某自行退股，其所出资的15万元，自行带走，现已由新股东康某出资31万元重新入股并承担所出资股份的债权债务。当日，宋某代表甲公司向济南市工商行政管理局递交了关于公司名称、注册资本、经营范围、股东出资人、经营期限5个方面事项的变更申请。

济南市中级人民法院审理认为：

根据2006年施行的《中华人民共和国公司法》第22条规定，公司股东会或者股东大会、董事会的决议内容违反法律、行政法规的无效。从此规定可以看出，公司法对于确认股东会决议无效限定了严格的条件，只有决议内容违反法律、行政法规的，才能确认为无效。

【相关案例】

甲技术（北京）有限公司与王某公司决议效力确认纠纷［一审案号：(2014) 朝民（商）初字第47963号，二审案号：(2015) 三中民（商）终字第01832号］①

甲公司成立于2006年6月28日，注册资本2508万元，公司类型为有限责任公司（自然人投资或控股）。2012年3月20日，王某通过受

---

① 案例来源：中国裁判文书网。

让股权的方式成为甲公司股东。2012年的甲公司章程记载股东及其出资情况为王某出资75.24万元、张乙出资125.40万元、张丙出资2307.36万元。

甲公司的工商档案材料中有1份甲公司第六届第二次股东会决议，内容为：2013年5月3日在北京市朝阳区利泽中园×××号楼3层301B召开了甲公司第六届第二次股东会，会议应到3人，实到3人，参加会议的股东在人数和资格等方面符合有关规定。会议形成决议如下，转让出资：王某愿意将甲公司实缴75.24万元货币出资转让给张乙；变更章程：同意修改后的章程（章程修正案）。该决议上签有王某、张乙、张丙的名字。甲公司工商档案材料中另有1份转让方为王某、受让方为张乙的出资转让协议书，约定王某将甲公司的出资75.24万元转让给张乙。甲公司依据上述材料办理了工商变更登记，股东及其出资变更为张乙出资200.64万元、张丙出资2307.36万元。

本案一审诉讼中，王某、甲公司及张乙一致确认甲公司第六届第二次股东会决议和转让方为王某、受让方为张乙的出资转让协议书上王某的签名并非本人所签。

北京市朝阳区人民法院一审认为：

甲公司第六届第二次股东会决议上王某的签名并非本人所签，而该决议中称王某愿意将其在甲公司的出资转让给张乙，该内容不是王某的真实意思表示，侵犯了王某的合法权益，应属无效。

北京市三中院二审认为：

本案诉争股东会决议内容为王某愿意将其在甲公司的出资转让给张乙，根据该决议内容，王某的表意行为不仅为行使基于股东身份权的程序性表决，而且关系到就其自身股东身份权及财产权的实质性权利处分。现该决议不是王某的真实意思表示，侵犯了王某合法的股东身份权及财产权，属于侵权行为，违反了法律规定，故该决议应为无效。

【相关案例】

上诉人霍某与被上诉人勐腊县甲房地产开发有限责任公司股东决议效力确认纠纷[一审案号：(2015)腊民二初第304号，二审案号：(2016)云28民终525号][1]

甲公司成立于2011年12月1日，企业类型为有限责任公司（自然人投资或控股），注册资本50万元。2011年12月1日，甲公司吸收霍某作为新增股东。2013年6月5日，甲公司企业名称由勐腊县甲有限责任公司变更为勐腊县甲房地产开发有限责任公司。

2014年1月3日，甲公司作出《董事（股东）会决议》1份。该决议上董事（股东）签字处有署名为"杜某"、"陆某"、"霍某"的签名，并加盖有甲公司印章。霍某认为该决议上的签名不是本人签名。霍某诉至一审法院，要求确认2014年1月3日勐腊县甲房地产开发有限责任公司股东会决议无效。经鉴定：检材落款董事（股东）签字处的"霍某"签名笔迹不是霍某本人所书。

勐腊县人民法院一审认为：

根据《中华人民共和国公司法》第22条第1款"公司股东会或者股东大会、董事会的决议内容违反法律、行政法规的无效"的规定，对于公司决议效力性的否定仅限于决议内容违反法律、行政法规。本案中，虽然股东会决议上霍某的签名经鉴定非其本人所签，但该问题并不属于导致股东会决议无效的法定情形，故霍某的诉讼主张没有法律依据。

西双版纳傣族自治州中级人民法院二审认为：

根据《中华人民共和国公司法》第22条第1款"公司股东会或者股东大会、董事会的决议内容违反法律、行政法规的无效"及第2款"股

---

[1] 案例来源：中国裁判文书网。

东会或者股东大会、董事会的会议召集程序、表决方式违反法律、行政法规或者公司章程，或者决议内容违反公司章程的，股东可以自决议作出之日起六十日内，请求人民法院撤销"的规定，上诉人以召集程序存在瑕疵、伪造股东签名为由，主张被上诉人股东会于2014年1月3日作出"关于本公司为玉溪市乙工贸有限公司提供担保事宜"的决议为无效决议，但该股东决议内容并不违反法律、行政法规的规定，只有股东会决议的内容违反了法律、行政法规规定的才能确认为无效决议。故上诉人上诉请求不能成立，本院不予支持。

2. 决议内容应清晰

决议内容清晰，是指决议所表达的内容应用语准确、内容明晰。实践中，有的决议内容非常笼统，未能准确描述决议者的意图，为将来决议的执行带来不必要的麻烦。如决议记载"同意公司为某公司融资事项提供兜底"，该决议不仅未对所决议事项本身进行清楚描述，且"兜底"一词含义模糊，无法判断该决议的真实含义，属典型的表达不清，一旦发生纠纷，难以确定该公司承担责任的范围。

3. 决议内容应具体

决议内容具体，是指决议内容应将所决议事项的核心要素，如名称、金额、时间、范围等内容细致、完整地进行描述。例如，在A公司为B公司向C银行贷款提供抵押担保的情形中，A公司的决议内容应涵盖各主体及有关法律关系、担保金额、担保期限、抵押物名称及范围等，而不能仅采取诸如"A公司为B公司向C银行贷款提供抵押担保"的笼统描述。

（四）决议签署方面

1. 签署主体具备资格

审查决议签署方面问题时，应注意审查决议签署主体是否具备合法签署资格。决议类文本应当由项目参与方的有权机构作出并由该机构的组成成员在决议上签字或盖章。根据《公司法》第41条的规定，有限责任公司的股东会作为有权机构作出股东会决议时，应当由出席会议的股东在决议上签名。上市公司的股东大会决议则采取网络表决和现场表决同时进行的方式，网络表决通过投票系统点选，现场表决采取记名或不记名投票表决方式，最终形成的决议通过交易所公告，无须股东在决议上签署。董事会决议则应由出席会议的董事在决议上签字。《合伙企业法》虽然未规定合伙人会议决议通过的事项是否应以书面形式呈现，但实践中均要求合伙企业出具书面决议并由合伙人在决议上签署。

现实中，可能会存在工商行政管理部门所登记的公司股东、董事信息与实际不一致的情况。遇到此类情况，应先了解工商行政管理部门所登记信息与实际不一致的原因，如属于可更正的，应要求公司及时申请更正。不能及时更正的，应根据法律法规规定，从实质上认定真实股东，并取得其同意，避免后续诉累。例如可以根据公司章程、股东名册、出资证明书、是否参与公司利润分配等要素综合判断公司实际股东。如果公司实际股东与工商行政管理部门记载的股东之间签订了代持股份协议，公司实际股东为隐名股东，而登记信息记载的股东为显名股东，司法实践中法院一般认为隐名股东因履行了实际出资义务而享有股东资格，但根据《公司法》第32条之规定，"隐名股东"未在登记部门登记公示，发生纠纷时不得对抗第三人，无权撤销经显名股东签署的股东会决议。

因此，工商行政管理部门登记的股东与实际股东不一致且无法及时办理变更登记手续的，应当以登记部门登记的股东作为决议的有权签署主体，并争取实际股东就所决议事项出具同意说明，尽量减小未来出现纠纷的可能性。

此外，在某些特殊情形下原有权签署主体不再具备签署资格或实际不能签署，对此应具体情况具体分析。例如，作为股东的有限责任公司进入破产程序的，应由破产管理人代行签署相关决议职责；自然人丧失民事行为能力的，应由其法定代理人代为签署相关决议。

实践中，特别是在国有企业中还存在原董事退休或调任，新董事长期未到任的，甚至部分国有企业原董事会成员几乎全部调离，仅董事长留任的情况。虽然《公司法》第45条规定，董事任期届满未及时改选，或者董事在任期内辞职导致董事会成员低于法定人数的，在改选出的董事就任前，原董事仍应当依照法律、行政法规和公司章程的规定，履行董事职务，但在现实中却不具有可操作性。这种情况下应认为董事会不能履行职权，应由股东（大）会决议相关事项。

【规范性文件】

《中华人民共和国公司法》（2013年12月28日）

第三十二条 有限责任公司应当置备股东名册，记载下列事项：

（一）股东的姓名或者名称及住所；

（二）股东的出资额；

（三）出资证明书编号。

记载于股东名册的股东，可以依股东名册主张行使股东权利。

公司应当将股东的姓名或者名称向公司登记机关登记；登记事项发生变更的，应当办理变更登记。未经登记或者变更登记的，不得对抗第三人。

第四十一条 召开股东会会议，应当于会议召开十五日前通知全体股东；但是，公司章程另有规定或者全体股东另有约定的除外。

股东会应当对所议事项的决定作成会议记录，出席会议的股东应当在会议记录上签名。

第四十五条 董事任期由公司章程规定，但每届任期不得超过三年。董事任期届满，连选可以连任。

董事任期届满未及时改选，或者董事在任期内辞职导致董事会成员低于法定人数的，在改选出的董事就任前，原董事仍应当依照法律、行政法规和公司章程的规定，履行董事职务。

【相关案例】

徐甲、沈乙等与海门市丙有限公司公司决议撤销纠纷［一审:(2013)门商初字第0336号，二审:(2014) 通中商终字第00445号］[①]

海门市丙公司系设立于1977年的市属建筑丁企业，先后经历了1996年和2003年两次股份制改造。2003年7月8日改制后更名为海门丁公司。

2003年9月27日，海门丁公司分别向徐甲等17人出具收据，收据记载的交款金额分别为1～6万元不等，收款理由均为"股金"。在海门丁公司历年报备的《章程》中，徐甲等17人中除陈某被登记在公司工会股东外，其余16人既没有被登记为自然人股东，也没有被列入工会持股名册中。

2012年11月8日，海门丁公司召开有33名股东代表参加的第四届股东大会。会议根据股东大会通过的选举办法，选举徐建某为公司董事长，并形成相应的股东会决议和董事会决议。徐甲等17人因没有被通知而未参加第四届股东大会。故起诉要求撤销决议。

南通市中级人民法院二审认为：

依据《中华人民共和国公司法》的相关规定，有限责任公司股东资格的确认，要综合考虑公司章程、工商登记、股东名册、出资证明书等多种因素。法院判决确认享有的股东资格，是公司法意义上的股东资格，是具有对内和对外双重效力的股东资格，判决确认的股东能够享有公司法规定的全部股东权利，承担公司法规定的全部股东义务。根据《公司法》第32条第3款的规定："公司应当将股东的姓名或者名称及其出资额向公司登记机关登记；登记事项发生变更的，应当办理变更登记。未经登记或者变更登记的，不得对抗第三人。"

[①] 案例来源：中国裁判文书网。

本案中，被上诉人的章程和工商登记均没有上诉人持股情况的记载，上诉人为被上诉人的实际出资人，之所以记载于内部股东花名册，是基于企业改制时上诉人与被上诉人及被上诉人的其他出资人的内部约定，不能对抗第三人，即不能称为公司法上的有公示公信效力的股东。上诉人并不具备被上诉人的股东资格，故对其关于撤销公司相关决议或确认决议无效的诉请，本院不予支持。

2. 签署形式符合要求

审查决议签署方面的问题时，还应关注签署形式是否符合要求。首先，签署决议时，一般要求法人加盖公章、自然人亲笔签字。实践中存在自然人用人名章替代亲笔签字的情形，由于当前人名章刻制较随意，在无有效授权及无可核对的预留印鉴情况下，签章真实性无法保证，因此不宜以人名章替代亲笔签字。对于不能书写自己名称的，可采取加盖人名章或他人代书并由本人捺手印的方式签署。其次，签署决议时，可将签署主体名称打印标注于决议签署处，并留出签署空档，以便遇到签名字体难以辨认或签署主体较多时，有效防止漏签，并便于核对不同文件签名的一致性。再次，对于决议文本为多页的，为防止文本散落或内容被撤换应加骑缝章或骑缝签署将文本锁定。

对于实践中偶尔出现的股东伪造其他股东签字、印章的行为，部分法院认为，决议内容并非被伪造签名的股东的真实意思表示，侵犯了股东身份权和财产权，属于侵权行为，违反了法律规定，应属无效，如"甲技术（北京）有限公司与王某公司决议效力确认纠纷"一案。也有法院认为，伪造股东签名并非违反法律、行政法规，不属于决议无效的情形，如"上诉人霍某与被上诉人勐腊县甲房地产开发有限责任公司股东决议效力确认纠纷"一案。最高人民法院在"某银行股份有限公司甲支行与大连乙股份有限公司、大连丙集团有限公司借款合同纠纷"一案中认为，《股东会担保决议》存在部分股东印章虚假、使用变更前的公司印章等瑕疵，但《股东会担保决议》中存在的相关瑕疵必须经过鉴定机关的鉴定方能识别，必须经过查询公司工商登记才能知晓、必须谙熟公司法相关规范才能避免因担保公司内部管理不善导致的风险，如若将此全部归属于担保债权人的审查义务范围，未免过于严苛，亦有违合同法、担保法等保护交易安全的立法初衷。担保债权人基于对担保人法定代表人身份、公司法人印章真实性的信赖，基于担保人提供的股东会担保决议盖有担保人公司真实印章的事实，完全有理由相信该《股东会担保决议》的真实性，无须也不可能进一步鉴别担保人提供的《股东会担保决议》的真伪。（具体案情见本书第二章"上市公司作为担保人需关注的问题"部分）

因此，只要对决议进行了合理的审查，股东伪造其他股东签字、印章的行为即不会影响公司与善意相对人的法律关系。合理的审查应包括核对预留印鉴，核对签署人名称等。

3.决议的核签要求

决议核签是指决议签署时，接受决议的一方通过一定流程或方法核实决议的真实性和有效性。近年来，随着"假印章"诈骗类案件频发，各机构也开始重视文件的签字盖章问题，许多机构都建立了"核保核签"制度，并将"决议类"文件纳入核签范围。

决议核签的要点包括：一是要求双人双岗，即负责核签的人员至少要两人，其中一人为项目团队以外岗位的人——通常是合规风控岗员工或聘请的外部律师。二是要求现场核签，即要求核查人员到签字现场，见证签署过程。在现场核签过程中，如果签署主体为机构的，一般要求提供单位营业执照供核查并留存复印件；签署主体为自然人的，一般要求提供身份证明文件供核查并留存复印件。三是对于未能亲自见证签署过程或对签署存疑的，应采取访谈、复核等方式对签署事项进行查验。

四、协议类文本需关注的问题

项目协议类文本作为项目参与方就项目开展相关方面达成的一致意思表示的书面载体,是全部项目文本的核心。协议类文本的优劣,将直接影响项目的后续执行及权利、义务和责任的划分。

(一)协议合规性方面

协议类文本本质上是对项目方案及交易结构的具体化,因此协议类文本的合规性问题与项目方案、交易结构的合规性问题基本一致。本书前述章节中已探讨的问题大多与项目方案及交易结构的合规性相关,所以此处不再单独就协议类文本的合规性问题进行讨论。

(二)协议内容方面

相较于决议类文本,协议类文本在文本内容方面繁冗细致,且文本之间联系密切。因协议类文本是对项目方案及交易结构的具体化,故协议类文本在内容方面尤应做到清晰统一、重点突出、易于操作。

1. 内容清晰统一

协议内容应清晰统一,是指协议类文本应逻辑清晰完整、表述准确统一。由于非标业务常涉及金融产品(如证信合作模式、私募基金模式等),协议类文本通常由金融产品的管理人负责制作,如果协议文本出现逻辑或表述错漏,管理人往往会陷入被动,并可能应过失而承担法律责任。

2. 逻辑清晰完整

逻辑清晰完整是指协议类文本应保持概念清晰准确和文本内容完整、条理清晰。

逻辑的起点是概念,逻辑清晰的前提是概念清晰准确。例如,在某资产证券化(ABS)业务中,交易结构本是由特殊目的载体(SPV)购买 A 对 B

持有的应收账款（此处应收账款即为"基础资产"），但产品说明书中对"基础资产"的表述为："基础资产是指A持有的对B的应收账款以及基于该应收账款而产生的违约金、赔偿金、担保权或其他一切直接或间接的利益。"从概念清晰准确的角度来讲，"其他一切直接或间接的利益"难以准确界定。之所以采用此笼统的表述，往往是为了确保买方利益最大化，但若概念不清晰，则难以保证整个项目逻辑通畅和完整，可能对后续操作产生不利影响。再如，某协议文本表述"由A为B回购C持有的对D的应收账款提供保证担保"，初看起来该表述似乎没有任何问题，但进一步深入分析，当B不能履行回购义务时，到底是采取A代B履行回购义务，还是由A代B支付回购价款？该约定并未明确。尽管最终结果都是由A承担回购价款，但是前者将使得A持有对D的应收账款，后者将导致B持有对D的应收账款，两种不同的处理方式将导致不同的结果。如果A、B、C之间不能就履行担保责任的具体方式达成一致，则可能发生纠纷。因此应在文本中对"保证担保"的概念进一步明确，以避免产生争议。

逻辑清晰完整还要求协议类文本内容完整、条理清晰。

首先，协议类文本内容应尽量完整。内容完整考量的是方案设计者和文本制定者对项目未来可能出现情形的预判。例如，在某资管产品中，约定了优先级份额信用评级下调时资管产品应终止的条款，但是文本中没有就出现意外情况导致资管产品无法正常终止进行约定，也没有对出现僵局时如何组织召开委托人会议进行约定，以致发生特殊情形时产品管理人陷入两难境地。其次，鉴于协议类文本是项目方案和交易结构的细化，文本内容应条理清晰地展现交易流程的各个细节。例如，在循环购买业务中，对触发循环购买的条件、循环购买的步骤、购买对象的要求等，应尽可能条理清晰地描述，否则在实际执行过程中可能出现无法操作的情形。

3. 表述准确统一

由于非标业务项目协议类文本通常较多，在各文本表述准确统一方面，常遇到以下问题：

（1）主管或管辖约定不统一

笔者处理过的众多项目文本中，常出现不同协议对主管和管辖约定不一致的问题。例如，在某些项目中，主合同约定出现纠纷时，由 A 仲裁委员会仲裁解决，担保合同约定出现纠纷时，由 B 法院管辖。发生纠纷时，应通过仲裁还是诉讼解决？有观点认为，依据《最高人民法院关于适用〈中华人民共和国仲裁法〉若干问题的解释》第 7 条之规定，既约定了仲裁又约定了诉讼，仲裁协议无效。但是，主合同纠纷和担保合同纠纷属于两个不同法律关系，两个合同中关于纠纷解决方式的约定并不冲突，不应当认定无效。且这种情形与主合同和担保合同都约定通过诉讼解决纠纷不同，因此也不应适用《最高人民法院关于适用〈中华人民共和国担保法〉若干问题的解释》第 129 条第 2 款"依据主合同确定案件管辖"的规定。

根据 2013 年 3 月 20 日《最高人民法院关于成都优邦文具有限公司、王国建申请撤销深圳仲裁委员会（2011）深仲裁字第 601 号仲裁裁决一案的请示的复函》和 2006 年 9 月 13 日《最高人民法院关于玉林市中级人民法院报请对东迅投资有限公司涉外仲裁一案不予执行的请示的复函》，担保合同没有约定仲裁条款的，主合同的仲裁条款对担保合同没有约束力。仲裁的核心是意思自治，如果担保合同中约定的是诉讼解决方式，而非仲裁，即使主合同约定了仲裁条款，也不能以此认定担保合同纠纷应通过仲裁解决。

同理，如果担保合同约定了仲裁条款，主合同未约定，担保合同的仲裁条款对主合同也没有约束力。当债权人同时起诉债务人和担保人时，法院可裁定驳回债权人对担保人的起诉。

非标项目往往涉及多个参与方，若不能由同一法院审理，将不利于查清案情，甚至可能出现截然相反的裁判。因此，应特别注意统一主管和管辖。

【规范性文件】

《最高人民法院关于适用〈中华人民共和国担保法〉若干问题的解释》（2000年12月8日，法释〔2000〕44号）

第一百二十九条　主合同和担保合同发生纠纷提起诉讼的，应当根据主合同确定案件管辖。担保人承担连带责任的担保合同发生纠纷，债权人向担保人主张权利的，应当由担保人住所地的法院管辖。

主合同和担保合同选择管辖的法院不一致的，应当根据主合同确定案件管辖。

《最高人民法院关于成都优邦文具有限公司、王国建申请撤销深圳仲裁委员会（2011）深仲裁字第601号仲裁裁决一案的请示的复函》（2013年3月20日，〔2013〕民四他字第9号）

广东省高级人民法院：

你院（2012）粤高法仲复字第2号《关于成都优邦文具有限公司、王国建申请撤销深圳仲裁委员会（2011）深仲裁字第601号仲裁裁决一案的请示》收悉。经研究，答复如下：

本案系当事人申请撤销我国仲裁机构作出的涉港仲裁裁决的案件。案涉担保合同没有约定仲裁条款，仲裁庭关于主合同有仲裁条款，担保合同作为从合同应当受到主合同中仲裁条款约束的意见缺乏法律依据。仲裁庭对没有约定仲裁条款的担保合同进行审理并作出裁决，担保人王国建申请撤销该仲裁裁决中涉及其作为担保人部分的裁项的理由成立。鉴于王国建与祈祥、陈建军系共同保证人，三者具有共同的法律地位，且关于该三人责任的裁决共同表述在裁决书第（四）项中，人民法院宜将该裁项作为一项不可分的裁决予以撤销。

综上，根据《中华人民共和国仲裁法》第七十条、《中华人民共和国民事诉讼法》第二百七十四条第一款第（一）项之规定，案涉裁决书第（四）项以及第（六）项中关于王国建、祈祥与陈建军共同承担仲裁费用的内容应予撤销。

《最高人民法院关于玉林市中级人民法院报请对东迅投资有限公司涉外仲裁一案不予执行的请示的复函》(2006年9月13日,〔2006〕民四他字第24号)

广西壮族自治区高级人民法院:

你院〔2006〕桂法执复字第2号、〔2006〕桂法执议字第4号《关于玉林市中级人民法院报请对东迅投资有限公司涉外仲裁一案不予执行的请示报告》收悉。经研究,答复如下:

关于你院请示的第一个问题,涉及人民法院是否应予执行我国仲裁机构作出的涉外仲裁裁决,应当根据《中华人民共和国民事诉讼法》第二百六十条的规定进行审查。

从本案有关事实看,合作合同中明确约定合作双方为广西玉林市恒通有限公司(以下简称恒通公司)和东迅投资有限公司(以下简称东迅公司)。广西壮族自治区玉林市人民政府(以下简称玉林市政府)作为恒通公司的主管部门,路劲基建有限公司(以下简称路劲公司)作为东迅公司的主管部门,尽管亦在该合作合同上签署,但是合作合同第二章明确约定合作公司的合作双方为恒通公司和东迅公司。因此,玉林市政府和路劲公司均不是合作合同的当事人,合作合同中的仲裁条款不能约束玉林市政府。玉林市政府提供的担保函中没有约定仲裁条款,玉林市政府与东迅公司之间亦未就他们之间的担保纠纷的解决达成仲裁协议。仲裁庭依据合作合同中的仲裁条款受理本案,就涉及玉林市政府的担保纠纷而言,仲裁裁决已经超出了仲裁协议的范围。

综上,根据《中华人民共和国民事诉讼法》第二百六十条第一款第(四)项以及最高人民法院《关于适用〈中华人民共和国民事诉讼法〉若干问题的意见》第二百七十七条的规定,人民法院应当裁定不予执行涉及玉林市政府部分的仲裁裁决,其余部分应予执行。对此,同意你院的处理意见。

关于你院请示的第二个问题,对于人民法院作出的中止执行的裁定,当事人不能申请复议,因此,你院不应受理东迅公司申请复议一案。

【相关案例】

甲房产有限公司与乙市人民政府担保物权纠纷〔一审案号：(2001) 粤高法经一初字第 13 号，二审案号：(2001) 民二终字第 177 号〕[①]

1994 年 9 月 7 日，甲公司与丙公司签订《××广场总承包工程合同》，约定：甲公司将××广场发包给丙公司承建，合同总价款为 779164.250 元。该合同第 14-3-1 条明确约定："无论是在本合同执行期间或在本合同完成或被放弃之后发包方和承包方之间，对合同的解释或与对合同有关的任何问题，若有任何争议或歧见，则有关争议或歧见需提交双方同意的仲裁人仲裁解决或提交中国国际贸易对外促进委员会对外经济贸易仲裁委员会而根据该会的仲裁程序进行仲裁。"

同日，甲公司与乙市政府签订《履约确认书》。乙市政府向发包方确认，在任何时候，丙公司将会按时履行、遵守及维护在工程合同内所订明的限期、承诺、条款及责任。如丙公司未能履行、遵守或维护上述的限期、承诺、条款及责任，乙市政府将赔偿一切因丙公司未能履行工程合同而受影响之人士或方面向发包方所追讨之赔偿。

上述合同订立后，甲公司与丙公司在履约过程中发生纠纷，甲公司于 2001 年 5 月向广东省高级人民法院起诉，请求判令丙公司向其返还工程款并支付违约金，乙市政府对上述债务承担连带清偿责任。

2001 年 8 月 15 日，乙市政府提出管辖权异议，请求裁定驳回甲公司对乙市政府的起诉，将本案移送至有管辖权的仲裁机构。

[①] 案例来源：https://www.itslaw.com/detail?judgementId=b912edae-da7c-402f-a6a5-3274e3ccdc1a&area=1&index=1&sortType=1&count=1&conditions=searchWord%2B%E6%83%A0%E5%B7%9E%E7%BA%AC%E9%80%9A%E6%88%BF%E4%BA%A7%E6%9C%89%E9%99%90%E5%85%AC%E5%8F%B8%E4%B8%8E%E6%83%A0%E5%B7%9E%E5%B8%82%E4%BA%BA%E6%B0%91%E6%94%BF%E5%BA%9C%E6%8B%85%E4%BF%9D%2B1%2B%E6%83%A0%E5%B7%9E%E7%BA%AC%E9%80%9A%E6%88%BF%E4%BA%A7%E6%9C%89%E9%99%90%E5%85%AC%E5%8F%B8%E4%B8%8E%E6%83%A0%E5%B7%9E%E5%B8%82%E4%BA%BA%E6%B0%91%E6%94%BF%E5%BA%9C%E6%8B%85%E4%BF%9D

广东省高级人民法院一审认为：

本案主合同是甲公司与丙公司于1994年9月签订的《××广场总承包工程合同》，根据该合同第14-3-1条中关于"本合同执行期间产生的任何争议需提交中国国际贸易对外促进委员会对外经济贸易仲裁委员会而根据该会的仲裁程序进行仲裁"的约定，仲裁协议明确，排除了法院对本案的管辖权，法院对该案不予受理，应由甲公司另行向有关仲裁机构申请仲裁。

甲公司上诉称：

被上诉人在与上诉人签订的《履约确认书》中约定，"本履约确认书受中国法律管辖，市政府同意接受中国法院的裁决"，明确选择接受法院管辖，该管辖的约定并未违法，一审法院应当按照当事人意思自治的原则确定法院具有管辖权。

被上诉人乙市政府答辩称：

原审法院认定事实清楚，适用法律正确。甲公司与丙公司签订的《××广场总承包工程合同》明确约定："若有任何争议，则有关争议或歧见须提交双方同意的仲裁人仲裁解决或提交中国国际贸易对外促进委员会对外经济贸易仲裁委员会并根据该会的仲裁程序进行仲裁。"乙市政府向甲公司出具的《履约确认书》是基于上述合同产生的，是从合同。担保合同纠纷应根据主合同确定管辖，因主合同约定有仲裁条款，故本案履约担保纠纷应依据主合同的约定通过仲裁途径解决。

最高人民法院二审认为：

本案债权人甲公司与保证人乙市政府在双方签订的《履约确认书》中并未约定仲裁条款。本案系甲公司起诉乙市政府的履约担保纠纷，与甲公司和丙公司之间的承包工程合同纠纷系两个不同的民事关系，甲公司与乙市政府之间形成的履约担保民事关系不受甲公司与丙公司承包合同中约定的仲裁条款的约束，双方当事人在所签订的《履约确认书》中并未选择仲裁方式解决纠纷。甲公司的起诉符合《中华人民共和国民事诉讼法》第 108 条的规定，广东省高级人民法院应当予以受理。广东省高级人民法院以承包工程合同中的仲裁条款明确，从而排除人民法院对履约担保纠纷的管辖权，裁定驳同甲公司的起诉，依法应予纠正。

（2）同一概念在不同协议中外延不统一

如在某资产证券化（ABS）业务中，交易结构本是由特殊目的载体（SPV）购买 A 对 B 持有的应收账款（此处应收账款即为"基础资产"），产品说明书中对"基础资产"的表述为："基础资产是指 A 持有的对 B 的应收账款以及基于该应收账款而产生的违约金、赔偿金、担保权或其他一切直接或间接的利益。"而同一项目的资产买卖协议中，所买卖的"基础资产"仅为 A 持有的对 B 的应收账款。两个文件中对"基础资产"的定义外延不一致，假如将来该产品出现偿付风险，委托人可能以信息披露瑕疵为由向产品管理人主张赔偿责任。

（3）计算标准不统一

如某产业基金模式业务中，以年利率计算日利率时，个别协议采用"年利率/365"的计算标准，有的协议则采用"年利率/360"的计算标准。由于基金规模可能涉及数亿甚至数十亿，计算方式的细微区别将导致最终的结果相差悬殊，不仅会导致财务上处理不便，还可能造成巨额经济损失。

4. 内容重点突出

由于项目协议通常较多，各个项目需关注的重点也不尽一致，因此在制定协议文本时，应当有所侧重，突出重点内容。

融资人以特定项目融资的，需重点介绍项目本身情况以及项目未来现金流情况。项目的主要增信措施为不动产抵押的，则应对所抵押的不动产以及已办理的抵押手续重点介绍。如果项目本身存在瑕疵的，也应当作为重点详细介绍予以披露。

协议内容重点突出，一方面，有利于投资人尽快了解项目并作出相应判断；另一方面，当项目出现纠纷时，便于向纠纷解决机构举证已经就重点事项进行了充分披露或约定，有利于维护自身权益。

5. 具有可操作性

协议内容的可操作性是协议的内在要求，如果协议操作性差或不具有操作性，必然会导致执行上的拖延、瑕疵或者直接导致违约。协议内容出现操作性方面的问题，主要有主观和客观两方面原因。

主观原因，即在设计项目方案或交易结构时，没有充分考虑方案内容所需条件，从而导致无法按协议约定进行实际操作。例如，在某非标项目中，约定直接由资产管理计划作为某商业汇票的质权人。根据《票据法》第4条、第35条之规定，持票人行使票据权利，应当在票据上签章。如果资产管理计划作为质权人，则应由资产管理计划在票据上背书签章。然而，资产管理计划作为金融产品，实践中无法实现由该资产管理计划直接质押背书的，从而导致票据质押可能存在效力瑕疵。再如，在某资产证券化（ABS）说明书中，约定若优先级份额信用等级被下调的，管理人应当在信用等级被下调后3个工作日内成立由律师、会计师等专业人员组成的清算组对产品进行清算并出具清算报告。由于项目情况比较复杂，管理人在3个工作日内根本无法完成成立清算组并出具清算报告的工作，以致客观上造成管理人未能按照产品文件之约定全面履行管理人义务，管理人可能因此而承担责任。

客观原因，即并非项目方案或交易结构本身存在问题，而是因客观因素的存在导致无法按协议约定进行实际操作。例如，某些地方的不动产登记机构在办理不动产抵押登记时，要求抵押权人必须是银行业金融机构，否则不予办理抵押登记。再如，某些地方的不动产登记机构在办理建设工程项目抵押登记时，要求按照实际已建造楼层办理抵押登记，未完工的楼层不予办理抵押登记。

协议内容应具有可操作性，要求设计项目方案或交易结构时充分考虑可能出现的各种情况，避免因事先计划不周导致不能如约履行。对于重要节点，应提前向相关部门咨询，以防止出现实际操作障碍。

（三）协议形式方面

协议形式方面，应做到清晰整齐和易于调整。

1. 协议形式应清晰整齐

协议形式清晰整齐是指协议语言清晰易懂、格式整齐美观。

语言清晰易懂，是指协议文本所用语言条理清晰，相关概念及所表达的内容易于理解。语言清晰易懂可避免在协议履行过程中，因受众的不同而导致对于语言理解的分歧。一般来说，协议文本中尽量避免用过于复杂的数学公式或过于专业的概念，尤其是高等数学所涉及的公式。由于受众的文化水平存在差异，过于复杂的数学公式或过于专业的概念容易带来理解上的偏差。如果不可避免需使用复杂的数学公式或专业概念，应同时对其进行注解或举例，便于受众理解并对文本内容的认识达成一致。

格式整齐美观，是指协议文本的字体、间距、排版等格式应有相对固定的样式，视觉优美，便于阅读。文本格式直接影响读者对文本的阅读体验，尽管文本格式通常不会影响文本的效力，但令人赏心悦目的文本格式能让受众快速理清思路、抓住要点，便于各方沟通交流，同时也易于发现文本内容存在的错漏。一般而言，对于篇幅较长的文本，应按照层级列明标题，并编制目录索引，还需注意各协议文本尽量保持字号、段落、行间距等统一美观，粗体、下划线等特别标记使用恰当。在文本格式方面还需注意文本的页码问题，由于文本页数较多，应将文本进行连续编码，谨防编码不连续或漏页未编的情形，以保证阅读顺畅，发生纠纷时项目参与方能够迅速锁定有效信息并易于举证。另外，在制定文本过程中遇到需填写数字的情形时，数字首尾不得留有空格，防止文本确定后出现篡改数字的行为。页码问题和数字编写问题不仅会出现在协议类文本制作中，在其他类文本拟定过程中也应留意。

2. 协议形式应易于调整

协议形式易于调整，是指协议文本在形式上便于增补、删减或更正。由于非标项目协议文本和项目参与方通常较多，协议文本可能需经过各方多轮次的修改方可定稿，如果协议形式易于调整，可提高协议修订的效率，避免杂乱。

为使协议易于调整，可借鉴如下几点经验：

一是将可能需要调整的文本内容汇总集中。如说明书类的文本，其文本内容相对较多，但需要调整的部分往往很少。可将需要调整的部分置于专节，而非散落于整篇文档，这样每次可集中查看所修订的部分，而不至于花费大量时间通篇翻阅。

二是对多次用到的要素集中定义、赋值。项目协议中常出现一些重复使用的要素，如特定概念、时间、数量、地点等，在涉及对这些要素进行修订时，很容易出现遗漏，一旦遗漏则会导致文本内容前后或协议之间不一致。对于此类要素，忌每次都填写要素具体内容，而应尽量采取在一处进行定义或赋值，其他处引用的方式拟定文本。

（四）协议签署方面

协议签署时应确认协议中所有内容已填写完毕，并签署落款时间，还应注意协议文本中对签字盖章的特别要求。例如，有的协议文本中约定"本协议由双方法定代表人签字并加盖公章后生效"，对此类文本，则应该严格按照其约定，由公司法定代表人签字并加盖公司公章，而不能接受由其他非法定代表人签字或以合同专用章代替公章做法。另外应特别注意的是，应要求对方使用我方提供的笔具签署协议，当前实践中已有多家金融机构发生客户使用消字笔签约的风险事件。

其他可参考"决议签署方面"部分。

五、预留类文本需关注的问题

预留类文本是指项目参与方为项目运行而制备并经各方认可，但暂未填写具体内容的格式性文本。

预留类文本具有以下特点：一是内容不完整。预留类文本是为项目运行而制备的，一般作为附件置于协议类文本之后，在对相关内容补充完整并正式使用前，对各方不产生实质影响，也不发生法律约束力。二是具有反复适用性。通常在项目进行中仅使用一次的文本，无须以预留类文本形式出现。三是具有附属性。预留类文本是为了简化项目参与方就类似文本进行商议的工作量而产生，是协议类文本的附属文本，其使用条件、方式等均已在协议类文本中作出约定，如无协议类文本，预留类文本无法完整发挥其作用。基于以上特点，预留类文本应做到简洁、完整、有序。

简洁，是指预留类文本应简明扼要。预留类文本作为协议类文件的附属文本，将关键信息予以明确即可，无须像协议类文本那样面面俱到。如"划款指令"样式，一般仅需体现主体、账户、金额等信息，无须载明原因、操作步骤、争议解决等信息，相关信息通常已经约定于相应的协议类文本中。

完整，是指预留类文本应具备完整收集或确认相关信息的功能。预留类文本实际是用于采集与协议类文本相关的信息，通常在协议类文本签署时，相关信息还未产生或确定，通过预留类文本可以在后期对相关信息进行收集或确认。拟定预留类文本时，应当依据协议类文本，整理出完整的待收集或确认的要点，并按参与方达成的一致意见制作出适合收集或确认信息的模板，发挥预留类文本应有的作用。

有序，是指预留类文本作为协议类文本的附属文本，应有内在和外在的顺序。内在顺序是指预留类文本所拟收集或确认之事项，应按协议类文本内容按序设计，预留类文本之间可前后衔接，但不应重合。外在顺序是指预留类文本拟定后，应按照一定次序，如根据使用时间顺序或类别顺序，列于协议类文本之后，以便后续使用。

图书在版编目（CIP）数据

非标业务常见风险及应对：银行·信托·证券·资管/严骄，李红成主编.—北京：中国法制出版社，2018.3（2018.5重印）
ISBN 978-7-5093-9200-3

Ⅰ.①非… Ⅱ.①严… ②李… Ⅲ.①商业银行—风险管理—研究 Ⅳ.① F830.33

中国版本图书馆CIP数据核字（2018）第016209号

策划编辑 欧 丹（odening@163.com） 封面设计 周黎明

非标业务常见风险及应对：银行·信托·证券·资管
FEIBIAO YEWU CHANGJIAN FENGXIAN JI YINGDUI：YINHANG XINTUO ZHENGQUAN ZIGUAN

主编/严 骄 李红成
经销/新华书店
印刷/三河市国英印务有限公司
开本/710毫米×1000毫米 16开　　　　　　　　　印张/29 字数/429千
版次/2018年3月第1版　　　　　　　　　　　　 2018年5月第2次印刷

中国法制出版社出版
书号 ISBN 978-7-5093-9200-3　　　　　　　　　　定价：86.00元

北京西单横二条2号　　　　　　　　　　　　值班电话：010-66026508
邮政编码：100031　　　　　　　　　　　　　传真：010-66031119
网址：http://www.zgfzs.com　　　　　　　　编辑部电话：010-66066621
市场营销部电话：010-66033393　　　　　　　邮购部电话：010-66033288

（如有印装质量问题，请与本社编务印务管理部联系调换。电话：010-66032926）